21 世纪高等院校电气信息类系列教材

电气控制与 PLC 应用技术

梅丽凤　主　编

郑海英　副主编

戴永彬　屈　丹　江明颖　参　编

机械工业出版社

本书从教学和工程实际应用出发，在介绍低压电器、电气控制典型电路的设计与分析的基础上，系统地介绍了西门子公司 S7-200 系列 PLC 的系统结构、工作原理和设计方法，结合大量实例详细介绍了 S7-200 PLC 的基本指令、功能指令和功能模块的用法，并介绍了 PLC 的网络与通信、PLC 控制系统的设计方法等内容。本书内容由浅入深、通俗易懂，例题典型，可读性好，实用性强。例题和习题均结合工程实际，注重了工程应用的训练。

本书可作为普通高等工科院校自动化、电气过程及其自动化、机械过程及其自动化、机电一体化等相关专业及高专、高职相关专业的教材，并可作为电气技术人员的培训教材和参考书。

图书在版编目（CIP）数据

电气控制与 PLC 应用技术/梅丽凤主编. —北京：机械工业出版社，2011.12
（2025.8 重印）
21 世纪高等院校电气信息类系列教材
ISBN 978-7-111-36785-7

Ⅰ. ①电…　Ⅱ. ①梅…　Ⅲ. ①电气控制—高等学校—教材②plc 技术—高等学校—教材　Ⅳ. ①TM571.2②TM571.6

中国版本图书馆 CIP 数据核字（2011）第 262072 号

机械工业出版社（北京市百万庄大街 22 号　邮政编码 100037）
策划编辑：时　静　责任编辑：时　静　王　荣
版式设计：常天培　责任校对：樊钟英
责任印制：张　博
北京建宏印刷有限公司印刷
2025 年 8 月第 1 版·第 16 次印刷
184mm×260mm·21 印张·518 千字
标准书号：ISBN 978-7-111-36785-7
定价：69.00 元

电话服务　　　　　　　　　　　网络服务
客服电话：010-88361066　　　机 工 官 网：www.cmpbook.com
　　　　　010-88379833　　　机 工 官 博：weibo.com/cmp1952
　　　　　010-68326294　　　金 书 网：www.golden-book.com
封底无防伪标均为盗版　　　　机工教育服务网：www.cmpedu.com

出 版 说 明

随着科学技术的不断进步，整个国家自动化水平和信息化水平的长足发展，社会对电气信息类人才的需求日益迫切、要求也更加严格。在教育部颁布的"普通高等学校本科专业目录"中，电气信息类（Electrical and Information Science and Technology）包括电气工程及其自动化、自动化、电子信息工程、通信工程、计算机科学与技术、电子科学与技术、生物医学工程等子专业。这些子专业的人才培养对社会需求、经济发展都有着非常重要的意义。

在电气信息类专业及学科迅速发展的同时，也给高等教育工作带来了许多新课题和新任务。在此情况下，只有将新知识、新技术、新领域逐渐融合到教学、实践环节中去，才能培养出优秀的科技人才。为了配合高等院校教学的需要，机械工业出版社组织了这套"21世纪高等院校电气信息类系列教材"。

本套教材是在对电气信息类专业教育情况和教材情况调研与分析的基础上组织编写的，期间，与高等院校相关课程的主讲教师进行了广泛的交流和探讨，旨在构建体系完善、内容全面新颖、适合教学的专业教材。

本套教材涵盖多层面专业课程，定位准确，注重理论与实践、教学与教辅的结合，在语言描述上力求准确、清晰，适合各高等院校电气信息类专业学生使用。

机械工业出版社

前　言

可编程序控制器（PLC）是一种以微处理器为核心，综合了计算机技术、自动控制技术和网络通信技术等现代科技而发展起来的一种新型工业自动控制装置，具有功能强、可靠性高、使用灵活方便、易于编程及适应工业环境下应用等一系列优点，在工业自动化、机电一体化、传统产业技术改造等方面的应用越来越广，已成为现代工业控制的四大支柱之一。

本书以现在流行的有较高性价比的 SIEMENS S7-200 系列 PLC 为对象，系统、全面地介绍 PLC 的组成、工作原理、指令系统、通信技术和系统设计方法等知识。全书共分 9 章。第 1 章介绍了常用低压电器、电气控制的基本电路，电气控制典型电路的设计方法和分析方法；第 2 章介绍了 PLC 的产生、发展、定义、特点及应用；第 3 章讲述了 PLC 的基本结构、工作原理、编程语言及分类；第 4 章介绍了 S7-200 系列 PLC 的主机结构、I/O 扩展模块和功能模块及内部资源分配；第 5 章介绍了 S7-200 PLC 指令中的数据类型、寻址方式、基本指令、顺序控制指令及 STEP 7 编程软件的使用；第 6 章介绍了 PLC 功能指令及应用；第 7 章介绍了 PLC 通信与网络、PLC 的通信指令及典型应用；第 8 章介绍了 PLC 控制系统中的应用实例；第 9 章全面介绍了 PLC 控制系统的设计方法。

本书立足于本科应用型人才培养目标，在编写过程中，遵循以下编写原则：

（1）充分考虑到学生的自学能力及基础知识，所有内容都立足于实际应用和教学。在内容的选择上注意系统性和实践性的统一；在内容安排上，注意由浅入深循序渐进，在内容的论述上；做到语言简明、叙述清楚、讲解细致、通俗易懂。

（2）结构安排上，以 PLC 原理介绍和实例设计为主，在讲清原理的基础上，结合大量实例讲解其指令系统及应用，对具体设计实例和重点、难点内容进行细致讲解，通过大量的实例演练达到快速掌握 PLC 技术的目的。

（3）与 PLC 应用技术发展相结合，在系统设计实例中，融入作者的实际经验和科研成果，给出完整的 PLC 控制系统应用实例，每个实例均从工程应用的角度出发，既介绍编程方法，又介绍工程应用，使读者通过学习本书，能很快掌握 PLC 技术，并具备应用系统设计的能力。

本书实例丰富，所有程序均经过上机调试，具有较强的实用性和参考性，每章后均配有思考题和习题，便于读者掌握和巩固所学知识。本书不仅适用于初学者了解、掌握 PLC 的原理和应用技术，也能满足对 PLC 控制系统设计及连网有更高要求的读者深入研究的需要。

本书由辽宁工业大学梅丽凤教授主编，郑海英任副主编，其中第 1 章由屈丹编写，第 2 章、第 7 章由江明颖编写，第 3 章、第 4 章和第 9 章由戴永彬编写，第 5 章、第 6 章由郑海英编写，第 8 章由梅丽凤编写。参加本书程序调试的工作人员还有张廷丰、董玉林、郑春娇及研究生刘杰，全书由梅丽凤统稿。

编者在编写过程中，参考了不少专家和学者的著作及国内外相关的参考文献，在此对参考文献的作者表示衷心的感谢。

由于编者水平有限，书中的错误及疏漏之处在所难免，敬请读者批评指正。

编　者

目　　录

第1章　电气控制基础

可编程序逻辑控制器（PLC）的出现，标志着电气控制原理从硬连接方式的继电接触式控制系统发展到以计算机为核心的"软"控制系统。但是继电接触控制在电气控制中仍然是非常重要的一部分。一方面，它是掌握现代先进电气控制技术的基础；另一方面，由于这种控制系统结构简单、价格低廉，至今仍在许多小型的电气控制系统中普遍应用，而且即使是在现代电气控制系统中，信号采集和驱动输出部分仍然由电气元器件及控制电路完成。因此，它是电气工作人员必须掌握的一门技术。

本章主要介绍电器的基本知识、各种常用低压电器工作原理及其选用方法，以及由这些常用低压电器组成的基本电气控制电路的功能与工作原理。本章内容有助于了解和正确使用各种常用低压电器，有助于分析和设计常用电气控制电路，既可作为学习资料，也可作为工作中的参考。

1.1　电器的基本知识

1.1.1　电器的定义及分类

1. 电器的定义

根据外界特定的信号和要求，自动或手动接通和断开电路，实现对电路或非电对象的切换、控制、保护、检测、变换和调节用的电气元件统称为电器。

2. 电器的分类

电器的用途十分广泛，功能多样，分类方法很多，常用的分类方法有以下几种。

（1）按工作电压等级分类

低压电器：工作电压低于交流 1200V 或直流 1500V 以下的各种电器，如低压断路器、刀开关、接触器及按钮等。

高压电器：工作电压高于交流 1200V 或直流 1500V 以上的各种电器，如高压断路器、高压隔离开关等。

（2）按用途分类

控制电器：用于各种控制电路和控制系统的电器，如接触器、继电器、起动器及主令电器等。

配电电器：用于配电系统中，对电路及设备进行保护及通断、转换电源或负载，如断路器、熔断器及刀开关等。

执行电器：用于完成某种动作或传动功能的电器，如电磁铁、电磁阀及电磁离合器等。

（3）按工作原理分类

电磁式电器：利用电磁感应原理工作的电器，如接触器、各种电磁式继电器及电磁阀等。

非电量控制电器：这类电器是靠外力或某种非电物理量的变化而动作的，如主令电器、压力继电器及温度继电器等。

（4）按工作方式分类

机械式电器：传统意义上的电器，把接收到的指令信号转化为相应的执行动作，以触点作为执行部件。

电子式电器：近几年发展起来的电子式无触点电器，以检测与控制电路功能块或微处理器系统作为感测和控制部件，以半导体电子功率开关作为执行部件。

1.1.2 电磁式电器的工作原理与结构特点

在电气控制电路中使用最多的是电磁式电器，虽然电磁式电器的类型很多，但是其结构特点和工作原理基本相同。下面介绍电磁式电器的结构和工作原理。

电磁式电器主要由电磁机构、触点和灭弧装置组成。

1. 电磁机构

（1）结构与工作原理

电磁机构由吸引线圈、铁心和衔铁等几部分组成。它是电磁式电器的信号检测部分。它的主要作用是将电磁能量转换为机械能量并带动触点动作，完成电路接通和分断。当线圈通过工作电流时，产生足够的磁动势，在磁路中形成磁通，使衔铁获得足够的电磁力，克服反作用力与铁心吸合，由连接机构带动相应的触点动作。

1）吸引线圈。吸引线圈的作用是将电能转换成磁场能量。按通入电流种类不同，可分为直流线圈和交流线圈。

2）磁路。磁路包括铁心、衔铁、铁轭和空气隙。衔铁在电磁力的作用下与铁心吸合，当电磁力消失后复位。常用的磁路结构有 3 种，如图 1-1 所示。

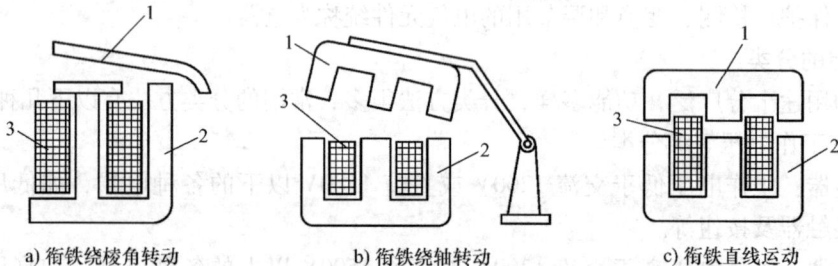

图 1-1　电磁机构常用的磁路结构

1—衔铁　2—铁心　3—吸引线圈

图 1-1a 所示结构中，衔铁绕棱角转动，磨损较小，铁心用软铁，适用于直流接触器、继电器。图 1-1b 所示结构中，衔铁绕轴转动，铁心形状有 E 形和 U 形两种，多用于交流接触器。图 1-1c 所示结构中，衔铁直线运动，衔铁在线圈内做直线运动，多用于交流接触器、继电器。

（2）吸力特性与反力特性

衔铁是否能够正常工作，是由电磁机构的吸力特性与反力特性决定的。电磁机构使衔铁吸合的力与气隙长度的关系曲线称为吸力特性。它随励磁电流种类（交流或直流）、线圈连接方式（串联或并联）的不同而有所差异。电磁机构使衔铁释放（复位）的力与气隙长度的关系曲线称为反力特性。反力的大小与作用弹簧、摩擦阻力以及衔铁质量有关。下面分析吸力特性、反力特性和两者的配合关系。

1）吸力特性。电磁机构的吸力 F 可近似地按式（1-1）求得：

$$F = \frac{1}{2\mu_0}B^2 S = \frac{10^7}{8\pi}B^2 S \tag{1-1}$$

式中，$\mu_0 = 4\pi \times 10^{-7} H/m$，$B$ 为气隙磁通密度，单位为 T；S 为吸力处的铁心截面积，单位为 m^2。当 S 为常数时，F 与 B^2 成正比，也可认为 F 与气隙磁通 Φ 的二次方成正比，即

$$F \propto \Phi^2 \tag{1-2}$$

由于励磁电流的种类对吸力特性的影响很大，所以要对交、直流电磁机构的吸力特性分别进行讨论。

① 直流电磁机构的吸力特性：对于具有直流电压线圈的电磁机构，在稳态时磁路对电路没有影响，可以认为线圈电流与磁路气隙 δ 的大小无关，只与线圈电阻和外加电压有关。因外加电压和线圈电阻不变，则通过线圈的电流为常数，根据磁路定律

$$\Phi = \frac{IN}{R_m} = \frac{IN}{\delta/(\mu_0 S)} = \frac{IN\mu_0 S}{\delta} \tag{1-3}$$

$$F \propto B^2 \propto \Phi^2 \propto \frac{1}{\delta^2} \tag{1-4}$$

即直流电磁机构的吸力 F 与气隙 δ 的二次方成反比，故吸力特性为二次曲线形状。吸力 F 与气隙 δ 的关系曲线，即函数 $F = f(\delta)$ 的曲线如图 1-2 所示。它表明衔铁闭合前后吸力变化很大，气隙越小吸力越大。

由于衔铁闭合前后励磁线圈的电流不变，所以直流电磁机构适用于动作频繁的场合，且吸合后电磁吸力大，工作可靠性高。

需要指出的是，当直流电磁机构的励磁线圈断电时，磁通势就由 IN 急速变为接近于零，电磁机构的磁通也发生相应的急剧变化，这会在励磁线圈中感生很大的反电动势。

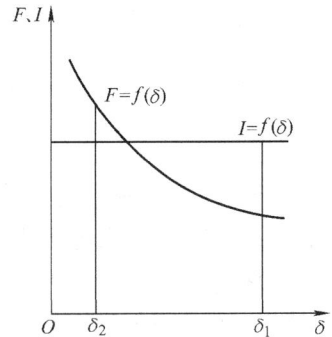

图 1-2　直流电磁机构的吸力特性

此反电动势可达到线圈额定电压的 $10 \sim 20$ 倍，易使线圈因过电压而损坏。为此必须增加线圈放电回路，一般采用反并联二极管并加限流电阻来实现。

② 交流电磁机构的吸力特性：对于具有交流电压线圈的电磁机构，其吸力特性与直流电磁机构有所不同。设外加电压不变，交流吸引线圈的阻抗主要决定于线圈的电抗（电阻相对很小可忽略），则

$$U \approx E = 4.44 f \Phi N \tag{1-5}$$

$$\Phi = \frac{U}{4.44 f N} \tag{1-6}$$

当频率 f、匝数 N 和电压 U 均为常数时，Φ 为常数，由式（1-2）可知，F 亦为常数，说明 F 与 δ 的大小无关。实际上由于漏磁通的存在，F 随着 δ 的减小略有增加。F 与 δ 的变化关系如图 1-3 所示。

当气隙 δ 变化时，根据式（1-3），Φ、N 均为常量，则吸引线圈的电流 I 与气隙 δ 成正

比。如忽略线圈电阻，则可近似地认为 I 与 δ 呈线性关系，图 1-3 给出了 $I=f(\delta)$ 的关系曲线。

从上述结论还可以看出：对于一般的交流电磁机构，在线圈通电而衔铁尚未吸合瞬间，电流将达到吸合后额定电流的几倍甚至十几倍。如果衔铁卡住不能吸合，或者频繁开合动作，就可能烧毁线圈。这就是可靠性高或频繁动作的控制系统采用直流电磁机构，而不采用交流电磁机构的原因。

2）反力特性。电磁机构使衔铁释放的力主要是弹簧的反力（忽略衔铁自身质量），弹簧的反力 F 与气隙 δ 的关系曲线如图 1-4 中的曲线 3 所示。图中，δ_1 为电磁机构气隙的初始值；δ_2 为动、静触点开始接触时的气隙长度。由于超程机构的弹力作用，反力特性在 δ_2 处有一突变。

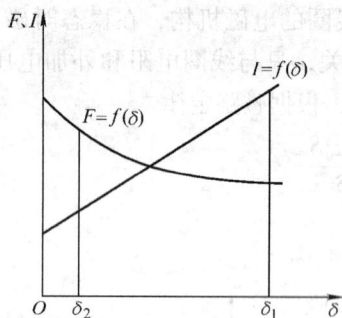

图 1-3　交流电磁机构的吸力特性

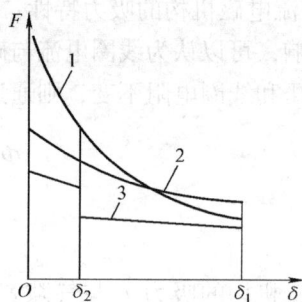

图 1-4　反力特性与吸力特性的配合关系
1—直流电磁机构的吸力特性
2—交流电磁机构的吸力特性　3—反力特性

3）反力特性与吸力特性的配合。反力特性与吸力特性的配合关系如图 1-4 所示。欲使电磁衔铁可靠吸合，在整个吸合过程中，吸力需大于反力，这样才能保证执行机构可靠动作。反力特性曲线如图 1-4 中的曲线 3 所示，直流与交流电磁机构的吸力特性分别如曲线 1 和 2 所示。在 $\delta_1 \sim \delta_2$ 的区域内，反力随气隙减小略有增大。到达 δ_2 位置时，动触点开始与静触点接触，这时触点上的初压力作用到衔铁上，反力骤增，曲线突变。其后在 δ_2 到 0 的区域内，气隙越小，触点压得越紧，反力越大，线段较 $\delta_1 \sim \delta_2$ 段陡。为了保证吸合过程中衔铁能正常闭合，吸力在各个位置上必须大于反力，但也不能过大，否则衔铁吸合时运动速度过大，产生很大的冲击力，使衔铁与铁心柱面造成严重的机械磨损。此外，过大的冲击力有可能使触点产生弹跳现象，导致触点的熔焊磨损，会影响触点的使用寿命。反映在图 1-4 上就是要保证吸力特性在反力特性的上方且彼此靠近。上述特性对于有触点电磁式电器都适用。在使用中，常常调整反力弹簧或触点初压力以改变反力特性，就是为了使之与吸合特性良好配合。

对于单相交流电磁机构，由于磁通是交变的，当磁通过零时吸力也为零，吸合后的衔铁在反力弹簧的作用下将被拉开。磁通过零后吸力增大，当吸力大于反力时，衔铁又吸合。由于交流电源频率的变化，衔铁的吸力随每个周波二次过零，因而衔铁产生强烈振动与噪声，甚至使铁心松散。因此交流接触器铁心端面上都安装一个铜制的分磁环（或称短路环），使铁心通过两个在时间上不相同的磁通 Φ_1 和 Φ_2，矛盾就解决了，如图 1-5a 所示。

图 1-5a 中电磁机构的交变磁通穿过短路环所包围的截面，在环中产生电流，根据电磁

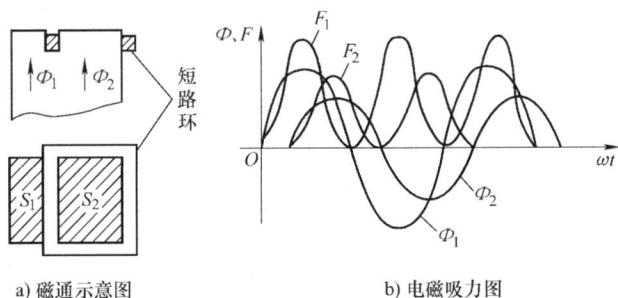

a) 磁通示意图   b) 电磁吸力图

图 1-5   加短路环后的磁通和电磁吸力

感应定律，此电流产生的磁通 Φ_2 在相位上落后于截面 S_1 中的磁通 Φ_1，由 Φ_1、Φ_2 产生吸力 F_1、F_2，如图 1-5b 所示。作用在衔铁上的力是 $F_1 + F_2$ 的合力 F，只要此合力始终超过其反力，衔铁的振动现象就消失了。

2. 触点

触点是电器的执行部分，用于接通和分断电路。触点主要由动触点和静触点组成。

其工作原理如下：当电磁机构中的衔铁与铁心吸合时，动触点在连动机构的带动下动作，动触点和静触点闭合或断开。

（1）触点的接触形式

触点接触形式可分为 3 种，即点接触、线接触和面接触，如图 1-6 所示。

图 1-6a 所示为点接触，它由两个半球形触点或一个半球形与一个平面形触点构成。它常用于小电流的电器中，如接触器的辅助触点或继电器触点。

图 1-6b 所示为线接触，它的接触区域是一条直线。触点在通断过程中是滚动接触，如图 1-6d 所示。开始接触时静动触点在 A 点接触，靠弹簧压力经 B 点滚动到 C 点，断开时做相反运动。这样，可以自动清除触点表面的氧化膜，同时长期工作的位置不是在易烧灼的 A 点而是在 C 点，保证了触点的良好接触。这种滚动线接触多用于中等容量电器的触点，如接触器的主触点。

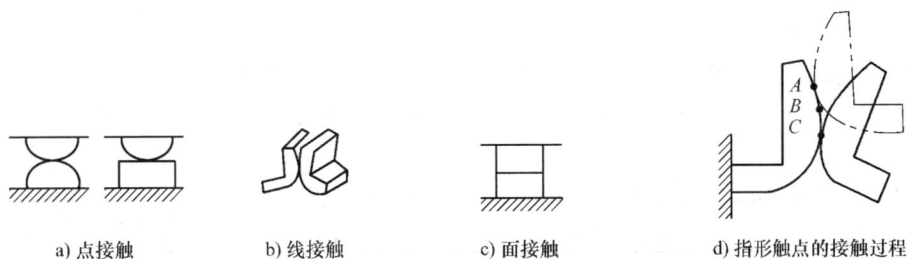

a) 点接触   b) 线接触   c) 面接触   d) 指形触点的接触过程

图 1-6   触点的接触形式

图 1-6c 所示为面接触，它可允许通过较大的电流。这种触点一般在接触面上镶有合金，以减小触点接触电阻和提高耐磨性，多用做较大容量接触器或断路器的主触点。

（2）触点的结构形式

触点的结构形式主要有单断点指形触点和双断点桥式触点。单断点式结构的触点是利用图 1-7c 所示的单个触点来分、合电路的。双断点式结构的触点是利用两个触点来分、合电路的，其结构如图 1-7a 和 1-7b 所示。两个动触点通过触桥相连，同时动作。

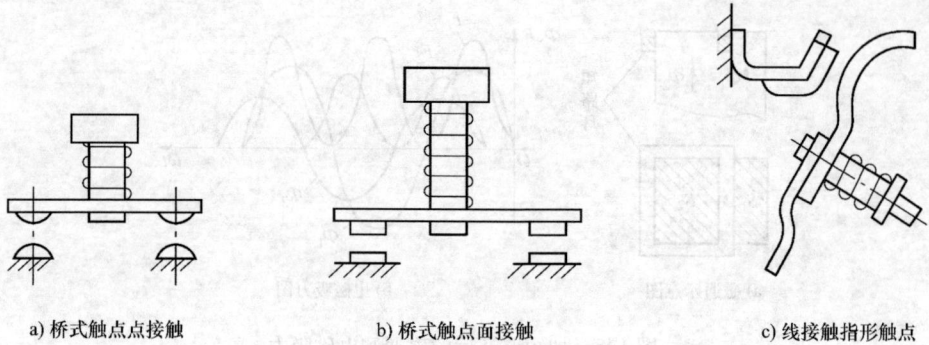

a) 桥式触点点接触　　　　　b) 桥式触点面接触　　　　　c) 线接触指形触点

图 1-7　触点的结构形式

由于触点的工作特点，要求必须具有良好的导电和导热性能，通常用铜制成。但是铜的表面容易氧化生成氧化铜，增大触点的接触电阻，使触点的损耗增大，温度上升。所以对于容量较小的电器，如机床电气控制电路所应用的接触器、继电器等，常采用银质材料作触点，其优点是银的氧化膜电阻率与纯银相近；对于大中容量的电器，采用铜质触点，常采用滚动接触，可将氧化膜去掉。

3. 电弧的产生和灭弧方法

电弧是触点间气体在强电场作用下产生的放电现象。当动静触点在通电状态下分开的瞬间，动静触点的间隙很小，于是在触点间形成很强的电场（$E = U/s$，其中 s 为间隙）。在高热和强电场作用下，金属内部的自由电子从阴极表面电离出来，向阳极加速移动，这些自由电子在运动中撞击中性气体分子，使它们产生正离子和电子。于是，在触点间隙产生大量的带电粒子，使气体导电，形成了炽热的电子流，绝缘的气体变成了导体。电路通过这个游离区时消耗的电能转换为热能和光能，发出光和热的效应，产生高温并发出强光，即电弧。

（1）电弧产生的条件

当被分断电路的电流超过 0.25 ~ 1A，分断后加在触点间隙两端的电压超过 12 ~ 20V（根据触点材质的不同取值）时，在触点间隙中会产生电弧。

（2）电弧的危害

电弧的危害包括延长电路的分断时间，将触点烧坏，严重时，会引起电器和周围设备的损坏，甚至造成火灾。因此，用于大电流的电器中，必须采取合适的灭弧措施。

（3）灭弧方法

在开关触点断开时，加速触点分离，将电弧迅速拉长，从而降低了开关触点之间的电场强度，或者说电弧不足以维持电弧的燃烧，而使电弧熄灭。常用的灭弧方法有以下几种。

1）机械性拉弧。分断触点时，迅速增加电弧长度，使单位长度内维持电弧燃烧的电场强度不够而熄弧，机械性拉弧的工作原理如图 1-8 所示。

2）双断口灭弧。桥式双断口灭弧的工作原理如图 1-9 所示，双断口就是在一个回路中有两个产生断开电弧的间隙。当触点断开时，在断口中产生电弧。触点 1 和触点 2 的载流体在弧区产生

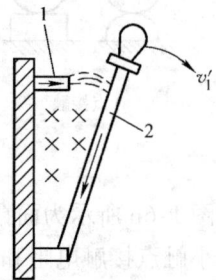

图 1-8　机械性拉弧的工作原理

1—静触点　2—动触点

磁场，方向为"＋"，根据左手定则，电弧电流要受到一个指向外侧的力 F 的作用，使电弧向外运动并拉长，使它迅速穿越冷却介质而加快电弧冷却并熄灭。这种灭弧方法效果较弱，一般多用于小功率的电器中。

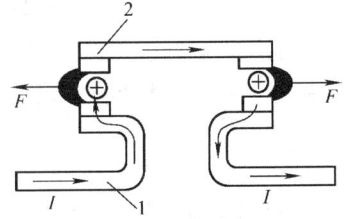

图 1-9　桥式双断口灭弧的工作原理

1—静触点　2—动触点

3) 磁吹灭弧。这种灭弧的原理是使电弧处于磁场中间，利用电磁场力"吹"长电弧，使其进入冷却装置，加速电弧冷却，促使电弧迅速熄灭。

磁吹灭弧装置的工作原理如图 1-10 所示。在触点电路中串入一吹弧线圈。当触点电流通过吹弧线圈时要产生磁场，根据右手定则可知，触点周围的磁场方向是向内的。触点分开的瞬间所产生的电弧就是载流体，它在磁场的作用下会产生电磁力，根据左手定则判定，力的方向是向上的，故电弧被拉长并吹入灭弧罩中。熄弧角和静触点相连接，其作用是引导电弧向上运动，将热量传递给罩壁，促使电弧熄灭。这种装置是利用电弧电流本身灭弧的，所以电弧电流越大，灭弧能力越强。它广泛用于直流灭弧装置中。

4) 灭弧栅灭弧。灭弧栅灭弧原理如图 1-11 所示。灭弧栅由多片表面镀铜的薄钢片（即栅片）制成，它们置于灭弧罩内的触点上方，彼此之间互相绝缘，片内距离为 2～3mm。一旦发生电弧，电弧周围产生磁场，导磁的钢片将电弧吸入栅片内，电弧被栅片分割成许多串联的短电弧，当交流电压过零时电弧自然熄灭，两栅片间必须有 150～250V 电压，电弧才能重燃。这样，一方面电源电压不足以维持电弧，同时由于栅片的散热作用，电弧自然熄灭后很难重燃。这种灭弧装置常用于交流灭弧。

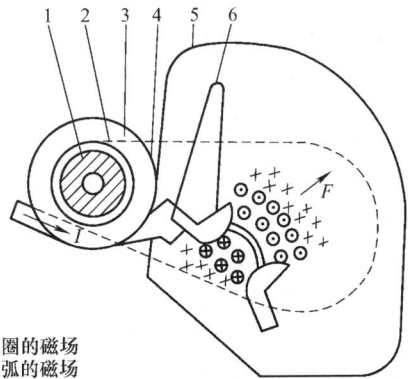

×× 线圈的磁场
⊙⊙ 电弧的磁场

图 1-10　磁吹灭弧装置的工作原理

1—铁心　2—绝缘管　3—吹弧线圈　4—导磁颊片
5—灭弧罩　6—熄弧角

5) 利用有机固体介质的狭缝灭弧。狭缝灭弧原理如图 1-12 所示，灭弧栅片由陶土或有机固体材料制成。触点间的电弧在磁吹线圈产生的磁场和电动力的作用下被拉长，进入灭弧栅片的狭缝中。电弧与栅片紧密接触，将热量传递给室壁，加强去游离。同时，有机固体介质在高温作用下分解而产生气体，压力增大，使电弧强烈冷却，最终熄灭。

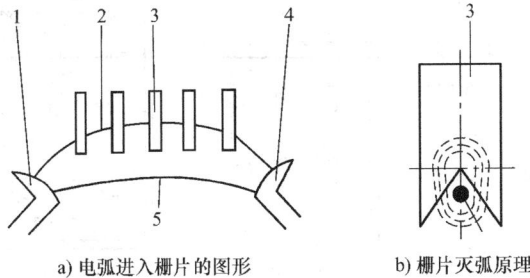

a) 电弧进入栅片的图形　　b) 栅片灭弧原理

图 1-11　灭弧栅灭弧原理

1—静触点　2—短电弧　3—灭弧栅片　4—动触点　5—长电弧

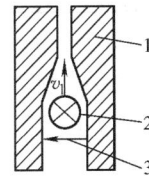

图 1-12　狭缝灭弧原理

1—灭弧室壁　2—电弧电流　3—灭弧磁场

6）利用真空灭弧。真空具有较高的绝缘强度，将开关触点置于真空容器中，当电流过零时即能熄灭电弧。为防止产生过电压，应当不使触点分开时电流突变为零。宜在触点间产生少量金属蒸气，形成电弧通道。当交流电流自然下降过零前后，这些金属蒸气便在真空中迅速飞散而熄灭电弧。

1.2 常用低压电器

常用低压电器主要有开关电器、熔断器、主令电器、接触器和各种继电器。下面对这些电器的用途、结构和工作原理、图形符号和文字符号、使用和选用的注意事项等内容作简要介绍。

1.2.1 开关电器

1. 刀开关与组合开关

刀开关又称隔离开关，是一种结构简单的手动电器，主要用于隔离电源、不经常起动和制动容量小于 7.5kW 的异步电动机。现在很多的应用场合中，刀开关已被低压断路器取代。

最简单的刀开关（手柄操作式单级开关）示意图如图 1-13 所示。

刀开关的操作方式为通过手动使触刀插入或离开静触点插座。

刀开关在安装时，手柄头应向上，不能倒装或平装，避免手柄由于重力自由下落导致误动作或合闸。接线时，将电源进线接在静触点侧进线座，负载线接在动触点侧出线座，这样能保证拉闸后，手柄及负载与电源隔离，避免发生意外。

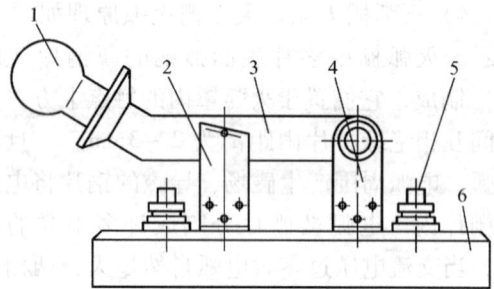

图 1-13 手柄操作式单级开关
1—手柄 2—刀夹座（静触点） 3—闸刀（动触点）
4—铰链支座 5—接线端子 6—绝缘底板

常用的刀开关有 HD 型单投刀开关、HS 型双投刀开关（刀形转换开关）、HR 型熔断器式刀开关、HZ 型组合开关、HK 型开启式负荷刀开关、HY 型倒顺开关和 HH 型封闭式开关熔断器组等。

（1）HD 型单投刀开关和 HS 型双投刀开关

图 1-14 所示是三极单投和双投万开关的简单结构图。我国目前生产的单投刀开关主要有 HD11、HD12、HD13 及 HD14 系列，额定电压为交流 500V 及以下、直流 440V 及以下，额定电流为 100 ～ 1500A。双投刀开关产品主要有 HS11、HS12、HS13 等系列。

HD11B、 HD12B、 HD13B、 HD14B、 HS11B、HS13B 系列开启式刀开关及刀形转换开关适用于额定电压为交流 380V、直流 400V，额定电流为 600 ～ 1500A 的配电设备中，作为不频繁地手动接通与分

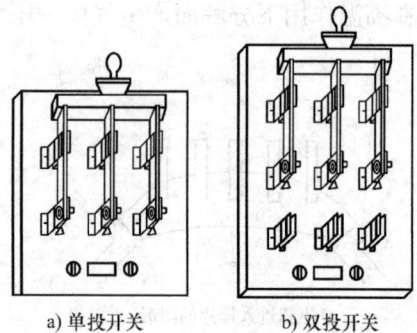

a) 单投开关　　b) 双投开关

图 1-14 三极单投开关和
双投开关的简单结构图

8

断交、直流电路或作隔离开关用。

（2）HK 型开启式负荷开关

开启式负荷开关又称胶盖瓷底刀开关，有时直接地称它为刀开关，可见其在刀开关中具有很强的代表性。该开关由上胶盖、插座、闸刀、操作瓷柄、胶盖紧固螺母、出线座、熔丝、闸刀座、瓷底座和进线座等零件装配而成，其结构如图 1-15 所示，实物图如图 1-16 所示。

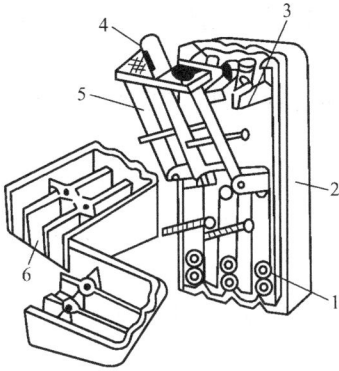

图 1-15　HK 系列胶盖瓷底刀开关结构图

1—熔丝接头　2—瓷底　3—静触点
4—瓷柄　5—动触点　6—胶盖

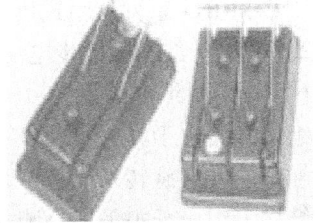

图 1-16　胶盖瓷底刀开关实物图

HK 型开启式负荷开关在低压线路中，作为一般电灯、家用电器等控制开关用，也可作为分支线路的配电开关。在降低容量的情况下，三极的刀开关还可用做小容量感应电动机的非频繁起动控制开关。由于刀开关具有价格便宜、使用维修方便的优点，因此普遍地被用来操作和控制许多机械的拖动电动机，而且使用量相当可观。

（3）HH 系列封闭式负荷开关

封闭式负荷开关的早期产品都带有一个铸铁外壳，因此俗称为铁壳开关。至今，铸铁外壳早已为结构轻巧、强度高而其工艺性也好的薄钢板冲压外壳所取代。HH 系列封闭式负荷开关的实物图如图 1-17 所示，结构图如图 1-18 所示。其内部由触点、灭弧系统、熔断器和操作机构等组成。

图 1-17　HH 系列封闭式负荷开关的实物图

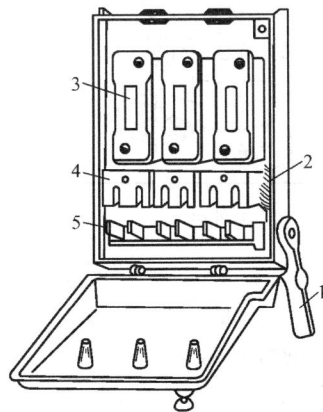

图 1-18　HH 系列封闭式负荷开关的结构图

1—手柄　2—速断弹簧　3—熔断器　4—灭弧罩　5—闸刀

9

封闭式负荷开关的特点如下：

1）触点设有灭弧室（罩），电弧不会喷出，不必顾虑会发生相间短路及烧损零件等事故。

2）熔断器的分断能力强，一般为 5kA，有的高达 50kA 以上。

3）操作机构为储能合闸式，且有联锁装置。这样不仅使开关的合闸和分闸速度与操作速度无关，从而改善开关的动作性能和灭弧性能，而且提高了安全性。

4）封闭的外壳可保护操作人员免受电弧灼伤。

HH3、HH4 系列封闭式负荷开关，操作机构具有速断弹簧与机械联锁，用于非频繁起动、28kW 以下的三相异步电动机。

（4）HZ 型组合开关

组合开关由于其可实现多组触点组合而得名，实际上是一种转换开关。其操作较灵巧，靠动触片的左右旋转来代替刀开关的推合与拉开。

结构上组合开关采用叠装式触点元件组合，图 1-19 所示为 HZ10 - 10/3 型组合开关的外形和结构图。

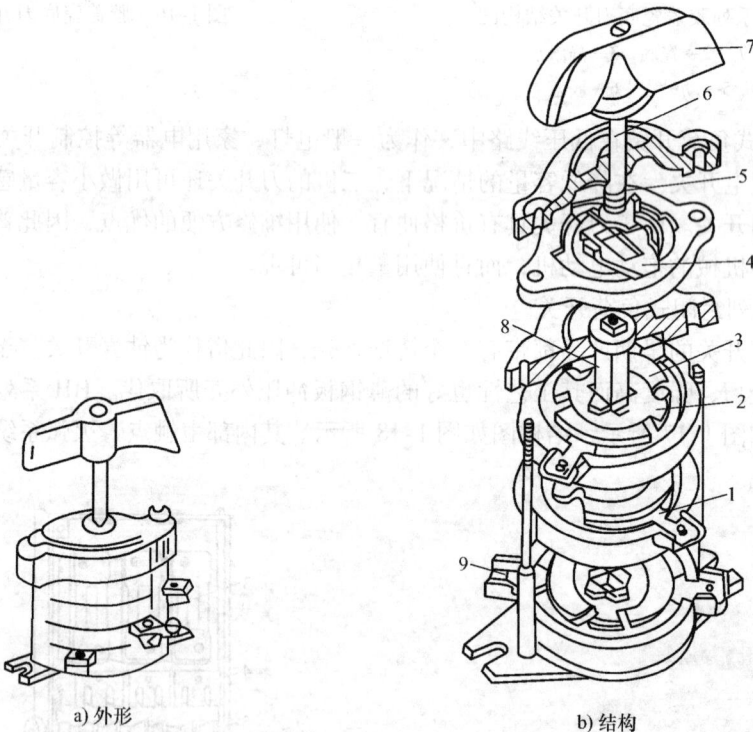

a) 外形   b) 结构

图 1-19 HZ10 - 10/3 型组合开关的外观和结构

1—静触片 2—动触片 3—绝缘垫板 4—凸轮 5—弹簧 6—转轴 7—手柄 8—绝缘杆 9—接线柱

组合开关的特点如下：

1）体积小、安装面积小。

2）接线方式多。

3）由于灭弧性能较好（在封闭的触点盒内灭弧），因此通断能力和电寿命一般均高些。

4）使用安全、方便。

（5）熔断器式刀开关

HR3 熔断器式刀开关具有刀开关和熔断器的双重功能，这种开关是 RT0 有填料熔断器和刀开关的组合电器，熔断器固定在带有弹簧钩子锁板的绝缘梁上。在正常运行时，熔断器不脱扣，当线路发生故障时，其熔断体熔断，更换熔断体就行了。因此，采用这种开关电器可以简化配电装置结构，作为导线及电气设备的过载和短路保护，以及用于在电网正常馈电的情况下，不频繁地接通或分断电路。

刀开关的种类多，而且各有特点，选择时应考虑以下两个方面：

1）刀开关结构形式的选择。应根据刀开关的作用和装置的安装形式选择是否带灭弧装置，若分断负载电流时，应选择带灭弧装置的刀开关。根据装置的安装形式来选择，是正面、背面还是侧面操作形式，是直接操作还是杠杆传动，是板前接线还是板后接线的结构形式。

2）刀开关的额定电流的选择。一般应等于或大于所分断电路中各个负载额定电流的总和。对于电动机负载，应考虑其起动电流，所以应选用额定电流大一级的刀开关。若再考虑电路出现的短路电流，还应选用额定电流更大一级的刀开关。

刀开关的型号含义如下：

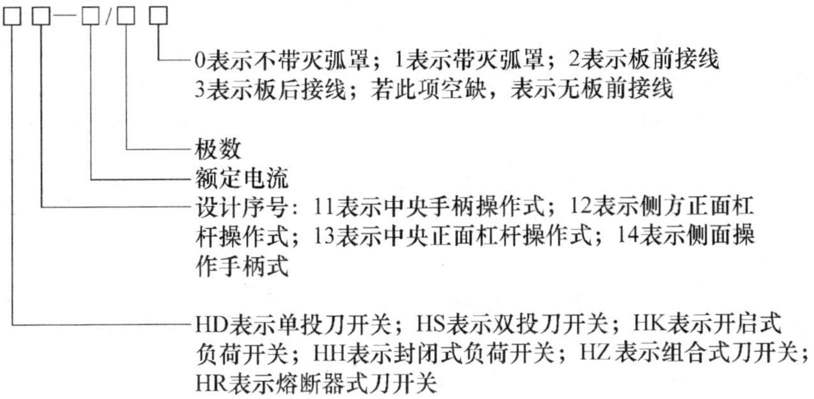

```
□□—□/□□
```

0表示不带灭弧罩；1表示带灭弧罩；2表示板前接线
3表示板后接线；若此项空缺，表示无板前接线

极数

额定电流

设计序号：11表示中央手柄操作式；12表示侧方正面杠杆操作式；13表示中央正面杠杆操作式；14表示侧面操作手柄式

HD表示单投刀开关；HS表示双投刀开关；HK表示开启式负荷开关；HH表示封闭式负荷开关；HZ表示组合式刀开关；HR表示熔断器式刀开关

刀开关的图形符号和文字符号如图 1-20 所示。

2. 低压断路器

低压断路器俗称自动空气开关，是低压配电网中的主要开关电器之一，它不仅可以接通和分断正常负载电流、电动机工作电流和过载电流，而且可以接通和分断短路电流，主要用在不频繁操作的低压配电线路或开关柜（箱）中作为电源开关使用，并对线路、电器设备及电动机等实行保护，当它们发生严重过电流、

a) 单极　　b) 双极　　c) 三极

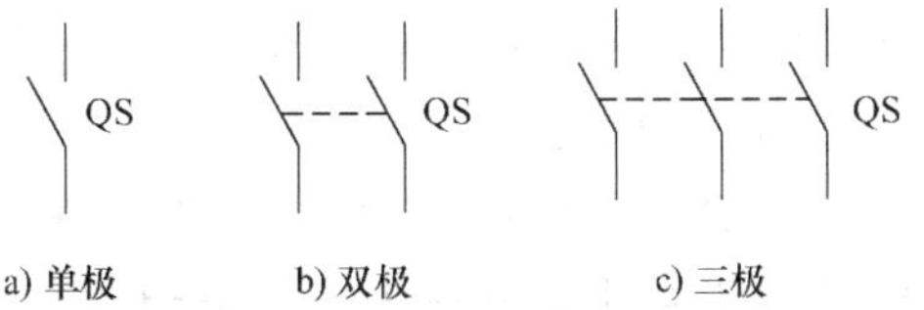

图 1-20　刀开关的图形符号和文字符号

过载、短路、断相、漏电等故障时，能自动切断线路，起到保护作用，应用十分广泛。

低压断路器是低压配电系统中的主要电器，也是结构最复杂的低压电器，与低压熔断器比较，具有保护方式多样化、可以多次使用、恢复供电快等优点，又有结构复杂和价格高等缺点。低压断路器除用于低压配电电路之外，也可以作为不频繁起动的电动机的控制和保护电器。

低压断路器的实物图如图 1-21 所示。

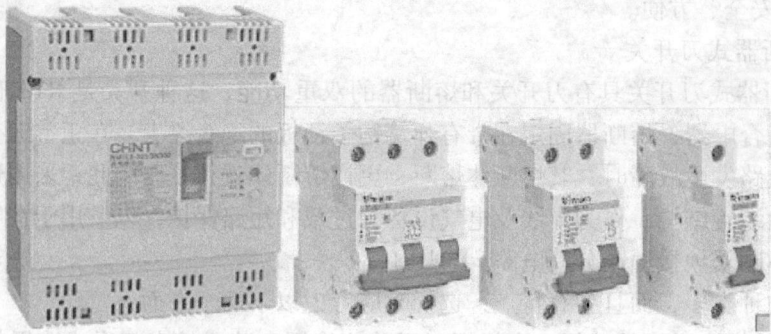

图 1-21　低压断路器的实物图

（1）低压断路器的结构和工作原理

低压断路器的形式种类虽然很多，但其结构和工作原理基本相同，主要由触点系统、灭弧系统、各种脱扣器和开关机构等组成。脱扣器包括过电流脱扣器、失电压脱扣器、热脱扣器、分励脱扣器和自由脱扣结构。低压断路器的内部结构如图 1-22 所示。开关是靠操作机构手动或电动合闸的。触点闭合后，自由脱扣器机构将触点锁在合闸位置上。当电路发生故障时，通过各自的脱扣器使自由脱扣机构动作，自动跳闸，实现保护作用。

当电路发生短路或严重过载时，过电流脱扣器的衔铁吸合，使自由脱扣机构动作，主触点断开主电路；当电路过载时，热脱扣

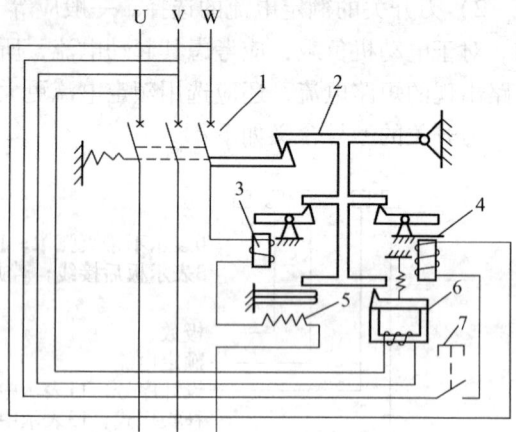

图 1-22　低压断路器的内部结构

1—主触点　2—自由脱扣机构　3—过电流脱扣器
4—分励脱扣器　5—热脱扣器　6—失电压脱扣器　7—按钮

器的热元件发热使双金属片上弯曲，推动自由脱扣机构动作；当电路欠电压时，欠电压脱扣器的衔铁释放，也使自由脱扣机构动作；分励脱扣器则作为远距离控制用，在正常工作时，其线圈是断电的，在需要距离控制时，按下起动按钮，使线圈通电，衔铁带动自由脱扣机构动作，使主触点断开。

以上介绍的是低压断路器可以实现的功能，但并不是每一个低压断路器都具备这些功能，如有的低压断路器没有分励脱扣器，有的没有热保护等。大部分低压断路器都具有过电流保护和失电压保护等。

（2）低压断路器的典型产品

低压断路器主要是以结构形式分类，即开启式和装置式两种。开启式又称为框架式或万能式，装置式又称为塑料壳式。常见的典型产品还有智能化断路器、漏电保护断路器。

1）装置式断路器。装置式断路器有绝缘塑料外壳，内装触点系统、灭弧室及脱扣器等，可手动或电动（对大容量断路器而言）合闸，有较高的分断能力和动稳定性，有较完善的选择性保护功能，广泛用于配电线路。

目前常用的有 DZ15、DZ20、DZX19 和 C45N（目前已升级为 C65N）等系列产品。其

中，C45N（C65N）断路器具有体积小、分断能力高、限流性能好、操作轻便、型号规格齐全、可以方便地在单极结构基础上组合成二极、三极、四极断路器等优点，广泛使用在 60A 及以下的民用照明支干线及支路中（多用于住宅用户的进线开关及商场照明支路开关）。

2）开启式低压断路器。开启式断路器一般容量较大，具有较高的短路分断能力和较高的动稳定性，适用于交流 50Hz，额定电压 380V 的配电网络中作为配电干线的主保护。

开启式断路器主要由触点系统、操作机构、过电流脱扣器、分励脱扣器、欠电压脱扣器、附件及框架等部分组成，全部组件进行绝缘后装于框架结构底座中。

目前我国常用的有 DW15、ME、AE、AH 等系列的框架式低压断路器。DW15 系列断路器是我国自行研制生产的，全系列具有 1000A、1500A、2500A 和 4000A 等几个型号。

ME、AE、AH 等系列断路器是利用引进技术生产的。它们的规格型号较为齐全（ME 开关电流等级从 630～5000A 共 13 个等级），额定分断能力比 DW15 系列更强，常用于低压配电干线的主保护。

3）智能化断路器。目前国内生产的智能化断路器有框架式和塑料壳式两种。框架式智能化断路器主要用做智能化自动配电系统中的主断路器，塑料壳式智能化断路器主要用在配电网络中分配电能和作为线路及电源设备的控制与保护，亦可用做三相笼型异步电动机的控制。智能化断路器的特征是采用了以微处理器或单片机为核心的智能控制器（智能脱扣器），它不仅具备普通断路器的各种保护功能，同时还具备实时显示电路中的各种电气参数（电流、电压、功率和功率因数等），对电路实现在线监视、自行调节、测量、试验、自诊断、可通信等功能，能够对各种保护功能的动作参数进行显示、设定和修改，保护电路动作时的故障参数能够存储在非易失存储器中以便查询。DW45、DW40、DW914（AH）、DW18（AE－S）、DW48、DW19（3WE）、DW17（ME）等框架式智能化断路器和塑料壳式智能化断路器，都配有 ST 系列智能控制器及配套附件，ST 系列智能控制器采用积木式配套方案，可直接安装于断路器本体，无需重复二次接线，并可多种方案任意组合。

4）漏电保护断路器。漏电保护断路器用于防止用电设备发生漏电及人体触电等事故。当发生上述情况时，它能在安全时间内自动切断故障电路，避免设备和人体受到危害。

漏电保护断路器有电磁式电流动作型、电压动作型和晶体管电流动作型。图 1-23 所示为电磁式电流动作型漏电保护断路器的工作原理图，它由断路器本体、零序电流互感器和漏电脱扣器等组成，零序电流互感器用磁导率很高的坡莫合金制成环形铁心组成磁路。

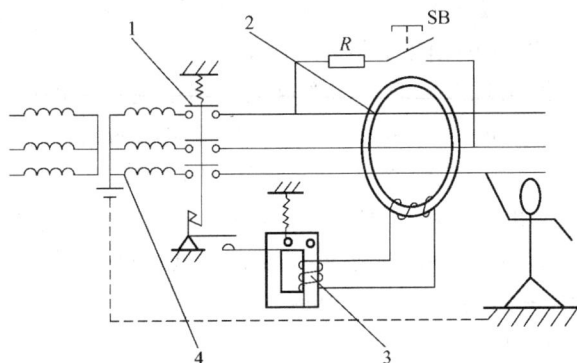

图 1-23　电磁式电流动作型漏电保护断路器的工作原理图
1—断路器本体　2—零序电流互感器　3—脱扣器　4—变压器

漏电脱扣器由衔铁、线圈、铁心、永久磁铁、分磁板、拉力弹簧和铁轭组成，如图1-24所示。

当电网正常运行时，不论三相负载是否平衡，通过零序电流互感器主电路的三相电流相量和等于零，即

$$I_A + I_B + I_C = 0 \qquad (1-7)$$

零序电流互感器二次绕组中无电流输出。这时，漏电脱扣器的衔铁被永久磁铁产生的磁通 Φ_1 吸力吸住，拉力弹簧被拉紧，漏电断路器工作于闭合状态。当出现漏电或触电事故时，漏电或触电电流通过大地回到变压器的中性点，三相电流的相量和不再等于零，即

$$I_A + I_B + I_C = I_e \qquad (1-8)$$

式中，I_e 为总漏电电流。

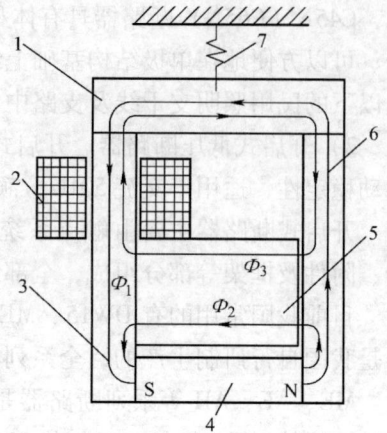

图 1-24　漏电脱扣器的结构
1—衔铁　2—线圈　3—铁心　4—永久磁铁
5—分磁板　6—铁轭　7—拉力弹簧

零序电流互感器二次绕组中便产生了对应于 I_e 的感应电压 U_2，漏电脱扣器线圈中有电流通过，它在磁路中产生交变磁通 Φ_3，Φ_3 有半个周期在方向上与磁通 Φ_1 相反，互相抵消。当 I_e 达到一定值时，漏电脱扣器衔铁在拉力弹簧作用下释放，衔铁上的脱扣指使脱扣机构动作，断路器断开主电路。这种漏电保护断路器的动作非常快，在达到动作电流以后，只需0.02s就能使衔铁释放。漏电脱扣器中配置分磁板是为了减少磁路对于磁通 Φ_3 的磁阻，以提高动作的灵敏度，同时防止永久磁铁退磁老化。

图1-23中，试验按钮 SB 为常开测试按钮，与电阻 R 串联后跨接于两相电路上，当按下 SB 后，漏电保护断路器应立即断开，以证明其漏电保护性能是良好的。电阻 R 的选择应使回路电流等于或略小于规定的漏电动作电流。

漏电保护断路器的常用型号有 DZ15LE、DZL16、DZL18 等系列。

（3）断路器的主要技术参数

断路器的主要技术参数包括：额定电压、额定电流、极数、脱扣器类型及其整定电流范围、分断能力、动作时间等。

1）额定电压。低压断路器长时间运行所能承受的工作电压。

2）额定电流。低压断路器长时间运行时的允许持续电流。

3）分断能力。它是指在规定条件下能够接通和分断的短路电流值。通常采用额定极限短路分断能力和额定运行短路分断能力两种表示法。

4）限流能力。当电路出现故障时，动触点受短路电流产生的电动斥力的作用快速打开，动作速度快，约在 8～10ms 内全部断开，要求限流器的固有动作时间不大于3ms。一般要求限流系数 K（实际分断电流峰值与预期短路电流峰值之比）在 0.3～0.6 之间。

5）动作时间。从网络出现短路的瞬间开始至触点分离后电弧熄灭，电路完全分断所需的时间，称全分断时间或动作时间。框架式和塑壳式低压断路器的动作时间一般为 30～60ms；限流式和快速低压断路器一般小于20ms。

（4）低压断路器的选用原则

1）根据线路对保护的要求确定断路器的类型和保护形式，确定选用框架式、装置式或限流式等。

2）断路器的额定电压应等于或大于被保护线路的额定电压。

3）断路器欠电压脱扣器额定电压应等于被保护线路的额定电压。

4）断路器的额定电流及过电流脱扣器的额定电流应大于或等于被保护线路的计算电流。

5）断路器的极限分断能力应大于线路的最大短路电流的有效值。

6）配电线路中的上、下级断路器的保护特性应协调配合，下级的保护特性应位于上级保护特性的下方且不相交。

7）断路器的长延时脱扣电流应小于导线允许的持续电流。

（5）低压断路器的型号意义

低压断路器的型号意义如下：

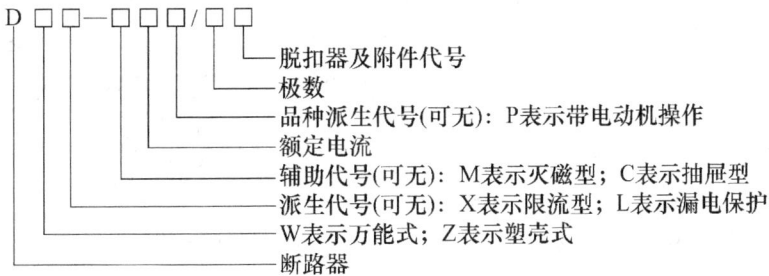

图形说明文字：
- 脱扣器及附件代号
- 极数
- 品种派生代号(可无)：P表示带电动机操作
- 额定电流
- 辅助代号(可无)：M表示灭磁型；C表示抽屉型
- 派生代号(可无)：X表示限流型；L表示漏电保护
- W表示万能式；Z表示塑壳式
- 断路器

（6）断路器的图形符号和文字符号

断路器的图形符号和文字符号如图1-25所示。

1.2.2 熔断器

低压熔断器广泛应用于低压配电系统和控制系统中，主要起严重过载和短路保护作用，同时也是单台电器设备的重要保护元件之一。熔断器的熔体串接于被保护的电路中，当通过它的电流超过规定值（电路发生短路或严重过载）一定时间后，以其自身产生的热量使熔体熔断，从而自动切断电路，实现短路保护

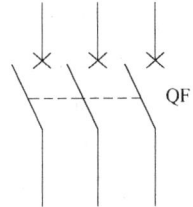

图1-25 断路器的图形符号和文字符号

及过载保护。熔断器与其他开关电器组合可构成各种熔断器组合电器，如熔断器式刀开关等。

熔断器具有结构简单、体积小、重量轻、使用维护方便、价格低廉、分断能力较强和限流能力良好等优点，与其他低压电器配合使用，有很好的技术经济效果，因此在电路中得到广泛应用。

螺旋式熔断器的实物如图1-26所示。

1. 熔断器的结构和工作原理

熔断器结构上一般由熔断管（或座）、熔体、填料及导电部件等部分组成。其中，熔断管一般由硬质纤维或瓷质绝缘材料制成封闭或半封闭式管状外壳，熔体装于其内，并有利于熔体熔断时熄灭电弧；熔体是由金属材料制成不同的丝状、带状、片状或笼形，除丝状外，其他通常制成变截面积结构，目的是改善熔体材料性能及控制不同故障情况下的熔化时间。

使用时，熔体与被它保护的电路及电气设备串联，当通过熔体的电流为正常工作电流时，熔体的温度低于材料的熔点，熔体不熔化；当电路中发生过载或短路故障时，通过熔体的电流增加，熔体的电阻损耗增加，使其温度上升，达到熔体金属的熔点，于是熔体自行熔断，故障电路被分断，完成保护任务。

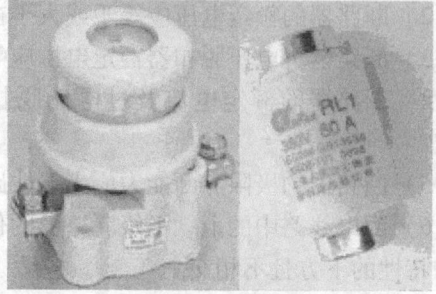

图1-26　螺旋式熔断器的实物图

2. 熔断器的分类

（1）螺旋式熔断器

螺旋式熔断器的结构如图1-27所示。螺旋式熔断器有RLS系列和RL1系列。在熔断管装有石英砂，用于熔断时的消弧和散热，熔体埋于其中，熔体熔断时，电弧喷向石英砂及其缝隙，可迅速降温而熄灭。为了便于监视，石英砂瓷管头部装有一个染成红色的熔断指示器，一旦熔体熔断，指示器马上弹出脱落，透过瓷帽上的玻璃孔可以看到，起到指示的作用。螺旋式熔断器具有较大的热惯性和较小的安装面积，额定电流为5～200A，分断电流较大，它常用于机床电气控制设备中，其缺点是熔体为一次性使用，成本较高。

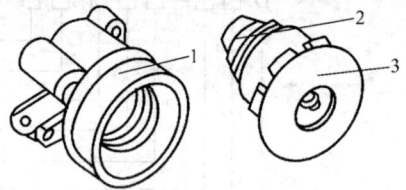

图1-27　螺旋式熔断器的结构
1—底座　2—熔体　3—瓷帽

（2）有填料密封管式熔断器

有填料密封管式熔断器结构如图1-28所示，有的还包括熔断指示器和熔断体盖板。有填料密封管式熔断器有RT0、RT14系列。熔体采用纯铜箔冲制的网状熔片并联而成，装配时将熔片围成笼形，使填料与熔体充分接触，这样既能均匀分布电弧能量，提高分断能力，又可使管体受热较为均匀而不易断裂。熔断指示器是一个机械信号装置，指示器上焊有一根很细的康铜丝，与熔体并联。在正常情况下，由于康铜丝的电阻很大，电流基本上从熔体流过。当熔体熔断时，电流流过康铜丝，使其迅速熔断。此时，指示器在弹簧的作用下立即向外弹出，显现出醒目的红色信号。像RT14、RT18等一些新型的熔断器采用发光二极管作熔断指示器，当熔体熔断时，电流流过发光二极管而发光指示。绝缘手柄用来装卸熔体的可动部件。

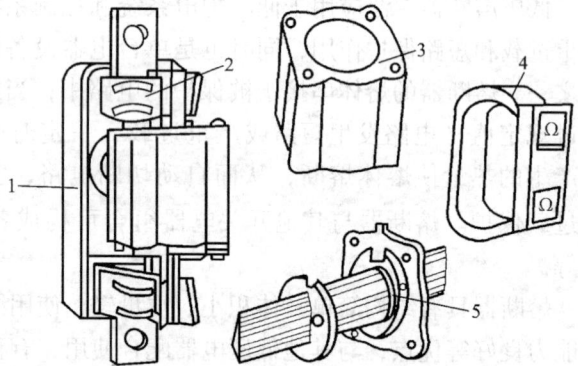

图1-28　有填料密封管式熔断器
1—瓷底座　2—弹簧片　3—管体　4—绝缘手柄　5—熔体

瓷质管体内充满了石英砂填料，起冷却和消弧的作用，加上熔体的特殊结构，使有填料封闭管式熔断器可以分断较大的电流，故常用于大容量的配电线路中。

（3）无填料管式熔断器

无填料管式熔断器结构如图1-29所示。

无填料密封管式熔断器有RM10系列。当发生短路时，熔体在最细处熔断，并且多处同时熔断，有助于提高分断能力。熔体熔断时，电弧被限制在封闭管内，不会向外喷出，故使用起来较为安全。另外，在熔断过程中，密闭管内产生大量气体，气体压力达到 30～80 个标准大气压（$1atm = 101325Pa$）。在此气压的作用下，电弧受到剧烈的压缩，加强了复合作用，促使电弧很快熄灭，从而提高了熔断器的分断能力。无填料密闭管式熔断器常用于低压电力线路或成套配电设备中的连续过载和短路保护。

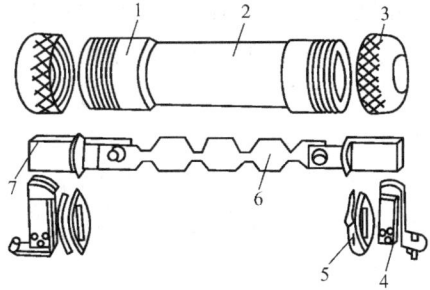

图 1-29　无填料密封管式熔断器
1—铜圈　2—熔断管　3—管帽　4—插座
5—特殊垫圈　6—熔体　7—熔片

（4）快速熔断器

快速熔断器是一种快速动作型的熔断器，由熔断管、触点底座、动作指示器和熔体组成。快速熔断器有 RS0 系列和 RS3 系列。它主要用于半导体整流元件或整流装置的短路保护。半导体器件的过载能力很低，只能在极短的时间（数毫秒至数十毫秒）内承受过载电流。而一般熔断器的熔断时间是以秒计的，所以不能用来保护半导体器件，为此，必须采用在过载时能迅速动作的快速熔断器。快速熔断器的结构与有填料封闭管式熔断器基本一致，不同的是快速熔断器采用以银片冲制成的有 V 形深槽的变截面积熔体。

（5）自复式熔断器

自复式熔断器采用低熔点金属钠作熔体。当发生短路故障时，短路电流产生高温使钠迅速气化，呈现高阻状态，从而限制了短路电流的进一步增加。一旦故障消失，温度下降，金属钠蒸气冷却并凝结，重新恢复原来的导电状态，为下一次动作作好准备。由于自复式熔断器只能限制短路电流，却不能真正切断电路，故常与断路器配合使用。它的优点是不必更换熔体，可重复使用。

（6）插入式熔断器

插入式熔断器结构如图 1-30 所示，常用的插入式熔断器有 RC1A 系列。由软铝丝或铜丝制成熔体，这种熔断器一般用在 380V 及以下电压等级低压照明线路末端或分支电路中作短路保护及高倍过电流保护之用。其特点是结构简单，尺寸小，更换方便，价格低廉。

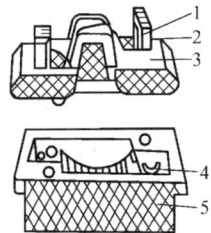

3. 熔断器的保护特性

熔断器的保护特性也就是熔体的熔断特性，一般也称作为安秒特性。所谓安秒特性是指熔体的熔化电流与熔化时间的关系，

图 1-30　插入式熔断器
1—动触点　2—熔体
3—瓷插件　4—静触点　5—瓷座

如图 1-31 所示。

从特性曲线上可以看出，熔断器的熔断时间与通过熔体的电流大小有关，流过熔体的电流越大，熔断时间越短，因为熔体在熔化和气化过程中，所需热量是一定的，所以保护特性是反时限特性曲线。

从图 1-31 中还可以看到存在一条熔断电流与不熔断电流的分界线，当电流值为 I_R 时，熔断时间为无穷大，称此电流为最小熔断电流或临界电流。熔断器的额定电流 I_N 必须小于最小熔断电流 I_R。

熔断器的最小熔断电流 I_R 与额定电流 I_N 之比称为熔断器的熔化系数，熔化系数主要取决于熔体的材料、工作温度和结构。一般情况下，当通过的电流不超过 $1.25I_N$ 时，熔体将长期工作；当电流不超过 $2I_N$ 时，约在 $30 \sim 40s$ 后熔断；当电流达到 $2.5I_N$ 时，约在 $8s$ 左右熔断；当电流达到 $4I_N$ 时，约在 $2s$ 左右熔断；当电流达到 $10I_N$ 时，熔体瞬时熔断。所以当电路发生短路时，短路电流使熔体瞬时熔断。

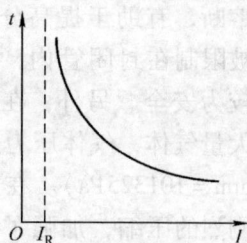

图 1-31　熔断器的保护特性曲线

熔断器的结构简单、价格低廉，但动作准确性较差，熔体熔断以后需重新更换，而且若只熔断一相还会造成电动机的断相运行，所以它只适用于自动化程度和其动作准确性要求不高的场合。

4. 熔断器的选择

熔体和熔断器只有经过正确选择，才能起到保护作用。一般根据被保护电路的需要，首先选择熔体的规格，再根据熔体的规格确定熔断器的规格。

（1）熔体额定电流的选择

1）对于照明和电热设备等阻性负载电路的断路保护，熔体的额定电流应稍大于或等于负载的额定电流。

2）由于电动机的起动电流很大，必须考虑起动时，熔丝不能断，因此熔体的额定电流选得要大些。

单台电动机：熔体的额定电流 = (1.5 ~ 2.5) × 电动机的额定电流。

多台电动机：熔体的额定电流 = (1.5 ~ 2.5) × 容量最大的电动机额定电流 + 其余电动机的额定电流之和。

减压起动电动机：熔体的额定电流 = (1.5 ~ 2.0) × 电动机的额定电流。

直流电动机和绕线转子电动机：熔体的额定电流 = (1.2 ~ 1.5) × 电动机的额定电流。

（2）熔断器的选择

熔断器的额定电压和额定电流应不小于线路的额定电压和所装熔体的额定电流。熔断器的类型根据线路要求和安装条件而定。

5. 熔断器的型号意义

熔断器的型号意义如下：

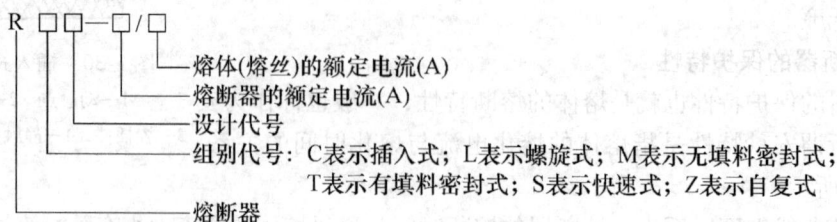

R □□-□/□
　　　　　熔体(熔丝)的额定电流(A)
　　　　熔断器的额定电流(A)
　　　设计代号
　　组别代号：C表示插入式；L表示螺旋式；M表示无填料密封式；
　　　　　　T表示有填料密封式；S表示快速式；Z表示自复式
　熔断器

6. 熔断器的图形符号和文字符号

熔断器的图形符号和文字符号如图 1-32 所示。

FU

图 1-32　熔断器的图形符号和文字符号

1.2.3　主令电器

控制系统中，主令电器是一种发布电气控制指令的电器。它直接或通过电磁式电器间接作用于控制电路，常用来控制电力拖动系统中电动机的起动、停车、调速及制动等。

常用的主令电器有控制按钮、行程开关、接近开关、万能转换开关和主令控制器等。主令电器一般需要借助外力来执行动作，如按钮和万能转换开关需要借助操作者的力量执行动作，行程开关则需要借助机械的运动部件碰压才能执行动作。

1. 按钮

控制按钮是一种结构简单、使用广泛的手动主令电器，它可以与接触器或继电器配合，对电动机实现远距离的自动控制，是一种短时间接通或断开小电流电路的手动控制指令电器。

（1）按钮的触点形式

动合按钮：外力未作用时（手未按下），触点是断开的；外力作用时，触点闭合，但外力消失后，在复位弹簧作用下自动恢复原来的断开状态。这样的触点称为常开触点。

动断按钮：外力未作用时（手未按下），触点是闭合的；外力作用时，触点断开，但外力消失后，在复位弹簧作用下自动恢复原来的闭合状态。这样的触点称为常闭触点。

复合按钮：由常开触点和常闭触点组成。按下复合按钮时，所有的触点都改变状态，即常开触点要闭合，常闭触点要断开。但是，这两对触点的变化是有先后次序的，按下按钮时，常闭触点先断开，常开触点后闭合；松开按钮时，常开触点先复位（断开），常闭触点后复位（闭合）。

（2）按钮的结构

按钮通常做成复合式，即具有常闭触点和常开触点。按钮的外形如图 1-33 所示，内部结构如图 1-34 所示，此按钮为复合按钮，由按钮帽、复位弹簧、桥式触点和外壳等组成，按下按钮时，先断开常闭触点，后接通常开触点；按钮释放后，在复位弹簧的作用下，按钮触点自动复位的先后顺序相反。通常，在无特殊说明的情况下，有触点电器的触点动作顺序均为"先断后合"。

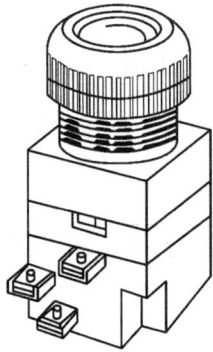

图 1-33　按钮的外形图

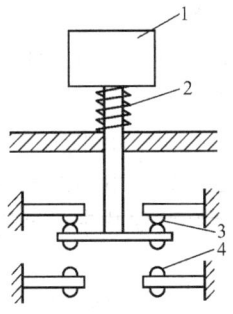

图 1-34　按钮的内部结构图

1—按钮帽　2—复位弹簧　3—常闭触点　4—常开触点

（3）按钮的选择

按钮选择的主要依据是使用场所、需要的触点数量、种类及颜色。

在电器控制电路中，常开按钮常用来起动电动机，也称起动按钮，常闭按钮常用于控制电动机停车，也称停车按钮，复合按钮用于联锁控制电路中。

控制按钮的种类很多，在结构上有按钮式、紧急式、钥匙式、旋钮式和指示灯式等。

常用的控制按钮有 LA18、LA19、LA20、LA25、LAY3 等系列按钮。其中 LA18 系列采用积木式结构，触点数目可按需要拼装至六常开六常闭，一般装成二常开二常闭。LA19、LA20 系列有带指示灯和不带指示灯两种，前者按钮帽用透明塑料制成，兼做指示灯罩。

（4）按钮在使用过程中的注意事项

1）按钮安装在面板上时，应布置合理、排列整齐。

2）按钮触点之间距离较小，如有油污或其他脏物容易造成短路，应注意保持触点及导电部分的清洁。

3）在面板上固定按钮时安装应牢固，停止按钮用红色，起动按钮用绿色或黑色。

4）使用前，应检查按钮帽弹性是否正常，动作是否自如，触点接触是否良好可靠。

（5）按钮的型号含义

按钮的型号含义如下：

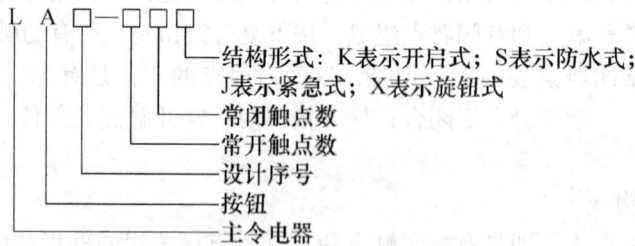

```
L A □ — □ □ □
                 结构形式：K表示开启式；S表示防水式；
                 J表示紧急式；X表示旋钮式
                 常闭触点数
                 常开触点数
                 设计序号
                 按钮
                 主令电器
```

（6）按钮的图形和文字符号

按钮的图形符号和文字符号如图 1-35 所示。

2. 行程开关

行程开关（位置开关）是一种短时接通或断开小电流电路的电器，用于控制机械设备的行程及限位保护。在实际生产中，将行程开关安装在预先安排的位置，当装于生产机械运动部件上的模块撞击行程开关时，行程开关的触点动作，实现电路的切换。因此，行程开关是一种根据运动部件的行程位置而切换电路的电器，它的作用原理与按钮类似。

图 1-35　按钮的图形符号和文字符号
（a) 常开触点　b) 常闭触点　c) 复合触点）

有时将行程开关安装于运动机械行程终端处，以限制其行程，进行终端限位保护，这时又称为限位开关。

行程开关广泛用于各类机床和起重机械，用于控制生产机械的运动方向、速度、行程大小或位置。例如在电梯的控制电路中，利用行程开关来控制开关轿门的速度、自动开关门的限位，轿厢的上、下限位保护。机床上也有很多行程开关，用它控制工件运动或自动进刀的行程，避免发生碰撞事故。有时利用行程开关使被控物体在规定的两个位置之间自动换向，从而得到不断的往复运动。

行程开关按其结构可分为直动式、滚轮式、微动式和组合式。

（1）直动式行程开关

结构原理如图 1-36 所示，由推杆、复位弹簧、触点和外壳组成，具有结构简单、价格低廉的优点。

直动式行程开关动作原理与按钮类似，所不同的是：按钮是手动，行程开关则由运动部件的撞块碰撞。当外界运动部件上的撞块碰压行程开关的推杆，使其触点动作，当运动部件离开后，在弹簧作用下，其触点自动复位。行程开关触点的分合速度取决于生产机械的运行速度，不宜用于速度低于 0.4m/min 的场所。当移动速度低于 0.4m/min 时，触点分断缓慢，不能瞬时切换电路，触点易被电弧烧损。

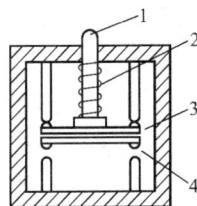

图 1-36　直动式行程开关
1—推杆　2—弹簧
3—常闭触点　4—常开触点

（2）滚轮式行程开关

滚轮式行程开关如图 1-37 所示。滚轮式行程开关又分为单滚轮自动复位式和双滚轮（羊角式）非自动复位式，双滚轮行程开关具有两个稳态位置，有"记忆"作用，在某些情况下可以简化线路。

当运动机械的挡铁（撞块）压到行程开关的滚轮上时，传动杠连同转轴一同转动，使凸轮推动撞块，当挡铁碰压到一定位置时，推动微动开关快速动作。当滚轮上的挡铁移开后，复位弹簧就使行程开关复位。这种是单轮自动恢复式行程开关。而双轮旋转式行程开关不能自动复原，它是依靠运动机械反向移动时，挡铁碰撞另一滚轮将其复原。

滚轮式行程开关触点的分合速度不受运动机械移动速度的影响。

（3）微动式行程开关

微动式行程开关结构如图 1-38 所示。常用的有 LXW–11 系列产品。微动开关安装了弯形片状弹簧，使推杆在很小的范围内移动时，可使触点因簧片的翻转而改变状态。它具有体积小、重量轻、动作灵敏、能瞬时动作、微小动作行程等优点，常用于要求行程控制准确度较高的场合。

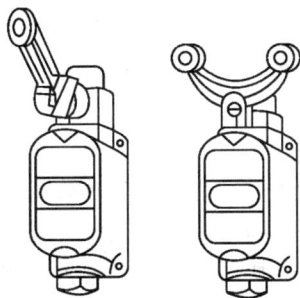

图 1-37　滚轮式行程开关

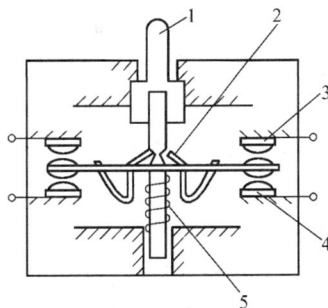

图 1-38　微动式行程开关
1—推杆　2—畸形片状弹簧　3—常开触点
4—常闭触点　5—恢复弹簧

行程开关型号的含义如下：

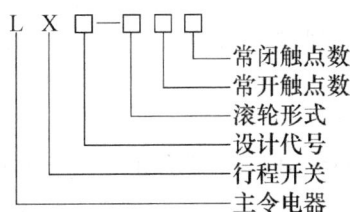

L X □—□□□　常闭触点数
　　　　　　　常开触点数
　　　　　　滚轮形式
　　　　　设计代号
　　　　行程开关
　　　主令电器

行程开关图形符号和文字符号如图1-39所示。

3. 接近开关

接近开关又称无触点行程开关，当某
种物体与其感应头接近到一定距离时就发
出动作信号，它不像机械行程开关那样需
要施加机械力，而是通过其感应头与被测
物体间介质能量的变化来获取信号。接近
开关的应用已远超出一般行程控制和限位

a) 常开触点　　b) 常闭触点　　c) 复式触点

图1-39　行程开关的图形符号和文字符号

保护的范畴，例如用于高速计数、测速、液面控制，检测金属体的存在、零件尺寸以及无触
点按钮等。即便用于一般行程控制，其定位精度、操作频率、使用寿命和对恶劣环境的适应
能力也优于一般机械式行程开关。

接近开关的原理框图如图1-40所示。它是由感应头、振荡器、放大电路和输出器组成。
当运动部件与接近开关的感应头接近时，使其输出一个电信号。

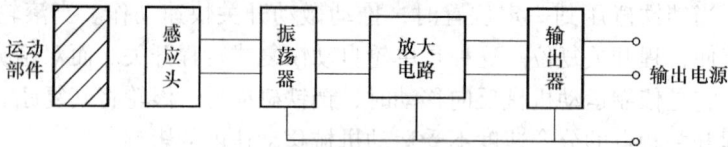

图1-40　接近开关的原理框图

因为位移传感器可以根据不同的原理和不同的方法做成，而不同的位移传感器对物体的
"感知"方法也不同。常见的接近开关有以下几种。

（1）涡流式接近开关

这种开关有时也叫电感式接近开关。它是利用导电物体在接近这个能产生电磁场的接近
开关时，使物体内部产生涡流。这个涡流反作用到接近开关，使开关内部电路参数发生变
化，由此识别出有无导电物体移近，进而控制开关的接通或断开。这种接近开关的检测对象
必须是导电体。

（2）电容式接近开关

这种开关的测量探头通常是构成电容器的一个极板，而另一个极板是开关的外壳。这个
外壳在测量过程中通常是接地或与设备的机壳相连接。当有物体移向接近开关时，不论它是
否为导体，由于它的接近总会使电容的介电常数发生变化，从而使电容量发生变化，使得和
测量头相连的电路状态随之发生变化，由此便可控制开关的接通或断开。这种接近开关的检
测对象不限于导体，可以是绝缘的液体或粉状物等。

（3）霍尔接近开关

霍尔元件是一种磁敏元件。利用霍尔元件做成的开关，叫做霍尔开关。当磁性物件移近
霍尔开关时，开关检测面上的霍尔元件因产生霍尔效应而使开关内部电路状态发生变化，由
此识别附近有磁性物体存在，进而控制开关的接通或断开。这种接近开关的检测对象必须是
磁性物体。

（4）光电开关

光电开关是利用光电感应原理实现开关动作的电气元器件，是接近开关的又一种形式。
将发光器件与光电器件按一定方向装在同一个检测头内，当有反光面（被检测物体）接近

时，光电器件接收到反射光后便有信号输出，由此便可"感知"有物体接近。

光电开关除克服了接触式行程开关存在的诸多不足外，还克服了接近开关作用距离短、不能直接检测非金属材料等缺点。它具有体积小、功能多、寿命长、精度高、响应速度快、检测距离远以及抗电磁干扰能力强等优点，还可非接触、无损伤地检测和控制各种固体、液体、透明体、黑体、柔软体和烟雾等物质的状态和动作。目前，光电开关已被用于物位检测、液位检测、产品计数、尺寸判别、速度检测、定长控制、孔洞识别、信号延时、自动门控、色标检出以及安全防护等诸多领域。

光电开关按检测方式可分为对射式、反射式和镜面反射式3种类型。

反射式光电开关是利用物体把光电开关发射出的红外线反射回去，由光电开关接收，从而判断是否有物体存在。如有物体存在，光电开关接收到红外线，其触点动作，否则其触点复位。

对射式光电开关是由分离的发射器和接收器组成。当无遮挡物时，接收器接收到发射器发出的红外线，其触点动作；当有物体挡住时，接收器便接收不到红外线，其触点复位。

镜面反射式光电开关由发射器和接收器构成，从发射器发出的光束在对面的反射镜被反射，即返回接收器，当光束被中断时会产生一个开关信号的变化，有效作用距离为 0.1 ~ 20m。它可以辨别不透明的物体，不易受干扰，适合使用在野外或者有灰尘的环境中。

（5）热释电式接近开关

用可以感知温度变化的元件做成的开关叫热释电式接近开关。这种开关是将热释电器件安装在开关的检测面上，当有与环境温度不同的物体接近时，热释电器件的输出便产生变化，由此便可检测出有物体接近。

（6）其他型式的接近开关

当观察者或系统对波源的距离发生改变时，接收到的波的频率会发生偏移，这种现象称为多普勒效应。声纳和雷达就是利用这个效应的原理制成的。利用多普勒效应可制成超声波接近开关、微波接近开关等。当有物体移近时，接近开关接收到的反射信号会产生多普勒频移，由此可以识别出有无物体接近。

4. 万能转换开关

万能转换开关是一种多档式、控制多回路的主令电器。万能转换开关主要用于各种控制电路的转换、电压表和电流表的换相测量控制、配电装置线路的转换和遥控等。万能转换开关还可以用于直接控制小容量电动机的起动、调速和换向。

万能转换开关由多组相同结构的触点组件叠装而成，LW12 系列转换开关某一层的结构示意图如图 1-41 所示。LW12 系列转换开关每层最多可装 4 对触点，由底座中间的凸轮进行控制。由于每层凸轮可做成不同的形状，当手柄转到

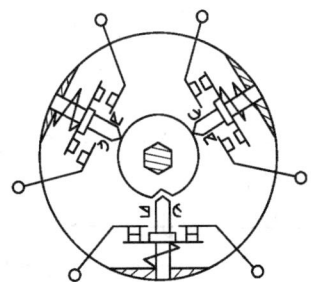

图 1-41　LW12 系列转换开关
某一层的结构示意图

不同位置时，通过凸轮的作用，使各对触点按需要的规律接通和分断。

万能转换开关手柄操作位置是以角度表示的。不同型号的万能转换开关，手柄有不同的操作位置。

万能转换开关的触点在电路图中的图形符号如图 1-42 所示。由于其触点的分合状态与

操作手柄的位置有关，除在电路图中画出触点的图形符号外，还应画出操作手柄与触点分合状态的关系。如图1-42a所示，在万能转换开关的图形符号中，触点下方虚线上的"·"表示当操作手柄处于该位置时，该对触点闭合；如果虚线上没有"·"，则表示当操作手柄处于该位置时，该对触点处于断开状态。图1-42a中，当万能转换开关打向左45°时，触点5-6、7-8闭合，触点1-2、3-4断开；打向0°时，只有触点1-2闭合；打向右45°时，触点3-4、5-6闭合，触点1-2、7-8断开。

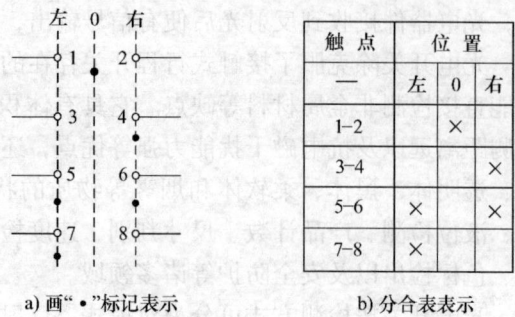

触点	位置		
—	左	0	右
1-2		×	
3-4			×
5-6	×		×
7-8	×		

a) 画"·"标记表示   b) 分合表表示

图1-42 万能转换开关的图形符号

为了更清楚地表示万能转换开关的触点分合状态与操作手柄的位置关系，在电气控制系统图中经常把万能转换开关的图形符号和触点分合表结合使用。如图1-42b所示，在触点分合表中，用"×"表示手柄处于该位置时触点的闭合状态。

万能转换开关的常用产品有LW5和LW6系列。LW5系列可控制5.5kW及以下的小功率电动机；LW6系列只能控制2.2kW及以下的小功率电动机。用于可逆运行控制时，只有在电动机停车后才允许反向起动。LW5系列万能转换开关按手柄的操作方式可分为自复式和自定位式两种。所谓自复式是指用手拨动手柄至某一挡位时，手松开后，手柄自动返回原位；定位式则是指手柄被置于某挡位时，不能自动返回原位而停在该挡位。手柄的操作位置以角度表示，一般有30°、45°、60°、90°等，根据型号不同而有所不同。

5. 主令控制器

主令控制器是一种频繁对电路进行接通和切断的电器。通过它的操作，可以对控制电路发布命令，与其他电路联锁或切换，常配合磁力起动器对绕线转子异步电动机的起动、制动、调速及换向实行远距离控制，广泛用于各类起重机械的电动机拖动控制系统中。

主令控制器一般由外壳、触点、凸轮和转轴等组成，与万能转换开关相比，它的触点容量大些，操纵挡位也较多。主令控制器的动作过程与万能转换开关相类似，也是由一块可转动的凸轮带动触点动作。

控制电路中，主令控制器触点的图形符号及操作手柄在不同位置时的触点分合状态表示方法与万能转换开关相似。

从结构上讲，主令控制器分为两类，一类是凸轮可调式主令控制器，另一类是凸轮固定式主令控制器。凸轮式主令控制器的结构原理图如图1-43所示。

凸轮块1和7固定于方轴上，动触点4固定于能绕轴6转动的支杆5上。当操作主令控制器手柄转动时，凸轮块1和7随之转动，当凸轮块7转到推压小轮8的位置时，小轮则会带动支杆5绕轴转动，使支杆张开，从而动触点4离开静触点3，将被控回路断开。当凸轮的凹陷部分与小轮8接触时，支杆5在反力弹簧作用下复位，使动、静触点闭

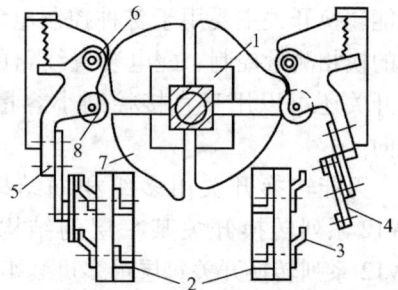

图1-43 凸轮式主令控制器的结构原理图
1、7—凸轮块 2—接线端子 3—静触点
4—动触点 5—支杆 6—转动轴 8—小轮

合，将被控回路接通。图 1-43 所示为主令控制器某一层的结构示意图，只要安装一串不同形状的凸轮，就可使触点按一定顺序接通或断开，以获得按一定顺序进行控制的电路。

常用的主令控制器有 LK14、LK15 和 LK16 系列。

1.2.4 接触器

接触器是一种适用于频繁地接通和断开电动机主电路或其他负载电路的控制电器，可以实现远距离自动控制。由于它结构紧凑、价格低廉、工作可靠、维护方便，因而用途十分广泛，是使用量最大、应用面最宽的电器之一。

接触器主要控制对象是电动机，也可用于控制电焊机、电容器组、电热装置和照明设备等其他负载。

接触器是利用电磁吸力及弹簧反作用力的配合动作，使触点闭合与断开的一种电磁开关，接触器能接通和断开负荷电流，但不能切断短路电流，因此常与熔断器、热继电器等配合使用。它具有低电压释放保护功能。

接触器由电磁线圈、铁心、衔铁、触点和固定支架组成。其原理是当接触器的电磁线圈通入电流时，会产生很强的磁场，使衔铁被吸附，安装在衔铁上的动触点也随之与静触点闭合，使电气线路接通。当断开电磁线圈中的电流时，磁场消失，触点在弹簧的作用下恢复到断开的状态。

接触器的分类有几种不同的方式，如按驱动方式可分为电磁接触器、气动接触器和液压接触器；按灭弧介质可分为空气电磁式接触器、油浸式接触器和真空接触器等；按冷却方式可分为自然空冷、油冷和水冷；按主触点控制的电流种类可分为交流接触器、直流接触器；按主触点极数可以分为单极、双极、三极、四极和五极等多种；另外还有建筑用接触器、机械联锁（可逆）接触器和智能化接触器等。

下面重点介绍电磁接触器。电磁接触器按其主触点通过电流的种类不同可分为直流和交流两种，目前在控制电路中多数采用交流接触器。

1. 交流接触器

（1）交流接触器的结构

交流接触器主要由电磁系统、触点系统和灭弧装置及其他部件等四部分组成。

1）电磁机构。电磁系统主要用于产生电磁吸力（动力）。电磁机构由线圈、动铁心（衔铁）和静铁心组成，其作用是将电磁能转换成机械能，产生电磁吸力带动触点动作。交流接触器的电磁线圈是由绝缘铜导线绕制在铁心上，铁心由硅片叠压而成，减少铁心中的涡流损耗，避免铁心过热。在铁心上装有一个短路铜环，作用是减少交流接触器吸合时产生的振动和噪声，故又称减振环，其材料为铜、康铜或镍铬合金等。

2）触点系统。触点系统主要用于通断电路或传递信号，包括主触点和辅助触点。主触点用于通断电流较大的主电路，通常为 3 对常开触点；辅助触点用于控制电路，通断电流较小的控制电路，常在控制电路中起电气自锁或互锁作用，一般常开、常闭触点各两对。

3）灭弧装置。灭弧装置用来熄灭触点在切断电路时所产生的电弧，保护触点不受电弧灼伤。容量在 10A 以上的接触器都有灭弧装置，对于小容量的接触器，常采用双断口触点灭弧、电动力灭弧和陶土灭弧罩灭弧。对于大容量的接触器，采用纵缝灭弧罩及栅片灭弧。

4）其他部件。包括反作用弹簧、缓冲弹簧、触点压力弹簧、传动机构及外壳等。

交流接触器的实物图如图 1-44a 所示。

（2）交流接触器的工作原理

交流接触器的工作原理图如图 1-44b 所示。电磁式接触器的工作原理如下：线圈通电后，在铁心中产生磁通及电磁吸力。此电磁吸力克服弹簧反力使得衔铁吸合，带动触点机构动作，常闭触点打开，常开触点闭合，接通线路。线圈失电或线圈两端电压显著降低时，电磁吸力小于弹簧反力，使得衔铁释放，触点恢复线圈未通电时的状态，断开线路。

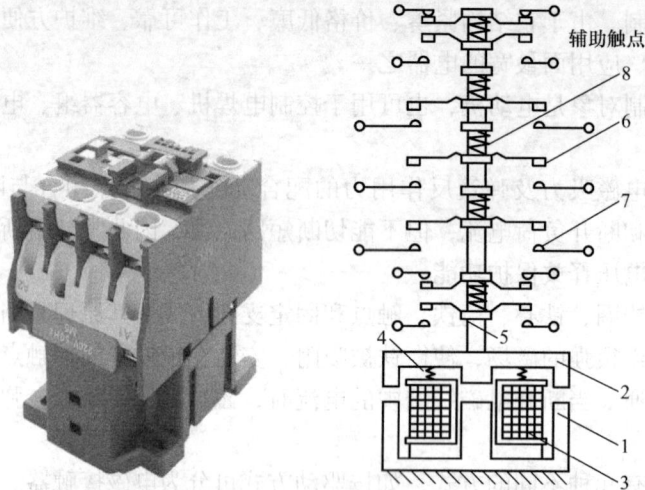

a) 交流接触器的实物图　　　　b) 交流接触器工作原理示意图

图 1-44　交流接触器的典型结构

1—铁心　2—衔铁　3—线圈　4—复位弹簧　5—绝缘支架　6—动触点　7—静触点　8—触点弹簧

（3）交流接触器的基本参数

1）额定电压。指主触点额定工作电压，应等于负载的额定电压。一只接触器常规定几个额定电压，同时列出相应的额定电流或控制功率。通常，最大工作电压即为额定电压。常用的额定电压值为 220V、380V、660V 等。

2）额定电流。接触器触点在额定工作条件下的电流值。常用额定电流等级为 5A、10A、20A、40A、60A、100A、150A、250A、400A、600A 等。

3）通断能力。可分为最大接通电流和最大分断电流。最大接通电流是指触点闭合时不会造成触点熔焊时的最大电流值；最大分断电流是指触点断开时能可靠灭弧的最大电流。一般通断能力是额定电流的 5～10 倍。当然，这一数值与开断电路的电压等级有关，电压越高，通断能力越小。

4）动作值。可分为吸合电压和释放电压。吸合电压是指接触器吸合前，缓慢增加吸合线圈两端的电压，接触器可以吸合时的最小电压。释放电压是指接触器吸合后，缓慢降低吸合线圈的电压，接触器释放时的最大电压。一般规定，吸合电压不低于线圈额定电压的85%，释放电压不高于线圈额定电压的 70%。

5）吸引线圈额定电压。接触器正常工作时，吸引线圈上所加的电压值。一般该电压数值以及线圈的匝数、线径等数据均标于线包上，而不是标于接触器外壳铭牌上，使用时应加以注意。

6）操作频率。接触器在吸合瞬间，吸引线圈需消耗比额定电流大 5～7 倍的电流，如果操作频率过高，则会使线圈严重发热，直接影响接触器的正常使用。为此，规定了接触器的允许操作频率，一般为每小时允许操作次数的最大值。

7）寿命。包括电寿命和机械寿命。目前接触器的机械寿命已达一千万次以上，电气寿命约是机械寿命的 5% ~ 20%。

（4）交流接触器的类型

交流接触器按负荷种类一般分为一类、二类、三类和四类，分别记为 AC_1、AC_2、AC_3 和 AC_4。一类交流接触器对应的控制对象是无感或微感负荷，如白炽灯、电阻炉等；二类交流接触器用于绕线转子异步电动机的起动和停止；三类交流接触器的典型用途是笼型异步电动机的运转和运行中分断；四类交流接触器用于笼型异步电动机的起动、反接制动、反转和点动。

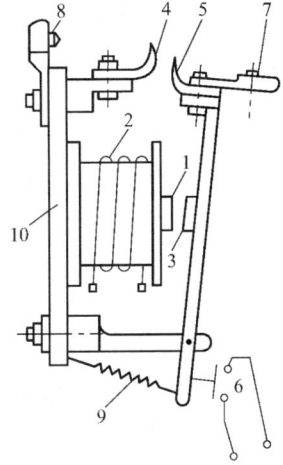

2. 直流接触器

直流接触器结构如图 1-45 所示。直流接触器的结构和工作原理基本上与交流接触器相同。在结构上也是由电磁机构、触点系统和灭弧装置等部分组成。但是因为它主要用于控制直流用电设备，因此具体结构和交流接触器有一定差别。由于直流电弧比交流电弧难以熄灭，直流接触器常采用磁吹式灭弧装置灭弧。

图 1-45　直流接触器的结构原理图
1—铁心　2—线圈　3—衔铁　4—静触点
5—动触点　6—辅助触点　7、8—接线柱
9—反作用弹簧　10—底板

3. 接触器的图形符号和文字符号

接触器的图形符号和文字符号如图 1-46 所示。

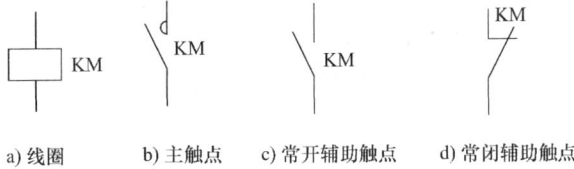

a) 线圈　　b) 主触点　　c) 常开辅助触点　　d) 常闭辅助触点

图 1-46　接触器的图形符号和文字符号

4. 接触器的型号说明

交流接触器的型号含义如下：

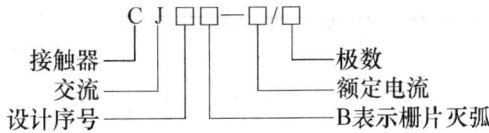

接触器
交流
设计序号
极数
额定电流
B表示栅片灭弧
CJ□□—□/□

直流接触器的型号含义如下：

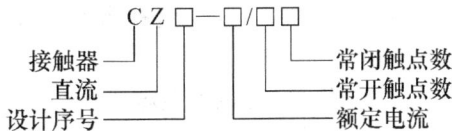

接触器
直流
设计序号
常闭触点数
常开触点数
额定电流
CZ□—□/□□

27

例如：CJ10Z－40/3 为交流接触器，设计序号 10，重任务型，额定电流 40A，主触点为 3 极。CJ12T－250/3 为改型后的交流接触器，设计序号 12，额定电流 250A，3 个主触点。

我国生产的交流接触器常用的有 CJ10、CJ12、CJX1、CJ20 等系列及其派生系列产品，CJ0 系列及其改型产品已逐步被 CJ20、CJX 系列产品取代。上述系列产品一般具有 3 对常开主触点，常开、常闭辅助触点各两对。直流接触器常用的有 CZ0 系列，分单极和双极两大类，常开、常闭辅助触点各不超过两对。

除以上常用系列外，我国还引进了一些生产线，生产了一些满足 IEC 标准的交流接触器，下面做一简单介绍。

CJ12B－S 系列锁扣接触器用于交流 50Hz，电压 380V 及以下、电流 600A 及以下的配电电路中，供远距离接通和分断电路用，并适用于不频繁地起动和停止交流电动机。具有正常工作时吸引线圈不通电、无噪声等特点。其锁扣机构位于电磁系统的下方。锁扣机构靠吸引线圈通电，吸引线圈断电后靠锁扣机构保持在锁住位置。由于线圈不通电，不仅无电力损耗，而且消除了磁噪声。

西门子公司的 3TB 系列、BBC 公司的 B 系列交流接触器，它们主要供远距离接通和分断电路，并适用于频繁地起动及控制交流电动机。3TB 系列产品具有结构紧凑、机械寿命和电气寿命长、安装方便、可靠性高等特点，额定电压为 220～660V，额定电流为 9～630A。

1.2.5　继电器

继电器是根据某种输入量的变化，接通或断开小电流控制电路，实现远距离自动控制和保护的自动控制电器。其输入量可以是电流、电压等电气量，也可以是温度、时间、速度、压力等非电气量。其输出是触点的动作或电路参数的变化。当输入量的变化到达一定程度时，输出量才会发生阶跃性的变化。继电器在电路中起着自动调节、安全保护、转换电路等作用，广泛应用于电力保护、自动化、运动、遥控、测量和通信等装置中。

继电器一般由感测机构和执行机构两部分组成。感测机构反应输入量的变化，执行机构负责接通或断开电路。

1. 继电器的特性

继电器的主要特性是输入—输出特性，又称继电特性，继电特性曲线如图 1-47 所示。将继电器开始动作并顺利吸合的输入量称为动作值，记为 x_c；将继电器开始释放并顺利分开的输入量称为返回值，记为 x_f。

当继电器输入量 x 由零增至 x_c 以前，继电器输出量始终为最小，$y = y_{min}$（对于有触点继电器，$y_{min} = 0$）。当输入量 x 增加到 x_c 时，继电器吸合，输出量为由 y_{min} 跃变为 y_{max}；若 x 继续增大，y 始终保持不变。对于已动作的继电器，在 $x > x_f$ 的整个过程中，输出量始终为 y_{max}。当 x 减小到 x_f 时，继电器释放，输出量由 y_{max} 跃变为 y_{min}，若 x 继续减小，y 值均为 y_{min}。这种输入输出特性称为继电特性。

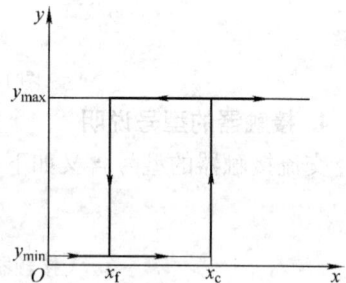

图 1-47　继电器的输入—输出特性

2. 继电器的主要参数

1）额定参数。它指输入的额定值及触点的额定电压和额定电流。

2）动作参数。它指继电器的动作值和返回值，如图 1-47 中的 x_c 和 x_f。

3）返回系数。$K_f = x_f/x_c$，称为继电器的返回系数，它是继电器重要参数之一。K_f值是可以调节的。

例如，一般继电器要求低的返回系数，K_f值应在 0.1～0.4 之间，这样当继电器吸合后，输入量波动较大时不致引起误动作；欠电压继电器则要求高的返回系数，K_f值在 0.6 以上。设某继电器 $K_f = 0.66$，吸合电压为额定电压的 90%，则电压低于额定电压的 50% 时，继电器释放，起到欠电压保护作用。

4）动作时间。它指继电器的吸合时间和释放时间。吸合时间是指从线圈接受电信号到衔铁完全吸合所需的时间；释放时间是指从线圈失电到衔铁完全释放所需的时间。一般继电器的吸合时间与释放时间为 0.05～0.15s，快速继电器为 0.005～0.05s，它的大小影响继电器的操作频率。

5）整定值。它指对动作参数的人为调整值，一般根据用户使用要求进行调节的。

3. 继电器的分类

继电器的种类和形式很多，主要分类方法如下：

1）按动作原理分　电磁式继电器、感应式继电器、热继电器、机械式继电器、电动式继电器和电子式继电器等。

2）按反应参数分　电流继电器、电压继电器、时间继电器、速度继电器和压力继电器等。

3）按动作时间分　瞬时继电器、延时继电器等。

4）按用途分：控制继电器、保护继电器等。控制继电器包括中间继电器、时间继电器和速度继电器等；保护继电器包括热继电器、电压继电器和电流继电器等。

4. 电磁式继电器

电磁式继电器的结构及工作原理与接触器大体相同，也是由电磁机构和触点系统等组成。但也有一些不同之处，继电器触点容量较小（一般为 5A 以下）且无灭弧装置，对其动作准确性要求较高。

电磁式继电器的典型结构如图 1-48 所示，它由线圈、电磁系统、反力系统和触点系统等组成。当线圈通电时，电磁铁心产生的电磁吸力大于弹簧的反作用力，使衔铁向下发生一段位移，导致常闭触点断开，常开触点闭合；当线圈断电时，衔铁在弹簧反力作用下复位，导致继电器的常开触点复位，回到断开状态，常闭触点复位闭合。

装设不同的线圈后可分别制成电流继电器、电压继电器和中间继电器。这种继电器的线圈有交流和直流两种，直流的继电器再加装筒套后可以构成电磁式时间继电器。电流继电器、电压继电器和中间继电器的实物图如图 1-49 所示。

（1）电磁式电流继电器

触点的动作与线圈电流大小有关的继电器叫做电流继电器。电流继电器用于电力拖动系统的电流保护和控制。其线圈串联接入主电路，用来感测主电路的线路电流，线圈匝数较

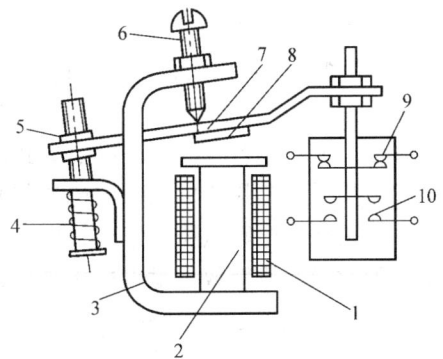

图 1-48　电磁式继电器的典型结构
1—线圈　2—铁心　3—磁轭　4—弹簧
5—调节螺母　6—调节螺钉　7—衔铁
8—非磁性垫片　9—常闭触点　10—常开触点

少，导线较粗；触点接于控制电路，为执行元件。常用的电流继电器有欠电流继电器和过电流继电器两种。

欠电流继电器起欠电流保护作用，使衔铁吸合的电流为线圈额定电流的 30% ~65%，释放电流为额定电流的 10% ~20%，因此，在电路正常工作时，衔铁是吸合的，只有当电流降低到某一整定值时，继电器释放，控制电路失电，从而控制接触器及时分断电路。

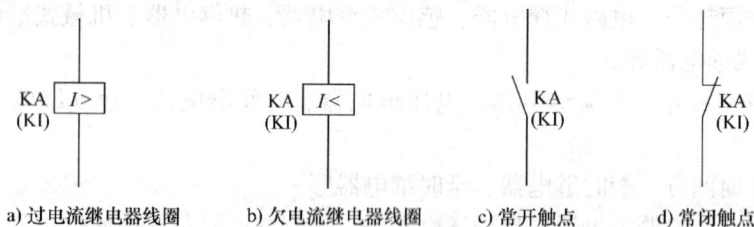

a)电流继电器　　b)电压继电器　　c)中间继电器

图 1-49　电磁继电器的实物图

过电流继电器在电路正常工作时不动作，整定范围通常为额定电流的 1.1 ~4 倍，当被保护线路的电流高于额定值，达到过电流继电器的整定值时，衔铁吸合，触点机构动作，控制电路失电，从而控制接触器及时分断电路，对电路起过电流保护作用。

电流继电器的图形符号和文字符号如图 1-50 所示。

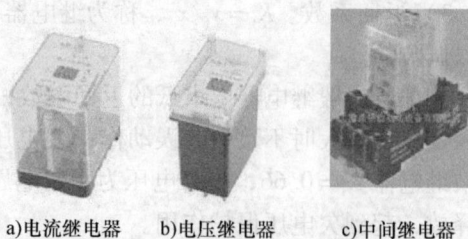

a) 过电流继电器线圈　　b) 欠电流继电器线圈　　c) 常开触点　　d) 常闭触点

图 1-50　电流继电器的图形符号和文字符号

（2）电磁式电压继电器

触点的动作与线圈电压大小有关的继电器叫做电压继电器。电压继电器用于电力拖动系统的电压保护和控制。其线圈并联接入主电路，感测主电路的电路电压，线圈匝数较多，导线较细；触点接于控制电路，为执行元件。

按吸合电压的大小，电压继电器可分为过电压继电器和欠电压继电器。

过电压继电器用于电路的过电压保护，其吸合整定值为被保护电路额定电压的 1.05 ~1.2 倍。当被保护电路电压正常时，衔铁不动作；当被保护电路的电压高于额定值，达到过电压继电器的整定值时，衔铁吸合，触点机构动作，控制电路失电，控制接触器及时分断被保护电路。

欠电压继电器用于电路的欠电压保护，其释放整定值为被保护电路额定电压的 10% ~60%。当被保护电路电压正常时，衔铁可靠吸合；当被保护电路电压降至欠电压继电器的释放整定值时，衔铁释放，触点机构复位，控制接触器及时分断被保护电路。

零电压继电器是当电路电压降低到额定电压的 5% ~25% 时释放，对电路实现零电压保护，用于电路的失电压保护。

电压继电器的图形符号和文字符号如图 1-51 所示。

（3）电磁式中间继电器

在控制电路中起信号传递、放大、切换和逻辑控制等作用的继电器叫做中间继电器。中间继电器是将一个输入信号变成一个或多个输出信号的继电器。它实质上为电压继电器，但还具有触点多（多至 6 对或更多）、触点能承受的电流较大（额定电流为 5 ~10A）、动作灵敏（动作时间小于 0.05s）等特点。作为转换控制信号的中间元件，其输入信号为线圈的通

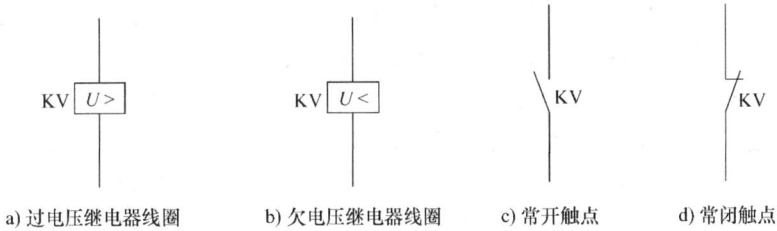

a) 过电压继电器线圈　　　b) 欠电压继电器线圈　　　c) 常开触点　　　d) 常闭触点

图 1-51　电压继电器图形符号和文字符号

电或断电信号，输出信号为触点的动作。

中间继电器的图形符号和文字符号如图 1-52 所示。

a) 线圈　　　b) 常开触点　　　c) 常闭触点

图 1-52　中间继电器的图形符号和文字符号

5. 热继电器

热继电器主要用于电力拖动系统中电动机负载的过载保护。

电动机在实际运行时，如拖动生产机械进行工作过程中，若机械出现不正常的情况或电路异常使电动机遇到过载，则电动机转速下降、绕组中的电流将增大，使电动机的绕组温度升高。若过载电流不大且过载的时间较短，电动机绕组不超过允许温升，这种过载是允许的。但若过载时间长，过载电流大，电动机绕组的温升就会超过允许值，使电动机绕组老化，缩短电动机的使用寿命，严重时甚至会使电动机绕组烧毁。所以，这种过载是电动机不能承受的。热继电器就是利用电流的热效应原理，在出现电动机不能承受的过载时切断电动机电路，为电动机提供过载保护的保护电器。

（1）热继电器的结构与工作原理

热继电器的实物如图 1-53 所示，原理如图 1-54 所示。热继电器主要由热元件、双金属片和触点组成，利用电流热效应原理工作。热元件由发热电阻丝做成。双金属片由两种热膨胀系数不同的金属辗压而成，下层一片的热膨胀系数大，上层一片的热膨胀系数小。当双金属片受热时，会出现弯曲变形。使用时，把热元件串接于电动机的主电路中，而常闭触点串接于电动机的控制电路中。

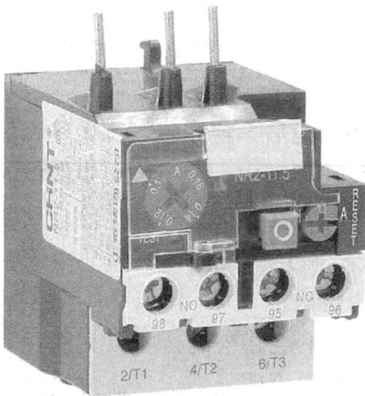

图 1-53　热继电器的实物图

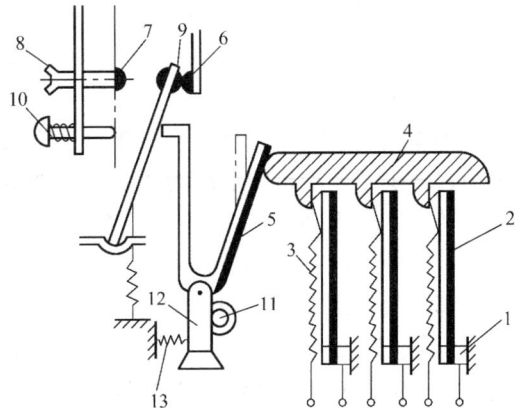

图 1-54　热继电器原理示意图

1—推杆　2—主双金属片　3—热元件　4—导板　5—补偿双金属片
6—静触点（动断）　7—静触点（动合）　8—复位调节螺钉
9—动触点　10—复位按钮　11—调节旋钮　12—支撑件　13—弹簧

当电动机正常运行时，热元件产生的热量虽能使双金属片弯曲，但还不足以使热继电器的触点动作。当电动机过载时，双金属片弯曲位移增大，推动导板使常闭触点断开，从而切断电动机控制电路以起保护作用。热继电器动作后一般不能自动复位，要等双金属片冷却后按下复位按钮复位。热继电器动作电流的调节可以借助旋转凸轮在不同位置来实现。

热继电器的双金属片从升温到发生形变断开断触点有一个时间过程，不可能在短路瞬时迅速分断电路，所以不能作为短路保护，只能作为过载保护。这种特性符合电动机等负载的需要，可避免电动机起动时的短时过电流造成不必要的停车。热继电器在保护形式上分为二相保护式和三相保护式两类。

（2）热继电器的技术参数

1）整定电流。热继电器的主要技术数据是整定电流。整定电流是指长期通过发热元件而不致使热继电器动作的最大电流。当发热元件中通过的电流超过整定电流值的20%时，热继电器应在20min内动作。热继电器的整定电流大小可通过整定电流旋钮来改变。选用和整定热继电器时一定要使整定电流值与电动机的额定电流值一致。

由于热继电器是受热而动作的，热惯性较大，因而即使通过发热元件的电流短时间内超过整定电流几倍，热继电器也不会立即动作。只有这样，在电动机起动时热继电器才不会因起动电流大而动作，否则电动机将无法起动。反之，如果电流超过整定电流不多，但时间一长也会动作。由此可见，热继电器与熔断器的作用是不同的，热继电器只能作过载保护而不能作短路保护，熔断器则只能作短路保护而不能作过载保护。在一个较完善的控制电路中，特别是功率较大的电动机中，这两种保护都应具备。

2）额定电压。热继电器能够正常工作的最高的电压值，一般为交流220V、380V、600V。

3）额定频率。一般而言，其额定频率按照45~62Hz设计。

（3）带断相保护的热继电器

有些型号的热继电器还具有断相保护功能。

1）断相原因及危害。三相异步电动机在断相情况下运行，会造成电动机定子绕组烧毁的事故。造成断相运行的原因有多种，如：供电变压器的一次侧或二次侧的一相熔断器熔断，电动机供电线路有故障，熔丝螺钉未拧紧或拧得过紧；熔丝选择不合适或熔芯质量不好，个别提早拧断；电动机绕组一相断线或接线处接头接触不良，铜铝接头处发生电化反应，造成接触电阻增大等。

三相异步电动机断相运行，会烧损电动机的原因是：一相断电后，逆序磁场产生较大的制动力矩，减少了电动机的输出力矩，当外加负载不变时，转差率增大，定子绕组中的电流比正常运转时增大很多（如负载为100%时，电流将增大到额定电流的1.7~2.0倍），致使铜损增大。此外，电动机转子被接近于100Hz的逆序磁场交变磁化，铁损也增大。由于铜损、铁损都增大，结果使电动机温度增高，最终导致定子绕组烧毁。

2）热继电器断相保护原理。由于热继电器是串联在电动机主电路中的，所以其通过的电流就是线电流。对于丫联结，当电路发生断相运行时，另两相电流明显增大，流过热继电器的电流等于电动机相（绕组）电流，热继电器可以起到保护作用。而对于△联结，电动机的相电流小于线电流，热继电器是按线电流来整定的，当电路发生断相运行时，另两相电流明显增大，但不至于超过线电流值或超过的数值有限，这时热继电器就不会动作，也就起不到保护作用。所以，对于△联结接法的电路必须采用带断相保护装置的热继电器。

带断相保护热继电器是在普通热继电器的基础上增加一个差动机构，对3个电流进行比较。其原理图如图1-55所示。

图1-55a是通电前的位置。图1-55b是三相均通以额定电流，即正常通电时的情况，此时三相双金属片均匀受热，同时向左弯曲，内、外导板一起平行左移一段距离到达图示位置；图1-55c是当三相电流均衡过载时，三相双金属片同时向左弯曲，推动下导板2向左移动，通过杠杆5使常闭触点断开，从而切断控制电路，达到保护电动机的目的；图1-55d是C相断路时，则该相双金属片逐渐冷却并向右弯曲，推动上导板向右移，而另两相主双金属片在电流加热下仍使下导板向左移，这样，上、下导板一左一右移动，产生了差动作用，并通过杠杆的放大作用，使触点迅速动作，切断控制回路，保护电动机。

（4）热继电器的选用

选用热继电器时需要注意以下几个问题：

1）在电动机短时过载和起动的瞬间，热继电器应不受影响（不动作）。

2）当热继电器用于保护长期工作制或间断长期工作制的电动机时，一般按电动机的额定电流来选用。例如，热继电器的整定值可等于0.95~1.05倍的电动机额定电流，或者取热继电器整定电流的中值等于电动机的额定电流，然后进行调整。

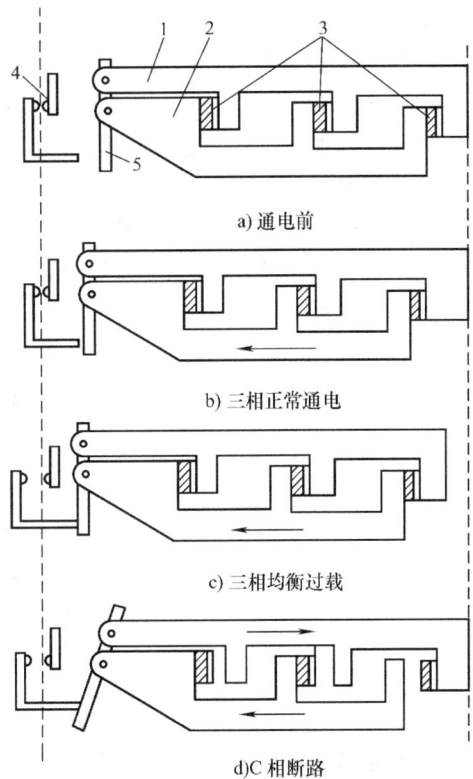

a）通电前

b）三相正常通电

c）三相均衡过载

d）C相断路

图1-55 热继电器差动式断相保护机构动作原理图

1—上导板 2—下导板

3—双金属片 4—常闭触点 5—杠杆

3）当热继电器用于保护反复短时工作制的电动机时，热继电器仅有一定范围的适应性。如果短时间内操作次数很多，就要选用带速饱和电流互感器的热继电器。

4）对于正反转和通断频繁的特殊工作制电动机，不宜采用热继电器作为过载保护装置，而应使用埋入电动机绕组的温度继电器或热敏电阻来保护。

5）为了正确地反映电动机的发热，在选择热继电器时应采用适当的热元件，即热元件的额定电流与电动机的额定电流值相等。同一种热继电器有许多种规模的热元件。

6）注意热继电器所处的周围环境温度，应保证它与电动机有相同的散热条件，特别是有温度补偿装置的热继电器。

7）由于热继电器有热惯性，大电流出现时不能立即动作，故热继电器不能用做短路保护。

8）用热继电器保护三相异步电动机时，至少需要用有两个热元件的热继电器，从而在不正常的工作状态下，也可对电动机进行过载保护，例如，电动机单相运行时，至少有一个热元件能起作用。当然，最好采用有3个热元件带断相保护的热继电器。

我国目前生产的热继电器主要有 JR0、JR1、JR2、JR9、JR10、JR15、JR16 等系列。

JR1、JR2 系列热继电器采用间接受热方式，其主要缺点是双金属片靠热元件间接加热，热偶合较差；双金属片的弯曲程度受环境温度影响较大，不能正确反映负载的过电流情况。

JR15、JR16 等系列热继电器采用复合加热方式并采用了温度补偿元件，因此较能正确反映负载的工作情况。

JR16 和 JR20 系列热继电器均为带断相保护的热继电器，具有差动式断相保护机构。

热继电器的选择主要根据电动机定子绕组的联结方式来确定热继电器的型号，在三相异步电动机电路中，对丫联结的电动机可选两相或三相结构的热继电器，一般采用两相结构的热继电器，即在两相主电路中串接热元件。对于三相感应电动机，定子绕组为△联结的电动机必须采用带断相保护的热继电器。

（5）热继电器的图形符号和文字符号

热继电器的图形符号和文字符号如图 1-56 所示。

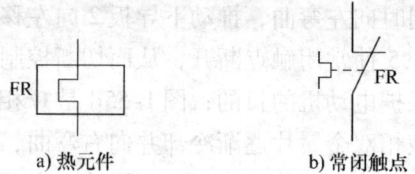

a) 热元件　　　　b) 常闭触点

图 1-56　热继电器的图形符号和文字符号

（6）热继电器的型号含义

热继电器的型号含义如下：

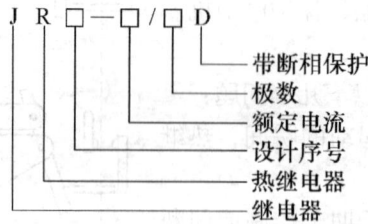

J R □ — □ / □ D
带断相保护
极数
额定电流
设计序号
热继电器
继电器

6. 时间继电器

时间继电器是利用电磁原理或机械动作原理实现触点延时闭合或延时断开的自动控制电器，主要适用于需要按时间顺序进行控制的电气控制系统中。当得到输入信号（线圈的通电或断电）时，开始计时，经过一定的延时后输出信号（触点的闭合或断开）。时间继电器是一种最常见的低压控制器件。

根据延时方式的不同，可分为通电延时继电器和断电延时继电器。

通电延时继电器接收输入信号后，延迟一定的时间输出信号才发生变化，而当输入信号消失后，输出信号瞬时复位。

断电延时继电器接收输入信号后，瞬时产生输出信号，而当输入信号消失后，延迟一定的时间输出信号才复位。

时间继电器按工作原理分为电子式、空气阻尼式、电磁式和电动式等几种类型。电磁式、电动式和空气阻尼式是传统的时间继电器，在早期的机电系统中普遍采用，但其存在着定时精度低、故障率高等问题。电子式时间继电器是新型的时间继电器，发展非常迅速。由于电子技术的飞速发展，使得电子式时间继电器的制造成本与传统的时间继电器相当，但其性能大大提高，功能不断扩展，所以已逐渐成为时间继电器的主流。

电子式时间继电器是采用晶体管或集成电路和电子元件等构成。目前已有采用单片机控制的时间继电器。电子式时间继电器具有延时范围广、精度高、体积小、耐冲击和耐振动、调节方便及寿命长等优点，所以发展很快，应用广泛。

电子时间继电器可分为晶体管式时间继电器和数字式时间继电器。

（1）晶体管式时间继电器

晶体管式时间继电器除执行继电器外，均由电子元件组成，无机械运动部件，具有延时范围宽、控制功率小、体积小和经久耐用等优点，正日益得到广泛的应用。其原理框图如图1-57所示。

晶体管式时间继电器分为通电延时型、断电延时型和带瞬动触点的通电延时型。它们均是利用电容对电压变化的阻尼作用作为延时的基础，即时间继电器工作时首先通过电阻对电容充电，待电容上的电压值达到预定值时，驱动电路使执行继电器接通实现延时输出，同时自锁并放掉电容上的电荷，为下次工作做好准备。

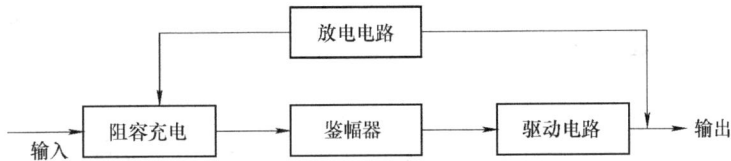

图1-57　晶体管式时间继电器的原理框图

（2）数字式时间继电器

与晶体管式时间继电器相比，数字式时间继电器的延时范围可成倍增加，定时精度可提高两个数量级以上，控制功率和体积更小，适用于各种需要精确延时的场合以及各种自动化控制电路中。这类时间继电器功能特别强，有通电延时、断电延时、定时吸合和循环延时4种延时形式，十几种延时范围供用户选择，可以数字显示，这是晶体管式时间继电器无法比拟的。其原理框图如图1-58所示。

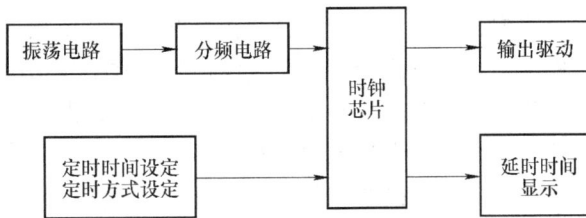

图1-58　数字式时间继电器的原理框图

近年来随着微电子技术的发展，采用集成电路、功率电路和单片机等电子元件构成的新型时间继电器大量面市，如DHC6多制式单片机控制时间继电器，J5S17、J3320、JSZ13等系列大规模集成电路数字时间继电器，J5145等系列电子式数显时间继电器，J5G1等系列固态时间继电器等。

DHC6多制式单片机控制时间继电器是为适应工业自动化控制水平越来越高的要求而生产的。多制式时间继电器可使用户根据需要选择最合适的制式，使用较简便的方法达到以往需要较复杂接线才能达到的控制功能。这样既节省了中间控制环节，又大大提高了电气控制的可靠性。

DHC6多制式时间继电器采用单片机控制，LCD显示，具有9种工作制式，正计时、倒计时任意设定，8种延时时段，延时范围从0.01s～999.9h任意设定，键盘设定，设定完成之后可以锁定按键，防止误操作，可按要求任意选择控制模式，使控制电路最简单可靠。

J5S17 系列时间继电器由大规模集成电路、稳压电源、拨动开关、4 位 LED 数码显示器、执行继电器及塑料外壳几部分组成。它采用 32kHz 石英晶体振荡器，安装方式有面板式和装置式两种。装置式插座可用 M4 螺钉固定在安装板上，也可以安装在 35mm 标准安装导轨上。

J5S20 系列时间继电器是 4 位数字显示小型时间继电器，它采用晶振作为时间基准。采用大规模集成电路技术，不但可以实现长达 9999h 的长延时，还可保证其延时精度。配用不同的安装插座及附件可应用在面板安装、35mm 标准安装导轨及螺钉安装的场合。

时间继电器图形符号和文字符号如图 1-59 所示。

a) 通电延时线圈　　b) 断电延时线圈　　c) 通电延时闭合　　d) 通电延时断开　　e) 断电延时断开　　f) 断电延时闭合
　　　　　　　　　　　　　　　　　　常开触点　　　　　常闭触点　　　　　常开触点　　　　　常闭触点

图 1-59　时间继电器图形符号和文字符号

7. 温度继电器

当电动机发生过电流时，会使其绕组温升过高，这时热继电器可以起到保护作用。但当电网电压升高不正常、周围介质温度过高以及通风不良时，即使电动机不过载，也会使电动机绕组因温度过高而烧毁。在这些情况下，热继电器不能正常反应电动机的故障状态。为此，需要一种利用发热元件间接反应绕组温度，并根据绕组温度动作的继电器，这种继电器称作温度继电器。

温度继电器是一种装有对温度变化甚为敏感的微型过热元件的保护电器。它主要用于埋入电动机的发热部位直接监测该处的发热情况，并在温度达到一定数值时动作，作为电动机的过载或堵转故障的过热保护，也可用于其他电气设备非正常工作情况下的过热保护以及介质温度控制。当电动机发热部位的温度或介质温度超过某一允许温度值时，温度继电器快速动作切断控制电路，起到保护作用，而当电动机发热部位或介质温度冷却到继电器的复位温度时，温度继电器能自动复位，重新接通控制电路。

温度继电器有两种类型，一种是双金属片式温度继电器，另一种是半导体热敏电阻式温度继电器。

双金属片式温度继电器的工作原理与热继电器相似，在此不重述。双金属片式温度继电器的缺点是加工工艺复杂，且双金属片易老化。另外，由于体积偏大而多置于绕组的端部，故很难及时反映温度上升的情况，以致发生动作滞后的现象。同时，也不宜用来保护高压电动机，因为过强的绝缘层会加剧动作的滞后现象。

热敏电阻是一种半导体器件，根据材料性质有正温度系数和负温度系数两种。由于正温度系数热敏电阻具有开关特性明显、电阻温度系数大、体积小、灵敏度高等优点而得到广泛应用和迅速发展。

正温度系数热敏电阻式温度继电器的电路如图 1-60 所示。图中，R_T 表示各绕组内埋设的热敏电阻串联后的总电阻，它同电阻 R_3、R_4、R_6 构成一电桥。由晶体管 VT_1 和 VT_2 构成的开关电路接在电桥的对角线上。当温度在 65℃ 以下时，基本为一恒值，且比较小，电桥处于平衡状态，VT_1 及 VT_2 截止，晶闸管 VTH 不导通，执行继电器 K 不动作。当温度上升到动作温度时，R_T 的阻值剧增，电桥出现不平衡状态而使 VT_1 及 VT_2 导通，晶闸管 VTH 获得门极电流也导通，执行继电器 K 线圈得电，其常闭触点断开，接触器线圈失电，使电动机断电；当电动机温度下降到返回温度时，R_T 的阻值减小，电桥恢复平衡，晶闸管 VTH 关断，执行继电器 K 线圈失电，触点恢复。

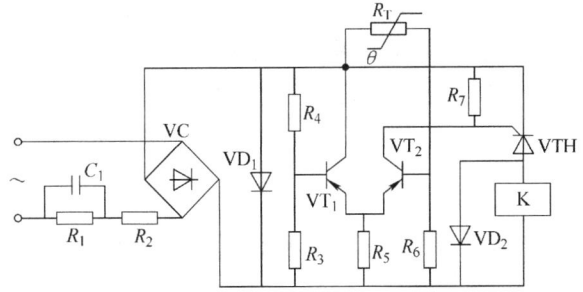

图 1-60　正温度系数热敏电阻式温度继电器

8. 速度继电器

速度继电器又称为反接制动继电器，它主要用于笼型异步电动机的反接制动控制。感应式速度继电器的原理如图 1-61 所示，它是靠电磁感应原理实现触点动作的。

从结构上看，速度继电器与交流电动机相类似，主要由定子、转子和触点 3 部分组成。定子的结构与笼型异步电动机相似，是一个笼型空心圆环，由硅钢片冲压而成，并装有笼型绕组。转子是一个圆柱形永久磁铁。

速度继电器的轴与电动机的轴相连接。转子固定在轴上，定子与轴同心。当电动机转动时，速度继电器的转子随之转动，绕组切割磁场产生感应电动势和电流，此电流和永久磁铁的磁场作用产生转矩，使定子向轴的转动方向偏摆，通过定子柄拨动触点，使常闭触点断开、常开触点闭合。当电动机转速下降到接近零时，转矩减小，定子柄在弹簧力的作用下恢复原位，触点也复原。速度继电器根据电动机的额定转速进行选择。其图形符号和文字符号如图 1-62 所示。

图 1-61　速度继电器结构原理图
1—转轴　2—转子　3—定子
4—绕组　5—摆锤　6、9—簧片
7、8—静触点

常用的感应式速度继电器有 JY1 和 JFZ0 系列。JY1 系列继电器能在 3000r/min 的转速下可靠工作。JFZ0 系列继电器触点动作速度不受定子柄偏转快慢的影响，触点改用微动开关。JFZ0 系列 JFZ0-1 型继电器适用于 300～1000r/min。JFZ0-2 型适用于 1000～3000r/min。速度继电器有两对常开、常闭触点，分别对应于被控电动机的正、反转运行。一般情况下，速度继电器触点在转速达 120r/min 时能动作，在转速达到 100r/min 左右时能恢复原位。

9. 固态继电器

固态继电器（Solid State Relays，SSR）是一种由固态电子组件组装而成的具有隔离功能的无触点电子开关，它利用电子元器件的电、磁和光特性来完成输入和输出之间的可靠隔离，利用电子组件（如开关晶体管、双向晶闸管等半导体组件）的开关特性，达到无触点、无火花接通和断开电路的目的。图 1-63 为固态继电器的实物图。

固态继电器在开关过程中无机械接触部件，因此固态继电器除具有与电磁继电器一样的功能外，还具有与逻辑电路兼容、耐振耐机械冲击、安装位置无限制、良好的防潮防霉防腐蚀性等性能，在防爆和防止臭氧污染方面的性能也极佳，还具有输入功率小、灵敏度高、控

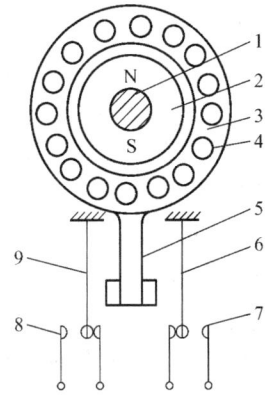

制功率小、电磁兼容性好、噪声低和工作频率高等特点。目前已广泛应用于计算机外围接口设备，调温、调速、调光、电动机控制、电炉加温控制、电力石化、医疗器械、金融设备、煤炭、仪器仪表和交通信号等领域。

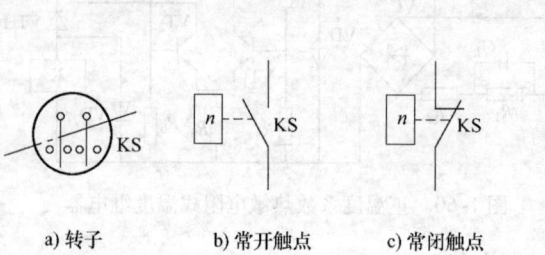

a) 转子　　　　　b) 常开触点　　　　c) 常闭触点

图 1-62　速度继电器的图形符号和文字符号

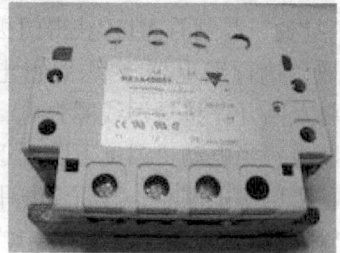

图 1-63　固态继电器的实物图

按负载电源的类型不同，可将 SSR 分为交流固态继电器（AC - SSR）和直流固态继电器（DC - SSR）。AC - SSR 是以双向晶闸管作为开关器件，用来接通或断开交流负载电源的固态继电器。AC - SSR 的控制触发方式不同，又可分为过零触发型和随机导通型两种。过零触发型 AC - SSR 是当控制信号输入后，在交流电源经过零电压附近时导通，故干扰很小。随机导通型 AC - SSR 则是在交流电源的任一相位上导通或关断，因此在导通瞬间可能产生较大的干扰。

固态继电器的优点有以下几个方面。

1）高寿命，高可靠。固态继电器没有机械零部件，由固体器件完成触点功能，由于没有运动的零部件，因此能在高冲击和振动的环境下工作，由于组成固态继电器的元器件的固有特性，决定了固态继电器的寿命长，可靠性高。

2）灵敏度高，控制功率小，电磁兼容性好。固态继电器的输入电压范围较宽，驱动功率低，可与大多数逻辑集成电路兼容，不需加缓冲器或驱动器。

3）快速转换。固态继电器因为采用固体器件，所以切换速度可从几毫秒至几微秒。

4）电磁干扰小。固态继电器没有输入"线圈"，没有触点燃弧和回跳，因而减少了电磁干扰。大多数交流输出固态继电器是一个零电压开关，在零电压处导通、零电流处关断，减少了电流波形的突然中断，从而减少了开关瞬态效应。

尽管固态继电器有许多优点，但与传统的继电器相比，仍有不足之处，如漏电流大、接触电压大、触点单一、使用范围窄、过载能力差及价格偏高等。

1.2.6　信号电器

信号电器用来对电气控制系统中某个电路或设备运行的状态进行指示，如声光报警。常见的信号电器有指示灯、灯柱、电铃和蜂鸣器等。

1. 指示灯

指示灯在电气线路中通常做电源指示及指挥信号、预告信号、运行信号、故障信号等信号提示。指示灯发光体主要有白炽灯、氖灯和半导体型。发光颜色有黄、绿、红、白、蓝 5 种。指示灯的发光颜色及其含义见表 1-1，按国标规定选用。

表 1-1　指示灯的发光颜色及其含义

颜色	含　义
红色	异常或报警。对可能出现危险或需要立即处理的情况进行报警
黄色	警告。状态改变或变量接近其极限值
绿色	准备、安全。安全运行指示或机械准备起动
蓝色	特殊指示。上述几种颜色未包括的任意一种功能
白色	一般信号。上述几种颜色未包括的各种功能

2. 电铃和蜂鸣器

在警报发生时，不仅需要指示灯指出具体故障位置，还需要声音报警，提醒现场的所有操作人员。蜂鸣器一般用在控制设备上，电铃主要用在较大场合的报警系统。

指示灯、电铃和蜂鸣器的图形符号和文字符号如图 1-64 所示。

图 1-64　信号电器的图形文字符号

1.2.7　电磁执行机构

机械设备的执行机构主要包括电磁铁、电磁阀和电磁制动器等。起重机、机床等设备的工艺过程就是靠这些元件来完成的。

1. 电磁铁

电磁铁由励磁线圈、铁心、衔铁三部分组成，结构如图 1-1 所示。励磁线圈通电后产生磁场和电磁力，衔铁被吸合，带动机械装置完成相应的动作。

电磁铁有许多优点：电磁铁磁性的有无可以用通、断电流控制；磁性的大小可以用电流的强弱或线圈的匝数来控制，也可改变电阻控制电流大小来控制；它的磁极可以由改变电流的方向来控制等。即：磁性的强弱可以改变、磁性的有无可以控制、磁极的方向可以改变，磁性可因电流的消失而消失。

按励磁电流不同，电磁铁可以分为直流电磁铁和交流电磁铁两大类型。

如果按照用途来划分，主要可分成以下 5 种：

1）牵引电磁铁。主要用来牵引机械装置、开启或关闭各种阀门，以执行自动控制任务。

2）起重电磁铁。用做起重装置来吊运钢锭、钢材、铁砂等铁磁性材料。

3）制动电磁铁。主要用于对电动机进行制动以达到准确停车的目的。

4）自动电器的电磁系统。如电磁继电器和接触器的电磁系统、自动开关的电磁脱扣器及操作电磁铁等。

5）其他用途的电磁铁。如磨床的电磁吸盘以及电磁振动器等。

电磁铁的图形符号和文字符号如图 1-65 所示。

图 1-65　电磁铁的图形符号和文字符号

2. 电磁阀

电磁阀是用电磁控制的工业设备，用在工业控制系统中调整介质的方向、流量、速度和其他参数，以满足执行元件所需的运动方向、力、速度的要求。电磁阀可以配合不同的电路来实现预期的控制，而控制的精度和灵活性都能够保证。

电磁阀借助于电磁铁吸力推动阀心动作，其操纵方便、布置灵活，易于实现动作转换的自动化。但因其吸力有限，不能用来直接操纵大规格的阀。

（1）电磁阀原理及分类

图 1-66 所示是一般控制用螺管电磁系统电磁阀的结构示意图，由图中可见，它由动铁心、静铁心、外壳、压盖、隔磁管、线圈、管路、阀体和反力弹簧等组成。为了使介质与磁路的其他部分隔绝，用非磁性材料（如不锈钢）制成隔磁管，将动铁心与静铁心包住，并将其下部与压盖密封，在压盖与阀体之间用氟橡胶密封，使进、出管之间不会泄漏。阀门是直通式，用反力弹簧压住动铁心上端，而用动铁心下端装有的氟橡胶塞将阀门进出口密封阻塞。如要接通管道，必须接通线圈电源。产生电磁力，克服反力弹簧的阻力，开启阀门。

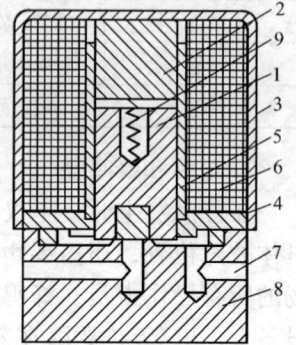

图 1-66　电磁阀结构示意图
1—动铁心　2—静铁心　3—外壳
4—压盖　5—隔磁管　6—线圈
7—管路　8—阀体　9—反力弹簧

电磁阀分类方法很多，按电源种类分有直流电磁阀、交流电磁阀、交直流电磁阀、自锁电磁阀等；按用途分有控制一般介质（气体、流体）电磁阀、制冷装置用电磁阀、蒸汽电磁阀、脉冲电磁阀等；按工作原理分有直动式电磁阀、分布直动式电磁阀、先导式电磁阀等；按使用环境分有一般用电磁阀、户外用电磁阀、防爆用电磁阀等。各种电磁阀还可分为二通、三通、四通、五通等规格，还可分为主阀和控制阀等。

（2）电磁阀的图形符号及含义

在液压系统中，电磁阀用来控制液流方向。阀门开关由电磁铁来操纵，因此，控制电磁铁就是控制电磁阀。电磁阀的结构性能可用它的工作位置数和控制的通道数来表示，并有单电磁铁（称为单电式）和双电磁铁（称为双电式）两种。图 1-67 是各种电磁阀的图形符号，其含义如下：

1）用方框表示阀的工作位置，有几个方框就表示几“位”。

2）方框内的箭头表示油路处于接通状态，但箭头方向不一定表示液流的实际方向。

3）方框内符号"⊥"或"⊤"表示该通路不通。

4）一个方框的上边和下边与外部连接的接口数表示几“通”。

5）一般，电磁阀与系统供油路连接的进油口用字母 P 表示；电磁阀与系统回油路连接的回油口用字母 T（或 O）表示；而电磁阀与执行元件连接的工作油口则用字母 A、B 等表示。

6）换向阀都有两个或两个以上的工作位置，其中一个为常态位，即电磁铁未得电时，阀心未受到操纵力时所处的位置。图形符号中的中位是三位阀的常态位。利用弹簧复位的二位阀则以靠近弹簧的方框内的通路状态为其常态位。绘制系统图时，油路一般应连接在换向阀的常态位上。

7）电磁阀的文字符号是"YV"。

单电磁铁电磁阀的图形符号中，与电磁铁邻接的方框中的通路状态为电磁铁得电的工作状态，与弹簧邻接的方框中的通路状态为电磁铁失电时的工作状态。双电磁铁电磁阀的图形

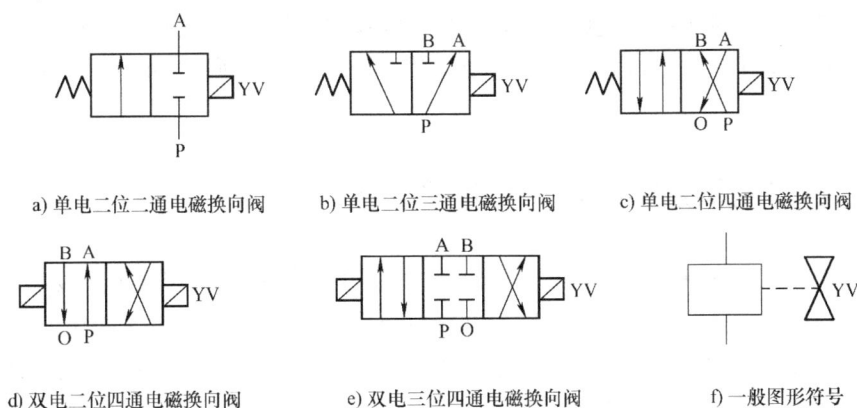

a) 单电二位二通电磁换向阀　　b) 单电二位三通电磁换向阀　　c) 单电二位四通电磁换向阀

d) 双电二位四通电磁换向阀　　e) 双电三位四通电磁换向阀　　f) 一般图形符号

图 1-67　电磁阀的图形符号

符号中，与电磁铁邻接的方框中的通路状态为该侧电磁铁得电的工作状态。

图 1-67a 中，当电磁铁得电时，P 与 A 不通；当电磁阀失电时，即恢复常态，P 与 A 通。

图 1-67b 中，当电磁铁得电时，B 封闭，P 与 A 通；当电磁阀失电时，A 封闭，P 与 B 通。

图 1-67c 中，当电磁铁得电时，P 与 B 通，A 与 O 通；当电磁铁失电时，P 与 A 通，B 与 O 通。

图 1-67d 中，当左侧电磁铁得电时，P 与 A 通，B 与 O 通，如果左侧电磁铁失电，而右侧电磁铁未得电，电磁阀的工作状态仍保持左侧电磁铁得电时的状态，没有变化。直至右侧电磁铁得电时，电磁阀才换向，其工作状态为 P 与 B 通，A 与 O 通。同样，如果接下来右侧电磁铁失电，仍保持右侧电磁铁得电时的工作状态。如要换向，则需左侧电磁铁得电，才能改变流向。设计控制电路时，不允许两侧电磁铁同时得电。

图 1-67e 中，中间的方框为电磁阀的常态位，即当左右两侧电磁铁都失电时，A、B、P、O 互不相通。当左侧电磁铁得电时，电磁阀的工作状态为 P 与 A 通，B 与 O 通。当右侧电磁铁得电时，P 与 B 通，A 与 O 通。对三位四通电磁阀，在设计控制电路时，同样不允许两个电磁铁同时得电。

（3）正确选用电磁阀

选用电磁阀时应注意以下几点：

1）阀的工作机能要符合执行机构的要求，据此确定采用阀的型式（二位或三位，单电或双电，二通或三通、四通、五通等）。

2）阀的孔径是否允许通过额定流量。

3）阀的工作压力等级。

4）电磁铁线圈采用交流或直流电，以及电压等级等都要与控制电路一致，并应考虑通电持续率。

3. 电磁制动器

电磁制动器是使机械中的运动件在很短时间内停止或减速的机械零件，俗称电磁刹车、电磁抱闸。电磁制动器有盘式制动器和块式制动器，一般都由制动器、电磁铁、摩擦片或闸瓦等组成，是利用电磁力把高速旋转的轴抱死，实现快速停车。其特点是制动力矩大、反应速度极快、安装简单、价格低廉，但容易使旋转的设备损坏，所以一般用在扭矩不大、制动不频繁的场合。

1.3　电气控制系统图的类型及有关规定

由电动机、仪表和许多必要的电气元器件组成，用导线按照一定要求连接起来，从而完成某种特定的控制功能，这样的系统称为电气控制系统。为了表达生产机械电气控制系统的结构、原理等设计意图，也为了便于对控制系统进行设计、安装、接线、运行、维护，需将电气控制系统中各电气元器件的连接关系用一定的图形符号和文字符号表示出来，这种图就是电气控制系统图。

1.3.1　电气控制系统图的图形符号和文字符号

电气控制系统图中用来表示某个电器设备的图形，称为电气图形符号；用来区分不同的电气设备、电气元器件，或用来区分同类设备、电气元器件时，在相对应的图形、标记旁标注的文字称为文字符号。

为了提高电气系统图的通用性，电气控制系统图的绘制必须符合国家标准，用统一的文字符号、图形符号及画法，以便于设计人员的绘图及现场技术人员、维修人员的识图。在电气图中，代表电动机、各种电气元器件的图形符号和文字符号应按照我国已颁布实施的有关国家标准绘制。国家标准局参照国际电工委员会（IEC）颁布的有关文件，制定了我国电气设备的有关国家标准，先后颁布了 GB 4728—1984《电气图用图形符号》、GB 5465—1985《电气设备用图形符号、绘制原则》、GB 6988—1986《电气制图》、GB 5094—1985《电气技术中的项目代号》和 GB 7159—1987《电气技术中的文字符号制订通则》等标准。

近几年，国家标准参照国际电工委员会（IEC）和国际标准化组织（ISO）所颁布的标准，制定了最新电气图形符号和文字符号的国家标准。但由于国内大部分企业中的工作人员及技术人员仍然使用旧符号，本书电气控制电路图中的文字符号及图形符号均按上述旧标准绘制。

如需了解最新《最新简图用图形符号》国家标准，请查阅相关参考书。

常用电气图形符号见表 1-2，常用电气文字符号见表 1-3。

1.3.2　电气控制系统图的绘制原则

电气控制系统图有 3 种类型：电气原理图、电气安装接线图、电气元器件布置图。每种图都有其不同的用途和规定的表达方式。电气原理图主要用于表达系统控制原理、参数、功能及逻辑关系，是最详细表达控制规律和参数的工程图；电气安装接线图主要用于表达各电气元器件在设备中的具体位置分布情况，以及连接导线的走向；电气元器件布置图主要是表明机械设备上所有电气设备和电气元器件的实际位置。下面对 3 种类型电气控制系统图分别介绍。

表 1-2 常用电气图形符号

名　称	图形符号	名　称	图形符号
三极刀开关		线圈	
低压断路器		主触点	
行程开关　常开触点		接触器　常开辅助触点	
行程开关　常闭触点		常闭辅助触点	
行程开关　复合触点		速度继电器　常开触点	
转换开关		速度继电器　常闭触点	
按钮　常开触点		线圈	
按钮　常闭触点		时间继电器　延时闭合常开触点	
按钮　复合触点		时间继电器　延时断开常闭触点	

43

名　称		图形符号	名　称		图形符号
时间继电器	延时闭合常闭触点		熔断器		
	延时断开常开触点		熔断器式刀开关		
	通电延时线圈		热继电器	热元件	
	断电延时线圈			常闭触点	
继电器	中间继电器线圈		桥式整流装置		
	欠电压继电器线圈	$U<$	蜂鸣器		
	过电流继电器线圈	$I>$	信号灯		
	欠电流继电器线圈	$I<$	电阻器		
	常开触点		接插器		
	常闭触点		电磁铁		

名　称	图形符号	名　称	图形符号
电磁吸盘		变压器	
串励直流电动机		三相自耦变压器	
并励直流电动机		带滑动触点的电位器	
他励直流电动机		PNP 型晶体管	
复励直流电动机		NPN 型晶体管	
直流发电机		晶闸管（阳极侧受控）	
三相笼型异步电动机		半导体二极管	
三相绕线转子异步电动机		接近开关常开触点	

名　称	图形符号	名　称	图形符号
接近开关 常闭触点		配电箱	
与门	&	带线端标记 的端子板	1　2　3
或门	≥1	导线的连接	
非门	1	导线跨跃而不连接	
阀的一般符号		屏蔽线	
电磁阀		中性线	
电动阀	M	保护线	
屏、台、箱、柜的 一般符号		先断后合 的转换触点	
		中间断开的 双向触点	

表 1-3　常用电气文字符号

名　称	符号	名　称	符号	名　称	符号
直流发电机	GD	断路器	QF	起动电阻器	RS
交流发电机	GA	刀开关	QK	制动电阻器	RB
同步发电机	GS	转换开关	SC	频敏电阻器	RF
异步发电机	GA	控制开关	SA	电容器	C
直流电动机	MD	行程开关	SQ	电感器	L
交流电动机	MA	微动开关	SS	电抗器	L
同步电动机	MS	按钮	SB	熔断器	FU
异步电动机	MA	接近开关	SP	照明灯	EL
笼型电动机	MC	电压继电器	KV	指示灯	HL
电枢绕组	WA	电流继电器	KA	晶体管	VT
定子绕组	WS	时间继电器	KT	晶闸管	VTH
转子绕组	WR	控制继电器	KC	半导体二极管	VD
电力变压器	TM	速度继电器	KS	稳压管	VS
控制变压器	TC	接触器	KM	压力变换器	BP
自耦变压器	TA	电磁铁	YA	位置变换器	BQ
整流变压器	TR	电磁阀	YV	温度变换器	BT
电流互感器	TA	电磁离合器	YC	速度变换器	BV
电压互感器	TV	电阻器	R	测速发电机	BR
整流器	U	电位器	RP		

1. 电气原理图

电气原理图是采用将电气元器件以展开的形式绘制而成的一种电气控制系统图，它只表示电气元器件的导电部件和接线关系。电气原理图并不按照电气元器件的实际安装位置来绘制，也不反映电气元器件的实际外观及尺寸。

电气原理图是根据工作原理而绘制的，具有结构简单、层次分明、便于研究和分析电路的工作原理等优点。在各种生产机械的电器控制中，无论在设计部门或生产现场都得到广泛的应用。电气控制电路常用的图形、文字符号必须符合国家标准。

电气原理图的作用是：便于操作者详细了解其控制对象的工作原理；用以指导安装、调试与维修以及为绘制接线图提供依据。

图 1-68 是电动机正反转控制电气原理图，以此为例说明电气原理图的绘制原则和有关规定。

（1）电气原理图的绘制原则

1）原理图一般分为主电路、控制电路和辅助电路。主电路是设备的驱动电路，是从电源到电动机大电流通过的路径；控制电路是由接触器和继电器线圈、各种电器的触点组成的逻辑电路，实现所要求的控制功能；辅助电路包括信号、照明和保护等电路。

2）电气元器件的布局应根据便于阅读的原则安排。一般主电路画在左边或上方；控制电路和辅助电路画在右边或下方。主电路、控制电路和辅助电路中各元器件位置都应按操作顺序绘制，自左而右或自上而下，同一电气元器件的各个部件可以不画在一起。

3）原理图可水平或垂直布置，并尽可能减少线条和避免线条交叉。如果图中有直接电联系的交叉导线的连接点（即导线交叉处），要用黑圆点表示；无直接电联系的交叉导线，交叉处不能画黑圆点。

4）原理图中，所有电动机、电器等元器件都应采用国家统一规定的图形符号和文字符号来表示。属于同一电器的线圈和触点，都要用同一文字符号表示。当使用相同类型电器时，可在文字符号后加注阿拉伯数字序号来区分，如两个接触器，可用 KM1 和 KM2 来区别。

5）电气原理图中的电气元器件是按未通电和没有受外力作用时的状态绘制。

在不同的工作阶段，各个电器的动作不同，触点时闭时开。而在电气原理图中只能表示出一种情况。因此，规定所有电器的触点均表示在原始情况下的位置，即在没有通电或没有发生机械动作时的位置。对接触器来说，是线圈未通电，触点未动作时的位置；对按钮来说，是手指未按下按钮时触点的位置；对热继电器来说，是常闭触点在未发生过载动作时的位置；对控制器来说，是手柄处于零位时的位置。

6）原理图中，使触点动作的外力方向必须是：当图形垂直放置时为从左到右，即垂线左侧的触点为常开触点，垂线右侧的触点为常闭触点；当图形水平放置时为从下到上，即水平线下方的触点为常开触点，水平线上方的触点为常闭触点。

7）在原理图的上方将图分成若干图区，并标明该区电路的用途与作用；在继电器、接触器线圈下方列有触点表，以说明线圈和触点的从属关系。

（2）接线端子标记

1）三相交流电路引入线采用 L1、L2、L3、N、PE 标记，直流系统的电源正、负线分别用 L + 、L - 标记。

2）分级三相交流电源主电路采用三相文字代号 U、V、W。

3）各电动机分支电路各结点标记采用三相文字代号后面加数字来表示，数字中的个位数表示电动机代号，十位数字表示该支路各节点的代号，从上到下按数值大小顺序标记。如 U11 表示 M1 电动机的第一相的第一个节点代号，U21 表示 M1 电动机的第一相的第二个节点代号，依次类推。

4）控制电路采用阿拉伯数字编号。标注方法按"等电位"原则进行，在垂直绘制的电路中，标号顺序一般按自上而下、从左至右的规律编号。凡是被线圈、触点等元器件所间隔的接线端点，都应标以不同的线号。一般以主要电气元器件线圈为分界，左边用奇数标号，右边用偶数标号。直流控制电路中，正极按奇数标号，负极按偶数标号。

（3）电气原理图图面区域的划分

为了便于检索电路，方便阅读，可以在各种幅面的图纸上进行分区。按照规定，分区数应该是偶数，每一分区的长度一般不小于 25mm，不大于 75mm。每个分区内竖边方向用大写拉丁字母，横边方向用阿拉伯数字分别编号。编号的顺序应从标题栏相对的左上角开始。编号写在图纸的边框内，是为了便于检索电气电路，方便阅读分析而设置的。在编号下方和图面的上方设有功能、用途栏，用于注明该区域电路的功能和作用，以利于理解全电路的工作原理。

（4）电气原理图符号位置的索引

在较复杂的电气原理图中，对继电器、接触器线圈的文字符号下方要标注其触点位置的索引；而在其触点的文字符号下方要标注其线圈位置的索引。符号位置的索引，用图号、页次和图区编号的组合索引法，索引代号的组成如下：

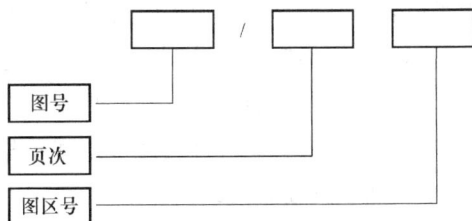

当与某一元件相关的各符号元素出现在不同图号的图样上，而每个图号仅有一页图样时，索引代号可以省去页次；当与某一元件相关的各符号元素出现在同一图号的图样上，而该图号有几张图样时，索引代号可省去图号，依次类推。当与某一元件相关的各符号元素出现在只有一张图样的不同图区时，索引代号只用图区号表示。

如图 1-68 的图区 2 中，接触器 KM1 主触点下面的 6，即表示接触器 KM1 的线圈位置在图区 6。

在电气原理图中，接触器和继电器的线圈与触点的从属关系，应当用附图表示，即在原理图中相应线圈的下方，给出触点的图形符号，并在其下面注明相应触点的索引代号，未使用的触点用"×"表明。有时也可采用省去触点图形符号的表示法，如图 1-68 图区 6 中 KM1 线圈和图区 8 中 KM2 线圈的下方是接触器 KM1 和 KM2 相应触点的位置索引。

如图 1-68 所示，在接触器 KM1 触点的位置索引中，左栏为主触点所在的图区号（有 3 个主触点在图区 2），中栏为辅助常开触点所在的图区号（一个触点在图区 5，另一个没有使用），右栏为辅助常闭触点所在的图区号（一个触点在图区 8，另一个没有使用）。

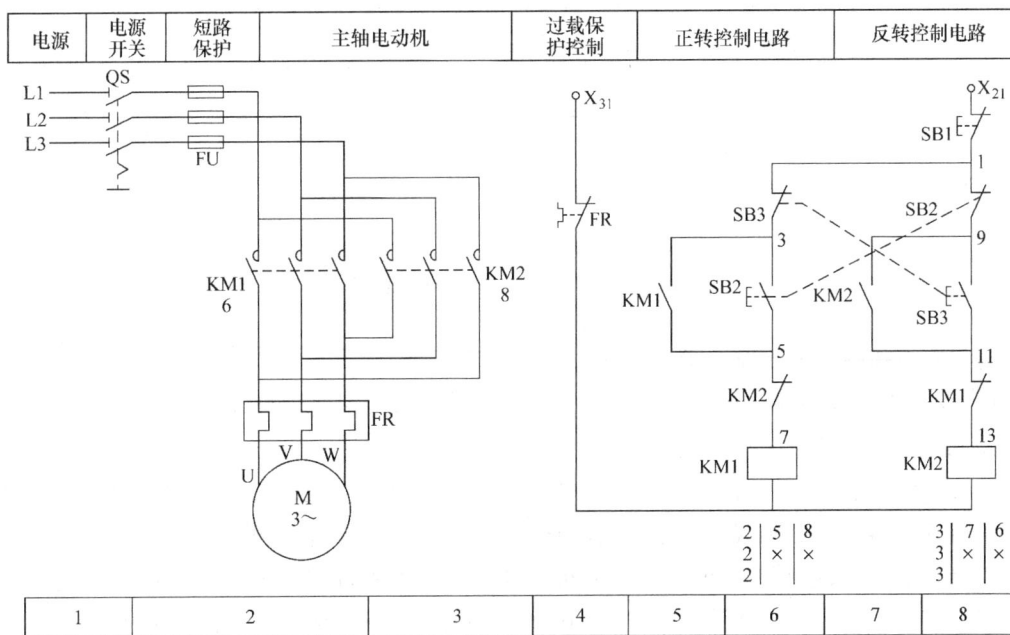

图 1-68　电动机正反转控制电气原理图

2. 电气安装接线图

电气安装接线图是用规定的图形符号，按各电气元器件相对位置绘制的实际接线图，所表示的是各电气元器件的相对位置和它们之间的电路连接状况，并标注出所需数据，如接线端子号、连接导线参数等。实际应用中通常与电路图和布置图一起使用。

电气安装接线图主要用于电气设备的安装配线、线路检查、线路维修和故障处理。在电气安装接线图中各电气元器件的文字符号、元件连接顺序、线路号码编制都必须与电气原理图一致。图 1-69 是 C620-1 型车床电气安装接线图。

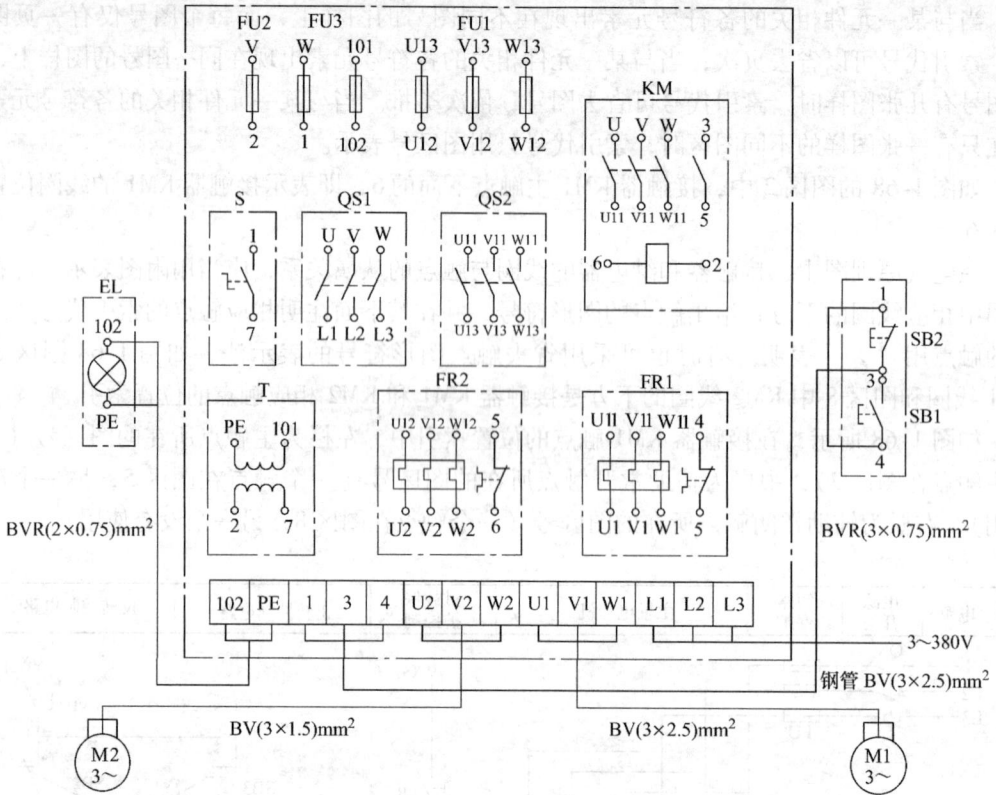

图 1-69 C620-1 型车床电气安装接线图

电气安装接线图的绘制原则如下：

1）绘制电气安装接线图时，各电气元器件均按其在安装底板中的实际位置绘出。元件所占图面按实际尺寸以统一比例绘制。

2）绘制电气安装接线图时，一个元件的所有部件绘在一起，并用点画线框起来，有时将多个电气元器件用点画线框起来，表示它们是安装在同一安装底板上的。

3）绘制电气安装接线图时，安装底板内外的电气元器件之间的连线通过接线端子板进行连接，安装底板上有几条接至外电路的引线，端子板上就应绘出几条线的接点。

4）绘制电气安装接线图时，走向相同的相邻导线可以绘成一股线。

3. 电气元器件位置图

电气元器件位置图主要是用来表明电气系统中所有电气元器件的实际位置，为生产机械电气控制设备的制造、安装提供必要的资料。一般情况下，电气元器件位置图是与电气安装接线图组合在一起使用的，既起到电气安装接线图的作用，又能清晰表示出所使用的电气元器件的实际安装位置，是电气控制设备制造、安装和维修必不可少的技术文件。图 1-70 为 C620-1 型车床电气元器件位置图。

电气元器件位置图的绘制原则如下：

1）绘制电气元器件位置图时，机床的轮廓线用细实线或点画线表示，电气元器件均用粗实线绘制出简单的外形轮廓。

2）绘制电气元器件位置图时，电动机要和被拖动的机械装置画在一起；行程开关应画在获取信息的地方；操作手柄应画在便于操作的地方。

3）绘制电气元器件位置图时，各电气元器件之间，上、下、左、右应保持一定的间距，并且应考虑元器件的发热和散热因素，应便于布线、接线和检修。

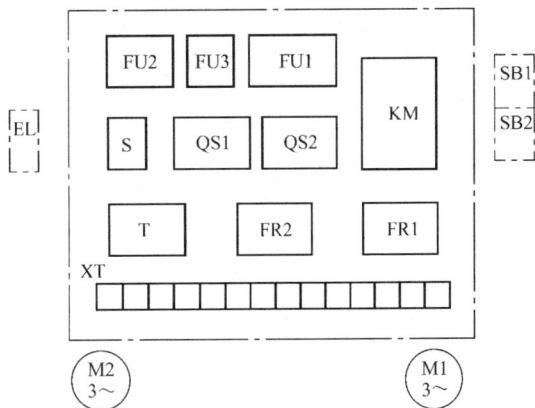

图 1-70　C620-1 型车床电气元器件位置图

4）体积大和较重的电气元器件应安装在电器板的下面，而发热元器件应安装在电器板的上面。

5）强电、弱电分开并注意屏蔽，防止外界干扰。

6）电气元器件的布置应考虑整齐、美观、对称。外形尺寸与结构类似的电气元器件安放在一起，以利于加工、安装和配线。

7）需要经常维护、检修、调整的电气元器件安装位置不宜过高或过低。

8）电气元器件布置不宜过密，若采用板前走线槽配线方式，应适当加大各排电气元器件间距，以利布线和维护。

1.4　电气控制的基本电路

任何复杂的电气控制电路都是按照一定的控制原则，由基本的控制电路组成。基本控制电路是学习电气控制的基础。熟练掌握基本控制电路的组成及工作原理，对生产机械整个电气控制电路工作原理的分析与设计有很大帮助。

本节主要介绍几种典型的基本控制电路。

1.4.1　全压起动控制电路

全压起动是指起动时加在电动机定子绕组上的电压为额定电压，也称直接起动。全压起动需要满足下述条件中的一个：

1）功率在 7.5kW 以下的三相异步电动机，均可采用直接起动。

2）电动机在起动瞬间造成的电网电压降不大于电源的 10%，对于不经常起动的电动机其起动瞬间电网电压降可放宽到电压正常值的 15%。

另外，也可以根据经验公式粗略估算电动机是否可以直接起动。

1. 单向全压起动连续运行控制电路

连续控制（也称为长动控制）是指按下按钮后，电动机通电起动运转，松开按钮后，电动机仍继续运行，只有按下停止按钮，电动机才失电直至停转。

单向全压起动连续运行控制电路的电气原理图如图 1-71 所示。

主电路由转换开关 QS、熔断器 FU、接触器主触点 KM、热继电器 FR、电动机 M 组成。

控制电路由熔断器、热继电器辅助触点、两个按钮 SB1 和 SB2、接触器辅助触点和线圈组成。

电路工作过程如下：

图 1-71　单向全压起动连续运行控制电路的电气原理图

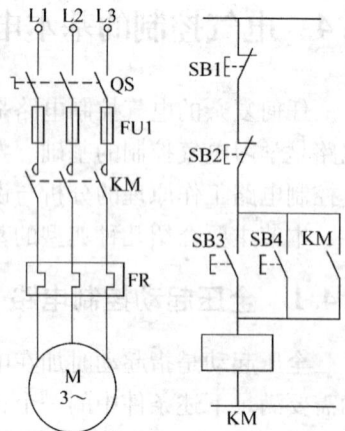

起动：按下 SB2 ──→ KM 线圈得电 ──→ KM 主触点闭合 / KM 辅助触点闭合（自锁）──→ 电动机起动。

停止：按下 SB1 ──→ KM 线圈失电 ──→ KM 主触点断开 / KM 辅助触点断开 ──→ 电动机停机。

所谓"自锁"，是依靠接触器自身的辅助触点闭合来保证线圈继续通电的现象。带有"自锁"功能的控制电路具有失电压（零电压）和欠电压保护作用，即一旦发生断电或电源电压下降到一定值（一般降低到额定值的 85% 以下）时，接触器 KM 线圈就会断电，自锁触点就会断开，不重新按下起动按钮 SB2，电动机将无法自行起动。只有在操作人员有准备的情况下再次按下起动按钮 SB2，电动机才能重新起动，从而保证了人身和设备的安全。

该控制电路中，QS 用于手动控制电源通断，不能直接给电动机 M 供电，只起到电源引入的作用。主回路熔断器 FU1 起短路保护作用，如发生三相电路的任两相短路，或是任一相电路发生对地短路，短路电流将使熔断器迅速熔断，从而切断主电路电源，实现对电动机的短路保护。FR 用于过载保护，当出现过载时，FR 辅助触点断开，切断控制电路，接触器 KM 线圈失电，主触点和辅助触点断开，电动机停机。

2. 多点控制电路

对于大型生产机械，为了操作方便，需要在几个不同的地方都能进行操作。能在多地点控制同一台电动机的控制方式叫做多点控制。多点控制电路如图 1-72 所示。

在生产机械各个不同的地方安装一套按钮，将各起动按钮（SB3、SB4）的常开触点并联连接，各停止按钮（SB1、SB2）的常闭触点串联连接。这样，在任何一处按起动按钮，接触器线圈都能得电，电动机都能运行。在任何一处按停止按钮，接触器线圈都能失电，电动机停止运行。

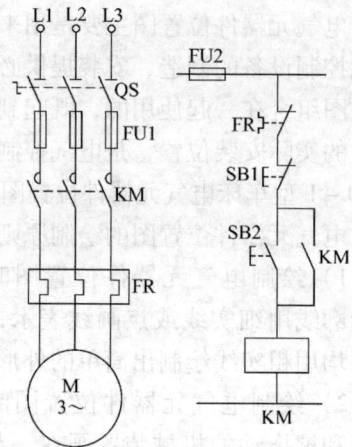

图 1-72　多点控制电路图

电路的工作过程参见图 1-71 所示的单向全压起动连续运行控制电路。

3. 具有点动控制的电路

点动控制是指按下按钮时电动机得电起动运行，松开按钮时电动机失电停机。将上述连续运行控制中的自锁部分解除就成为点动控制方式。几种点动控制方式的电气控制原理图如图 1-73 所示。

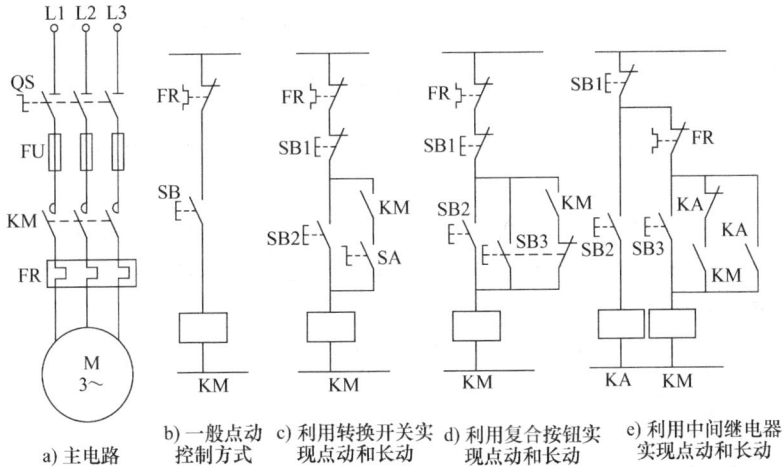

图 1-73　几种点动控制方式的电气控制原理图

1）图 1-73b 所示为一般点动控制方式。其点动工作原理如下：

起动：按下 SB ──→KM 线圈得电──→ KM 主触点闭合──→电动机起动。

停止：松开 SB ──→KM 线圈失电──→ KM 主触点断开──→电动机停机。

2）图 1-73c，是利用转换开关 SA 实现的点动和长动选择联锁控制电路。SA 断开时，由 SB2 按钮进行点动控制；当 SA 闭合时，接触器 KM 的自锁触点起作用，可由 SB2 按钮进行正常的起/停长动控制。

点动（SA 断开）工作原理如下：

起动：按下 SB2 ──→KM 线圈得电──→ KM 主触点闭合
　　　　　　　　　　　　　　　　　　 KM 辅助触点闭合（但无法自锁）──→电动机起动。

停止：松开 SB2 ──→KM 线圈失电──→ KM 主触点断开
　　　　　　　　　　　　　　　　　　 KM 辅助触点断开──→电动机停机。

长动（SA 闭合）工作原理如下：

起动：按下 SB2 ──→KM 线圈得电──→ KM 主触点闭合
　　　　　　　　　　　　　　　　　　 KM 辅助触点闭合（自锁）──→电动机起动。

停止：按下 SB1 ──→KM 线圈失电──→ KM 主触点断开
　　　　　　　　　　　　　　　　　　 KM 辅助触点断开──→电动机停机。

3）图 1-73d 是利用复合按钮 SB3，既能点动又能长动的电路。图中 SB2 为长动起动按钮，SB1 为长动停止按钮，SB3 为点动按钮。工作过程与图 1-73c 所示电路相同。

应用该控制电路的时候，由于接触器使用时间长久后，有时会出现故障，致使其触点复位时间大于点动按钮的恢复时间，这样就会造成点动控制失效，因此点动控制的复合按钮 SB3 松开的速度不能太快。

4）图 1-73e 是利用中间继电器控制的点动与长动控制电路。图中，SB3 为长动起动按钮，SB1 为长动停止按钮，SB2 为点动按钮。

线路动作原理如下：

长动工作原理与图 1-73c 所示电路相同。

点动工作原理如下：

起动：按下 SB2 ⟶ KA 线圈得电 ⟶ KA 常开触点闭合 ⟶ KM 线圈得
KA 常闭触点断开（切断自锁）

电 ⟶ KM 主触点闭合 ⟶ 电动机起动。
KM 辅助触点闭合（但无法自锁）

停止：松开 SB2 ⟶ KA 线圈失电 ⟶ KA 常开触点断开 ⟶ KM 线圈失电 ⟶ KM 触点
断开 ⟶ 电动机停机。

综上所述，电路能够实现长动和点动控制的根本原因，在于能否保证 KM 线圈得电后，
自锁支路被接通。能够接通自锁支路，就可以实现长动，否则只能实现点动。

4. 正、反向运行控制电路

电动机正、反向运行控制电路如图 1-74 所示。

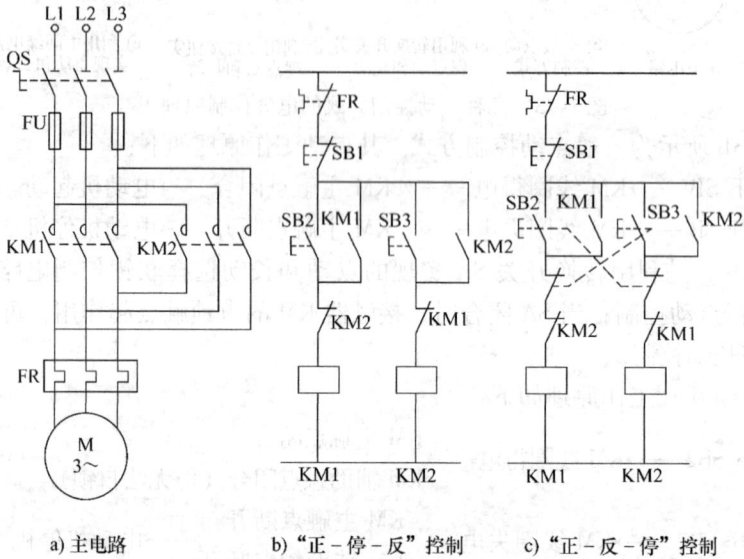

a) 主电路   b)"正–停–反"控制   c)"正–反–停"控制

图 1-74 电动机正、反向运行控制电路

图中，用 KM1 和 KM2 两个接触器控制电动机正、反向运行。由图 1-74a 所示主电路可
以看出，这两个接触器主触点所接通的电源相序不同，KM1 主触点闭合按 L1、L2、L3 相序
接线，KM2 主触点闭合则按 L3、L2、L1 相序接线，所以能改变电动机的转向。相应地设置
了两条控制电路：由按钮 SB2 和线圈 KM1 等组成正转控制电路；由按钮 SB3 和线圈 KM2 等
组成反转控制电路。两条电路运行原理相同，都是长动控制。

图 1-74b 所示的是接触器联锁正、反转控制电路，工作过程为"正转–停止，反转–
停止"。图中，要想达到电动机从一种旋转方向改变为另一种旋转方向，必须先停机，然后
才能反向运行。要想达到直接按动反方向起动按钮而不必按停止按钮这一目的，必须设法在
按下反转起动按钮之前，首先断开正转接触器线圈电路；同理，在按下正转起动按钮之前，
首先断开反转接触器线圈电路。这个要求可通过采用两只复合按钮来实现，如图 1-74c

所示。

图 1-74c 中，采用了复合按钮联锁连接，既保证了正、反转接触器 KM1 和 KM2 不会同时通电，又可不按停止按钮而直接按反转按钮进行反转起动。同样，由反转运行转换成正转运行，也只需直接按正转按钮。这种电路的优点是操作方便，缺点是如果正转接触器主触点熔焊分不开，直接按反转按钮进行换向时，会产生短路事故。

5. 自动往复循环控制电路

在生产实践中，有些生产机械的工作台需要自动往复运动，如龙门刨床、导轨磨床等。最基本的自动往复循环控制电路如图 1-75 所示，它是利用行程开关实现往复运动控制的。

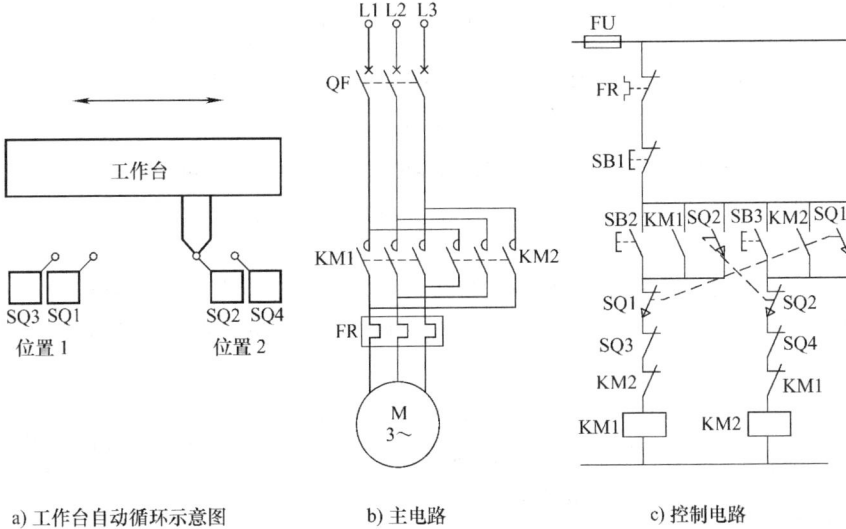

a) 工作台自动循环示意图　　b) 主电路　　c) 控制电路

图 1-75　自动往复循环控制电路

行程开关 SQ1 放在左端需要反向的位置，SQ2 放在右端需要反向的位置，机械挡铁装在运动部件上。起动时利用正向或反向起动按钮，如按正向起动按钮 SB2，工作过程如下：

电动机正向运行，工作台向左移动（分析方法同前），即工作台实现自动往复循环运动。

6. 多台电动机顺序控制电路

生产实践中常要求各种运动部件之间能够按顺序工作。例如，车床主轴转动时要求油泵先给齿轮箱提供润滑油，即要求保证润滑泵电动机起动后，主拖动电动机才允许起动，也就是控制对象对控制电路提出了按顺序工作的联锁要求。

两台电动机按顺序起动控制电路如图 1-76 所示。

图 1-76a 中，M1 为油泵电动机，M2 为主拖动电动机。在图 1-76b 中，将控制油泵电动机的接触器 KM1 的辅助常开触点串入控制主拖动电动机的接触器 KM2 的线圈电路中，可以实现按顺序工作的联锁要求。

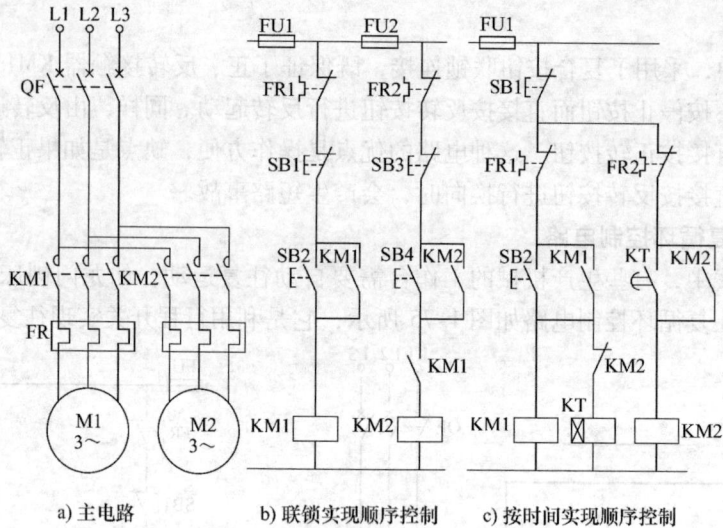

a) 主电路　　　b) 联锁实现顺序控制　　　c) 按时间实现顺序控制

图 1-76　两台电动机按顺序起动控制电路

图 1-76c 所示是采用时间继电器，按时间顺序起动的控制电路。电路要求电动机 M1 起动 t 后，电动机 M2 自动起动，这可利用时间继电器的延时闭合常开触点来实现。电路的工作过程如下：

起动：按下 SB2 $\longrightarrow$ KM1 线圈得电，自锁，M1 起动 $\xrightarrow{\text{KT 延时到}}$ KT 延时常开触点闭合 $\longrightarrow$
　　　　　　　　　　KT 线圈得电，开始计时

KM2 线圈得电 $\longrightarrow$ KM2 自锁，电动机 M2 起动
　　　　　　　　　KM2 常闭触点断开，KT 线圈失电。

1.4.2　三相交流电动机的减压起动控制电路

凡是不满足全压起动条件的电动机，都需要减压起动。在电动机的定子加上降低了的电压进行起动称为减压起动。起动后再将电压恢复到额定值，使之在正常电压下运行。因电枢电流和电压成正比，所以降低电压可以减小起动电流，防止在电路中产生过大的电压降，减小对电路电压的影响。

根据减压措施的不同，工业上常见的减压起动方法有串联电阻减压起动、星形—三角形减压起动、自耦变压器减压起动和延边三角形减压起动等。

1. 定子串电阻或电抗减压起动控制电路

定子串电阻减压起动，是把电阻串接在电动机定子绕组与电源之间，通过电阻的减压作用来降低定子绕组上的起动电压，起动过程完成后再将电阻短接，使电动机在额定电压运行。定子串电阻减压起动控制电路如图 1-77 所示。

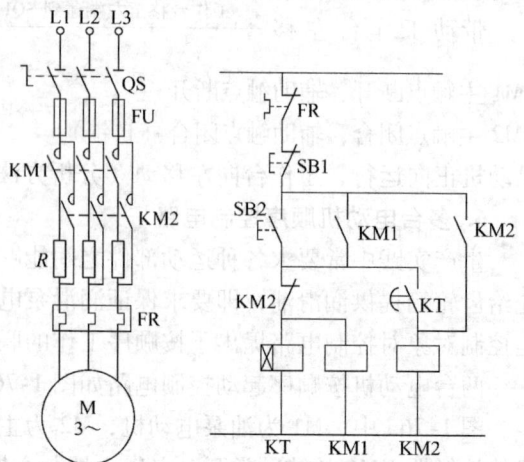

图 1-77　定子串电阻起动控制电路

56

起动过程如下：

KM1 线圈得电，主触点闭合

起动：按下 SB2 ──→ KM1 辅助触点闭合（自锁）──→ 电动机串电阻 R 起动 ──KT 延时到──→

KT 线圈得电，开始计时

KM2 主触点闭合

KT 常开触点闭合 ──→ KM2 线圈带电 ──→ KM2 辅助常开触点闭合（自锁）──→ KM1 线圈失

KM2 辅助常闭触点断开

电 ──→ KM1 主触点断开 ──→ 短接电阻 R，电动机全压运行

KM1 辅助触点断开　　　 KT 线圈失电，常开触点断开。

停止：按下 SB1 ──→ KM2 线圈失电 ──→ KM2 主触点断开 ──→ 电动机停机。

KM2 辅助触点断开

　　定子串电阻起动方法虽然降低了起动电流，但起动转矩也随之降低，这种起动方法仅适用于空载起动或轻载起动。同时，外串的起动电阻将会消耗大量的电能，因此该方法仅适用于小型电动机。在某些场合如大功率电动机的起动可采用电抗器取代电阻。

2. 星形—三角形减压起动控制电路

　　正常运行为三角形联结（△联结）且功率较大的电动机可以采用星形—三角形（丫−△）减压起动。电动机起动时，定子绕组接成星形联结（丫联结），每相绕组的电压由额定 380V 降为 220V，起动电流降为三角形联结起动电流的 1/3。待转速升高到额定转速时改为三角形联结，直到稳定运行。

　　图 1-78 为星形—三角形减压起动控制电路。

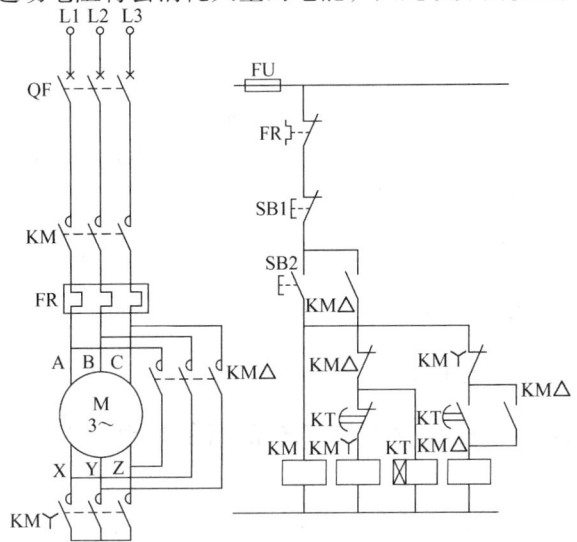

图 1-78　星形—三角形减压起动控制电路

　　电路工作过程如下：

KM 线圈得电，主触点闭合

按下 SB2 ──→ KM丫线圈得电，主触点闭合 ──→ 电动机丫联结起动运行 ──KT 延时到──→

KT 线圈得电，开始计时

KT 常开触点闭合 ──→ KM 丫线圈失电，触点动作 ──→ KM△线圈带电，主触点闭合 ──→

KT 常闭触点断开　　　　　　　　　　　　　　　　　　 辅助常开触点闭合（自锁）

电动机三角形联结运行。

KT 线圈失电

　　星—三角起动方法的起动转矩只有全压起动的 1/3，所以这种起动控制电路只适用于轻载或空载起动场合。

3. 自耦变压器减压起动控制电路

　　星形—三角形减压起动控制电路虽然降低了起动电流，但是同时也降低了起动转矩，对于带有一定负载的设备宜采用自耦变压器减压起动方式。

　　自耦变压器通常有几个不同的抽头，利用不同抽头的电压比可以得到不同的起动电压和起动转矩，根据需要进行选择。它的缺点是自耦变压器的价格较贵，而且不允许频繁起动。

自耦变压器减压起动控制电路如图 1-79 所示。

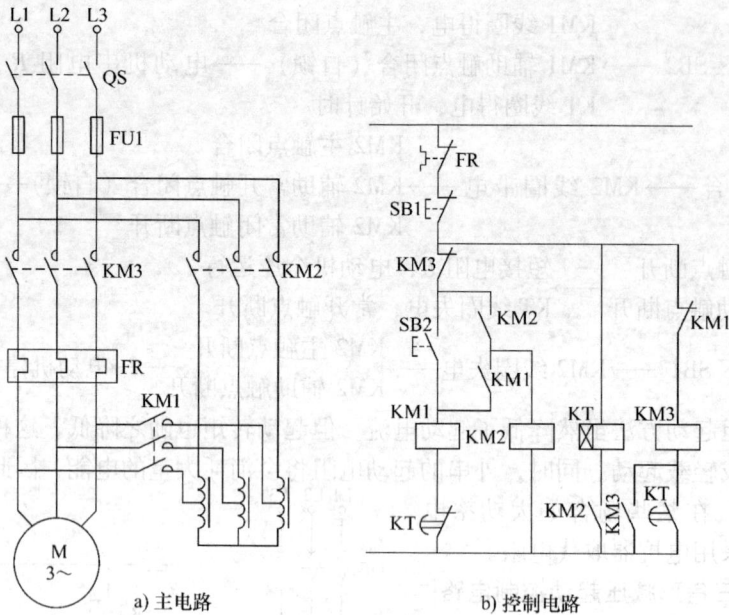

a) 主电路　　　　　　　b) 控制电路

图 1-79　自耦变压器减压起动控制电路

电路的工作过程如下：

按下 SB2 ──→ KM1 自锁运行 ──→ KM2 自锁运行 ──→ KT 得电，开始计时 ──KT 延时到──→ KT 触点动作 ──→ KM1 失电，触点动作 ──→ KM3 得电，触点动作 ──→ KM2 失电，触点动作 KT 失电，触点动作 ──→ 电动机全压运行。

1.4.3　三相笼型异步电动机的制动控制电路

利用电动机电磁原理，在电动机需要制动过程中，产生一个与转子转动方向相反的电磁转矩，使电动机转速迅速下降并停止转动，这就是电气制动。常用的三相异步电动机电气制动方法有反接制动、能耗制动、回馈制动和电容制动等。

1. 反接制动控制电路

反接制动通过改变接入电动机的电源相序，产生一个与运行方向相反的旋转磁场，从而得到一个反向制动转矩作用于转子，使电动机迅速停转。

反接制动瞬间会产生过大的反向电流，为限制过大冲击，在制动阶段，主电路串电阻起限流作用。当电动机的转速接近零时，应立即切断反接制动电源，否则电动机会反转。

（1）单向运行反接制动控制电路

电动机单向运行反接制动控制电路如图 1-80 所示。

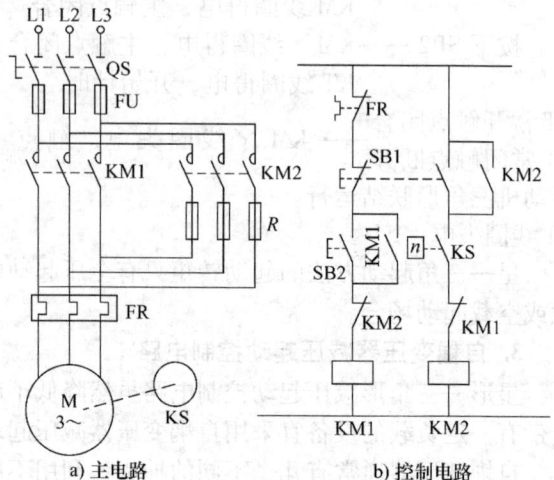

a) 主电路　　　　　　b) 控制电路

图 1-80　单向运行反接制动控制电路

电路的工作过程如下：

起动：按下 SB2 $\longrightarrow$ KM1 自锁运行 $\longrightarrow$ 电动机起动运行 $\xrightarrow{n > 120\text{r/min}}$ 速度继电器 KS 触点闭合 转速上升至稳定转速。

停机：按下 SB1 $\longrightarrow$ KM1 失电，触点动作 $\longrightarrow$ KM2 得电自锁 $\xrightarrow{\text{串} R \text{反接制动}}$ 转速下降 $\xrightarrow{n < 90\text{r/min}}$ KS 常开触点断开 $\longrightarrow$ KM2 失电，触点动作 $\longrightarrow$ 电动机停机。

（2）可逆运行的反接制动控制电路

电动机可逆运行的反接制动控制电路如图 1-81 所示。

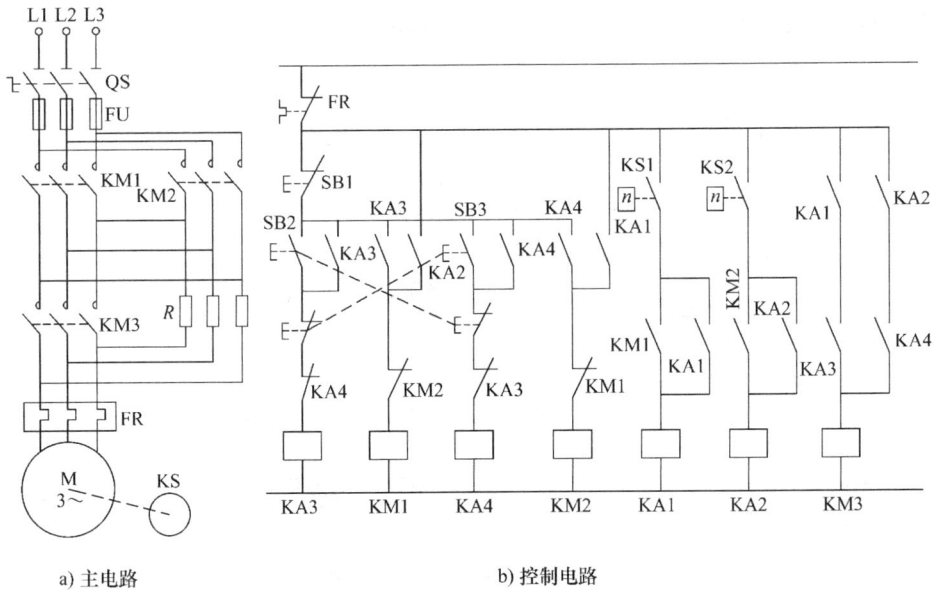

a) 主电路　　　　b) 控制电路

图 1-81　可逆运行的反接制动控制电路

以一个方向为例，电路的自动工作过程如下：

合 QS $\longrightarrow$ 按下 SB2（正向）$\longrightarrow$ KA3 线圈得电，触点动作 $\longrightarrow$ KM1 线圈得电，触点动作 $\longrightarrow$ 电动机串 R 运行 $\xrightarrow{n > 120\text{r/min}}$ 继电器 KS1 触点动作 $\longrightarrow$ KA1 线圈得电，触点动作 $\longrightarrow$ KM3 线圈得电，触点动作 $\longrightarrow$ 短接电阻 R，电动机转速上升至稳定转速。

正向停车制动工作过程如下：

按下 SB1 $\longrightarrow$ KA3 失电，触点动作 / KM1 失电，触点动作 $\longrightarrow$ KM3 失电，触点动作 / KM2 得电，触点动作 $\xrightarrow{\text{串} R \text{反接制动}}$ 转速下降 $\xrightarrow{n < 90\text{r/min}}$ KS1 触点断开 $\longrightarrow$ KA1 线圈失电，触点动作 $\longrightarrow$ KM2 线圈失电，触点动作 $\longrightarrow$ 电动机停机。

同理，反向起动按 SB3，相应的动作转速继电器为 KS2，电路的工作过程分析参见正向起动及停机过程。

一般地，速度继电器的释放值调整到 90r/min 左右，如释放值调整得太大，反接制动不充分；调整得太小，又不能及时断开电源而造成短时反转现象。

反接制动的制动力强、制动迅速、控制电路简单、设备投资少，但制动准确性差、制动过程中冲击力强烈，易损坏传动部件，因此适用于10kW以下小功率的电动机，制动要求迅速、系统惯性大，常用于不经常起动与制动的设备，如铣床、镗床、中型车床等主轴的制动控制。

2. 能耗制动控制电路

能耗制动即在电动机脱离三相交流电源的同时，给定子绕组加一个直流电源，以产生一个静止磁场，利用转子感应电流与静止磁场的作用，产生一个与转动方向相反的电磁转矩，对转子起制动作用，达到制动的目的。制动结束后应切除直流电源。

（1）单向运行的能耗制动控制电路

电动机单向运行的能耗制动控制电路如图1-82所示。

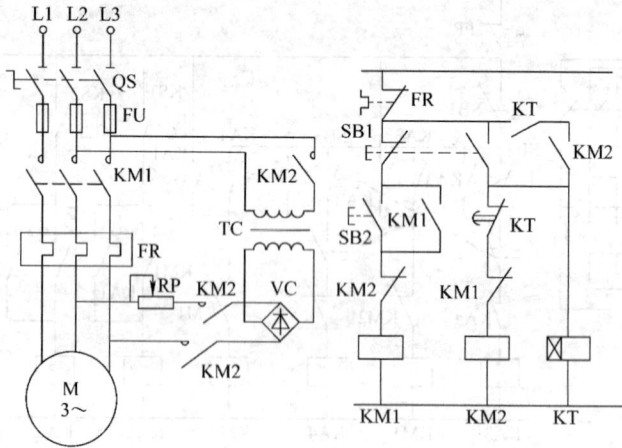

图1-82 单向运行的能耗制动控制电路

电路的工作过程如下：

起动：按下SB2 ——→KM1得电，自锁——→电动机起动运行——→转速上升至稳定转速。

停机：按下SB1 ——→KM1失电，触点动作——→KM2得电自锁——→ KT线圈带电，开始计时 —KT延时到→ 电动机开始能耗制动

KM2失电
KT失电 ——→停机。

（2）可逆运行的能耗制动控制电路

电动机可逆运行的能耗制动控制电路如图1-83所示。

电路的工作过程如下：

正向起动：合QS ——→按下SB2 ——→KM1得电，自锁——→电动机起动运行——→转速上升至稳定转速。

正向停机：按下SB1 ——→KM1失电，触点动作——→ KM3得电 / KT得电 ——→ 起动能耗制动 / 转速下降 开始计时 —KT延时到→

KM3失电
KT失电 ——→停机。

60

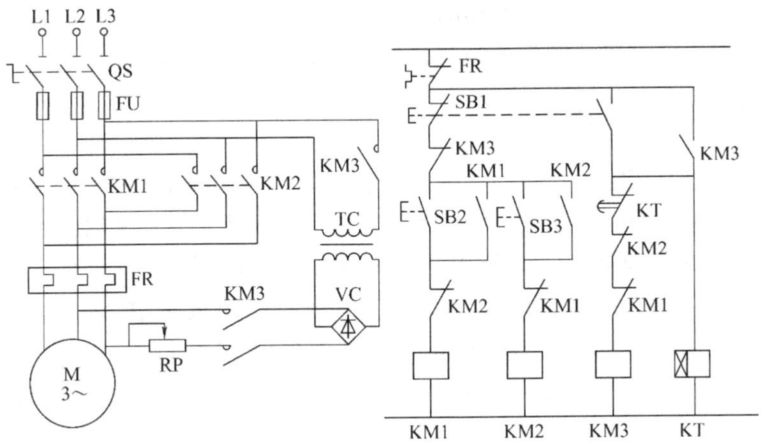

图 1-83　可逆运行的能耗制动控制电路

能耗制动的不足是在制动过程中，随着电动机转速的下降，拖动系统动能也在减少，于是电动机的再生能力和制动转矩也在减少，所以在惯性较大的拖动系统中，常会出现在低速时停不住的现象，从而产生"爬行"，影响停车时间的延长或停位的准确性；能耗制动仅适用一般负载的停车，然而能耗制动电路简单、价格较低。

1.5　三相异步电动机速度控制电路

在实际生产中，不同的生产机械要求有不同的运行速度，甚至一台生产机械在不同的生产过程时也需要不同的运行速度。这就要求生产机械能够根据生产工艺的要求，来改变运转速度。交流异步电动机是应用最广泛的一种动力机械，其调速方法很多，如改变定子绕组的极对数达到变极调速，改变电源频率实现变频调速等。其中，变极调速控制最简单，价格便宜但不能无极调速；变频调速控制最复杂，但性能最好，随着其成本日益降低，目前已广泛应用于工业自动控制领域中。

1.5.1　概述

根据异步电动机的基本原理，可知电动机的转速公式为

$$n = n_1 (1 - s) = \frac{60 f_1}{p} (1 - s) \tag{1-9}$$

式中　n——实际转速，单位为 r/min；

　　　n_1——理想转速，单位为 r/min；

　　　f_1——供电电源频率，单位为 Hz；

　　　p——磁极对数；

　　　s——转差率。

根据式（1-9）可知，改变电动机的极对数 p、转差率 s 及供电电源频率 f 均可达到改变转速的目的。由此得出异步电动机调速的 3 种方法：变极调速、变转差率调速和变频调速。

下面以双速异步电动机变极调速为例，介绍其变极调速控制电路。

1.5.2 变极调速控制电路

变极调速是通过改变定子绕组的联结方式来改变笼型电动机的定子极对数，从而达到调速的目的。这种调速方法只能一级一级地改变转速，而不能平滑地调速。

变极调速的基本原理如下：如果电网频率不变，电动机的同步转速与它的极对数成反比。因此，变更电动机绕组的联结方式，使其在不同的极对数下运行，其同步转速便会随之改变。异步电动机的极对数是由定子绕组的联结方式来决定的，这样就可以通过改变定子绕组的联结方式来改变异步电动机的极对数。变极调速方法一般仅适用于笼型异步电动机。

变极多速电动机的转速有双速、三速和四速 3 种，其中双速电动机和三速电动机是变极调速中最常用的两种形式。

1. 变极调速方法

多速电动机的变极调速方法一般有如下两种：

1）改变定子绕组的联结方式。

2）在定子上设置具有不同极对数的两套互相独立的绕组。

双速电动机定子绕组的联结方式通常有两种：

1）绕组进行△－丫丫变换，如图 1-84a 所示的联结方式。

2）绕组进行丫－丫丫变换，如图 1-84b 所示的联结方式。

这两种联结方式都能使电动机产生的磁极对数减少一半，即能使电动机的转速提高一倍。

当电动机定子绕组的联结方式进行丫—丫丫变换时，电动机磁极由四极低速变为两极高速，适用于恒转矩负载。

当电动机定子绕组的联结方式进行△—丫丫变换时，电动机磁极由四极低速变为两极高速，适用于恒功率负载。

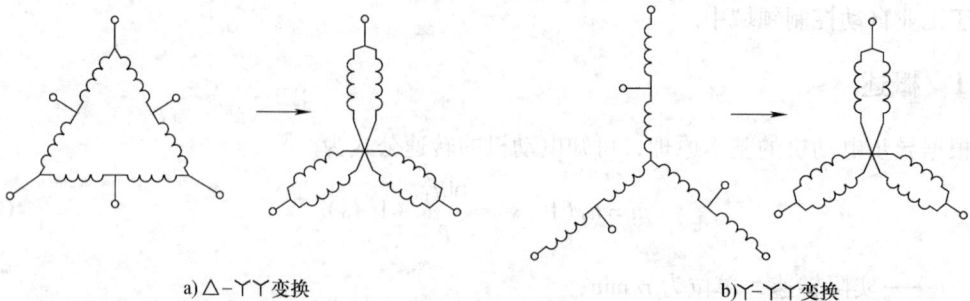

a)△－丫丫变换　　　　　　b)丫－丫丫变换

图 1-84　双速电动机定子绕组接线图

2. 变极调速控制电路

下面以双速电动机定子绕组的联结方式进行△－丫丫变换为例，介绍变极调速控制电路。双速电动机变极调速控制电路图如图 1-85 所示。

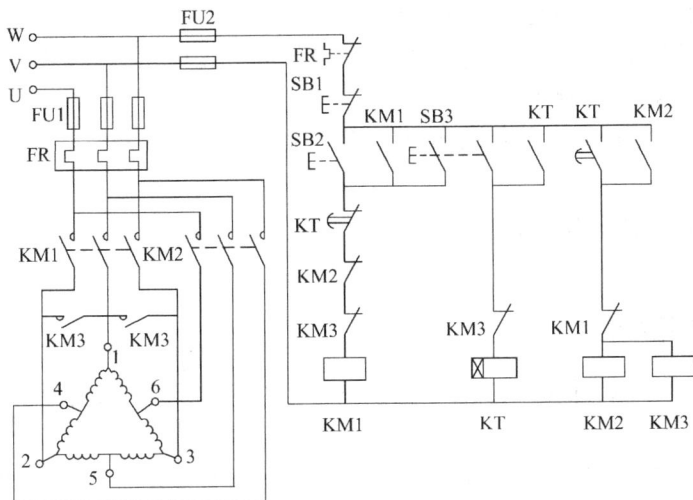

图 1-85　双速电动机变极调速控制电路

工作过程如下：

按下 SB2 ──→KM1 线圈得电，主触点闭合并自锁──→电动机△联结低速运行。

按下 SB3 ──→ KM1 线圈得电主触点闭合并自锁 ──→电动机△联结低速运行 ──KT 延时到──→
KT 线圈得电并自锁，开始计时

KT 常闭触点断开 ──→ KM1 线圈失电，主触点断开 ──→电动机ΥΥ联结高速运行
KT 常开触点闭合 ──→ KM2、KM3 线圈得电，主触点闭合

按下 SB1 ──→KM1、KM2、KM3 均失电，主触点断开──→电动机 M 停止。

应注意：当选择高速运行时，该控制电路是控制电动机的转速由低速自动过渡到高速。

双速变极调速的优点是设备简单、运行可靠，既可适用于恒转矩调速（Υ－ΥΥ），也可适用于近似恒功率调速（△－ΥΥ）；其缺点是转速只能成倍变化，为有极调速。Υ－ΥΥ变极调速应用于起重电葫芦、运输传送带等；△－ΥΥ变极调速应用于各种机床的粗加工和精加工。

1.5.3　变压调速

变转差率调速包括变压调速、转子串电阻调速和串级调速，其中变压调速是异步电动机调速系统中比较简便的一种。变压调速即改变异步电动机端电压进行调速。

由电气传动原理可知，当异步电动机的等效电路参数不变时，在相同的转速下，电磁转矩与定子电压的二次方成正比，因此，改变定子的外加电压就可以改变机械特性的函数关系，从而改变电动机在一定输出转矩下的转速。

对于恒转矩负载调压调速，可以通过设计具有较大转子电阻的高转差率笼型异步电动机，获得较宽的调速范围。但其特性太软，静差率常常不能满足生产机械的要求，而且低压时的过载能力较低，负载的波动稍大，电动机就有可能停转。为了提高调压调速机械特性的硬度，可以采用速度闭环控制系统，这样既能提高低速时的机械特性硬度，又能保证一定的过载能力。

目前主要采用晶闸管交流调压器进行变压调速，它是通过调整晶闸管的触发延迟角来改

变异步电动机端电压进行调速的一种方式。

变压调速过程中的转差功率损耗在转子里或外接电阻上，效率较低，仅用于特殊笼型和绕线转子等小功率电动机调速系统中。

该调速方法的具体情况可参考交流调速等相关书籍。

1.6 变频调速控制电路

1.6.1 变频调速概述

变频调速是利用电动机的同步转速随频率变化的特性，通过改变电动机的供电频率进行调速的一种方法。

变频调速的功能是将电网电压提供的恒压恒频交流电变换为变压变频的交流电，它通过平滑改变异步电动机的供电频率来调节异步电动机的同步转速，从而实现异步电动机的无级调速。这种调速方法由于调节同步转速，故可以由高速到低速保持有限的转差率。在异步电动机诸多的调速方法中，变频调速的性能最好、调速范围广、效率高、稳定性好，是交流电动机一种比较理想的调速方法。

1.6.2 变频器的类型

变频器是近 20 年来发展起来且日趋成熟的一门新技术。由于它完善的功能，实际应用也日趋广泛，对提产增效、节约能源、提高经济效益发挥了重要作用。变频器的类型有很多种，其分类方法也有很多种。

1. 根据变流环节分类

（1）交 - 直 - 交变频器

该变频器也称为间接变频器。它先将频率固定的交流电"整流"成直流电，经过中间滤波环节之后，再把直流电"逆变"成频率可调的三相交流电。图 1-86 为交 - 直 - 交变频器的基本结构。由于把直流电逆变成交流电的环节较易控制，因此，该方法在频率的调节范围及改善变频后电动机的特性等方面都具有明显的优势。大多数变频器都属于交 - 直 - 交变频器。

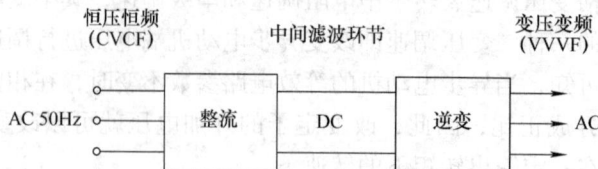

图 1-86　交 - 直 - 交变频器基本结构

（2）交 - 交变频器

该变频器也称为直接变频器。它没有明显的中间滤波环节，电网固定频率的交流电被直接变成可调频调压的交流电（转换前后的相数相同）。图 1-87 为交 - 交变频器的基本结构。

通常由三相反并联晶闸管可逆桥式变流器组成，具有过载能力强、效率高、输出波形较好等优点，但同时存在着输出频率低（最高频率小于电网频率的1/2）、使用功率器件多、功率因数低和高次谐波对电网影响大等缺点。交－交变频器可驱动同步电动机和异步电动机，目前在轧钢厂、船舶主传动和矿石粉碎机等低速传动设备上使用较多。

图 1-87　交－交变频器的基本结构

2. 根据直流电路的储能环节分类

（1）电压型变频器

图 1-88a 为电压型变频器的基本结构。它的特点是中间滤波环节的储能元件采用大电容，负载的无功功率将由它来缓冲，直流电压比较平稳。直流电源的内阻较小，相当于电压源，故称电压型变频器，常用于负载电压变化较大的场合。

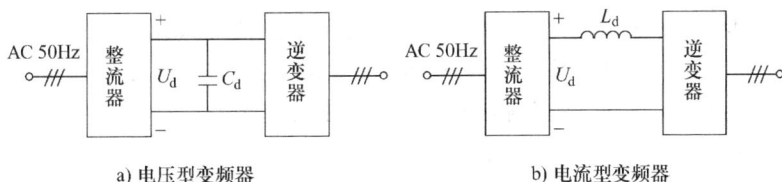

a) 电压型变频器　　　　　　　　　　　b) 电流型变频器

图 1-88　电压型与电流型变频器基本结构

（2）电流型变频器

图 1-88b 为电流型变频器的基本结构。电流型变频器的特点是中间滤波环节采用大电感作为储能环节，缓冲无功功率，即扼制电流的变化，使电压接近正弦波。由于直流电源的内阻较大，近似于电流源，故称为电流型变频器。电流型变频器的优点是能扼制负载电流频繁而急剧的变化，常用于负载电流变化较大的场合。

3. 根据控制方式分类

（1）V/F 控制

V/F 控制是为了得到理想的转矩－速度特性，基于在改变电源频率进行调速的同时，又要保证电动机的磁通不变的思想而提出的（因为仅改变频率，将会产生由弱励磁引起的转矩不足或由过励磁引起的磁饱和现象，使电动机功率因数和效率显著下降）。通用型变频器基本上都采用这种控制方式。

V/F 控制机理如下：改变频率的同时控制变频器的输出电压，使电动机的磁通保持一定，在较大范围内调速运转时，电动机的功率因数和效率不下降。这就是控制电压与频率之比，所以称为 V/F 控制。V/F 控制变频器结构非常简单，无需速度传感器，为速度开环控制，负载可以是通用标准异步电动机，所以通用性强、经济性好。但开环控制方式不能达到较高的控制性能，而且，在低频时必须进行转矩补偿，以改变低频转矩特性，故 V/F 控制变频器常用于速度精度要求不十分严格或负载变动较小的场合。

V/F 控制方式的特点如下：

1）它是最简单的一种控制方式，不用选择电动机，通用性能优良。

2）与其他控制方式相比，它在低速区内电压调整困难，故调速范围窄，通常在1:10左右的调速范围内使用。

3）急加速、减速或负载过大时，抑制过电流能力有限。

4）不能精密控制电动机的实际速度，不适合用于同步运转场合。

（2）矢量控制

矢量控制是一种高性能的控制方式。采用矢量控制的交流调速系统在调速性能上可以和直流电动机相媲美。矢量控制的基本思想认为异步电动机和直流电动机具有相同的转矩产生机理。

矢量控制的基本原理是通过测量和控制异步电动机的定子电流矢量，根据磁场定向原理，分别对异步电动机的励磁电流和转矩电流进行控制，从而达到控制异步电动机转矩的目的。具体是将异步电动机的定子电流矢量分解为产生磁场的电流分量（励磁电流）和产生转矩的电流分量（转矩电流）分别加以控制，并同时控制两分量间的幅值和相位，即控制定子电流矢量，所以称这种控制方式为矢量控制方式。

由于矢量控制可以使得变频器根据频率和负载情况实时的改变输出频率和电压，因此其动态性能相对完善。矢量控制具有可以对转矩进行精确控制、系统响应快、调速范围广、加减速性能好等特点。在对转矩控制要求高的场合，以其优越的控制性能受到用户的赞赏。目前在变频器中，实际应用的矢量控制方式主要有基于转差频率控制的矢量控制方式和无速度传感器的矢量控制方式。

矢量控制变频器的特点如下：

1）需要使用电动机参数，一般用做专用变频器。

2）调速范围1:100以上。

3）速度响应性极高，适合于急加、减速运转和连续4象限运转，能适用任何场合。

4. 根据输入电源的相数分类

（1）单相变频器

单相变频器又称为单进三出变频器。变频器的输入侧为单相交流电，输出侧为三相交流电。家用电器里的变频器均属于此类，通常容量较小。

（2）三相变频器

三相变频器又称为三进三出变频器。变频器的输入侧和输出侧都是三相交流电。绝大多数变频器都属于此类。

5. 根据输出电压调制方式分类

（1）PAM方式

脉冲幅值调制（PAM，Pulse Amplitude Modulation）方式的特点是，变频器在改变输出频率的同时也改变了电压的振幅值。在变频器中，逆变器负责调解输出频率，而输出电压的调节则由相控整流器或直流斩波器通过调节直流电压去实现。采用相控整流器调压时，供电电源的功率因数随调节深度的增加而变小；采用直流斩波调压时，供电电源的功率因数在不考虑谐波影响时，可以达到 $\cos\varPhi \approx 1$。

（2）PWM方式

脉冲宽度调制（PWM，Pulse Width Modulation）方式的特点是，变频器在改变输出频率的同时也改变了电压的脉冲占空比。PWM 方式只需控制逆变电路即可实现，通过改变脉冲宽度可以改变输出电压幅值；通过改变调制周期可以控制其输出频率。

6. 根据功能用途分类

（1）通用变频器

通用变频器主电路采用电压型逆变器，具有不选择负载的通用性，应用范围很广，适用于多种机械及控制场合。一般情况下与标准电动机结合使用，可获得良好的传动特性。市场上的变频器大部分都是通用变频器。

（2）专用变频器

专用变频器是为专门用途设计制造的，设计上与现场机械或控制对象特性紧密结合。与通用变频器相比较，专用变频器能达到更好的传动效果。如西门子公司推出的 Siemens MI-CO340 系列电梯专用变频器可更简单、更准确地控制电梯运行，达到良好的控制效果。

1.6.3 变频器的组成

各生产厂家生产的变频器，其主电路结构和控制电路并不完全相同，但基本的构造原理和主电路连接方式以及控制电路的基本功能都大同小异。虽然变频器种类很多，但是大多数变频器都具有如图 1-89 所示的基本内部结构。

变频器一般由主电路和控制电路两大部分组成。下面结合图 1-89 简单地介绍变频器各个主要部分的基本作用。

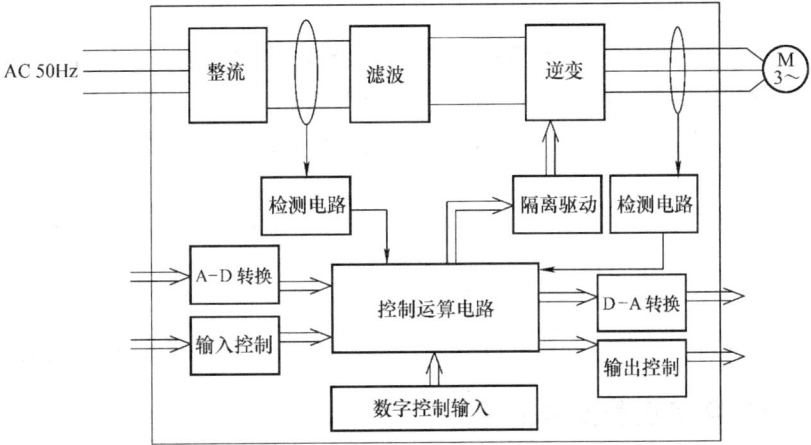

图 1-89　通用变频器内部结构框图

1. 主电路

主电路是给异步电动机提供调压调频电源的电力变换部分。

主电路由 3 部分构成：将交流工频电源变换为直流电的"整流器"、吸收在整流器和逆变器产生的电压脉动的"滤波回路"，以及将直流功率变换为交流功率的"逆变器"。另外，异步电动机需要制动时，有时要附加"制动回路"。

1）整流器。它又称为电网侧变流器，是把交流电整流成直流电。常见的整流器有用二极管构成的不可控三相桥式电路和用晶闸管构成的可控三相桥式电路。

2）逆变器。它又称为负载侧变流器。与整流器相反，逆变器是将直流电重新变换为交流电，最常见的结构形式是利用6个半导体主开关器件组成三相桥式逆变电路，有规律地控制逆变器中主开关器件的通与断，可以得到任意频率的三相交流电输出。

3）滤波回路。在整流器整流后的直流电压中，含有电源6倍频率的脉动电压，此外逆变器产生的脉动电流也使直流电压变动。为了抑制电压波动，采用电感和电容吸收脉动电压（电流）。装置容量小时，如果电源和主电路构成器件有余量，可以省去电感采用简单的滤波回路。

2. 控制电路

给异步电动机供电（电压、频率可调）的主电路提供控制信号的电路，称为控制电路。控制电路的主要作用是将检测到的各种信号送至运算电路，使运算电路能够根据要求为主电路提供必要的驱动信号，同时对异步电动机提供必要的保护。此外，控制电路还提供 A-D、D-A 转换等外部接口，接收/发送多种形式的外部信号，并给出系统内部工作状态，以使调速系统能够和外部设备配合进行各种高性能的控制。

控制电路由以下电路组成：频率、电压的运算电路，主电路的电压、电流检测电路，电动机的速度检测电路，将运算电路的控制信号进行放大的驱动电路以及输入/输出接口控制电路。

1）运算电路。将外部的速度、转矩等指令和检测电路的电流、电压信号进行比较运算，决定逆变器的输出电压、频率。

2）驱动电路。为驱动主电路器件的电路。它与控制电路隔离使主电路器件导通、关断。

3）检测电路。包括电压、电流检测电路和速度检测电路。电压、电流检测电路与主回路电位隔离检测电压、电流等；速度检测电路是以装在异步电动机轴机上的速度检测器（TG、PLG 等）的信号为速度信号，送入运算回路，根据指令和运算可使电动机按指令速度运转。

4）输入/输出接口控制电路。是变频器的主要外部联系通道。输入信号接口主要有频率信号设定端和输入控制信号端；输出信号接口主要有状态信号输出端、报警信号输出端和测量仪表输出端；

5）数字控制输入。可设定电动机的旋转方向，完成频率的分段选择及数据通信等。

1.6.4 变频器的额定值和技术指标

1. 输入侧的额定值

中、小容量通用变频器输入侧的额定值主要指电压和相数。在我国，输入电压的额定值（指线电压）有三相 380V、三相 220V（主要是进口变频器）和单相 220V 这3种。此外，输入侧电源电压的频率一般规定为工频 50Hz 或 60Hz。

2. 输出侧的额定值

1）额定电压。由于变频器在变频的同时也要变压，所以输出电压的额定值是指输出电压中的最大值。

2）额定电流。指允许长时间输出的最大电流，是用户在选择变频器时的主要依据。

3）额定容量。由额定输出电压和额定输出电流的乘积决定。

4）配用电动机容量。在带动连续不变负载的情况下，能够配用的最大电动机容量。

5）输出频率范围。指输出频率的最大调节范围，通常以最大输出频率和最小输出频率来表示。

3. 变频器的性能指标

变频器的性能就是通常所说的功能，这类指标是可以通过各种测量仪器工具在较短时间内测量出来的，这类指标是 IEC 标准和国标所规定的出厂所需检验的质量指标。用户选择几项关键指标就可知道变频器的质量高低，而不是单纯看是进口还是国产，是昂贵还是便宜。以下是变频器的几项关键性能指标。

1）在 0.5Hz 时能输出的起动转矩。比较优良的变频器在 0.5Hz 时能输出 200% 的高起动转矩。具有这一性能的变频器，可根据负载要求实现短时间平稳加减速，快速响应急变负载，及时检测出再生功率。

2）频率指标。变频器的频率指标包括频率范围、频率稳定精度和频率分辨率。

频率范围：以变频器输出的最高频率 f_{max} 和最低频率 f_{min} 表示，各种变频器的频率范围不尽相同。通常，最低工作频率约为 0.1～1Hz，最高工作频率约为 200～500Hz。

频率稳定精度：也称频率精度，是指在频率给定值不变的情况下，当温度、负载变化，电压波动或长时间工作后，变频器的实际输出频率与给定频率之间的最大误差与最高工作频率之比（用百分数表示）。

频率分辨率：指输出频率的最小改变量，即每相邻两挡频率之间的最小差值。

3）速度调节范围控制精度和转矩控制精度。现有变频器速度控制精度能达到 ±0.005%；转矩控制精度能达到 ±3%。

4）低转速时的脉动情况。低转速时的脉动情况是检验变频器好坏的一个重要标准。

此外，变频器的噪声及谐波干扰、发热量等都是重要的性能指标，这些指标与变频器所选用的开关器件及调制频率和控制方式有关。

1.6.5 变频器的选择

异步电动机利用变频器进行调速控制时，应合理选择变频器。通常变频器的选择包括变频器类型选择和容量选择两个方面。

1. 类型选择

变频器的拖动对象是电动机，变频器类型的选择要根据负载的要求来进行。

1）鼓风机泵类负载在过载能力方面的要求较低。低速运行时，负载较轻。对转速精度没有什么要求，通常可以选择价廉的普通功能型。

2）恒转矩类负载。例如挤压机、搅拌机、传送带等需要具有恒转矩特性的设备，但在转速精度以及动态性能方面要求不高，选型时可选无矢量控制的变频器。

3）有些负载低速时要求有较硬的机械特性和一定的调速精度，但在动态性能方面无较高要求的，可选用无反馈矢量控制功能的变频器。

4）有些负载对调速精度和动态性能都有较高要求，并要求高精度同步运行的，可采用带速度反馈的矢量控制功能的变频器。

2. 容量选择

采用变频器驱动异步电动机调速，在异步电动机确定后，通常应根据异步电动机的额定电流来选择变频器，或者根据异步电动机实际运行中的电流值（最大值）来选择变频器，当运行方式不同时，变频器容量的计算方式和选择方法不同，变频器应满足的条件不一样。

选择变频器容量时，变频器的额定电流是一个关键量，变频器的容量应按运行过程中可能出现的最大工作电流来选择。

有关变频器容量选择的具体说明请参考其他相关书籍。

1.6.6 变频器的主要功能

变频器的主要功能有保护功能、控制功能、升速和降速功能、控制模式的选择功能、频率给定功能等。

1. 频率给定功能

1）面板给定方式。通过面板上的键盘进行给定。

2）外接给定方式。通过外部的给定信号进行给定。对于外接数字量信号接口可用来设定电动机的旋转方向，以及完成分段频率的控制；外接模拟量控制信号时，电压信号通常有0～5V、0～10V等，电流信号通常有0～20mA、4～20mA两种。

3）通信接口给定方式。由计算机或其他控制器通过通信接口进行给定，如RS-485、PROFIBUS等。

2. 控制模式的选择功能

1）V/F控制模式的选择功能。为以往各通用变频器中所使用的控制模式，不会识别电动机参数等。另外，在无法进行矢量控制的自动调整时、使用高速电动机等特殊电动机时、多台电动机驱动时选择此模式；预置V/F控制模式：①设定变频器的输出频率和电压的基本关系；②应输入电动机的容量、极数等基本数据。

2）矢量控制模式的选择功能。通过矢量演算电动机内部的状态，可在输出频率为0.5Hz时，取得电动机额定转矩180%的输出转矩，是比V/F控制更为强力的电动机控制，可以抑制由负载变动而引起的速度变动。它主要包括的控制模式有带速度反馈的矢量控制、无反馈矢量控制和预置矢量控制模式。

3. 升、降速功能

可以通过预置升/降速时间和升/降速方式等参数来控制电动机的升/降速。

（1）升速功能

变频调速系统中，起动和升速过程是通过逐渐升高频率来实现的。

升速时间是指给定频率从0上升至基底频率（又称基准频率，一般为额定频率）所需的时间。升速时间越短，频率上升越快，越容易"过电流"。

升速方式主要有以下3种。

1）线性方式。频率与时间成线性关系，如图1-90a中曲线1所示。

2）S形方式。开始和结束阶段，升速的过程比较缓慢，中间阶段按线性方式，如图1-90a中曲线2所示。

3）半S形方式。在开始阶段，升速过程较缓慢，在中间和结束阶段按线性方式升速，如图1-90a中曲线3所示。

（2）降速功能

在变频调速系统中，停止和降速过程是通过逐渐降低频率来实现的。

降速时间是指给定频率从基底频率下降至 0 所需的时间。降速时间越短，频率下降越快，越容易"过电流"和"过电压"。

降速方式主要有 3 种，与升速方式相同。如图 1-90b 所示，曲线 1、2、3 分别为线性方式、S 形方式和半 S 形方式。

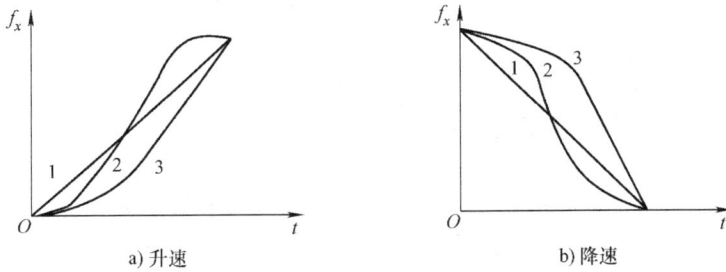

a) 升速　　　　　　　　　b) 降速

图 1-90　升/降速方式

4. 保护功能

变频器的保护功能可分为以下两类：

1）检知异常状态后自动地进行修正动作，如过电流失速防止、再生过电压失速防止等。

2）检知异常后封闭电力半导体器件 PWM 控制信号，使电动机自动停车，如过电流切断、再生过电压切断、半导体冷却风扇过热和瞬时停电保护等。

1.6.7　变频器的应用举例

目前实用化的变频器种类很多，下面以西门子 MICROMASTER 440（以下简称为 MM440）为例，简要说明变频器的使用。

1. MM440 变频器简介

MM440 是一种集多种功能于一体的变频器，它适用于各种需要电动机调速的场合。它可通过操作面板或现场总线通信方式操作，通过修改其内置参数，即可工作于各种场合。

图 1-91 所示为 MM440 变频器内部功能框图。

DIN1 ~ DIN6 为数字信号输入端子，一般用于变频器外部控制，其具体功能由相应设置决定，例如出厂时设置 DIN1 为正向运行、DIN2 为反向运行等，根据需要通过修改参数可改变其功能。AIN1、AIN2 为模拟信号输入端子，可作为频率给定信号和闭环时反馈信号输入。KA1、KA2、KA3 为继电器输出，其功能也是可编程的。AOUT1、AOUT2 端子为模拟量输出，可输出 0 ~ 20mA 信号。PTC 端子用于电动机内置 PTC 测温保护，为 PTC 传感器的输入端。P +、P - 为 RS – 485 通信接口。

2. MM440 变频器在电动机调速控制系统中的应用

图 1-92 所示为西门子 MM440 变频器在异步电动机可逆调速控制电路中的应用实例。此电路可以实现电动机正、反向运行并具有调速和点动功能。根据功能要求，首先要对变频器编程并修改参数来选择控制端子的功能，将变频器 DIN1、DIN2、DIN3 和 DIN4 端子分别设置成正转运行、反转运行、正向点动和反向点动功能。图中，KA1 为变频器的输出继电器，定义为保护继电器，正常工作时，KA1 触点闭合；当变频器出现故障时或电动机过载时，触点断开。

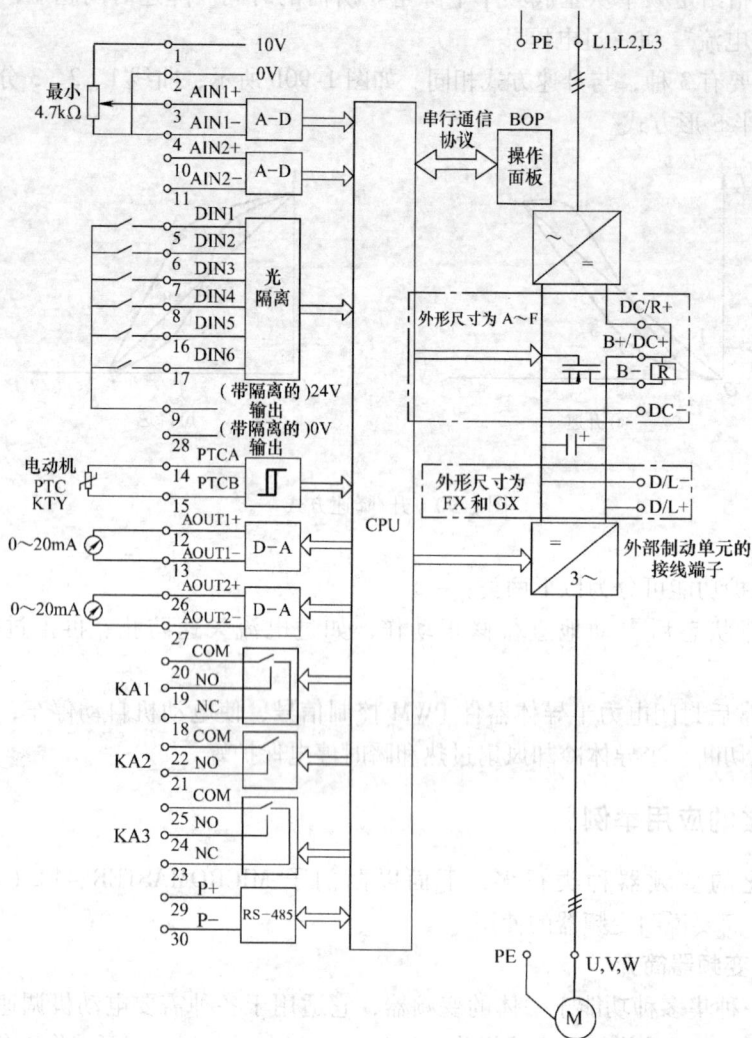

图 1-91　MM440 变频器功能框图

电路的工作过程如下：

按下 SB2 ——KM 得电，其触点闭合并自锁运行——MM440 接通电源。

按下 SB3 ——KA4 得电，其触点闭合并自锁运行——DIN1 得电——电动机 M 正转运行。

按下 SB4 ——KA5 得电，其触点闭合并自锁运行——DIN2 得电——电动机 M 反转运行。

按下 SB5 ——KA6 得电，其触点闭合——DIN3 得电——电动机 M 正向点动。

按下 SB6 ——KA7 得电，其触点闭合——DIN4 得电——电动机 M 反向点动。

按下 SB1 ——KM 失电——主触点断开——MM440 断开电源，电动机 M 停机。

按钮 SB3、SB4 均为复合按钮，实现电动机 M 正转和反转的互锁。

另外，正、反向运行频率由电位器 RP 给定。正、反向点动运行频率可由变频器内部设置。

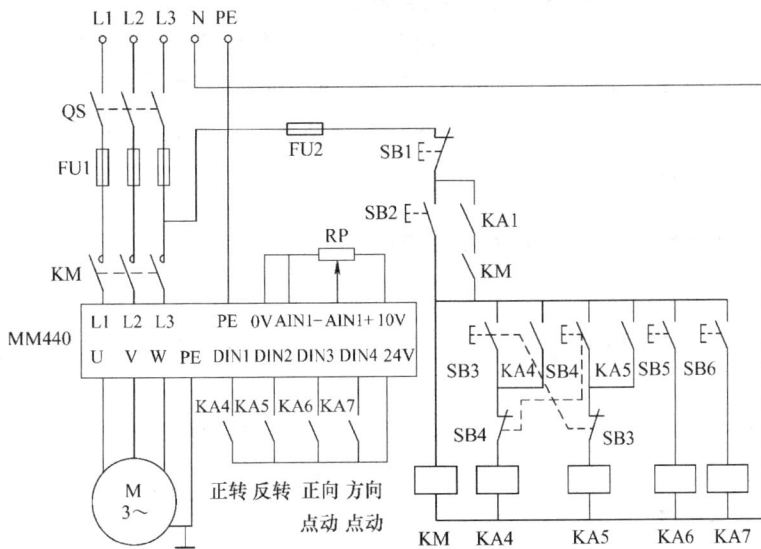

图 1-92 西门子 MM440 变频器在异步电动机可逆调速控制电路中的应用

1.7 电气控制电路分析基础

具备电气控制电路的阅读与分析能力，是电气工程技术人员应有的基本素质。本节通过典型生产机械电气控制电路的实例分析，进一步阐述电气控制电路的分析方法与分析步骤。

1.7.1 电气控制分析的内容与要求

电气控制分析是通过对各种技术资料的分析，掌握电气控制电路的工作原理、技术指标、使用方法和维护要求等。

电气控制分析具体内容和要求主要包括以下几点。

1. 设备说明书

设备说明书由机械（包括液压部分）与电气两部分组成。分析时首先阅读这两部分说明书，重点掌握以下内容：

1）设备的结构　包括机械、液压、气动部分的传动方式与工作原理。

2）电气传动方式　包括电动机与执行电器的数目、规格型号、安装位置与控制要求。

3）设备使用方法　包括各操作手柄、开关、旋钮、指示装置的布置及在控制电路中的作用。

2. 电气控制原理图

电气控制原理图是控制电路分析的中心内容。电气控制原理图由主电路、控制电路、辅助电路、保护电路、联锁环节及特殊控制电路等部分组成。分析原理图时，必须与阅读其他技术资料结合起来。例如，通过阅读说明书了解电动机与执行元件的控制方式及控制作用。

分析原理图时还可以通过所选用的电器元件的技术参数，分析出控制电路的主要参数，估计出各部分的电流、电压值，以便在调试或检修中合理地使用仪表。

3. 电气元器件位置图与电气设备安装接线图

通过阅读与分析图样，了解系统的组成分布状况，各部分的连接方式，主要电气部件的布置、安装要求，导线和穿线管的规格型号等。这是制造、安装、调试和维护电气设备必需的技术资料。在调试、检修中可通过位置图和接线图方便地找到各种电气元器件和测试点，进行检测、调试和维修保养。

1.7.2 电气原理图阅读分析的方法与步骤

1. 基本原则

原理图阅读分析基本原则为：化整为零、顺藤摸瓜、先主后辅、集零为整、安全保护、全面检查。

采用化整为零的原则以某一电动机或电气元器件（如接触器或继电器线圈）为对象，从电源开始，自上而下，自左而右，逐一分析其接通或断开的关系。

2. 分析方法与步骤

（1）分析主电路

无论电路设计还是电路分析都是先从主电路入手。主电路的作用是保证整机拖动要求的实现。从主电路的构成可分析出电动机或执行电器的类型、工作方式、起动、转向、调速、制动等控制要求与保护要求等内容。

（2）分析控制电路

主电路的各种控制要求是由控制电路来实现的，运用"化整为零"、"顺藤摸瓜"的原则，将控制电路按功能划分为若干个局部控制电路，从电源和主令信号开始，经过逻辑判断，写出控制流程，以简便明了的方式表达出电路的自动工作过程。

（3）分析辅助电路

辅助电路包括执行元件的工作状态显示、电源显示、参数测定、照明和故障报警等。这部分电路具有相对独立性，起辅助作用但又不影响主要功能。辅助电路中很多部分是受控制电路中的元件来控制的。

（4）分析联锁和保护环节

生产机械对于安全性、可靠性有很高的要求，实现这些要求，除了合理地选择拖动、控制方案外，在控制电路中还设置了一系列电气保护和必要的电气联锁。在电气控制原理图的分析过程中，电气联锁与电气保护环节是一个重要内容，不能遗漏。

（5）分析特殊控制环节

在某些电气控制电路中，还设置了一些与主电路、控制电路关系不密切，相对独立的某些特殊环节。如产品计数装置、自动检测系统、晶闸管触发电路、自动调温装置等。这些部分往往自成一个小系统，其读图分析的方法可参照上述分析过程，并灵活运用所学过的电子技术、变流技术、自控原理、检测与转换等知识逐一分析。

（6）总体检查

经过"化整为零"，逐步分析了每一局部电路的工作原理以及各部分之间的控制关系之后，还必须用"集零为整"的方法检查整个控制电路，看是否有遗漏。特别要从整体角度去进一步检查和理解各控制环节之间的联系，从而正确理解原理图中每一个电气元器件的作用。

1.7.3 C650 卧式车床电气控制电路分析

卧式车床是一种应用极为广泛的金属切削加工机床，主要用来加工各种回转表面、螺纹和端面，并通过尾座进行钻孔、铰孔和攻螺纹等切削加工。

卧式车床通常由一台主电动机拖动，经由机械传动链，实现切削主运动和刀具进给运动的输出，其运动速度由变速齿轮箱通过手柄操作进行切换。刀具的快速移动、冷却泵和液压泵等常采用单独的电动机驱动。不同型号的卧式车床，其主动路的工作要求不同，因而具有不同的控制电路。现以 C650 卧式车床电气控制系统为例，说明生产机械电气原理图的分析过程。

1. 机床的主要结构和运动形式

C650 卧式车床属于中型车床，可加工的最大工件回转直径为 1020mm，最大工件长度为 3000mm，机床的结构形式如图 1-93 所示。

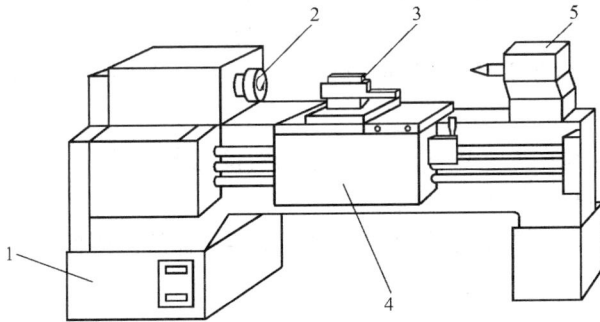

图 1-93　C650 卧式车床结构形式

1—床身　2—主轴　3—刀架　4—溜板箱　5—尾座

C650 卧式车床主要由床身、主轴、刀架、溜板箱和尾座等部分组成。该车床有两种主要运动：一种是安装在床身主轴箱中的主轴运动，称作主运动；另一种是溜板箱中的溜板带动刀架的直线运动，称作进给运动。刀具安装在刀架上，与滑板一起随溜板箱沿主轴轴线方向实现进给移动，主轴的转动和溜板箱的移动均由主电动机驱动。由于加工的工件比较大，加工时其转动惯量也比较大，需要停车时不易立即停止转动，因此必须有停车制动的功能，较好的停车制动是采用电气制动方法。为了加工螺纹等工作，主轴需要正、反转，主轴的转速应随工件的材料、尺寸、工艺要求及刀具的种类不同而变化，所以要求在相当宽的范围内可进行速度调节。在加工过程中，还需提供切削液，并且为减轻工人的劳动强度和节省辅助工作时间，要求带动刀架移动的溜板能够快速移动。

2. 电力拖动及控制要求

从车床的加工工艺出发，对拖动控制有以下要求：

1）主电动机 M1 完成主轴主运动和溜板箱进给运动的驱动，电动机采用直接起动方式，可正、反两个方向旋转，并可进行正、反两个旋转方向的电气停车制动。为加工调整方便，还应具有点动功能。

2）电动机 M2 拖动冷却泵，在加工时提供切削液，采用直接起动、单向运行、连续工作方式。

3）快速移动电动机 M3 拖动刀架快速移动，可根据使用需要随时进行手动控制起停，采用单向点动的工作方式。

4）应具有局部照明装置和电气保护与联锁。

3. 电气控制电路分析

C650 卧式车床的电气控制系统电路如图 1-94 所示，其线路分析过程如下：

（1）主电路分析

图 1-94 所示的主电路中有 3 台电动机，刀开关 QS 将 380V 的三相电源引入。

电动机 M1 的接线分为 3 部分：第一部分由正、反转控制交流接触器 KM1 和 KM2 的两个主触点构成电动机 M1 的正、反转接线；第二部分为电流表 A 经电流互感器 TA 接在电动机 M1 的主回路上，监视电动机绕组工作时的电流变化。为防止电流表被起动时的冲击电流损坏，利用时间继电器 KT 的延时断开的常闭触点，在起动的短时间内将电流表 A 暂时短接掉；第三部分为串联电阻控制部分，交流接触器 KM3 的主触点控制限流电阻 R 的接入和切除。在进行点动调整时，为防止连续的起动电流造成电动机过载，串入限流电阻 R 保证电路设备正常工作。速度继电器 KS 的速度检测部分与电动机的主轴同轴相连，在停车制动过程中，当主电动机转速低于 KS 的动作值时，其常开触点可将控制电路中反接制动的相应电路切断，完成制动停车。

电动机 M2 由交流接触器 KM4 控制其主电路的接通和断开。

电动机 M3 由交流接触器 KM5 控制。

为保证主电路的正常运行，主电路中还设置了熔断器的短路保护环节和热继电器的过载保护环节。

（2）控制电路分析

1）电源　由控制变压器 TC（380V/110V，36V）的接线和参数标注可知，各接触器、继电器线圈电压等级为 AC110V，照明 AC36V 安全电压由主令开关 SA 控制。

2）主电动机 M1 控制

正向点动起动的工作过程如下：

合 QS ——→ 按下 SB2 ——→ KM1 线圈得电 ——→ KM1 主触点闭合 ——→ M1 串 R 运行

正向起动的工作过程如下：

按下 SB3 ——→ KM3 线圈得电 ——→ KM3 主触点闭合／KM3 辅助触点动作 ——→ 短接 R／KA 线圈得电，辅助触点闭合

——→ KM1 线圈得电 ——→ KM1 主触点闭合／KM1 辅助触点动作（自锁）——→ M1 全压正向起动 ——$n<120 r/min$——→

KS1 常开触点闭合

转速上升至稳定转速

正向停车制动的工作过程如下：

按下 SB1 ——→ KM1 线圈失电／KM3 线圈失电 ——→ KM1 主触点断开，常闭辅助触点闭合／KM3 主触点断开，辅助触点断开 ——→ KA 线圈失电，触

点动作 ——→ 松开 SB1 ——→ KM2 线圈通过触点 SB1、FR1、KA、KS1、KM1 得电 ——串 R 反接制动——→ 转速下降

——$n<90 r/min$——→ KS1 常开触点断开 ——→ KM2 失电，触点动作 ——→ 电动机停机

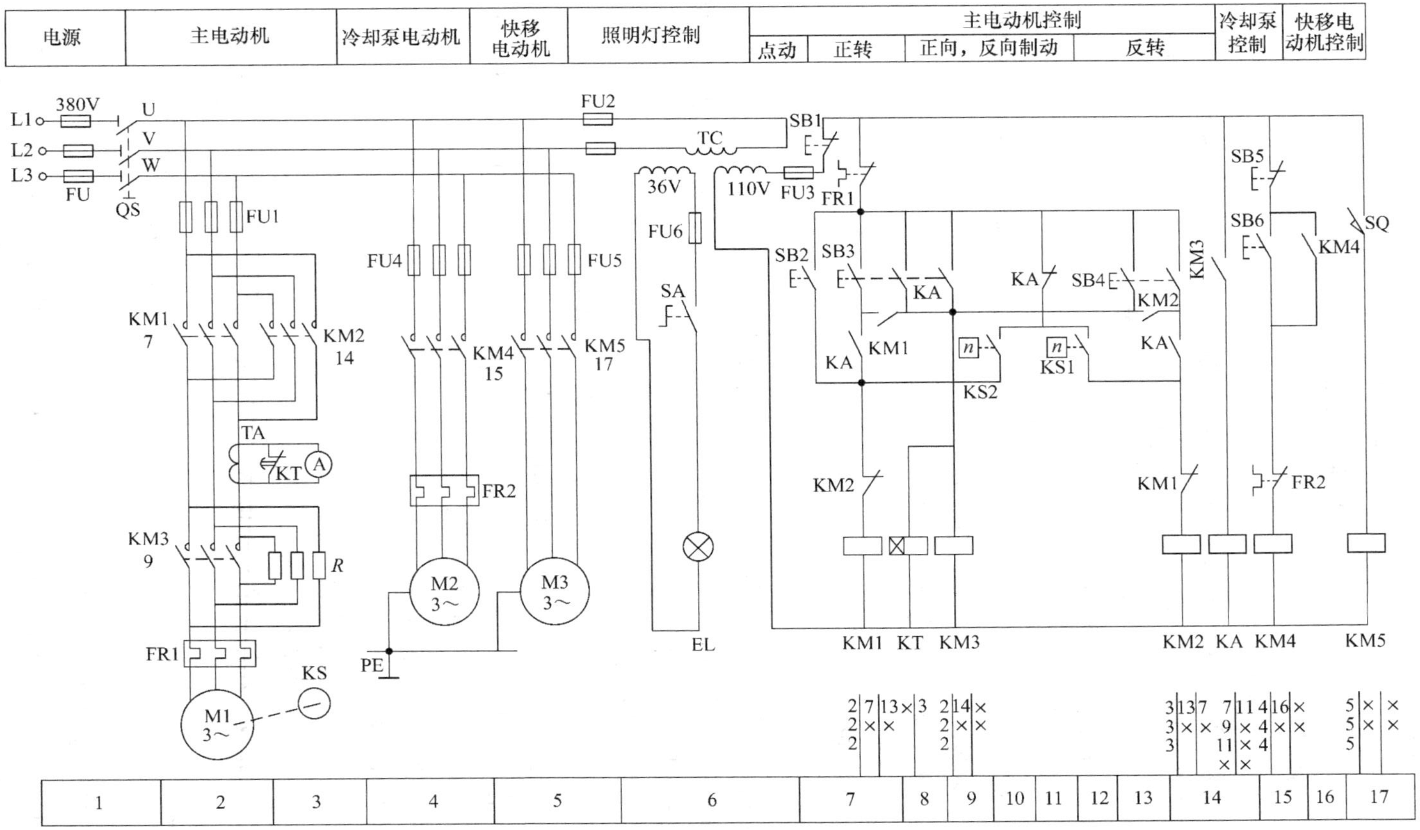

图 1-94 C650 卧式车床的电气控制系统电路

反向起动与停车制动过程与正向类似。

3）冷却泵电动机 M2

起动的工作过程如下：

按下 SB6 ——→KM4 线圈得电——→ KM4 主触点闭合 / KM4 辅助触点闭合（自锁）——→M2 起动

4）快速电动机 M3

起动的工作过程如下：

压动刀架手柄 SQ ——→KM5 线圈得电——→KM5 主触点闭合——→M3 起动

采用控制流程来表达电路的自动工作过程具有简单、一目了然的优点。其基本步骤是：接通电源——→发主令信号——→写出得电的线圈——→按逻辑关系，自上而下、自左而右写出各自受控触点动作后出现的控制结果。

（3）整机线路联锁与保护

由 KM1 和 KM2 各自的常闭触点串接于对方工作电路以实现正、反转运行联锁。由 FU 及 FU1～FU6 实现短路保护。由 FR1 和 FR2 实现 M1 与 M2 的过载保护。KM1～KM4 等接触器采用按钮与自锁控制方式，使 M1 与 M2 具有欠电压与零电压保护。

1.8 思考题与练习题

1. 低压电器的定义是什么？常用的低压电器有哪些？

2. 交流接触器在衔铁吸合瞬间，为什么在线圈中会产生很大的冲击电流？直流接触器会不会产生同样的现象？为什么？

3. 常用的灭弧方法有哪些？

4. 低压断路器有哪些基本组成部分？它在电路中的作用是什么？

5. 单相交流电磁机构中，短路环的作用是什么？

6. 电动机的起动电流较大，当电动机起动时，热继电器会不会动作？为什么？

7. 在电动机的主电路中装有熔断器，为什么还要装热继电器？

8. 中间继电器和接触器有何异同？

9. 简述固态继电器的优缺点。

10. 断路器的技术参数有哪些？

11. 如何正确选择熔断器？

12. 普通的两相或三相结构的热继电器，为什么不能对三角形联结的电动机进行断相保护？

13. 当出现通风不良或环境温度过高而使电动机过热时，能否采用热继电器进行保护？为什么？

14. 电磁阀分为几大类？各自的工作原理是什么？

15. 简述电磁机构的吸力特性和反力特性。两者之间应满足怎样的配合关系？

16. 电气原理图的图区划分和区号检索有什么规定？对电路分析有什么帮助？

17. 三相笼型异步电动机在什么条件下可直接起动？

18. 画出点动正反转控制电路，并有过载保护和短路保护。

19. 画出星形－三角形换接起动控制电路，并说明该线路的优缺点及适用的场合。

20. 分析图1-81所示可逆动行反接制动控制电路的反向起动和制动过程。

21. 设计用按钮和接触器控制电动机M1和M2的控制电路，要求能控制两台电动机同时起动和同时停止。

22. 按下列要求设计出带双重联锁正反转控制电路。

1）实现工作台自动往复运动。

2）工作台到达两端终点时停留5s之后再自动返回，并进行往复运动。

23. 现要求三台笼型电动机M1、M2、M3按一定顺序起动，即M1起动后，M2能才起动；M2起动后，M3能才起动。试画出其控制电路。

24. 在空调设备中的风机电动机的工作情况有如下要求，试为它设计一个控制电路。

1）先开风机，再开压缩机。

2）压缩机可自由停转。

3）风机停止时，压缩机随即自动停止。

25. 带运输机是由异步电动机拖动的。试设计由3台带运输机组成的运输系统电气控制电路，要求如下：

1）起动时，3台带运输机的工作顺序为M3、M2、M1，并有一定的时间间隔。

2）停车时，3台带运输机的工作顺序为M1、M2、M3，也要有一定的时间间隔。

3）具有必要的保护措施。

26. 某机床由两台三相笼型异步电动机M1和M2拖动，其控制要求是：

1）M1功率较大，要求采用星形－三角形换接起动，停车带有能耗制动。

2）M1和M2的起停控制顺序是：先开M1，经过1min后允许M2起动，停车顺序相反，只有在M2停车后才允许M1停车。

3）M1、M2的起停控制均可以两地操作。

试设计电气控制原理线路图，并设置必要的电气保护。

27. 变频器主要由哪几部分组成？每部分各有什么作用？

28. V/F控制方式变频器和矢量控制方式变频器各有哪些特点？

29. 电气控制系统分析的任务是什么？分析哪些内容？应达到什么要求？

30. 试简述电气控制电路分析中，电气原理图分析的基本方法与步骤。

31. 对图1-94所示的C650卧式车床的电气控制系统电路，分析和回答以下问题：

1）分析C650卧式车床的工作过程。

2）写出KM1和KM2的自锁回路的构成。

3）电流表A电路中的KT延时断开的常闭触点有何作用？

第2章 可编程序控制器概述

第一章介绍的是传统的继电逻辑控制基础，由于继电接触器控制系统结构简单、容易掌握、价格便宜，能满足大部分场合电气顺序逻辑控制的要求，在工业控制领域一直占据主导地位。但是继电接触器控制系统具有明显的缺点：设备体积大、可靠性差、动作速度慢，接线复杂繁琐、通用性和灵活性较差。

现代工业对产品质量和经济效益等各项指标的要求促进了生产设备的不断更新和电气自动化程度的提高。大规模集成电路及微型计算机技术的发展，给电气控制技术开辟了新的前景。可编程序逻辑控制器（PLC）是近几十年发展起来的一种新型工业控制器，它将计算机的编程灵活、功能齐全、应用面广等优点与继电器系统的优点结合起来，而其本身又具有体积小、重量轻、耗电省等特点，因此在工业生产过程控制中的应用越来越广泛。

本章主要介绍 PLC 的产生、发展、特点、应用及目前国际、国内市场中的主流产品。

2.1 PLC 的产生和发展

2.1.1 PLC 的产生

继电接触器控制系统是靠硬件连线逻辑构成的系统，当生产工艺或对象需要改变时，原有的接线和控制柜就要更换，不利于产品的更新换代。

20 世纪 60 年代末期，美国汽车制造业竞争激烈，各生产厂家的汽车型号不断更新，这必然要求加工生产线随之改变，整个控制系统需重新配置。为了适应生产工艺不断更新的需要，寻求一种比继电器更可靠、功能更齐全、响应速度更快的新型工业控制器势在必行。

1968 年，美国通用汽车公司（GM）公开招标，并从用户角度提出了新一代控制器应具备的十大条件，引起了开发热潮。这十大条件是：

1）编程简单，可在现场修改程序。

2）维护方便，最好是插件式。

3）可靠性高于继电器控制柜。

4）体积小于继电器控制柜。

5）可将数据直接送入管理计算机。

6）在成本上可与继电器控制柜竞争。

7）输入可以是交流 115V。

8）在扩展时，原有系统只需做很小变更。

9）输出为交流 115V、2A 以上，能直接驱动电磁阀。

10）用户程序存储器容量至少能扩展到 4KB。

这些要求实际上将继电接触器的简单易懂、使用方便和价格低的优点，与计算机的功能完善、通用性和灵活性好的优点结合起来，将继电接触器控制的硬连线逻辑变为计算机操控的软件逻辑编程的设想，采取程序修改的方式改变控制功能。这是从接线逻辑向存储逻辑进步的重要标志，是由接线程序控制向存储程序控制的转变。

1969 年，美国数字设备公司（DEC）研制出了第一台 PLC PDP‑14，并在 GM 公司汽车生产线上试用成功，取得了满意的效果，PLC 由此诞生。PLC 是生产力发展的必然产物。

1971 年，日本开始生产 PLC；1973 年，欧洲开始生产 PLC；我国从 1974 年开始研制，1977 年开始应用于工业中。到现在，世界各国的一些著名电器厂家几乎都在生产 PLC，PLC 已作为一个独立的工业设备进行生产，并成为当代电气控制装置的主导。

2.1.2　PLC 的发展

1. PLC 的现状

PLC 自问世以来，发展极其迅速。进入 20 世纪 80 年代，PLC 都采用了微处理器（CPU）、只读存储器（ROM）、随机存储器（RAM）或单片机作为其核心，处理速度大大提高，增加了多种特殊功能，体积进一步减小。20 世纪 90 年代末，PLC 几乎完全计算机化，速度更快、功能更强，各种智能模块不断被开发出来，在各类工业控制过程中的作用不断扩展。目前，PLC 已具备以下优势：

（1）功能更强

PLC 不仅具有逻辑运算、计数、定时等基本功能，还具有数值运算、模拟调节、监控、记录、显示、与计算机接口、通信等功能。

大、中型甚至小型 PLC 都配有 A‑D、D‑A 转换及算术运算功能，有的还具有 PID 功能。这些功能使 PLC 在模拟量闭环控制、运动控制和速度控制等方面具有了硬件基础；许多 PLC 具有输出和接收高速脉冲的功能，配合相应的传感器及伺服设备，PLC 可实现数字量的智能控制；PLC 配合可编程终端设备，可实时显示采集到的现场数据及分析结果，为系统分析、研究工作提供依据，利用 PLC 的自检信号实现系统监控；PLC 具有较强的通信功能，可以与计算机或其他智能装置进行通信及联网，从而方便地实现集散控制，实现整个企业的自动化控制和管理。

（2）性能更高

PLC 采用高性能微处理器，提高了处理速度，加快了响应时间；扩大存储容量，有的公司已使用了磁泡存储器或硬盘；采用多处理器技术以提高性能，甚至进行冗余备份以提高可靠性。

为进一步简化在专用控制领域的系统设计及编程，专用智能输入/输出模块越来越多，如专用智能 PID 控制器、智能模拟量 I/O 模块、智能位置控制模块、语言处理模块、专用数控模块、智能通信模块和计算模块等。这些模块的特点是本身具有 CPU，能独立工作，它们与 PLC 主机并行操作，无论在速度、精度、适应性和可靠性各方面都对 PLC 进行了很好的补充。它们与 PLC 紧密结合，完成 PLC 本身无法完成的许多功能。这些模块的编程、接线都与 PLC 一致，使用非常方便。

（3）编程语言的多样化

编程语言有主要适用于逻辑控制领域的梯形图语言；有面向顺序控制的步进顺控语句；有面向过程控制系统的功能块语言，能够表示过程中动态变量与信号的相互联接；还有与计算机兼容的高级语言，如 BASIC、C 及汇编语言。

2. PLC 的发展方向

近年来，PLC 的发展更为迅速，更新换代的周期缩短为三年左右。展望未来，PLC 在规模和功能上将向两大方向发展：一是大型 PLC 向高速、大容量和高性能方向发展。如有的机型扫描速度高达 0.1ms/KB（0.1μs/步），可处理几万个开关量 I/O 信号和多个模拟量 I/O 信号，用户程序存储器达十几兆字节；二是发展简易、经济、超小型 PLC，以适应单机控制和小型设备自动化的需要。

另外，不断增强 PLC 工业过程控制的功能，研制采用工业标准总线，使同一工业控制系统中能连接不同的控制设备，增强 PLC 的联网通信功能，便于分散控制与集中控制的实现，大力开发智能 I/O 模块，增强 PLC 的功能等，都是其发展方向。

2.1.3 目前 PLC 的主流产品

世界上 PLC 产品可按地域分成三大流派：美国产品、欧洲产品和日本产品。美国和欧洲的 PLC 技术是在相互隔离情况下独立研究开发的，因此美国和欧洲的 PLC 产品有明显的差异性。而日本的 PLC 技术是由美国引进的，对美国的 PLC 产品有一定的继承性。美国和欧洲以大中型 PLC 而闻名，而日本则以小型 PLC 著称。

（1）美国 PLC 产品

美国是 PLC 生产大国，有 100 多家 PLC 厂商，著名的有 A－B 公司、通用电气（GE）公司、莫迪康（MODICON）公司、德州仪器（TI）公司、西屋公司等。其中，A－B 公司是美国最大的 PLC 制造商，其产品约占美国 PLC 市场的一半。

A－B 公司产品规格齐全、种类丰富，其主推的大、中型 PLC 产品是 PLC－5 系列。该系列为模块式结构，当 CPU 模块为 PLC－5/10、PLC－5/12、PLC－5/15、PLC－5/25 时，属于中型 PLC，I/O 点配置范围为 256～1024 点；当 CPU 模块为 PLC－5/11、PLC－5/20、PLC－5/30、PLC－5/40、PLC－5/60、PLC－5/40L、PLC－5/60L 时，属于大型 PLC，I/O 点最多可配置到 3072 点。该系列中，PLC－5/250 功能最强，最多可配置到 4096 个 I/O 点，具有强大的控制和信息管理功能。大型机 PLC－3 最多可配置到 8096 个 I/O 点。A－B 公司的小型 PLC 产品有 SLC500 系列等。

GE 公司的代表产品是：①小型机 GE－1、GE－1/J、GE－1/P 等，除 GE－1/J 外，均采用模块结构。GE－1 用于开关量控制系统，最多可配置到 112 个 I/O 点。GE－1/J 是更小型化的产品，其 I/O 点最多可配置到 96 点。GE－1/P 是 GE－1 的增强型产品，增加了部分功能指令（数据操作指令）、功能模块（A－D、D－A 等）、远程 I/O 功能等，其 I/O 点最多可配置到 168 点。②中型机 GE－Ⅲ，它比 GE－1/P 增加了中断、故障诊断等功能，最多可配置到 400 个 I/O 点。③大型机 GE－Ⅴ，它比 GE－Ⅲ增加了部分数据处理、表格处理和子程序控制等功能，并具有较强的通信功能，最多可配置到 2048 个 I/O 点。GE－Ⅵ/P 最多可配置到 4000 个 I/O 点。

德州仪器（TI）公司的小型 PLC 产品有 510、520 和 TI100 等，中型 PLC 产品有 TI300、5TI 等，大型 PLC 产品有 PM550、530、560、565 等系列。除 TI100 和 TI300 无联网功能外，其他 PLC 都可实现通信，构成分布式控制系统。

莫迪康（MODICON）公司有 M84 系列 PLC。其中，M84 是小型机，具有模拟量控制、与上位机通信功能，最多可配置 112 个 I/O 点；M484 是中型机，其运算功能较强，可与上位机通信，也可与多台联网，最多可配置 512 个 I/O 点；M584 是大型机，其容量大、数据处理和网络能力强，最多可配置 8192 个 I/O 点；M884 是增强型中型机，它具有小型机的结构、大型机的控制功能，主机模块配置两个 RS－232C 接口，可方便地进行连网通信。

（2）欧洲 PLC 产品

德国的西门子（SIEMENS）公司、AEG 公司、法国的 TE 公司是欧洲著名的 PLC 制造商。西门子公司的电子产品以性能精良而久负盛名。在中、大型 PLC 产品领域与 A－B 公司齐名。

西门子 PLC 主要产品是 S7 系列，其中 S7－200 PLC 为小型机，采用整体式结构，内置最大 I/O 点数为 40DI/DO，具有较强的通信能力，提供许多专用的特殊功能模块，可扩展 2～7 个模块，适合于机电一体化设备的控制或小规模的控制系统；S7－300 PLC 为中型机，采用模块式结构，各种单独的模块之间可进行组合，最多可扩展 32 个模块，常用于大型机电一体化设备的控制，能满足中等性能要求的应用；S7－400 PLC 为大型机，采用模块式结构，具有较强的网络通信功能，配有多种通用功能的模块，最多可扩展 300 多个模块，可组合成不同的专用系统，用于大型自动化生产过程、分布式控制系统等。

（3）日本 PLC 产品

日本的小型 PLC 最具特色，在小型机领域中颇具盛名，某些用欧美的中型机或大型机才能实现的控制，日本的小型机就可以解决。在开发较复杂的控制系统方面明显优于欧美的小型机，所以格外受用户欢迎。日本有许多 PLC 制造商，如三菱、欧姆龙、松下、富士、日立、东芝等，在世界小型 PLC 市场上，日本产品约占有 70% 的份额。

三菱 PLC 是较早进入中国市场的产品。其小型机 F1/F2 系列是 F 系列的升级产品，早期在我国的销量也不小。F1/F2 系列加强了指令系统，增加了特殊功能单元和通信功能，比 F 系列有了更强的控制能力。继 F1/F2 系列之后，20 世纪 80 年代末，三菱公司又推出 FX 系列，在容量、速度、特殊功能和网络功能等方面都有了全面的加强。FX2 系列是在 20 世纪 90 年代开发的整体式高功能小型机，它配有各种通信适配器和特殊功能单元。FX2N 推出的高功能整体式小型机，是 FX2 的换代产品，各种功能都有了全面的提升。近年来，三菱公司还不断推出满足不同要求的微型 PLC，如 FXOS、FX1S、FX0N、FX1N 及 α 系列等产品。三菱公司的大中型机有 A 系列、QnA 系列、Q 系列，具有丰富的网络功能，I/O 点数可达 8192 点。其中，Q 系列具有超小的体积、丰富的机型、灵活的安装方式、双 CPU 协同处理、多存储器和远程口令等特点，是三菱公司现有最高性能的 PLC。

欧姆龙（OMRON）公司的 PLC 产品，大、中、小、微型规格齐全。微型机以 SP 系列为代表，其体积极小、速度极快。小型机有 P 型、H 型、CPM1A 系列、CPM2A 系列、CPM2C 和 CQM1 等。P 型机现已被性价比更高的 CPM1A 系列所取代，CPM2A/2C、CQM1 系列内置 RS－232C 接口和实时时钟，并具有软 PID 功能，CQM1H 是 CQM1 的升级产品。中型机有 C200H、C200HS、C200HX、C200HG、C200HE 和 CS1 系列。C200H 是前些年畅销的高性能中型机，包括配置齐全的 I/O 模块和高功能模块，具有较强的通信和网络功能。C200HS 是 C200H 的升级产品，指令系统更丰富、网络功能更强。C200HX/HG/HE 是 C200HS 的升级产品，有 1148 个 I/O 点，其容量是 C200HS 的 2 倍，速度是 C200HS 的 3.75

倍，有品种齐全的通信模块，是适应信息化的 PLC 产品。CS1 系列具有中型机的规模、大型机的功能，是一种极具推广价值的新机型。大型机有 C1000H、C2000H、CV（CV500/CV1000/CV2000/CVM1）等。C1000H、C2000H 可单机或双机热备运行，安装带电插拔模块，C2000H 可在线更换 I/O 模块；CV 系列中除 CVM1 外，均可采用结构化编程，易读、易调试，并具有更强大的通信功能。

松下公司的 PLC 产品中，FPO 为微型机，FP1 为整体式小型机，FP3 为中型机，FP5/FP10、FP10S（FP10 的改进型）、FP20 为大型机，其中 FP20 是最新产品。松下公司近几年 PLC 产品的主要特点是：指令系统功能强；有的机型还提供可以用 FP – BASIC 语言编程的 CPU 及多种智能模块，为复杂系统的开发提供了软件手段；FP 系列各种 PLC 都配置通信机制，由于它们使用的应用层通信协议具有一致性，这给构成多级 PLC 网络和开发 PLC 网络应用程序带来方便。

2.2 PLC 的定义及特点

2.2.1 PLC 的定义

PLC 一直处在发展之中，到目前为止，还未能对其下一个十分确切的定义。

国际电工委员会（IEC）曾于 1982 年 11 月颁发了 PLC 标准草案第一稿，1985 年 1 月颁发了第二稿，1987 年 2 月颁发了第三稿。草案中对 PLC 的定义是："PLC 是一种数字运算操作的电子系统，专为在工业环境下应用而设计。它采用了可编程序的存储器，用来在其内部存储执行逻辑运算、顺序控制、定时、计数和算术运算等操作指令，并通过数字式或模拟式的输入和输出，控制各种类型的机械或生产过程。PLC 及其有关外围设备，都按易于与工业系统连成一个整体，易于扩充其功能的原则设计。"

早期的 PLC 主要由分立元件和中小规模集成电路组成，它采用了一些计算机技术，但简化了计算机的内部电路，对工业现场环境适应性较好，指令系统简单，一般只具有逻辑运算的功能，称之为可编程序逻辑控制器（Programmable Logic Controller，PLC）。随着微电子技术和集成电路的发展，特别是微处理器和微计算机的迅速发展，在 20 世纪 70 年代中期，美国、日本、联邦德国等的一些厂家在 PLC 中引入了微机技术、微处理器及其他大规模集成电路芯片等，构成其核心部件，使 PLC 具有了自诊断功能，可靠性有了大幅度提高。

2.2.2 PLC 的特点

（1）抗干扰能力强，可靠性高

继电接触器控制系统虽有较好的抗干扰能力，但其使用了大量的机械触点，使设备连线复杂，又因器件的老化、脱焊、触点的抖动及触点在开/闭时受电弧的损害等，大大降低了系统的可靠性。而 PLC 采用微电子技术，大量的开关动作由无触点的电子存储器件来完成，大部分继电器和繁杂的连线被软件程序所取代，故寿命长，可靠性大大提高。

微机虽然具有很强的功能，但抗干扰能力差，工业现场的电磁干扰、电源波动、机械振动、温度和湿度的变化，都可能使一般通用微机不能正常工作。而 PLC 在电子线路、机械结构以及软件结构上都吸取了生产控制经验，主要模块均采用了大规模与超大规模集成电路，I/O 系统设计有完善的通道保护与信号调理电路；在结构上对耐热、防潮、防尘、抗振等都有精确考虑；在硬件上采用隔离、屏蔽、滤波、接地等抗干扰措施；在软件上采用数字滤波等抗干扰和故障诊断措施。所有这些使 PLC 具有较高的抗干扰能力。目前各生产厂家生产的 PLC，平均无故障时间都大大超过了 IEC 规定的 10 万小时，有的甚至达到了几十万小时。

（2）控制系统结构简单、通用性强、应用灵活

PLC 产品均为系列化生产，品种齐全，外围模块品种也多，可由各种组件灵活组合成大小和要求不同的控制系统。在 PLC 构成的控制系统中，只需在 PLC 的端子上接入相应的输入、输出信号线即可，不需要诸如继电器之类的物理电子器件和大量而又繁杂的硬接线电路。当控制要求改变，需要变更控制系统功能时，可以用编程器在线或离线修改程序，修改接线的工作量是很小的。同一个 PLC 装置可用于不同的控制对象，只是输入、输出组件和应用软件不同而已。

（3）编程方便，易于使用

PLC 是面向用户的设备，PLC 的设计者充分考虑到现场工程技术人员的技能和习惯，PLC 程序的编制采用了梯形图或面向工业控制的简单指令形式。梯形图与继电器原理图相类似，直观易懂，容易掌握，不需要专门的计算机知识和语言，深受现场电气技术人员的欢迎。近年来又发展了面向对象的顺控流程图语言，也称功能图，使编程更加简单方便。

（4）功能完善，扩展能力强

PLC 中含有数量巨大的用于开关量处理的继电器类软元件，可轻松地实现大规模的开关量逻辑控制，这是一般的继电器控制不能实现的。PLC 内部具有许多控制功能，能方便地实现 D - A、A - D 转换及 PID 运算，实现过程控制、数字控制等功能。PLC 具有通信连网功能，它不仅可以控制一台单机、一条生产线，还可以控制一个机群、许多条生产线。它不但可以进行现场控制，还可以用于远程控制。

（5）PLC 控制系统设计、安装、调试方便

PLC 中相当于继电接触器系统中的中间继电器、时间继电器、计数器等"软元件"数量巨大，硬件为模块化积木式结构，并已商品化，故可按性能、容量（输入、输出点数，内存大小）等选用组装。又由于用软件编程取代了硬接线实现控制功能，使安装接线工作量大大减小，设计人员只要有一台 PLC 就可进行控制系统的设计，并可在实验室进行模拟调试。而继电接触器系统需在现场调试，工作量大且繁琐。

（6）维修方便，维修工作量小

PLC 具有完善的自诊断、履历情报存储及监视功能，对于其内部工作状态、通信状态、异常状态和 I/O 点的状态，均有显示。工作人员通过它可查出故障原因，便于迅速处理、及时排除。

（7）结构紧凑、体积小、重量轻，易于实现机电一体化

由于 PLC 具有上述特点，使得 PLC 获得了极为广泛的应用。

2.3 PLC 的主要应用

PLC 的主要应用可以从两个方面看：一是 PLC 的基本功能应用，二是 PLC 在工业控制领域中的应用。

1. 基本应用

PLC 具有的功能为人们提供了以下基本应用：

1）逻辑控制。可以实现各种开关量的通/断控制。

2）定时计数控制。可实现任意范围的定时和计数控制。

3）顺序控制。对于具有固定顺序的生产工艺流程，用顺序功能图编写程序更简便。

4）数据处理。PLC 能进行算术运算、数据比较、数据传送等功能。

5）通信和连网。PLC 与计算机相连，可实现 PLC 与 PLC 之间、PLC 与上位机之间的通信，既可以对远程 I/O 进行控制，又能与上位机交换数据，构成"集中管理、分散控制"的分布式控制系统。

6）特殊功能模块。这些特殊功能模块能适用于各种特殊控制的要求，如 PID 模块、定位控制模块、CRT 模块等。

2. 应用领域

PLC 产生的初期，由于其价格高于继电器控制装置，使其应用受到限制。随着微处理器芯片及有关元器件价格的大大下降，使 PLC 成本下降，同时又由于 PLC 的功能大大增强，使得 PLC 的应用越来越广泛，可广泛应用于钢铁、水泥、石油、化工、采矿、电力、机械制造、汽车、造纸、纺织和环保等行业。

PLC 的广泛应用，对工业生产自动化程度的提高起到非常巨大的作用。PLC 的应用领域从最初单一的逻辑控制发展到包括模拟量控制、数字量控制、机器人控制以及多级分布式控制系统在内的各种工业控制场合，在工业自动控制应用中所占的比例越来越大，成为工业控制领域中占主导地位的基础自动化设备。据有关资料报道，20 世纪 90 年代中期，美国工业部门对各种工业自动化控制设备的需求列前几位的分别是：PLC、过程控制仪表、计算机、专用控制器和数据采集系统。

目前，在美国、日本、德国和英国等先进工业国家，PLC 成为工业自动控制的标准设备，它的应用几乎覆盖了机械、冶金、矿山、石油化工、轻工和交通运输等所有工业行业，成为工业自动化领域中最重要、应用最多的控制设备，并已跃居现代工业自动化三大支柱（PLC、机器人、CAD/CAM）的首位。应用 PLC 技术是当今世界的潮流，PLC 技术必将对生产、科研和社会生活等诸多领域产生巨大而深远的影响。

在我国，近年来 PLC 的研制、生产和应用也发展很快，尤其在应用方面更为突出。一些大中型现代化工厂在引进成套设备的同时，也配套引进了不少 PLC，如上海宝钢第一、二期工程共使用了近 900 台 PLC，又如武汉钢铁集团公司、首钢集团、秦山核电站、上海别克汽车生产线、北京吉普车生产线等都大量采用 PLC 进行自动化控制，取得了显著的经济效益。

除了这些大型现代企业外，在许多工业行业 PLC 也得到广泛应用，如机械行业的全自动内圆磨床控制系统、卧式组合镗铣床控制系统、等离子弧喷焊控制系统，采矿冶金行业的矿山车场自控系统、彩色带钢涂层生产线，化工行业的汽囊硫化机控制系统、煤气烧嘴控制系统等。总之，PLC 在我国的应用越来越广泛，对提高我国的工业生产自动化水平起到了巨大作用。

2.4 PLC 与微机及继电接触器控制系统的区别

2.4.1 PLC 与微型计算机的区别

1）使用环境。PLC 适用于工程现场的环境，微机对环境要求较高，一般要在干扰小、具有一定的温度要求的机房内使用。所以 PLC 是用于工业自动化控制的专用微机控制系统。在工控系统中，微机一般作为上位机，向 PLC 发出命令，与 PLC 交换数据；而 PLC 作为下位机，接受上位机的命令，在现场直接控制设备运行。

2）系统功能。微机系统有功能强大的操作系统，还可以安装许多应用软件；PLC 只有简单的监控程序，完成自检、用户程序的执行与监视等功能。

3）程序设计。微机具有丰富的程序语言。要求使用者必须具备一定水平的计算机硬件和软件知识；而 PLC 提供给用户的编程语句数量少，逻辑简单，易于学习和掌握。

4）运算速度和存储容量。微机运算速度快，存储容量大；而 PLC 软件少，工业控制程序简短，存储容量小。PLC 因接口的响应速度慢影响数据处理速度，PLC 速度为 8ms/1000W。

通过以上的比较可以看出，PLC 是专为工业控制而产生的。

2.4.2 PLC 与继电接触器控制系统的比较

如果从功能上比较，PLC 的功能已远远超出了最初的开关量控制，远非继电器可比。下面仅从逻辑控制方面对两者作以比较。

1. PLC 的优势

1）控制方式。继电器的控制是采用硬件接线实现的，是利用继电器机械触点的串联或并联及延时继电器的滞后动作等组合形成控制逻辑，只能完成既定的逻辑控制，系统构成后，想改变功能很困难。PLC 采用存储逻辑，其控制逻辑是以程序方式存储在内存中，要改变控制逻辑，只需改变程序即可，也称软接线。另外，使用继电器设计控制电路时，必须考虑选用继电器的触点个数，因为每个继电器的触点个数是有限的，大约为 4~8 个，而 PLC 通过程序指令提供的触点可以无限次使用（和实际继电器的触点功能一样）。

2）控制速度。继电器控制逻辑是依靠触点的机械动作实现控制的，工作频率低，触点的通断动作时间为毫秒级，机械触点有抖动现象；PLC 是由程序指令控制半导体电路来实现控制，速度快，触点通断动作时间为微秒级，严格同步，无抖动。

3）定时控制。继电接触器控制系统是靠时间继电器实现延时控制的。时间继电器定时精度不高，定时范围有限，定时效果受环境影响大，调整时间困难。PLC 用半导体集成电路作定时器，时钟脉冲由晶体振荡器产生，精度高，调整时间只需修改程序，定时方便，定时范围不受限制，且不受环境影响。

4）可靠性。传统的继电接触器控制系统中使用了大量的中间继电器、时间继电器。由于触点接触不良，容易出现故障，PLC 用软件代替大量的中间继电器和时间继电器，仅剩下与输入和输出有关的少量硬件，接线可减少至继电接触器控制系统的 1/10 ~ 1/100，因触点接触不良造成的故障大为减少。PLC 采取了一系列硬件和软件抗干扰措施，具有很强的抗干扰能力，平均无故障时间达到数万小时以上，可以直接用于有强烈干扰的工业生产现场，PLC 已被广大用户公认为最可靠的工业控制设备之一。

5）维护性。传统的继电接触器控制系统中电路复杂，让人眼花缭乱。一旦有故障发生，要费好大劲熟悉图样，才能找到接触不良的地方。PLC 的故障率很低，且有完善的自诊断和显示功能。PLC 或外部的输入装置和执行机构发生故障时，可以根据 PLC 上的发光二极管或编程器提供的信息迅速地查明故障原因，用更换模块的方法可以迅速地排除故障。

2. 继电器能否被 PLC 取代

PLC 有很多的优点，但是目前继电器控制技术仍被广泛应用。首先，虽然 PLC 在某种程度上是优于继电器的，但是不能不考虑成本。对于一个控制系统或一台单机来说，要考虑到生产的成本。如果用 800 元的继电器能解决，非要用 2000 多元的 PLC？如果加几块控温仪表能解决的事，非要花高价把它集成在 PLC 里？在这些情况下，低成本的继电器控制无疑是首选。

而且，直到现在，继电器从来没有停止过进一步的发展，包括西门子公司在内从来没有承诺普通 PLC 是安全的，如设备的安全控制（停电、重起、人身防护）都是由专门的安全继电器来保证，所以至今，欧洲还有许多专门的生产厂商在生产、研发继电器。

在很多生产领域里，PLC 与继电器相辅相成，在一个大型的控制系统中只有 PLC 控制是不够完全的，有继电器的补充作用将使系统功能更完善。

至于最终结果如何？也许会达到一种动态的平衡、一种合适的比例。

2.5　思考题与练习题

1. PLC 的定义是什么？
2. PLC 的最新发展主要体现在哪些方面？
3. PLC 在功能和规模上将向哪两个方向发展？
4. PLC 可以在什么场合应用？什么场合最适合其应用？
5. PLC 有什么特点？
6. PLC 与继电接触器控制系统相比有哪些异同？
7. PLC 与单片机控制系统相比有哪些异同？
8. 目前市场上有哪些主流 PLC 产品？

第 3 章　PLC 的结构和工作原理

本章主要介绍 PLC 的分类、硬件基本结构、主要性能指标和编程语言及 PLC 的工作原理和工作过程。目前 PLC 的产品种类繁多，不同型号的 PLC 结构也各不相同，但是它们的基本组成和工作原理大致相同。

3.1　PLC 的分类

由于 PLC 的品种、型号、规格、功能各不相同，要按统一的标准对它们进行分类十分困难。通常，按 I/O 点数可划分成大、中、小型 3 类；根据 PLC 的结构形式不同，主要分为整体式、模块式和叠装式。

3.1.1　按 I/O 点数分类

按 PLC 的 I/O 点数多少可将 PLC 分为 3 类，即小型机、中型机和大型机。

（1）小型机

小型 PLC 一般以处理开关逻辑控制为主，其 I/O 点数一般在 256 点以下，单 CPU，8 位或 16 位处理器，用户存储器容量在 16KW（千字）以下。现在小型 PLC 具有较强的通信能力和一定量的模拟量处理能力，其特点为价格低、体积小。

（2）中型机

中型 PLC 的 I/O 点数在 256～2048 点之间，双 CPU，16 位或 32 位处理器，用户存储器容量为 16～50KW。中型机具有更强的开关量、模拟量控制能力和通信连网功能，适用于复杂的逻辑控制系统以及过程控制场合。

（3）大型机

大型 PLC 的 I/O 点数在 2048 点以上，多 CPU，16 位或 32 位处理器，用户存储器容量在 50KW 以上。大型 PLC 具有计算、控制和调节功能，还具有强大的网络结构和通信连网功能，有些大型 PLC 还有冗余能力。它的监控系统能够表示控制过程的动态流程，记录各种曲线和 PID 调节参数等。大型 PLC 在配备多种扩展板时，可以与其他控制器互连，组成一个集中分散的生产过程和产品质量监控系统。大型机适用于设备自动化控制、过程自动化控制和过程监控系统。

3.1.2　按结构形式分类

根据 PLC 结构形式不同，主要分为整体式、模块式和叠装式。

（1）整体式

整体式结构 PLC 将电源、CPU、存储器和输入/输出部件等集中在一起，装在一个箱体内，通常称为主机或基本单元。主机上设有扩展端口，通过扩展电缆与扩展单元（模块）相连。整体式 PLC 具有结构紧凑、体积小、重量轻、价格较低等特点，适用于比较简单的控制场合。一般微型和小型 PLC 采用此种结构。

（2）模块式

模块式 PLC 也称积木式 PLC，即把 PLC 的各组成部分以模块的形式分开，如电源模块、CPU 模块、输入模块、输出模块和各种功能模块等，把这些模块插在基板上，组装在一个机架内。各模块功能是独立的，外形尺寸是统一的。因此，模块式结构具有配置灵活、装配方便、便于扩展等优点。一般中型和大型 PLC 采用这种结构。

（3）叠装式

叠装式 PLC 的结构吸收了整体式 PLC 和模块式 PLC 的优点，它的基本单元、扩展单元和扩展模块等高等宽，但是长度不同，它们采用扁平电缆连接并紧密拼装后组成一个整齐的长方体，在不用基板的情况下拆装也非常方便、灵活，例如西门子公司 S7-200 PLC 就是采用了叠装式结构的小型 PLC，S7-300 PLC 则是采用了叠装式结构的中型 PLC。

3.2 PLC 的基本结构和控制系统的组成

3.2.1 PLC 的基本结构

PLC 的结构多种多样，但其组成的一般原理基本相同，都是以微处理器为核心的结构。PLC 通常由中央处理单元（CPU）、存储器（RAM、ROM）、输入/输出（I/O）单元、电源和编程器等几个部分组成，如图 3-1 所示。

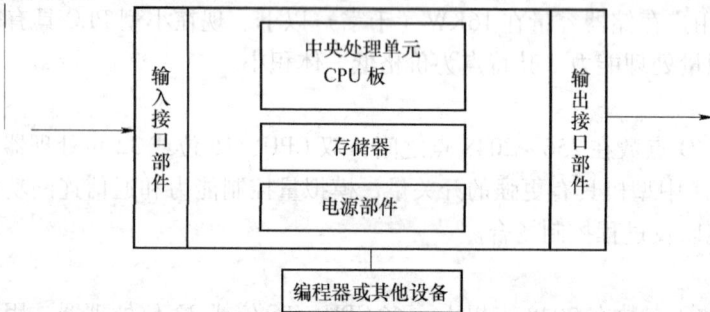

图 3-1　PLC 的基本结构

1. 中央处理单元（CPU）

PLC 中的 CPU 是其核心，起神经中枢的作用。一般由运算器、控制器、寄存器及实现它们之间联系的数据、控制及状态总线构成，还具有外围芯片和总线接口等有关电路。CPU 通过数据总线、地址总线和控制总线与存储单元、输入/输出接口电路连接。一般来讲，CPU 模块总要有相应的状态指示灯，如电源显示、运行显示、故障显示等。CPU 模块上还有许多设定开关，用以对 PLC 作设定，如设定起始工作方式、内存区等。

CPU 的主要工作是按 PLC 的系统程序赋予的功能接收并储存用户程序和数据，用扫描的方式采集由现场输入装置送来的状态或数据，并存入规定的寄存器中，同时，诊断电源和 PLC 内部电路的工作状态和编程过程中的语法错误等，进入运行后，从用户程序存储器中逐条读取指令，经分析后再按指令规定的任务产生相应的控制信号，去控制有关的电路。

不同型号 PLC 的 CPU 不同，有的 PLC 采用专用的 CPU，有的采用通用的 CPU。目前，很多 PLC 采用了 32 位的 CPU，所以 PLC 系统处理信息的能力和运算速度也不断得到提高。

2. 存储器（RAM、ROM）

存储器主要用于存放系统程序、用户程序及工作数据，可以分为以下 3 种类型。

1）系统程序存储器。存放系统软件的存储器称为系统程序存储器，它是只读存储器（ROM），用户不能更改其内容。系统程序相当于计算机的操作系统，它关系到 PLC 的性能。系统程序包括系统监控程序、用户指令解释程序、标准程序模块、系统调用、管理等程序以及各种参数等。

2）用户程序存储器。根据控制要求编写的应用程序称为用户程序。存放用户程序的存储器称为用户程序存储器，它允许用户根据生产过程和工艺要求修改程序并采用后备电池进行断电保护，以防丢失程序。目前，先进的 PLC 存储器采用快闪存储器作为用户程序存储器。快闪存储器不需要后备电池，断电时数据也不会丢失。

3）工作数据存储器。用来存放工作数据的存储器称为工作数据存储器，一般采用随机存储器（RAM）。在工作数据存储器区有元器件映像寄存器和数据表。其中元器件映像寄存器用来存储开关量输入/输出状态以及定时器、计数器、辅助继电器等内部元器件的 ON/OFF 状态。数据表用来存放各种数据，它存储用户程序执行时的某些可变参数以及 A－D 转换得到的数字量和数学运算结果等。在 PLC 断电时能保持数据的存储器区称之为数据保持区。

有种说法将后两者并称为用户存储器，因为后两者都是由用户使用和控制的存储器。

3. 输入/输出单元（I/O 单元）

输入/输出单元是 PLC 的 CPU 与现场输入、输出装置或其他外围设备之间的连接接口部件。

输入单元将现场的输入信号经过输入单元接口电路（PLC 输入接口的输入器件一般包括各种开关、按钮、传感器等）的转换，变为中央处理器能够接收和识别的低电压信号，送给中央处理器进行运算；输出单元则将中央处理器输出的低电压信号变换为控制器所能接收的电压、电流信号，以驱动信号灯、电磁阀和开关等。因此，PLC 的对外功能主要是通过各种 I/O 接口模块与外界联系的，按 I/O 点数确定模块规格及数量，I/O 模块可多可少，但其最大数受 CPU 所能管理的基本配置的能力限制，即受最大的基板或机架槽数限制。I/O 单元集成了 PLC 的 I/O 电路，其输入缓冲器反映输入信号状态，输出点反映输出锁存器状态。

I/O 单元一般带有光耦合电路，其目的是把 PLC 与外部电路隔离开来，以提高 PLC 的抗干扰能力。为了滤除信号的噪声和便于 PLC 内部对信号的处理，输入单元还有滤波、信号锁存电路；输出单元也有输出锁存电路、显示和功率放大等电路。

下面介绍几种常用的 I/O 单元的工作原理。

（1）开关量输入单元

按照输入端电源类型的不同，开关量输入单元可分为直流输入单元和交流输入单元。

1）直流输入单元。直流输入单元的电路如图 3-2 所示，图中点画线框内是 PLC 内部的输入电路，图中只画出对应于一个输入点的输入电路，各个输入点所对应的输入电路均相同。

图 3-2 中，T 为一个光耦合器，R_1 为限流电阻，R_2 和 C 构成滤波电路，可滤除输入信

号中的高频干扰。LED 显示输入点的状态。其工作过程为：当 S 闭合时，光耦合器导通，LED 点亮，表示输入开关 S 处于接通状态。此时 A 点为高电平，该电平经过滤波器送到内部电路中。当 CPU 访问该路信号时，将该输入点对应的输入映像寄存器状态置 1。当 S 断开时，光耦合器不导通，LED 不亮，表示输入开关 S 处于断开状态，此时 A 点为低电平，当 CPU 访问该路信号时，将该输入点对应的输入映像寄存器状态置 0。

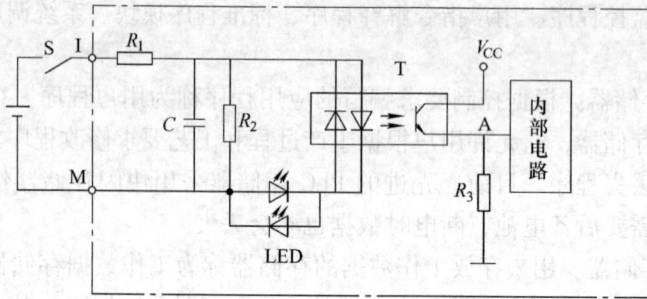

图 3-2　直流输入单元电路图

有的 PLC 内部提供 24V 直流电源，用户只需将开关连接在输入点和公共点之间即可，不需要外接电源。这就是所谓的无源式直流输入单元。无源式直流输入单元简化了输入端的接线，方便了用户。

2）交流输入单元。交流输入单元结构与直流输入单元结构相似，工作原理基本相同，其电路如图 3-3 所示。图 3-3 中只画出对应于一个输入点的输入电路，各个输入点所对应的输入电路相同。

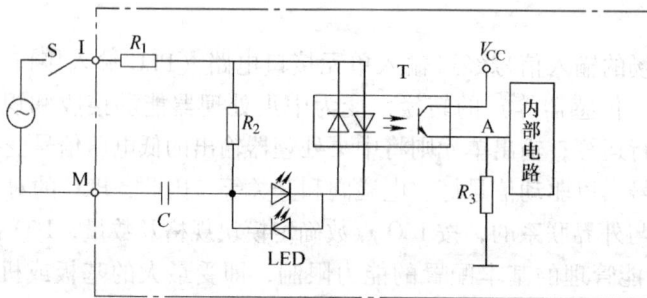

图 3-3　交流输入单元电路图

图 3-3 中，电容 C 为隔直电容，对交流相当短路。R_1 和 R_2 构成分压电路。光耦合器中有两个反向并联的发光二极管，任何一个导通都可以使光敏晶体管导通，显示用的两个发光二极管也是反向并联的。所以这个电路可以接收外部的交流输入电压。

（2）开关量输出单元

按照输出电路所用开关器件不同，PLC 的开关量输出单元可分为晶体管输出单元、晶闸管输出单元和继电器输出单元。

1）晶体管输出单元。晶体管输出单元电路如图 3-4 所示。点画线框内是 PLC 内部的输出电路。框外右侧为外部用户接线。图中只画出对应于一个输出点的输出电路，各个输出点所对应的输出电路均相同。

图 3-4 中，T 是光耦合器，LED 指示输出点的状态，VT 为输出晶体管，VD 为保护二极

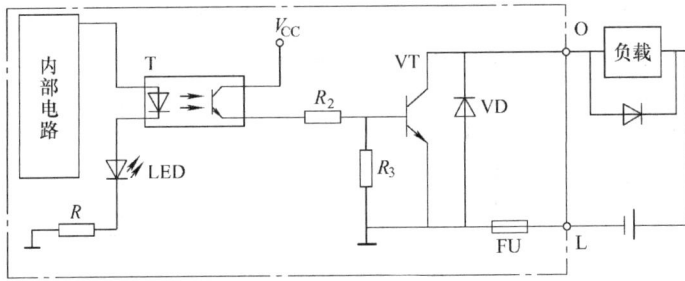

图 3-4　晶体管输出单元电路图

管，FU 为熔断器，防止负载短路时损坏 PLC。

其工作原理如下：当对应于晶体管 VT 的内部继电器的状态为 1 时，通过内部电路使光耦合器 T 导通，从而使晶体管 VT 饱和导通，因此负载得电。指示灯 LED 点亮，表示该输出点状态为 1；当对应于 VT 的内部继电器的状态为 0 时，光耦合器 T 不导通，晶体管 VT 截止，负载失电。如果负载是感性的，则必须与负载并接续流二极管，负载通过续流二极管释放能量。此时 LED 不亮，表示该输出点的状态为 0。

2）双向晶闸管输出单元。双向晶闸管输出电路如图 3-5 所示。在双向晶闸管输出单元中，输出电路采用的开关器件是光控双向晶闸管，R_2C 为阻容保护电路，图中只画出对应于一个输出点的输出电路，各个输出点所对应的输出电路均相同。

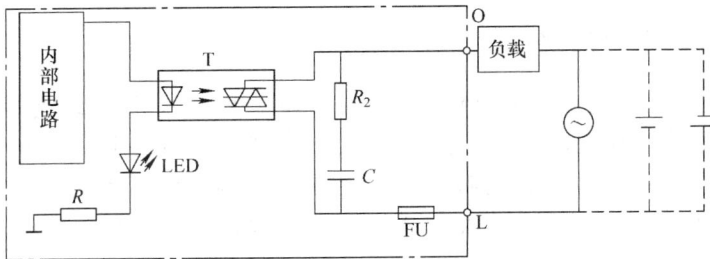

图 3-5　晶闸管输出单元电路图

工作原理如下：当内部继电器的状态为 1 时，发光二极管导通发光，不论负载电源极性如何，都能使双向晶闸管导通，负载得电；当内部继电器的状态为 0 时，双向晶闸管关断，负载失电，指示灯熄灭。电源可以根据负载的需要选用直流或交流。

3）继电器输出单元。继电器输出单元电路采用小型直流继电器作为输出的开关器件，电路如图 3-6 所示。点画线框内是 PLC 内部输出电路，框外右侧是外部用户接线电路。K 为直流继电器。图中只画出对应于一个输出点的输出电路，各个输出点所对应的输出电路均相同。

工作原理如下：当内部继电器状态为 1 时，K 得电吸合，其常开触点闭合，负载得电，LED 点亮，表示电路接通。当内部状态继电器状态为 0 时，K 失电，其常开触点断开，负载失电，指示灯 LED 灭，表示该输出点断开。继电器输出型 PLC 的电源可以根据需要选用直流或交流电源，继电器触点寿命一般为 10～30 万次。

选择何种输出类型的 PLC，由外部负载的实际要求决定。

继电器输出型 PLC 最为常用，它的输出接口可以使用交流或直流电源，价格便宜，但输出信号的通断频率不能太高，并且由于继电器触点动作的延时，造成 PLC 输出滞后；晶

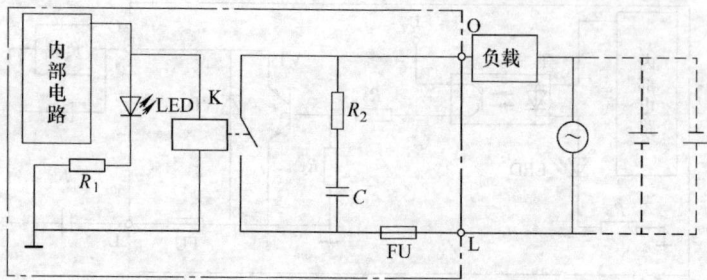

图 3-6　继电器输出单元电路图

体管输出型 PLC 输出接口的通断频率高，适合在运动控制系统中使用，但只能接直流电源；晶闸管型 PLC 不但可以使用在通断频率高、负载大的场合，负载电源也可以根据负载的需要选用直流或交流电源。

4. 电源

PLC 电源单元包括系统的电源及备用电池，电源单元的作用是把外部电源转换成内部工作电压。PLC 内有一个稳压电源，用于对 PLC 的 CPU 单元和 I/O 单元供电。电源以其输入类型划分：交流电源为 AC220V 或 AC110V，直流电源常用 24V 的。

有些 PLC 中的电源，是与 CPU 模块合二为一的，有些是分开的，其主要用途是为 PLC 各模块的集成电路提供工作电源。同时，有的 PLC 能向外部提供 24V 的直流电源。

3.2.2　PLC 控制系统的组成

PLC 控制系统一般由主机、扩展模块、特殊功能模块及控制对象组成。其中扩展模块和特殊功能模块可以根据控制系统的要求进行配置。例如，可以为 PLC 控制系统配置 I/O 扩展模块，满足控制系统 I/O 点数的需求；可以为 PLC 控制系统配置通信模块，实现 PLC 系统与外围设备的通信；可以为 PLC 主机选配各种编程设备方便软件编程。下面详细介绍 PLC 控制系统几个重要组成部分。

1. 扩展模块

扩展模块又称扩展单元。当主机的 I/O 点数量不能满足控制系统的要求时，用户可以根据需要扩展各种 I/O 模块。根据 I/O 点数的不同（如 4 点、8 点、16 点等）、性质不同（如 DI、DO、AI、AO 等）、供电电压不同（如 DC24V、AC220V 等），I/O 扩展模块有多种类型。每个 CPU 所能连接的扩展单元数量和实际所能使用 I/O 点数是由多种因素共同决定的。

2. 通信接口

为了实现更高层次的自动化要求，PLC 要与集散系统、分级分布式计算机控制等系统组成控制系统。在这种情况下，在 PLC 之间、PLC 与其他计算机之间的数据交换是整个系统中不可缺少的部分。

为了实现 PLC 的通信，不少 PLC 产品开发有专门的数据通信模块。目前，常见的 PLC 通信模块有自由口通信模块（如西门子的 SMB2、SMB3、SMB30、SMB130）、现场总线模块（如西门子的 PROFIBUS－DP）、以太网模块（如西门子的 CP234－IT）以及可以实现远程通信控制的调制解调器模块等。

3. 编程设备

用户可以利用编程设备将用户程序送入 PLC 的存储器，还可以利用编程设备检查程序、修改程序、监视 PLC 的工作状态。编程器是 PLC 开发应用、监测运行、检查维护不可缺少的器件，但它不直接参与现场控制运行。

编程设备一般分为简易编程器和图形编程器。简易编程器不能直接输入梯形图，只能输入语句表程序。图形编程器可以使用梯形图编写程序，并将程序下载到 PLC 中。目前，常用的编程方式是利用微机作为编程器，在个人计算机上添加厂商提供的硬件接口和软件包，即可利用个人计算机对 PLC 编程。

3.3　PLC 的主要性能指标

虽然 PLC 产品型号众多、各具特色，但是主要性能通常是由以下几种指标进行综合描述的。

1）输入/输出点数（I/O 点数）。I/O 点数是 PLC 非常重要的一项技术指标，在选用 PLC 时，要根据控制对象的 I/O 点数要求确定机型。PLC 的 I/O 点数主要包括主机的 I/O 点数和最大扩展点数。当主机的 I/O 点数不能满足控制要求时，可以外接 I/O 模块。通过总线电缆将主机与 I/O 扩展模块连接，由主机的 CPU 进行寻址，因此 I/O 模块的最大扩展点数受到 CPU 的 I/O 寻址能力的限制。

2）存储容量。内存容量决定所能存放用户控制程序的最大量。PLC 程序是按步存放的，一步占一个地址单元，一个地址单元一般占 2B（16 位 CPU）。一个容量为 2KB 的 PLC 可以存放约 1000 步的用户程序。

3）扫描速度。扫描速度是衡量 PLC 执行程序快慢的指标，常用扫描 1000 步所需要的时间来表示，单位为 ms/千步。有时也用执行 1 步指令所需要的时间表示，此时单位为 μs/步。

4）指令条数。PLC 指令种类越多，说明它的软件功能越强，所以指令条数的多少是衡量 PLC 功能强弱的主要指标。

5）内部寄存器。PLC 内部有许多寄存器，用以存放控制变量状态、中间结果和数据等。同时还有许多辅助寄存器可供用户使用，这些辅助寄存器可以提供用户许多特殊功能。因此，寄存器的配置情况也是衡量 PLC 硬件的一个主要指标。

6）功能模块。PLC 除了主机和扩展模块外还可以配接各种特殊功能模块。主机可以实现基本控制功能，功能模块可以实现一些特殊的专门功能。目前，功能模块的种类很多，功能也较强。常用的功能模块主要有：A－D 和 D－A 转换模块、高速计数模块、速度控制模块、位置控制模块、远程通信模块、温度控制模块、轴定位模块以及各种物理量转换模块等。这些模块令 PLC 的控制功能更为丰富。因此，特殊功能模块的多少和功能强弱也是衡量 PLC 重要的技术性能指标。

3.4　PLC 的工作原理

PLC 是采用周期性循环扫描的工作方式。对每个程序，CPU 从第一条指令开始执行，按指令步序号做周期性的程序循环扫描，如果无跳转指令，则从第一条指令开始逐条执行用户程序，直至遇到结束符后又返回第一条指令，如此周而复始不断循环，每一个循环称为一个扫描周期。PLC 可以按照固定顺序进行扫描，也可以按照用户规定的可变顺序进行扫描。过程如图 3-7 所示。

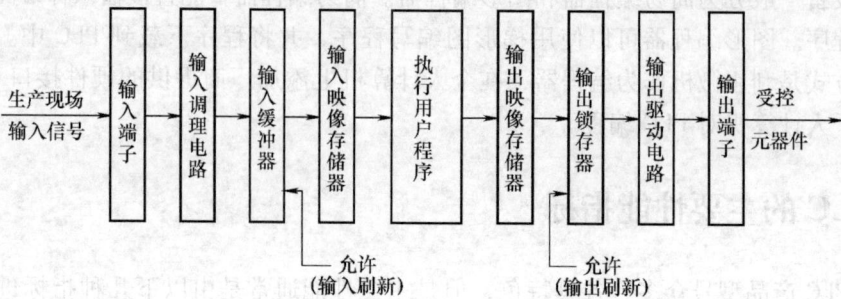

图 3-7 PLC 的工作过程

PLC 采用集中采样、集中输出、周期性循环扫描的工作方式。一个扫描周期主要可分为 3 个阶段，即输入采样阶段、程序执行阶段、输出刷新阶段。

（1）输入采样阶段

在输入采样阶段，CPU 扫描全部输入端子，读取其状态并写入输入映像寄存器。完成输入端刷新工作后，将关闭输入端口，转入程序执行阶段。在程序执行期间，即使输入端状态发生变化，输入映像寄存器的内容也不会改变，而这些变化必须等到下一扫描周期的采样阶段，才重新写入输入端的新内容。

（2）程序执行阶段

根据 PLC 梯形图程序扫描原则，在程序执行阶段，PLC 从第一条开始逐步执行，并将相应的逻辑运算结果存入对应的内部辅助寄存器和输出映像寄存器。对于元器件映像寄存器来讲，每一个元器件会随着程序执行过程而变化。

（3）输出刷新阶段

当所有指令执行完毕后，将输出状态寄存器中的所有输出继电器状态（接通/断开），依次送到输出锁存电路，并通过一定输出方式输出，驱动外部相应执行元件工作，这才形成 PLC 的实际输出。

由此可见，输入刷新、程序执行和输出刷新 3 个阶段构成 PLC 的一个工作周期，如此循环往复，因此称为循环扫描工作方式。扫描周期的长短主要取决于以下几个因素：一是 CPU 执行指令的速度；二是执行每条指令占用的时间；三是程序中指令条数的多少。

3.5　PLC 的编程语言

PLC 编程语言，根据生产厂商和机型的不同而不同。由于目前没有统一的通用语言，所以在使用不同厂商的 PLC 时，同一种编程语言也有所不同。国际电工委员会（IEC）于 1994 年公布了 PLC 标准（IEC61131），标准定义了 5 种 PLC 编程语言：梯形图（Ladder Diagram，LAD）、语句表（Statement List，STL）、功能块图（Function Block Diagram，FBD）、结构化文本（Structured Text，ST）、顺序功能图（Sequential Function Chart，SFC）。

3.5.1　梯形图

梯形图（LAD）是在传统的电气控制系统电路图的基础上演变而来的，在形式上类似电气控制电路，由输入/输出触点、线圈或功能指令等组成。图3-8是典型的梯形图示意图。

输入触点代表逻辑输入条件，输入触点有闭合、断开两种状态，它们表示输入变量。线圈一般是指输出继电器或PLC内部其他继电器的控制线圈，输出继电器线圈表示输出变量，输出触点会随着输出继电器线圈的状态而变化，从而控制PLC内部器件或外部用户负载电路的工作状态。梯形图中的功能指令可以大大增强用户程序的功能，使编程更容易。

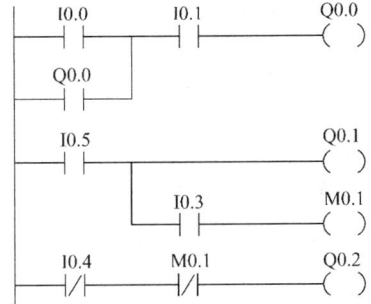

图 3-8　典型的梯形图示意图

梯形图是用图形符号连接而成，这些符号与继电器控制电路图中的常开触点、常闭触点、并联、串联、继电器线圈是相对应的，每个触点和线圈对应有一个编号。由于梯形图具有形象、直观的特点，因此是目前用得最普通的一种PLC编程语言。

3.5.2　语句表

语句是指令语句表（STL）编程语言的基本单元，每个控制功能由一个或多个语句组成的程序来执行。每条语句是规定PLC中CPU如何动作的指令，它是由操作码和操作数组成的。

操作码用助记符表示，它表明CPU要完成的某种操作功能。操作数指出了为执行某种操作所用的元件或数据。

例如，图3-8的梯形图转换成语句表为：

```
LD    I0.0
O     Q0.0
A     I0.1
=     Q0.0
LD    I0.5
=     Q0.1
A     I0.3
=     M0.1
LDN   I0.4
AN    M0.1
=     Q0.2
```

PLC语句表类似计算机的汇编语言，但是比汇编语言更容易掌握。语句表编程方法一般应用于不能配带图形显示器的简易编程器。

3.5.3 功能块图

功能块图（FBD）编程语言实际上是以逻辑功能符号组成功能块来表达命令的图形语言，与数字电路中的逻辑图一样，它极易表现条件与结果之间的逻辑功能。

功能块图使用类似"与门"、"或门"的方框来表示逻辑运算关系。方框左侧为输入变量，右侧为输出变量，输入/输出端的小圆圈表示"非"运算，方框由导线连接，信号沿着导线自左向右流动，如图 3-9 所示。

3.5.4 顺序功能图

顺序功能图（SFC）又叫做状态转移图，是一种新颖的、按照工艺流程图进行编程的图形编程语言。这是一种 IEC 标准推荐的首选编程语言，近年来在 PLC 编程中已经得到了普及和推广，一个完整的 SFC 程序由初始状态步、方向线、转移条件和与状态对应的动作组成。

如图 3-10 所示，SFC 程序的运行从初始步开始，每次转换条件成立时执行下一步，在遇到 END 步时结束向下运行。

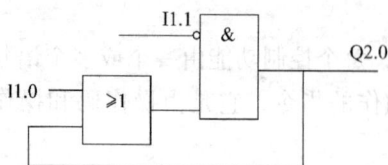

图 3-9　功能块图

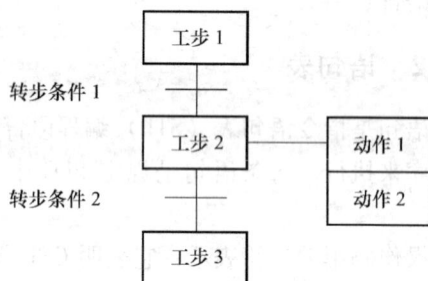

图 3-10　顺序功能图

SFC 编程的优点如下：

1）在程序中可以很直观地看到设备的动作顺序。使用 SFC 比较容易读懂程序，因为程序按照设备的动作顺序进行编写，规律性较强。

2）在设备故障时能够很容易地查找出故障所在的位置。

3）不需要复杂的互锁电路，更容易设计和维护系统。

3.5.5 结构化文本

结构化文本（ST）是一种高级的文本语言，可以用来描述功能，功能块和程序的行为，还可以在顺序功能流程图中描述步、动作和转变的行为。

结构化文本（ST）语言表面上与 PASCAL 语言很相似，但它是一个专门为工业控制应用开发的编程语言，具有很强的编程能力，用于对变量赋值、回调功能和功能块、创建表达式、编写条件语句和迭代程序等。结构化文本（ST）非常适合应用在有复杂的算术计算的应用中。

比如，一个起保停梯形图，用语句表表示为：

```
LD    START
O     LAMP
AN    STOP
=     LAMP
```

用 ST（结构化文本）表示就是：

LAMP：＝（START OR LAMP）AND NOT（LAMP）

综上所述，PLC 编程语言虽然分为 5 类，但由于生产厂商不同，即便同一种编程语言也有所不同。近几年来，PLC 语言不断发展，发展的一个趋势是一种 PLC 支持多种编程语言，以便取长补短，实际应用中也常把几种语言结合起来使用。例如三菱公司的 Q 系列 PLC 编程语言中就包括梯形图、语句表、顺序功能图、结构化文本等多种编程方法，并能自动进行几种语言的互译。西门子公司的 S7 - 200 系列也支持多种编程语言。

当前，主要的 PLC 编程语言是梯形图和语句表。因此，本书将在后面的章节中详细介绍这两种编程语言。

3.6 思考题与练习题

1. PLC 是如何分类的？可分为几类？
2. PLC 的硬件由哪几部分组成？各部分的主要作用是什么？
3. PLC 的输入接口电路有哪几种形式？
4. PLC 的输出接口电路有哪几种形式？
5. PLC 的常用编程语言有哪几种？
6. 什么叫 PLC 的扫描工作方式？
7. PLC 执行程序的过程分为几个部分？各部分是如何执行的？
8. PLC 扫描周期的长短主要取决于哪几个因素？
9. 梯形图编程语言和其他编程语言相比有哪些优点？
10. PLC 的主要性能指标有哪些？

第4章 S7 – 200 PLC 的硬件配置

S7 – 200 PLC 是德国西门子公司生产的一种小型 PLC，主机的基本结构是整体式的（又叫单元式或箱体式）。它还配备有许多专用的特殊功能模块，使 PLC 的功能得到扩展，其许多功能已达到了大、中型 PLC 的水平。它价格低、体积小、可靠性高、运行速度快、性价比非常高，在各行各业中得到迅速推广，在规模不太大的控制领域是比较理想的控制设备。因此，一经推出，即受到了广泛的关注。目前，在小型 PLC 市场上，日本小型 PLC 占据中国大部分市场的情况已经明显改变，S7 – 200 成为了主流产品。

西门子最早的小型 PLC 产品是在 20 世纪末推出的 S7 – 200 CPU21* 系列，但很快被 CPU22* 系列取代。

4.1 主机结构及特性

1. 主机模块

CPU22* 系列 PLC 主机的外形如图 4-1 所示。S7 – 200 PLC 的主机包括一个中央处理单元（即 CPU 模块）、存储器、电源以及 I/O 点，它们都被集成在一个紧凑、独立的设备中。其中，CPU 模块相当于人的大脑，它不断地采集输入信号，执行用户程序，刷新系统的输出。

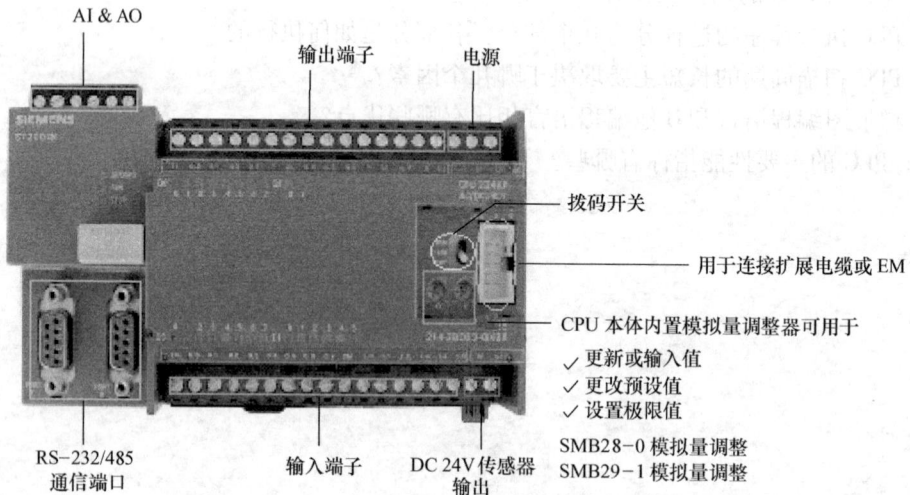

图 4-1　CPU22* 系列 PLC 主机的外形

新一代的 CPU 模块按照 I/O 点数和功能不同而划分为 5 个品种，即 CPU221、CPU222、CPU224、CPU224XP 和 CPU226，每个品种又分为两种类型：一种是 DC24V 供电/晶体管输出;另一种是 AC220V 供电/继电器输出,因此共有 10 种 CPU 模块。

新一代的 CPU 模块在运算速度、程序存储容量、变量存储容量和其他方面性能都有极大的提高,并且新的 CPU 模块支持新版本的编程软件 STEP - 7 - Micro/Win4.0 及以上版本中新增的指令和某些软件工具的功能。

2. CPU 模块的主要特点和主要特性

CPU22* 系列模块具有以下特点:

1）CPU 供电电压有两种方式,包括直流 24V 和交流 220V 供电电源。

2）输出方式有两种,包括晶体管输出方式和继电器输出方式。

3）集成电源。主机集成有 24V 直流电源,可以直接用于传感器和执行机构供电。

4）高速脉冲计数。可累计从普通输入端子输入的高速脉冲,其高速脉冲的频率可以比 CPU 扫描频率高很多,输入脉冲频率可达 200kHz。

5）高速脉冲输出。CPU226 和 CPU224XP 具有两路高速脉冲输出,可用于驱动步进电动机和伺服电动机,实现准确定位控制。其中 CPU224XP 高速脉冲输出频率最高可达 100kHz。

6）集成模拟电位器。模块上集成有模拟电位器,使用该电位器可以改变它对应的特殊寄存器中的数值,从而实现实时更改程序运行中的一些参数,如定时器/计时器的设定值和过程量的控制参数等。

7）集成有内部实时时钟。利用该时钟可对控制信息加注时间标记、记录机器运行时间或对过程进行时间控制。

S7 - 200 系列 PLC 的各种型号 CPU 的 I/O 及扩展功能等特性如表 4-1 所示。

表 4-1 S7 - 200 系列 PLC 各种型号 CPU 的 I/O 及扩展功能等特性

机型	I/O 点数	存储容量	扩 展 功 能	适 用 范 围
CPU221	6 输入/4 输出	较小	具有一定高速计数和通信功能	点数少或特定控制系统
CPU222	8 输入/6 输出	较小	可以最多扩展两个模块	可以作为全功能控制器,应用范围较小
CPU224	14 输入/10 输出	一般	可扩展 7 个模块,具有更强的模拟量和计数处理能力	使用广泛
CPU224XP	14 输入/10 输出	较大	主机增加了模拟量单元和一个通信口	有少量模拟量信号的系统和复杂通信要求的场合
CPU226	24 输入/16 输出	可达 10KB	具有两个通信口和多种模块	点数多、要求高的小型或中型控制系统

其 CPU 模块的详细特性及参数见附录 A。

3. 存储系统

新一代的 CPU 模块采用了新的存储技术存储用户程序,使用超级电容保护数据。S7 - 200 系列 PLC 共提供了 3 种保存用户程序、数据和组态数据的存储器。

1）保持型数据存储器。在存储器中,变量 V、中间继电器 M、定时器 T 和计数器 C 中存储的数据通过组态可以使其成为断电保持型存储器。在断电的情况下,这些数据由超级电容保护,可以维持 50 ~ 100h;如果需要长时间保护,则可以采用电池卡保护,电池卡保护可以维持 200 天。

2）永久存储器（EEPROM）。用户程序、数据块、系统块、强制设定值等经过组态可以成为断电保存的 M 存储器（MB0～MB13）和在用户程序控制下写入的指定值可以永久保存，用户不必担心这些数据由于断电而丢失。一般永久存储器可以执行存储操作达 100万次。

3）存储卡。这是一种可以移动的存储卡，可以用来存储用户数据、数据块、系统块、强制设定值、配方和数据归档等，也可以将文档或文件存放在存储卡上。因此，移动存储卡可以作为主机单元扩展的存储卡。

4.2 I/O 扩展模块和功能扩展模块

当 CPU 的 I/O 点数不够或者需要进行特殊功能的控制时，就要进行系统扩展。系统扩展包括 I/O 点数的扩展和功能的扩展。S7 - 200 系统最多可扩展 7 个模块。不同 CPU 可连接的扩展模块数量和种类是不同的，这些主要受到 CPU 的功能限制。具体内容可参考 SIE-MENS 的系统手册。

1. I/O 扩展模块

S7 - 200 系列各型号的 PLC 主机均提供有一定数量的数字量 I/O 和模拟量 I/O，在选择 PLC 主机产品时，需根据工程项目的需要选择最合适的主机产品。对于 I/O 点数不够的情况，则需要增加 I/O 扩展模块，对 I/O 点数进行扩展。S7 - 200 PLC 的 I/O 扩展模块有：

1）输入扩展模块 EM221。共有 3 种产品，即 8 点和 16 点 DC、8 点 AC。

2）输出扩展模块 EM222。共有 5 种产品，即 8 点 DC、4 点 DC（5A）、8 点 AC、8 点继电器和 4 点继电器（10A）。

3）输入/输出混合扩展模块 EM223。共有 6 种产品，其中 DC 输入/DC 输出的有 3 种，DC 输入/继电器输出的有 3 种，它们对应的 I/O 点数分别为 4 点、8 点、16 点和 32 点。

4）模拟量输入扩展模块 EM231。共有 3 种产品，即 4 点 AI、两路热电阻输入和 4 路热电偶输入。其中前者是普通的模拟量输入模块，可以用来连接标准的电流和电压信号；后两个是专门为热电阻和热电偶而设计的模块，热电阻和热电偶可以直接连接到模块上而不需要经过变送器对其进行标准电流或电压的转换，模块上设置有热电阻和热电偶型号选择开关，热电偶模块还具有冷端补偿功能。

5）模拟量输出扩展模块 EM232。两路模拟量输出的扩展模块。

6）模拟量输入/输出扩展模块 EM235。4 路 AI 和一路 AO（占用两路输出地址）的扩展模块。

2. 特殊功能扩展模块

当需要完成某些特殊功能的控制任务时，CPU 主机可以扩展连接特殊功能模块。如需要进行 PROFIBUS - DP 现场总线连接时，则必须连接 EM277 PROFIBUS - DP 通信模块。目前适合 S7 - 200 PLC 使用的新模块不断涌出，进一步增强了 S7 - 200 PLC 的市场竞争力。

典型的特殊模块有：

1）PROFIBUS - DP 模块 EM277。使用该模块可以把 S7 - 200 PLC 连接到 PROFIBUS -DP 网络中，从而使 S7 - 200 PLC 作为 DP 网络中的一个从站。

2）AS - i 接口模块 CP243 - 2。使用该模块可以把 S7 - 200 PLC 连接到 AS - i 网络中，从而使 S7 - 200 PLC 作为 AS - i 网络中的主站。

3）以太网模块 CP243 - 1。使用该模块可以把 S7 - 200 PLC 连接到工业以太网中，波特率从 10 ~ 100Mbit/s 自整定，RJ45 接口，TCP/IP 协议。

4）以太网模块 CP243 - 1 IT。使用该模块可以把 S7 - 200 PLC 连接到工业以太网中，波特率从 10 ~ 100Mbit/s 自整定，RJ45 接口，TCP/IP 协议。另外，该模块支持诸如 FTP 客户端/服务器、E - mail 和 HTML 页面等功能。

5）定位模块 EM253。用于实现高精度的运动控制。控制范围从微型步进电动机到智能伺服系统。EM253 集成的脉冲接口可输出高达 200kHz 的脉冲信号，并可以设定位置、速度和方向。集成的位置开关输入能够脱离 CPU 独立地完成任务。

6）称重模块 SIWAREX MS。用于所有简单称重和测力需要，其功能是测量传感器电压，并将电压值转换为重量值。该模块拥有两个串行接口，一个可用于连接远程数字式指示器；另一个可用于和主机相连，进行串口通信。借助于 S7 - 200 PLC 的编程软件可将称重模块集成到设备软件中。采用该模块可以省去通信组件，节省通信系统的成本。另外，SI-WAREX MS 模块可以和多个电子秤配合使用，这样在 S7 - 200 PLC 控制系统中可以组成一个任意编程的模块化称重系统。

7）调制解调器模块 EM241。用于替代连接于 CPU 通信口的外部 MODEM 功能。当与一个连接有该模块的系统通信时，只需在 PC（安装有编程软件 STEP7 - Micro/WIN）上连接一个外置 MODEM 即可。使用 EM241 模块可通过电话线、MODBUS 或者 PPI 协议进行 PLC 与 PC 的通信或 PLC 与 PLC 的通信，实现远程诊断和维护功能。

8）调制解调器 SINAUT MD720 - 3。该模块用于基于 S7 - 200 PLC 和 WinCC flexible 的移动无线通信，它通过 GSM 网络进行基于 IP 的数据传输，可自动建立 GPRS 连接，可以切换到 CSD 方式。

各种功能模块的性能及使用方法请参见最新的 S7 - 200 PLC 的系统手册。

3. I/O 点数的扩展和编址

S7 - 200 PLC 有一定数量的本机 I/O，本机 I/O 有固定的地址，可用扩展 I/O 模块来增加 I/O 点数，扩展模块连接方法有两种：水平连接时主机在最左边，垂直连接时主机在最下边。其 I/O 点的地址由模块的类型和该模块在同类 I/O 模块链中所处的位置决定。编址的方法是同种类型输入或输出点的模块在链中按与主机的位置而递增，其他类型模块的有无以及所处的位置不影响本类型模块的编号。如输出模块不会影响输入模块上的点的地址。同理，模拟量模块不会影响数字量模块的地址安排。

S7 - 200 系统扩展对输入/输出地址空间的分配规则为：

1）同类型的输入点或输出点的模块进行顺序编址。

2）对于数字量，输入/输出映像寄存器的单位长度为 8 位。本模块高位实际位数未满 8 位的，未使用位不能分配给 I/O 链的后续模块，后续同类地址编址必须重新从一个新的连续的字节开始。

3）对于模拟量，输入或输出以两点或两个通道（两个字）递增方式来分配空间。本模块中未使用的通道地址不能被后续的同类模块继续使用，后续的地址排序必须从新的两个字以后的地址开始。

【例 4-1】　某一控制系统选用 S7 – 200 PLC 的 CPU224，系统所需的输入输出点数为：数字量输入 28 点、数字量输出 24 点、模拟量输入 7 点和模拟量输出 2 点。

本系统可有多种不同模块的选择方案，并且各模块在 I/O 链中的位置排列方式也可以有多种方式，选取其中一种的连接方式如图 4-2 所示，其对应的各模块编址情况见表 4-2，表中斜体排列的地址为本模块未使用，后续模块也不能使用的地址空间。

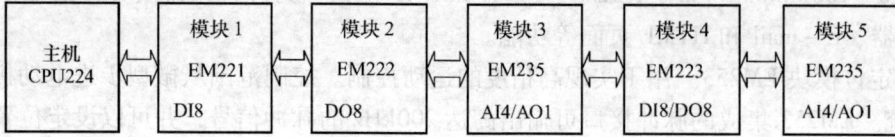

图 4-2　模块连接方式

表 4-2　各模块编址

主机 I/O		模块 1 I/O	模块 2 I/O	模块 3 I/O		模块 4 I/O		模块 5 I/O	
I0.0	Q0.0	I2.0	Q2.0	AIW0	AQW0	I3.0	Q3.0	AIW8	AQW4
I0.1	Q0.1	I2.1	Q2.1	AIW2		I3.1	Q3.1	AIW10	
I0.2	Q0.2	I2.2	Q2.2	AIW4		I3.2	Q3.2	AIW12	
I0.3	Q0.3	I2.3	Q2.3	AIW6		I3.3	Q3.3	AIW14	
I0.4	Q0.4	I2.4	Q2.4			I3.4	Q3.4		
I0.5	Q0.5	I2.5	Q2.5			I3.5	Q3.5		
I0.6	Q0.6	I2.6	Q2.6			*I3.6*	*Q3.6*		
I0.7	Q0.7	I2.7	Q2.7			*I3.7*	*Q3.7*		
I1.0	Q1.0								
I1.1	Q1.1								
I1.2	*Q1.2*								
I1.3	*Q1.3*								
I1.4	*Q1.4*								
I1.5	*Q1.5*								
I1.6	*Q1.6*								
I1.7	*Q1.7*								

4. 人机界面 HMI

人机界面（Human Machine Interface，HMI）最大的作用就是架起操作人员和机器之间的一座桥梁，HMI 既可以代替和节省大量的 I/O 点，还可以完成各种各样的参数设定、画面显示、数据处理等人机交互任务，从而使工业控制操作变得更加舒适和友好，功能也更加强大。和 S7 – 200 PLC 配套的 HMI 主要有：文本显示器 TD200C 和 TD400C、触摸屏 TP177A 和 TP177B PN/DP、覆膜键盘显示器 OP177B DP、OP177B PN/DP、OP277 – 6 和 MP277 – 8 等。

4.3 PLC 内部资源分配

1. 软元件（软继电器）的特点

软元件是指 CPU 内部具有一定功能的存储单元。用户使用的 PLC 中的每一个输入/输出单元、内部存储单元、定时器和计数器等都称作软元件。不同的软元件具有不同的功能，每一个软元件的地址是唯一的。软元件的数量决定了 PLC 的规模和数据处理能力，每一种 PLC 的软元件的种类和数量是有限的。

软元件是 PLC 内部具有一定功能的器件，这些器件实际上是由电子电路和寄存器以及存储单元等组成。如输入继电器是由输入电路和输入映像寄存器构成；输出继电器是由输出电路和输出映像寄存器构成；定时器和计数器也是由特定功能的寄存器构成。它们都具有继电器特性，但没有机械特性的触点。为了把这些元器件和传统的电气控制电路中的继电器区别开来，通常把它们称作软元件或软继电器。这些继电器的最大特点是：

1）软元件是看不见、摸不着的，也不存在物理特性的触点。

2）每个软元件可提供无限多个常开触点和常闭触点，即它们的触点可以无限次使用。

3）体积小、功耗低、寿命长。

4）编程时，用户只需记住软元件的地址即可。

每一软元件都有一个地址与之相对应，软元件的地址编排采用区域内编号的方式，根据 PLC 内部软元件的功能不同，它们被分成了许多区域，如输入继电器区、输出继电器区、定时器区、计数器区和特殊继电器区等。

2. 软元件介绍

S7 - 200 中有众多类型的软元件，每一种类型中，其软元件的数量是有限的，具体的软元件的数量和地址分配请参考 S7 - 200 手册。

1）输入继电器（I）。输入继电器位于 PLC 存储的输入映像寄存器区。PLC 的每个物理输入端子都与一个输入继电器相对应，用户设备上的所有控制信号都接到 PLC 的输入端子上，如按钮、行程开关、光电开关、传感器等信号都是通过输入继电器的物理端子接入到 PLC 中。当外部的开关信号闭合时，则输入继电器的线圈得电，在程序中其常开触点闭合，常闭触点断开。这些触点可以在编程时任意使用，使用次数不限。

每个输入继电器均对应一个输入映像寄存器，其标识符为 I（I0.0 ~ I15.7）。在每个扫描周期的开始，PLC 对各输入点进行采样，并把采样值通过输入继电器送到输入映像寄存器。PLC 在接下来的本周期各阶段不再改变输入映像寄存器的值，直到下一个扫描周期的输入采样阶段才更新输入映像寄存器。

实际输入点数不能超过 PLC 所提供的具有外部接线端子的输入继电器的数量，具有地址而未使用的输入映像区可能剩余，它们可以作为其他编程元件使用，但为了程序的清晰和规范，建议不把这些未使用的输入继电器作为他用。

2）输出继电器（Q）。输出继电器位于 PLC 存储器的输出映像寄存器区，PLC 的每个物理输出端子都与一个输出继电器相对应。PLC 通过输出继电器向外部负载发出控制命令。当通过程序使输出继电器线圈得电时，PLC 上的输出端开关闭合，可以作为外部负载的开关信号。同时在程序中，其常开触点闭合，常闭触点断开。这些触点可以在编程时任意使用，使用次数不限。

每个输出继电器均对应一个输出映像寄存器，其标识符为 Q（Q0.0 ~ Q15.7）。在每个扫描周期的输入采样、程序执行等阶段，并不把输出结果信号直接送到输出继电器，而只是送到输出映像寄存器；只有在每个扫描周期的最后阶段才将输出映像寄存器中的结果同时送到输出锁存器，对输出点进行刷新。实际输出点数不能多过 PLC 所提供的具有外部接线端子的输出继电器的数量，具有地址而未使用的输出映像区可能剩余，它们可以作为其他编程元件使用，但为了程序的清晰和规范，建议不把这些未使用的输出继电器作为他用。

3）通用辅助继电器（M）。通用辅助继电器（亦称中间继电器）位于 PLC 存储器的位存储器区，它在 PLC 中没有外部的输入端子或者输出端子与之相对应，只用来存储 PLC 内部的中间变量，相当于继电器控制系统的中间继电器。它不受外部信号的直接控制，其触点也不能直接驱动外部负载。这是它与输入继电器和输出继电器的主要区别。它主要用在程序设计中处理逻辑控制任务。

4）特殊继电器（SM）。特殊继电器是指具有特殊功能或用来存储系统的状态变量、有关控制参数和信息的存储单元，是用户程序和系统程序交换信息的界面。用户可以通过特殊继电器来建立 PLC 与被控制对象之间的关系，如可以读取程序运行过程中的设备状态和运算结果信息，利用这些信息实现一些特殊的控制动作。用户也可以通过直接设置某些特殊继电器位来使设备实现某种功能。例如：

SM0.0　该位始终为 ON。

SM0.1　首次扫描时为 ON，以后为 OFF，常用做初始化脉冲。

SM0.4　时钟脉冲：30s 闭合/30s 断开。

SM0.5　时钟脉冲：0.5s 闭合/0.5s 断开。

SM1.0　零标志，当执行某些指令的结果为 0 时，该位置 1。

SM1.1　错误标志，当执行某些指令的结果溢出或检测到非法数值时，该位置 1。

SM1.2　负数标志，数学运算的结果为负数时，该位置 1。

常用特殊继电器的功能参见附录 C。

5）变量存储器（V）。变量存储器用于存储变量的值，它可以用来存放程序执行过程中控制逻辑操作的中间结果，也可以用来保存与某段操作或任务相关的其他数据。这些数据可以是数值，也可以 1 或 0 这样的位逻辑值。在进行数据处理时或使用大量的存储单元时，变量存储器会经常使用。

6）局部变量存储器（L）。局部变量存储器用于存放局部变量。它与全局变量十分相似，主要区别在于全局变量是全局有效的，而局部变量是局部有效的。全局有效是指同一个变量可以被任何程序（包括主程序、子程序和中断程序）访问；而局部有效是指同一个变量只和特定的程序相关联，即只能被指定的程序调用。

S7-200 PLC 有 64B 的局部变量存储器，编址范围为 LB0.0 ~ LB63.7，其中 60B 可以作为暂时存储器或给子程序传递参数，最后 4B 为系统保留字节。S7-200 给主程序和中断程序各分配 64B 的局部存储器，给每一级子程序嵌套分配 64B 的局部存储器，各程序不能访问别的程序的局部存储器。在运行时，根据需要动态分配局部存储器，在执行主程序时，分配给子程序或中断程序的局部变量存储区是不存在的。由于局部变量使用的是临时存储区，子程序每次被调用时，应保证它使用的局部变量被初始化。

使用局部变量存储器最多的场合是在带参数的子程序调用过程中。

7）顺序控制继电器（S）。顺序控制继电器亦称作状态继电器。顺序控制继电器用于顺序控制或步进控制中。顺序控制继电器通常和顺序控制指令结合使用。如果它未被使用在顺序控制中，则可以作为一般的中间继电器使用。

8）定时器（T）。定时器相当于继电器控制系统中的时间继电器，是 PLC 中重要的编程元件，是累计时间增量的内部器件。S7 – 200 PLC 定时器的时基有 3 种，分别为 1ms、10ms和 100ms。定时器的当前值寄存器为 16 位有符号整数，用来存储定时器累计的时基增量值。由于它没有瞬动触点，使用时要提前输入时间预设值，当定时器的输入条件满足时开始计时，当前值从 0 开始按一定的时间单位增加，当定时器的当前值大于或等于预设值时，其常开触点闭合，常闭触点断开。

电气自动控制的大部分领域都需要定时器进行时间控制，灵活地使用定时器可以编制出复杂动作的控制程序。

9）计数器（C）。计数器是累计其计数输入端脉冲电平由低到高的次数，经常用来对产品进行特定功能的编程。CPU 提供了 3 种类型的计数器，分别为加计数器、减计数器和加减计数器。计数器的当前值为 16 位有符号整数，用来存放累计的脉冲数。使用时要提前输入它的设定值（计数个数）。当输入触发条件满足时，计数器开始累计它的输入端脉冲电位上升沿的次数，当计数器的当前值大于或等于预定的设定值时，其常开触点闭合，常闭触点断开。

10）模拟量输入映像寄存器（AI）、模拟量输出映像寄存器（AQ）。模拟量输入电路用以实现模拟量 – 数字量（A – D）之间的转换，而模拟量输出电路用以实现数字量 – 模拟量（D – A）之间的转换。

因为模拟量的输入/输出是一个字长，所以模拟量输入/模拟量输出映像寄存器的地址必须用偶数地址来表示，即从偶数字节进行编址来存取转换过的模拟量值。编址内容包括元件名称、数据长度、起始字节的地址，如 AIW2、AIW4、AQW4、AQW6 等。

模拟量输入/输出的存取方式不同，模拟量输入寄存器只能进行读取操作，而模拟量输出寄存器只能进行写入操作。

11）高速计数器（HC）。高速计数器用来累计高速脉冲信号。当计数脉冲信号的频率比 CPU 扫描速率更快时，必须要用高速计数器计数。高速计数器的当前值和设定值为 32 位有符号整数，当前值为只读数据。高速计数器的数量很少，编址时只用名称 HC 和编号表示即可，如 HC2。

高速计数器与普通计数器的区别为：普通计数器工作在循环扫描方式下，累计低频脉冲；高速计数器工作在中断方式下，累计高频脉冲。

12）累加器（AC）。累加器是可以像存储器那样使用的读/写单元，是用来暂存数据的寄存器。它可以用来存放运算数据、中间数据和结果数据，也可以用来向子程序传递参数，或从子程序返回参数。S7 – 200 提供 4 个 32 位的累加器，分别为 AC0、AC1、AC2、AC3。使用时只表示出累加器的地址编号即可，如 AC0，可以按字节、字和双字来存取累加器中的数据。按字节、字只能存取累加器的低 8 位或低 16 位，双字存取全部的 32 位。实际数据长度取决于进出累加器的数据类型。

例如，若累加器 AC0 中内容是

AC0	MSB			LSB
	24	36	48	59

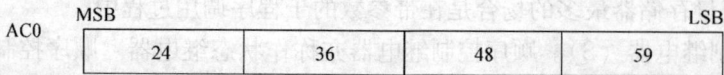

则分别对 AC0 进行字节、字和双字的数据传输操作后，具体结果如下：

作为字节使用：

MOVB   AC0，VB100   //VB100 = 59

作为字使用：

MOVW   AC0，VW100   //VB100 = 48，VB201 = 59

作为双字使用：

MOVD   AC0，VD100   //VB100 = 24，VB101 = 36，VB102 = 48，VB103 = 59

4.4 思考题与练习题

1. S7 - 200 接口模块有多少种类？各有什么用途？

2. 简述 S7 - 200 PLC 系统的基本构成。

3. S7 - 200 CPU22* 系列 PLC 有哪些产品？

4. 常用的 S7 - 200 PLC 的扩展模块有哪些？适用于什么场合？

5. S7 - 200 PLC 的存储系统分为几类？其特点是什么？

6. PLC 软继电器的主要特点是什么？

7. S7 - 200 系列 PLC 主机中有哪些主要软元件？

8. S7 - 200 PLC 系统扩展对输入/输出地址空间的分配规则是什么？

9. 一个控制系统需要 24 点数字量输入、20 点数字量输出、6 点模拟量输入和 2 点模拟量输出，试问：

（1）可以选用哪种主机型号？

（2）如何选择扩展模块？

（3）各个模块按照什么顺序连接到主机上？地址如何分配？

10. S7 - 200 PLC 全局变量和局部变量有何不同？局部变量主要有哪些特点？

11. 请简述 S7 - 200 PLC 的特殊继电器的功能。

第 5 章　S7 – 200 PLC 的基本指令及应用

随着 PLC 技术的不断发展，厂商为用户提供了梯形图（LAD）、语句表（STL）、功能块图（FBD）和高级语言等编程语言。但不论是从 PLC 的产生原因（主要替代继电器接触式控制系统），还是从广大电气工程技术人员的使用习惯来讲，梯形图和语句表都一直是它的最基本、最常用的编程语言。本章以 S7 – 200 CPU22* 系列 PLC 的指令系统为对象，用举例的形式来说明 PLC 的基本指令系统，然后介绍常用典型电路及环节的编程，最后深入浅出地为读者讲解 PLC 程序的简单设计法。

5.1　数据类型和寻址方式

5.1.1　数据类型

1. 数据类型及范围

任何类型的数据都是以一定的格式，采用二进制的形式存储在存储器中，在普通的计算机中，用户不用管理数据的存储，数据的二进制存储形式对用户是透明的，用户只要在其使用的环境中正确使用数据类型和格式进行访问即可，系统会自动进行存储管理。在 PLC 中，因管理功能有限，既可以使用系统提供的标准数据类型，也允许用户对存储单元以二进制的形式进行操作。

S7 – 200 PLC 的数据类型可以是字符串、布尔型（0 或 1）、整型和实型（浮点数）。实数采用 32 位单精度数来表示，数据类型、长度及范围见表 5-1。

表 5-1　数据类型、长度及范围

基本数据类型	无符号整数表示范围		基本数据类型	有符号整数表示范围	
	十进制表示	十六进制表示		十进制表示	十六进制表示
字节 B（8 位）	0 ~ 255	0 ~ FF	字节 B（8 位）只用于 SHRB 指令	– 128 ~ 127	80 ~ 7F
字 W（16 位）	0 ~ 65535	0 ~ FFFF	INT（16 位）	– 32768 ~ 32767	8000 ~ 7FFF
双字 D（32 位）	0 ~ 4294967295	0 ~ FFFFFFFF	DINT（32 位）	– 2147483648 ~ 2147483647	80000000 ~ 7FFFFFFF
BOOL（1 位）	0，1				
字符串	每个字符以字节形式存储，最大长度为 255 个字节，第一个字节中定义该字符串的长度				
实数（IEEE 32 位浮点数）	1.175495E – 38 ~ 3.402823E + 38（正数）				
	– 1.175495E – 38 ~ – 3.402823E + 38（负数）				

2. 常数

在编程中经常会使用常数。常数数据长度可为字节、字和双字。在机器内部的数据都以二进制存储，但常数的书写可以用二进制、十进制、十六进制、ASCII 码或实数（浮点数）

等多种形式。几种常数的表示方法见表5-2。

表5-2 几种常数的表示方法

进制	书写格式	举 例
十进制	十进制数值	1234
十六进制	16#十六进制值	16#9A8D
二进制	2#二进制值	2#1110—0011—1101—1001
ASCII 码	'ASCII 码文本'	'Show terminals'
实数	ANSI/IEEE 754 – 1985 标准	（正数）1.175495E – 38 到 3.402823E + 38
		（负数）– 1.175495E – 38 到 – 3.402823E + 38

5.1.2 指令格式

不同厂家生产的 PLC，其指令的约定格式是不同的，这里仅以 SIMATIC S7 – 200 的指令为例进行介绍。

1. STL 指令的格式

STL 指令通常包括助记符和操作数两部分，其格式如下：

助记符	操作数

PLC 的这种表示方法与计算机汇编语言的表示方法十分相似。

助记符：助记符通常是能表明指令性质的英文缩写，如 LD、NOT、AND、MOVB 等。

操作数：操作数通常可以由操作数区域标识符、操作数访问方式和操作数位置组成，用来表明数据区域中操作数的地址和性质，操作数的格式如下：

操作数的表示

区域标识符	访问方式	操作数位置

1）区域标识符指出了该操作数存放在存储器的哪个区域。各字母代表的存储区域如下。

I：输入过程映像存储区；

Q：输出过程映像存储区；

S：顺序控制继电器存储区；

L：局部变量存储区；

T：定时器存储区；

AI：模拟量输入；

AQ：模拟量输出；

AC：累加器；

SM：特殊存储器区；

HC：高速计数器；

M：位存储区；

C：计数器存储器区；

V：变量存储区。

2）访问方式指出操作数是按位、字节、字或双字访问的。当按位访问时，可用操作数位置形式加以区分。访问方式以如下符号表示。

X：位；

B：字节；

W：字；

D：双字。

3）操作数的位置指明了操作数在此存储区的确切位置，操作数的位置用数字来指明，以字节为单位计数。

采用上述方法，就可以对任一存储区域（V，I，Q，M，S，L，SM）中的数据以位、字节、字、双字进行访问。

2. 梯形图指令格式

梯形图是一种图形语言，不仅支持对存储区域的按位、字节、字和双字的访问方式，同时也支持整数、实数、字符串和表格等高级数据类型。指令用 3 种图形风格进行描述，图形的扫描分析由系统编译软件解释。图形的串、并联位置关系代表了逻辑控制条件的与、或关系。

（1）位指令和逻辑运算比较指令的格式

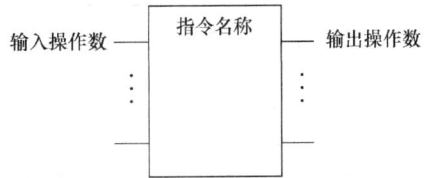

如图 5-1 所示，这是 PLC 的最基本的指令，指令根据存储器中的某一位的逻辑值做相应运算，运算的结果决定着后续指令能否被执行，或者说是否允许能流通过。指令描述了存储区中位逻辑值的使用方法。

（2）盒指令格式

盒指令格式如图 5-2 所示，盒指令一般由指令名称、输入操作数和输出操作数 3 部分组成，是梯形图语言编程中大量使用的指令。

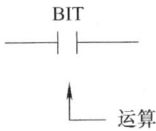

图 5-1　位指令和逻辑运算指令格式　　　　图 5-2　盒指令格式

指令名称描述了指令所要进行的操作，其作用相当于 STL 中的操作符。

输入操作数和输出操作数相当于输入和输出该元器件的能流，有一个提供能量的左母线。如指令执行正确，则可以使能流流过该元器件到下一个元器件；如指令执行错误或不能执行，则将阻止能流通过。任何可以连到左/右母线或触点的梯形图元器件都有输入和输出能流。一个能流的输入或输出总是限于能量的流动，不能分配给一个操作数。

许多指令具有一个或多个输入操作数和输出操作数，表明该指令在能流到达时要对什么样的操作数进行操作及如何处理操作的结果。

（3）控制指令

控制指令格式如图 5-3 所示，根据能流的到达与否来控制程序的执行方式，一般情况下与左母线直接相连的一定是逻辑条件，或者说开始要给栈顶赋值，不允许盒指令或输出线圈直接与左母线相连。事实也是如此，但程序控制指令除外。

（4）梯形图指令举例

指令 LD I0.0 可用梯形图表示，如图 5-4 所示。

图 5-4 表示当输入 I0.0 闭合时，允许能流通过到下一指令，或者说允许后面的指令执行。

指令 +I AC1，AC0 可用梯形图表示，如图 5-5 所示。

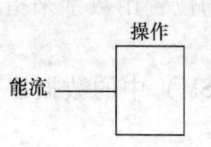

图 5-3　控制指令格式　　　　图 5-4　简单指令举例　　　　图 5-5　算术运算举例

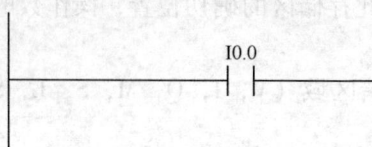

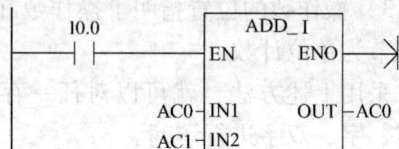

表示当输入 I0.0 闭合时，能流到达，指令 ADD_I 执行操作 AC1 + AC0 = AC0，若操作正确，发出能流 ENO。

5.1.3　寻址方式

1. 直接寻址

（1）编址格式

S7 - 200 PLC 的存储单元按字节进行编址，无论所寻址的是何种数据类型，通常应指出它所在的存储区域内的字节地址。每个单元都有唯一的地址，这种直接指出元件名称的寻址方式称作直接寻址。S7 - 200 PLC 中软元件的直接寻址符号见表 5-3。

表 5-3　S7 - 200 PLC 中软元件的直接寻址符号

元器件符号	所在数据区域	位寻址格式	其他寻址格式
I（输入继电器）	数字量输入映像区	Ax. y	ATx
Q（输出继电器）	数字量输出映像区	Ax. y	ATx
M（通用辅助继电器）	内部存储器区	Ax. y	ATx
SM（特殊继电器）	特殊存储器区	Ax. y	ATx
S（顺序控制继电器）	顺序控制继电器存储器区	Ax. y	ATx
V（变量存储器）	变量存储器区	Ax. y	ATx
L（局部变量存储器）	局部变量存储器区	Ax. y	ATx
T（定时器）	定时器存储器区	Ax	Ax（仅字）
C（计数器）	计数器存储器区	Ax	Ax（仅字）
AI（模拟量输入映像寄存器）	模拟量输入存储器区	无	Ax（仅字）
AQ（模拟量输出映像寄存器）	模拟量输出存储器区	无	Ax（仅字）
AC（累加器）	累加器区	无	Ax（任意）
HC（高速计数器）	高速计数器区	无	Ax（仅双字）

其中：

A：元器件名称，即该数据在数据存储器中的区域标识符，可以是表 5-3 中的元器件符号；

T：数据类型，字节、字或双字，T 的相应取值分别为 B、W 和 D；

x：字节地址；

y：字节内的位地址，只有位寻址才有该项。

（2）位寻址格式

按位寻址时的格式为：Ax. y，使用时必须指定元器件名称、字节地址和位号，图 5-6 所示是输入继电器（I）的位寻址格式举例。

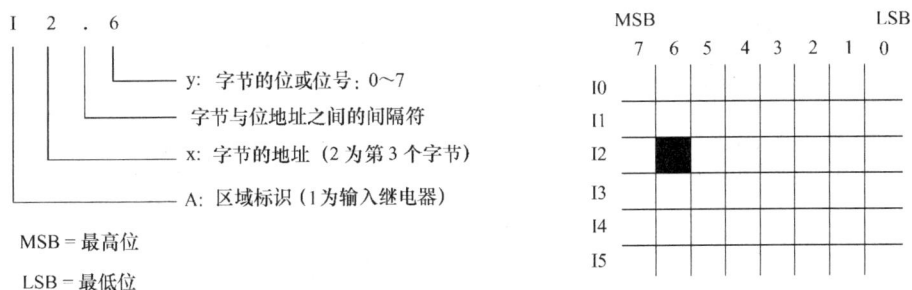

图 5-6　CPU 存储器中位数据表示方法举例（位寻址）

可以进行这种位寻址的编程元器件有：输入继电器（I）、输出继电器（Q）、通用辅助继电器（M）、特殊继电器（SM）、局部变量存储器（L）、变量存储器（V）和顺序控制继电器（S）。

（3）特殊器件的寻址格式

存储区内有一些元器件具有一定功能，不用指出它们的字节地址，而是直接写出其编号。这类元器件包括定时器（T）、计数器（C）、高速计数器（HC）和累加器（AC）。其中 T 和 C 的地址编号中均包含两个含义，如 T10 既表示 T10 的定时器位状态信息，又表示定时器的当前值。

累加器（AC）的数据长度可以是字节、字或双字。使用时只表示出累加器的地址编号即可，如 AC0，数据长度取决于进出 AC0 的数据类型。

（4）字节、字和双字的寻址格式

对字节、字和双字数据，直接寻址时需指明元件名称、数据类型和存储区域内的首字节地址。可以用此方式进行寻址的元器件有输入继电器（I）、输出继电器（Q）、通用辅助继电器（M）、特殊继电器（SM）、局部变量存储器（L）、变量存储器（V）、顺序控制继电器（S）、模拟量输入映像寄存器（AI）和模拟量输出映像寄存器（AQ）。

图 5-7 所示是以变量存储器（V）为例分别存取 3 种长度数据的比较。

2. 间接寻址

在直接寻址方式中，直接使用存储器或寄存器的元器件名称和地址编号，根据这个地址可以立即找到该数据。

间接寻址方式是指数据存放在存储器或寄存器中，在指令中只出现数据所在单元的内存地址的地址。存储单元地址的地址又称作地址指针。这种间接寻址方式与计算机的间接寻址方式相同。间接寻址在处理内存连续地址中的数据时非常方便，而且可以缩短程序所生成的代码长度，使编程更加灵活。可以用指针进行间接寻址的存储区有输入继电器（I）、输出

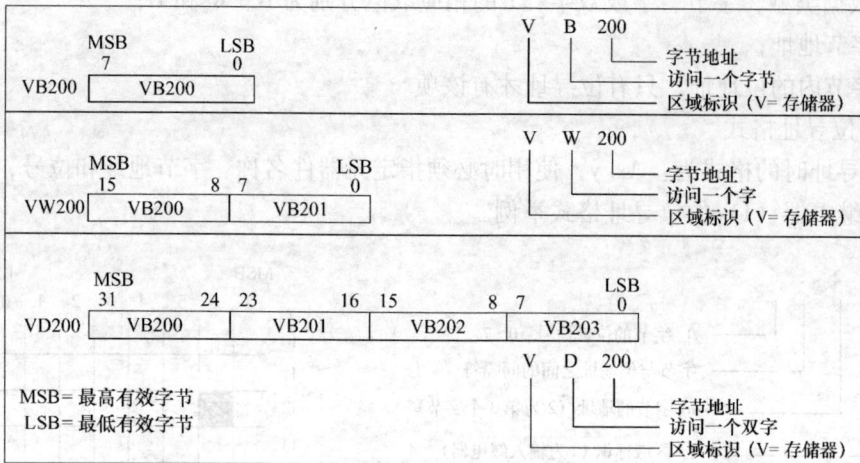

图 5-7　存取 3 种长度的数据比较

继电器（Q）、通用辅助继电器（M）、变量存储器（V）、顺序控制继电器（S）、定时器（T）和计数器（C）。其中，T 和 C 仅仅是当前值可以进行间接寻址，而对独立的位值和模拟量值不能进行间接寻址。

使用间接寻址方式存取数据方法与 C 语言中的指针应用基本相同，其过程如下。

（1）建立指针

使用间接寻址对某个存储器单元读、写时，首先要建立地址指针。指针为双字长，是所要访问的存储单元的 32 位物理地址。可作为指针的存储区有变量存储器（V）、局部变量存储器（L）和累加器（AC1、AC2、AC3）。必须用双字传送指令（MOVD），将存储器所要访问单元的地址装入用来作为指针的存储器单元或寄存器。

举例如下：

MOVD　&VB10，VD100

MOVD　&VB200，AC3

MOVD　&MB20，LD30

其中，"&"为地址符号，它与单元编号结合使用表示所对应单元的 32 位物理地址；VB10 只是一个直接地址编号，并不是它的物理地址。指令中的第二个地址数据长度必须是双字长，如 VD、LD 和 AC 等。

（2）用指针来存取数据

在操作数的前面加 " * " 表示该操作数为一个指针。如图 5-8 所示，AC0 为指针，用来存放要访问的操作数的地址。在该例中，存于 VB100、VB101 中的数据被传送到 AC0 中去。

（3）修改指针

连续存储数据时，可以通过修改指针后很容易存取其紧接的数据。简单的数学运算指令，如加法、减法、自增和自减等指令可以用来修改指针。在修改指针时，要分清楚访问数据的长度：存取字节时，指针执行 1 次加 1 操作；存取字时，指针执行 2 次加 1 操作；如图 5-8 所示。存取双字时，指针执行 4 次加 1 操作。

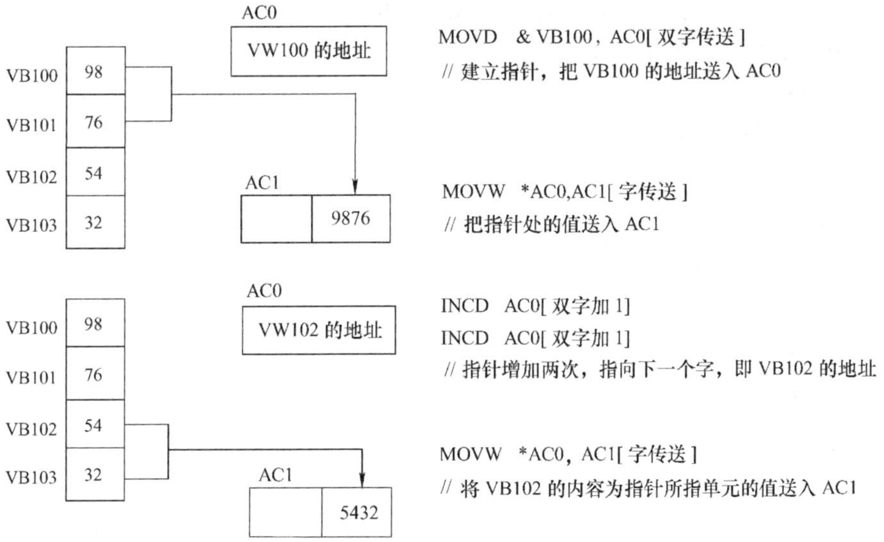

图 5-8　建立指针、存取数据及修改指针

5.2　S7－200 PLC 的基本指令

本节主要采用 LAD 和 STL 形式来介绍 S7－200 PLC 的基本指令及应用。用 LAD 编程时以每个独立的网络块（Network）为单位，所有的网络块组合在一起就是梯形图程序，这也是 S7－200 PLC 的特点。STL 的编程方式与汇编语言很相似，LAD 程序和 STL 语句表程序可以相互转化。

5.2.1　PLC 的基本逻辑指令及编程方法

1. 逻辑取及线圈驱动指令

逻辑取及线圈驱动指令为 LD、LDN 和 =。

LD（Load）：取指令。用于网络块逻辑运算开始的常开触点与母线的连接。

LDN（Load Not）：取反指令。用于网络块逻辑运算开始的常闭触点与母线的连接。

=（Out）：线圈驱动指令。

上述三条指令的用法举例如图 5-9 所示。

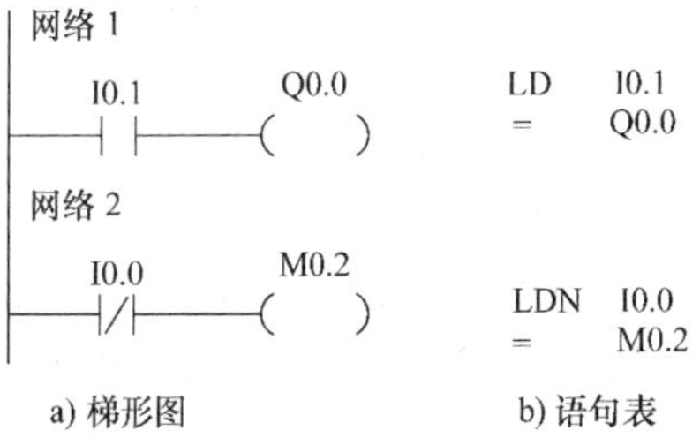

使用注释：

1）LD、LDN 指令的操作数为：I、Q、M、SM、T、C、V、S 和 L。

2）=指令的操作数为：Q、M、SM、V、S 和 L。

3）并联的 =指令可连续使用任意次。

4）在同一程序中不可使用双线圈输出，即同一个元件在同一程序中只能使用一次 =指令。

2. 触点串联指令

触点串联指令为 A、AN。

A（And）：与指令。用于单个常开触点的串联连接。

图 5-9　LD、LDN、=指令用法举例

115

AN(And Not)：与反指令。用于单个常闭触点的串联连接。

上述两条指令的用法举例如图5-10所示。

网络1

单个常开触点的串联连接

| I0.1 | M0.0 | Q0.0 |

```
LD    I0.1
A     M0.0
=     Q0.0
```

网络2

单个常闭触点的串联连接

| I0.0 | T37 | Q0.1 |

```
LD    I0.0
AN    T37
=     Q0.1
```

网络3

多次使用=指令连续输出

M0.1	I0.2	M0.2
	I0.0	M0.3
	M0.4	Q0.5

```
LDN   M0.1
A     I0.2
=     M0.2
AN    I0.0
=     M0.3
A     M0.4
=     Q0.5
```

a) 梯形图   b) 语句表

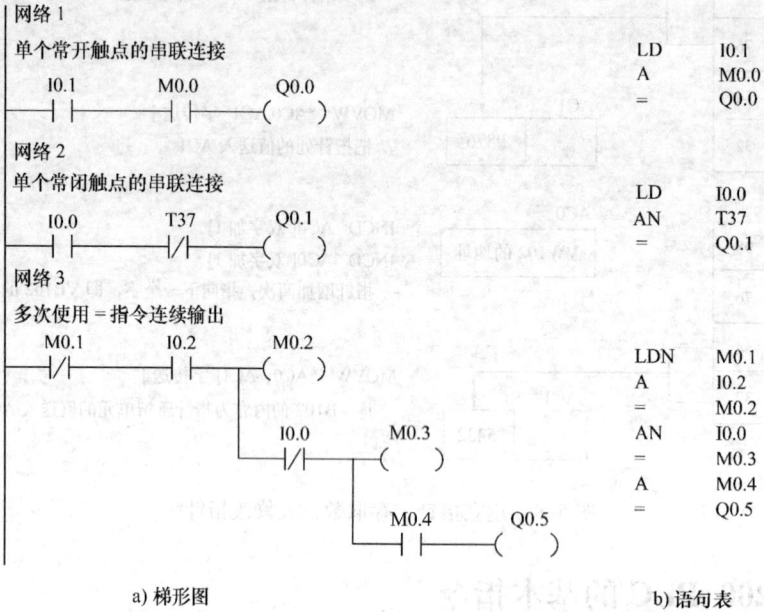

图5-10 A、AN指令用法举例

使用注释：

1）A、AN指令的操作数为：I、Q、M、SM、T、C、V、S和L。

2）单个触点的A、AN指令可连续使用。

3）图5-10中所示的连续输出电路，可以反复使用=指令，但顺序必须正确，否则就不能连续使用=指令编程。

4）图5-11所示的电路则不属于连续输出电路，因此不能连续使用=指令编程。

3. 触点并联指令

触点并联指令为O、ON。

O（OR）：或指令。用于单个常开触点的并联连接。

ON（Or Not）：或反指令。用于单个常闭触点的并联连接。

上述两条指令的用法举例如图5-12所示。

网络1   不能连续使用=指令的电路

| I0.1 | M0.0 | Q0.0 |
| | | Q0.1 |

图5-11 不可连续使用=指令的电路

I0.0	I1.0	Q0.0
M0.0		
M0.1		
I0.2		

```
LD    I0.0
O     M0.0
ON    M0.1
AN    I1.0
O     I0.2
=     Q0.0
```

a) 梯形图   b) 语句表

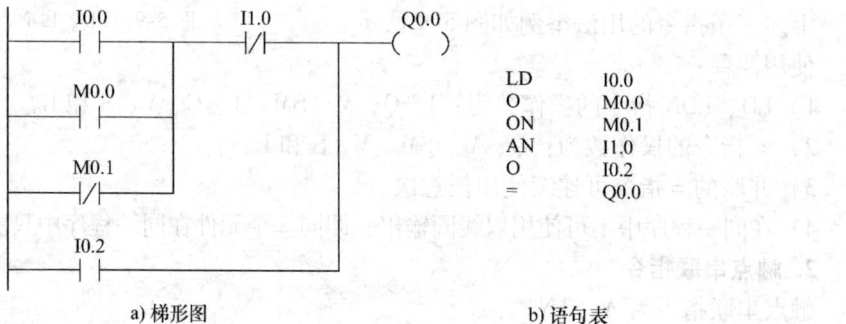

图5-12 O、ON指令用法举例

使用注释：

1）O、ON 指令的操作数为 I、Q、M、SM、T、C、V、S 和 L。

2）单个触点的 O、ON 指令可连续使用。

4. 串联电路块的并联连接指令

两个以上触点串联形成的支路叫串联电路块，串联电路块的并联连接指令为 OLD。

OLD（Or Load）：或块指令。用于两个串联电路块的并联连接。

OLD 指令的用法举例如图 5-13 所示。

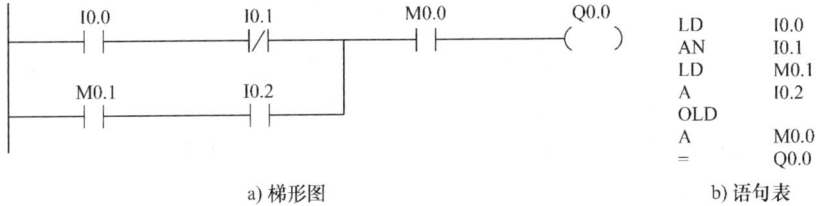

a) 梯形图   b) 语句表

图 5-13　OLD 指令用法举例

使用注释：

1）除在网络块逻辑运算的开始使用 LD 或 LDN 指令之外，在块电路的开始也要使用 LD 和 LDN 指令。

2）每完成一次块电路的并联时要写上 OLD 指令。

3）OLD 指令无操作数。

5. 并联电路块的串联连接指令

两条以上支路并联形成的电路叫并联电路块，并联电路块的串联连接指令为 ALD。

ALD（And Load）：与块指令。用于两个并联电路块的串联连接。

ALD 的用法举例如图 5-14 所示。

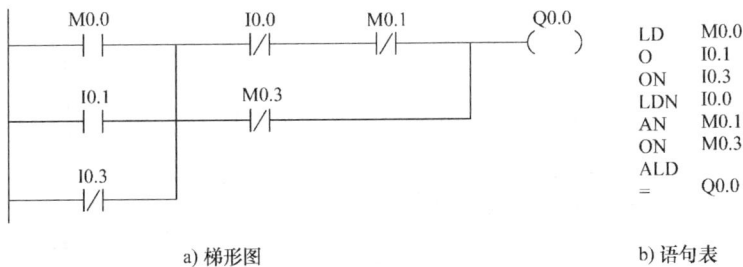

a) 梯形图   b) 语句表

图 5-14　ALD 指令用法举例

使用注释：

1）块电路对应一个线圈驱动，在块电路开始时要使用 LD 和 LDN 指令。

2）每完成一次块电路的串联连接时要写上 ALD 指令。

3）ALD 指令无操作数。

6. 分支电路指令

从某一触点的右端开始，通过不同的触点连接到多个输出继电器，但不属于连续输出所形成的电路叫做分支电路。

分支电路应用如图 5-15 所示。

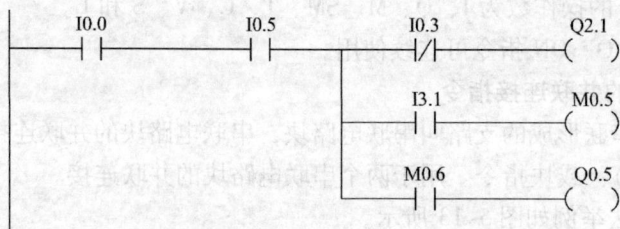

图 5-15　分支电路应用

LPS、LRD 和 LPP 均为分支电路指令，也称为多重输出指令，专用于对分支电路的编程，主要完成一些复杂逻辑的输出处理，存在于 STL 中。

LPS 指令：分支电路开始指令。对分支电路的第一个分支编程时用 LPS 开头，表示下边的指令是第一个分支的编程。

LPP 指令：分支电路结束指令。在对分支电路的最后一个分支编程时用 LPP 开头，表示下边的指令是最后一个分支的编程。

LRD 指令：中间分支指令。该指令可有可无，可有多个。对分支电路的中间分支编程时用 LRD 开头，表示下边的指令是中间分支的编程。

LPS、LRD 和 LPP 指令均体现在语句表中，用编程软件将梯形图转换为语句表程序时，编程软件会自动加入 LPS、LRD 和 LPP 指令。写入语句表程序时，必须由用户来写入 LPS、LRD 和 LPP 指令。多层分支电路应用如图 5-16 和图 5-17 所示。

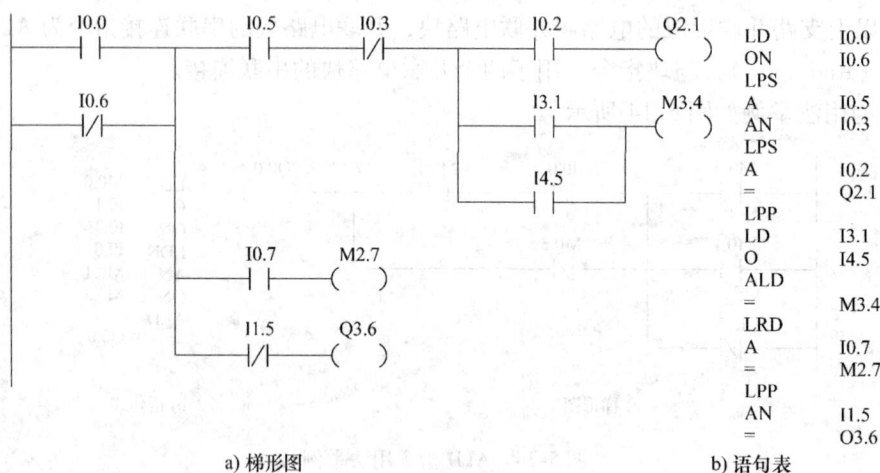

a) 梯形图　　　　　　　　　　　　　b) 语句表

图 5-16　多层分支电路应用 1

使用注释：

1）LPS 和 LPP 指令必须成对使用，它们中间可以使用 LRD。

2）LPS 和 LPP 指令最多连续使用 8 次。

3）LPS、LRD 和 LPP 指令无操作数。

7. 置位、复位指令

置位（Set）/复位（Reset）指令的 LAD 和 STL 形式以及功能见表 5-4。

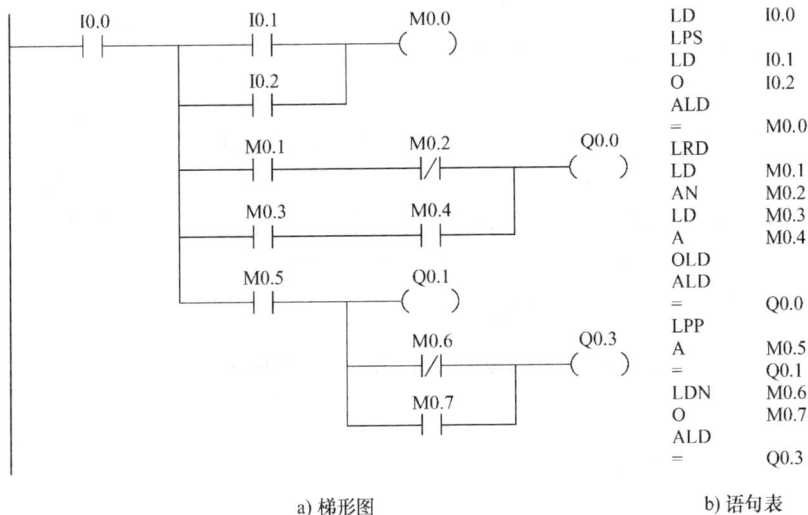

	LD	I0.0
	LPS	
	LD	I0.1
	O	I0.2
	ALD	
	=	M0.0
	LRD	
	LD	M0.1
	AN	M0.2
	LD	M0.3
	A	M0.4
	OLD	
	ALD	
	=	Q0.0
	LPP	
	A	M0.5
	A	Q0.1
	LDN	M0.6
	O	M0.7
	ALD	
	=	Q0.3

a) 梯形图   b) 语句表

图 5-17 多层分支电路应用 2

表 5-4 置位/复位指令的功能表

	LAD	STL	功　　能
置位指令	bit —(S) N	S bit, N	从 bit 开始的连续 N 个元件置 1 并保持
复位指令	bit —(R) N	R bit, N	从 bit 开始的连续 N 个元件清零并保持

S/R 指令的应用如图 5-18 所示。

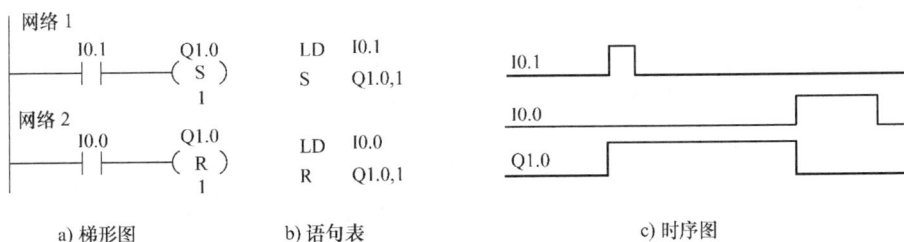

a) 梯形图   b) 语句表   c) 时序图

图 5-18 S/R 指令应用

使用注释：

1）对位元件来说，一旦被置位，就保持在通电状态，除非对它复位；而一旦被复位就保持在断电状态，除非对它置位。

2）S/R 指令可以互换次序使用，但写在后面的指令具有优先权。如在图 5-18 中，若 I0.0 和 I0.1 同时为 1，则 Q1.0 肯定处于复位状态而为 0。

3）如果对计数器和定时器复位，则计数器和定时器的当前值被清零。定时器和计数器的复位有其特殊性，具体情况可参考定时器和计数器的有关部分。

4）N 的常数范围为 1~255，N 也可为 VB、IB、QB、MB、SMB、SB、LB、AC、常数、

* VD、 * AC 和 * LD。一般情况下使用常数。

5）S/R 指令的操作数为 I、Q、M、SM、T、C、V、S 和 L。

8. 立即指令

立即指令是为了提高 PLC 对输入/输出的响应速度而设置的，它不受 PLC 循环扫描工作方式的影响，允许对输入点和输出点进行快速直接存取。当用立即指令读取输入点状态时，对 I 进行操作，相应的输入映像寄存器中的值并未更新；当用立即指令访问输出点时，对 Q 进行操作，新值同时写到 PLC 的输出点和相应的映像寄存器。

立即指令的名称、指令格式和使用说明见表 5-5。

表 5-5 立即指令的名称、指令格式和使用说明

指令名称	STL	LAD	使用说明
立即取	LDI bit		
立即取反	LDNI bit	bit —| I |—	
立即或	OI bit		Bit 只能为 I
立即或反	ONI bit		
立即与	AI bit	bit —| /I |—	
立即与反	ANI bit		
立即输出	= I bit	bit —(I)	Bit 只能为 Q
立即置位	SI bit, N	bit —(SI) N	1. bit 只能为 Q 2. N 的范围为 1～128 3. N 的操作数和 SR 指令相同
立即复位	RI bit, N	bit —(RI) N	

立即指令的应用如图 5-19 所示。

在图 5-19 中，要结合 PLC 工作方式的原理来看时序图，输出触点和相应的输出映像寄存器是不一样的概念，特别要注意 Q0.1、Q0.2 和网络 $n+1$ 中 I0.0 的使用。图中，t 为执行到输出点处程序所用的时间，Q0.0、Q0.1、Q0.2 的输入逻辑是 I0.0 的普通常开触点。Q0.0 为普通输出，在程序执行到它时，它的映像寄存器的状态会随着本扫描周期采集到的 I0.0 状态的改变而改变，而它的输出触点要等到本扫描周期的输出刷新阶段才改变；Q0.1、Q0.2 为立即输出，在程序执行到它时，它们的输出触点和输出映像寄存器同时改变；而对 Q0.3 来说，它的输入逻辑是 I0.0 的立即触点，所以在程序执行到它时，Q0.3 的映像寄存

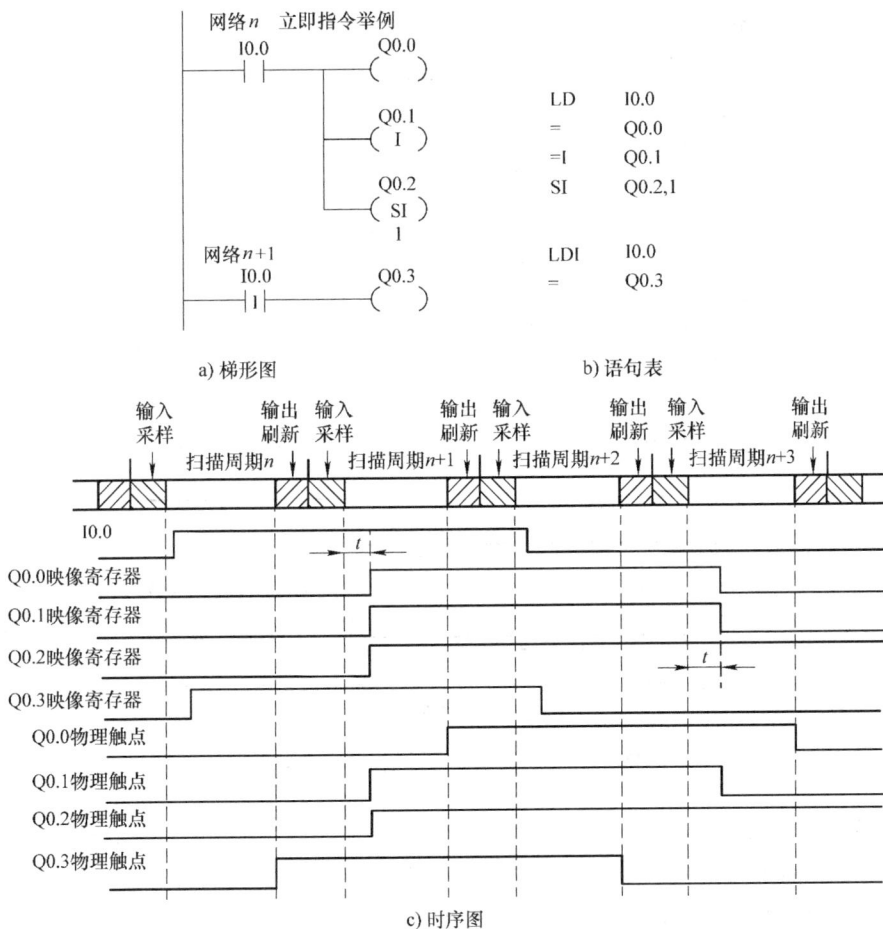

a) 梯形图　　　　　　　　　　　　　　　b) 语句表

图 5-19　立即指令的应用

器的状态会随着 I0.0 即时状态而立即改变，而它的输出触点要等到本扫描周期的输出刷新阶段才改变。

9. 边沿脉冲指令

边沿脉冲指令为上升沿指令 EU（Edge Up）和下降沿指令 ED（Edge Down），边沿脉冲指令的使用及说明见表 5-6。

表 5-6　边沿脉冲指令的使用及说明

指令名称	LAD	STL	功　能	说　明
上升沿脉冲	|P|	EU	在上升沿产生脉冲	无操作数
下降沿脉冲	|N|	ED	在下降沿产生脉冲	

边沿脉冲指令 EU/ED 的应用如图 5-20 所示。

EU 指令对其之前的逻辑运算结果的上升沿产生一个宽度为一个扫描周期的脉冲，如图 5-20 中的 M0.1。ED 指令对逻辑运算结果的下降沿产生一个宽度为一个扫描周期的脉冲，如图 5-20 中的 M2.0。脉冲指令常用于启动及关断条件的判定以及配合功能指令完成一些逻

网络 1

```
I0.1                    M0.1          LD    I0.1
─┤├──────────┤P├────────( )          EU
                                      =     M0.1
```

网络 2

```
M0.1        Q1.0                      LD    M0.1
─┤├─────────( S )                     S     Q1.0,1
              1
```

网络 3

```
I0.0                    M2.0          LD    I0.0
─┤├──────────┤N├────────( )          ED
                                      =     M2.0
```

网络 4

```
M2.0        Q1.0                      LDN   M2.0
─┤/├────────( R )                     R     Q1.0,1
              1
```

a) 梯形图   b) 语句表

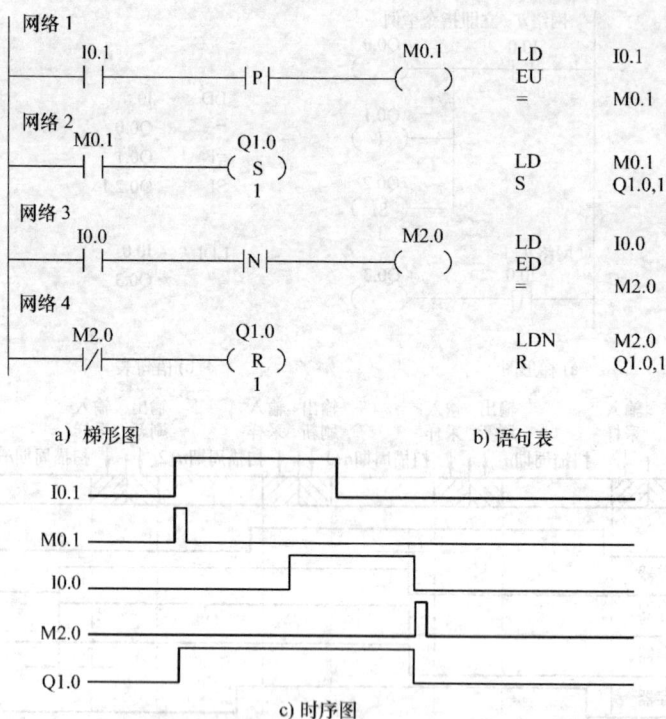

c) 时序图

图 5-20　边沿脉冲指令 EU/ED 的应用

辑控制任务。

10. RS 触发器指令

SR（Set Dominant Bistable）：置位优先触发器指令。当置位信号（S1）和复位信号（R）都为真时，输出为真。

RS（Reset Dominant Bistable）：复位优先触发器指令。当置位信号（S）和复位信号（R1）都为真时输出为假。RS 触发器指令的 LAD 形式如图 5-21 所示。图 5-21a 为 SR 指令，图 5-21b 为 RS 指令。bit 参数用于指定被置位或者被复位的 BOOL 参数。通过软件把 LAD 形式转化成 STL 形式时很难读懂，所以建议如果使用 RS 触发器指令最好使用 LAD 形式。RS 触发器指令的真值表见表 5-7。

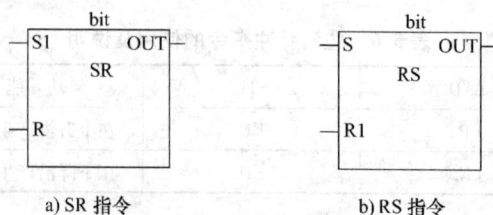

a) SR 指令   b) RS 指令

图 5-21　RS 触发器指令

RS 触发器指令的输入/输出操作数为 I、Q、V、M、SM、S、T 和 C。Bit 的操作数为 I、Q、V、M 和 S。这些操作数的数据类型均为 BOOL 型。

表 5-7　RS 触发器指令的真值表

指　　令	S1	R	输出（bit）
置位优先触发器指令（RS）	0	0	保持前一状态
	0	1	0
	1	0	1
	1	1	1

指　　令	S	R1	输出（bit）
复位优先触发器指令（RS）	0	0	保持前一状态
	0	1	0
	1	0	1
	1	1	0

RS 触发器指令的应用如图 5-22 所示。图 5-22b 为在给定的输入信号波形下产生的输出波形。

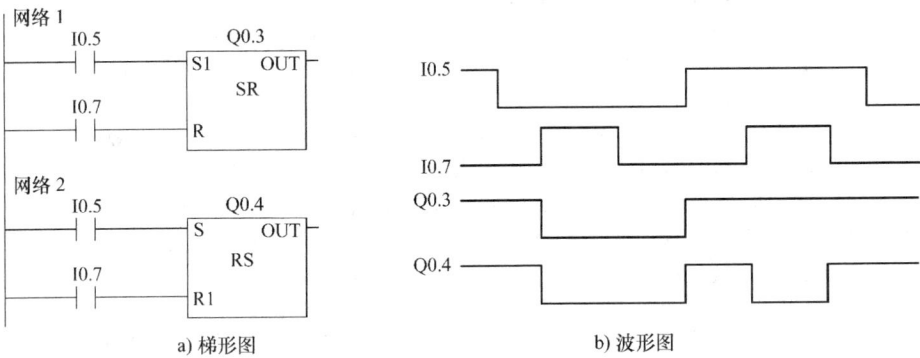

图 5-22　RS 触发器指令应用

11. NOT 指令

NOT 也称取反指令，将复杂逻辑结果取反，为用户使用反逻辑提供方便。该指令无操作数，其 LAD 和 STL 的形式如下：

STL 形式：NOT

LAD 形式：——| NOT |——

12. S7 – 200 PLC 的比较指令

比较指令是将两个数值或字符串按指定条件进行比较，条件成立时，触点闭合，所以比较指令实际上也是一种位指令。在实际应用中，比较指令为上、下限控制以及为数值条件判断提供了方便。

比较指令的类型有字节比较、整数比较、双字整数比较、实数比较和字符串比较。

数值比较指令的运算符有 = 、> = 、> 、< = 、< 、< > 等 6 种，而字符串比较指令只有 = 和 < > 两种。对比较指令可进行 LD、A 和 O 的编程。比较指令的 LAD 和 STL 形式见表 5-8。

字节比较是无符号的。用于比较两个字节型整数值 IN1 和 IN2 的大小。

表 5-8　比较指令的 LAD 和 STL 形式

形　式	方　式				
	字节比较	整数比较	双字整数比较	实数比较	字符串比较
LAD（以<>为例）	IN1 ⊣<>B⊢ IN2	IN1 ⊣<>I⊢ IN2	IN1 ⊣<>D⊢ IN2	IN1 ⊣<>R⊢ IN2	IN1 ⊣<>S⊢ IN2
STL	LDB = IN1，IN2 AB = IN1，IN2 OB = IN1，IN2 LDB < > IN1，IN2 AB < > IN1，IN2 OB < > IN1，IN2 LDB < IN1，IN2 AB < IN1，IN2 OB < IN1，IN2 LDB < = IN1，IN2 AB < = IN1，IN2 OB < = IN1，IN2 LDB > IN1，IN2 AB > IN1，IN2 OB > IN1，IN2 LDB > = IN1，IN2 AB > = IN1，IN2 OB > = IN1，IN2	LDW = IN1，IN2 AW = IN1，IN2 OW = IN1，IN2 LDW < > IN1，IN2 AW < > IN1，IN2 OW < > IN1，IN2 LDW < IN1，IN2 AW < IN1，IN2 OW < IN1，IN2 LDW < = IN1，IN2 AW < = IN1，IN2 OW < = IN1，IN2 LDW > IN1，IN2 AW > IN1，IN2 OW > IN1，IN2 LDW > IN1，IN2 AW > IN1，IN2 OW > IN1，IN2	LDD = IN1，IN2 AD = IN1，IN2 OD = IN1，IN2 LDD < > IN1，IN2 AD < > IN1，IN2 OD < > IN1，IN2 LDD < IN1，IN2 AD < IN1，IN2 OD < IN1，IN2 LDD < = IN1，IN2 AD < = IN1，IN2 OD < = IN1，IN2 LDD > IN1，IN2 AD > IN1，IN2 OD > IN1，IN2 LDD > = IN1，IN2 AD > = IN1，IN2 OD > = IN1，IN2	LDR = IN1，IN2 AR = IN1，IN2 OR = IN1，IN2 LDR < > IN1，IN2 AR < > IN1，IN2 OR < > IN1，IN2 LDR < IN1，IN2 AR < IN1，IN2 OR < IN1，IN2 LDR < = IN1，IN2 AR < = IN1，IN2 OR < = IN1，IN2 LDR > IN1，IN2 AR > IN1，IN2 OR > IN1，IN2 LDR > = IN1，IN2 AR > = IN1，IN2 OR > = IN1，IN2	LDS = IN1，IN2 AS = IN1，IN2 OS = IN1，IN2 LDS < > IN1，IN2 AS < > IN1，IN2 OS < > IN1，IN2
IN1 和 IN2 寻址范围	IB，QB，MB，SMB， VB，SB，LB，AC， *VD，*AC，*LD， 常数	IW，QW，MW， SMW，VW，SW， LW，AC，*VD， *AC，*LD，常数	ID，QD，MD，SMD， VD，SD，LD，AC， *VD，*AC，*LD， 常数	ID，QD，MD，SMD， VD，SD，LD，AC， *VD，*AC，*LD， 常数	VB，LB，*VD， *LD，*AC

整数比较是有符号的。其范围是 16#8000 ~ 16#7FFF，用于比较两个一个字长的整数值 IN1 和 IN2 的大小。

双字整数比较是有符号的。其范围是 16#80000000 ~ 16#7FFFFFFF，用于比较两个双字长整数值 IN1 和 IN2 的大小。

实数比较是有符号的。用于比较两个双字长实数值 IN1 和 IN2 的大小。负实数范围是 $-1.175495E-38 \sim -3.402823E+38$，正实数范围是 $1.175495E-38 \sim 3.402823E+38$。

字符串比较用于比较两个字符串的 ASCII 字符是否相同。字符串的长度不能超过 254 个字符。

比较指令的应用如图 5-23 所示。

从图 5-23 中可以看出：当定时器 T37 的当前值大于等于 5s 时，Q0.0 为 ON；当 VB20 中的值小于 VB30 的值时，Q0.1 为 ON；当 VD10 中的实数不等于 87.6 或 I0.1 为 ON 时，Q0.2 为 ON。

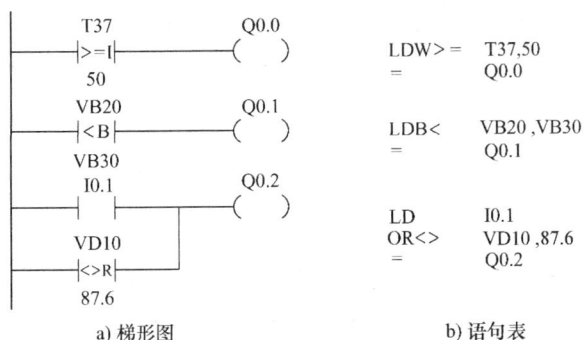

a) 梯形图　　　　　　　　　　b) 语句表

图 5-23　比较指令应用

13. 定时器指令

定时器是 PLC 中最常见的元器件之一。正确使用定时器对 PLC 程序设计至关重要。编程时要事先预置定时器的定时值，在程序运行过程中，当定时器的输入条件满足时，定时器的当前值就从 0 开始按一定的单位增加，当定时器的当前值等于设定值时，定时器发生动作（其常开触点闭合，常闭触点断开），从而满足各种定时器逻辑控制的需要。下面从几个方面来详细讲解定时器的使用。

（1）几个基本概念

1）分类。S7 - 200 PLC 为用户提供了 3 种类型的定时器：接通延时定时器（TON）、有记忆接通延时定时器（TONR）和断开延时定时器（TOF）。

2）分辨率与定时时间的计算。单位时间的时间增量称为定时器的分辨率。S7 - 200 PLC 定时器有 3 个分辨率等级：1ms、10ms 和 100ms。

定时器定时时间 T 的计算如下：$T = PT \times S$。其中，T 为实际定时时间，PT 为设定值，S 为分辨率。例如，TON 指令使用 T33（为 10ms 的定时器），设定值为 100，则实际定时时间为

$$T = 100 \times 10\text{ms} = 1000\text{ms}$$

定时器的设定值 PT 的数据类型为 INT 型。操作数可为 VW、IW、QW、MW、SW、SMW、LW、AIW、T、C、AC、*VD、*AC、*LD 或常数，其中常数最为常用。

3）定时器的编号。定时器的编号用定时器的名称和数字（0 ~ 255）来表示，即 T***，如 T37。定时器的编号包含定时器位和定时器当前值两方面的信息。

定时器位：与其他继电器的输出相似。当定时器的当前值达到设定值 PT 时，定时器的触点动作。

定时器当前值：存储定时器当前所累计的时间，它用 16 位符号整数来表示，最大计数值为 32767。

定时器的分辨率和编号见表 5-9。通过该表可知定时器的编号一旦确定，其对应的分辨率也就随之确定。

从表 5-9 可以看到，TON 和 TOF 使用相同范围的定时器编号。因此，相同编号的 TON 和 TOF 绝不可以在同一个 PLC 程序中出现。例如在程序中，不能既有接通延时（TON）定时器 T35，又有断开延时（TOF）定时器 T35。

表 5-9　定时器的分辨率和编号

定时器类型	分辨率/ms	最大当前值/s	定时器编号
TONR	1	32.767	T0，T64
	10	327.67	T1 ~ T4，T65 ~ T68
	100	3276.7	T5 ~ T31，T69 ~ T95
TON，TOF	1	32.767	T32，T96
	10	327.67	T33 ~ T36，T97 ~ T100
	100	3276.7	T37 ~ T63，T101 ~ T255

（2）定时器指令

1）接通延时定时器 TON（On - Delay Timer）。接通延时定时器被用于单一时间间隔的定时，其指令的梯形图和语句表如图 5-24 所示。上电周期或首次扫描时，定时器位为 OFF，当前值为 0。输入端接通时，定时器位为 OFF，当前值从 0 开始计时，当前值达到设定值时，定时器位为 ON（触点动作），当前值仍连续计数到 32767。输入端断开时，定时器自动复位，即定时器位为 OFF，当前值为 0。

2）记忆接通延时定时器 TONR（Retentive On - Delay Timer）。记忆接通延时定时器具有记忆功能，被用于对许多间隔的累计定时。其指令的梯形图和语句表如图 5-25 所示。上电周期或首次扫描时，定时器位为 OFF，当前值保持在断电前的值。当输入端接通时，当前值从上次的保持值继续计时；当累计的当前值达到设定值时，定时器位为 ON（触点动作），当前值可继续计数到 32767。要注意的是，TONR 定时器只能用复位指令对其进行复位操作。TONR 复位后，定时器位为 OFF，当前值为 0。

3）断开延时定时器 TOF（Off - Delay Timer）。断开延时定时器被用于断电后的单一时间间隔计时。其指令的梯形图和语句表如图 5-26 所示。上电周期或首次扫描时，定时器位为 OFF，当前值为 0。输入端接通时，定时器位为 ON（触点动作），当前值为 0。当输入端由接通到断开时，定时器开始计时。当前值达到设定值时定时器位为 OFF（触点恢复常态），当前值等于设定值，停止计时。输入端再次由 OFF→ON 时，TOF 复位，这时 TOF 的位为 ON（触点动作），当前值为 0。如果输入端再从 ON→OFF，则 TOF 可实现再次启动。

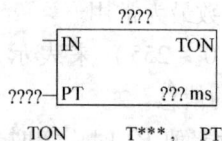

图 5-24　TON 的 LAD 和 STL　　图 5-25　TONR 的 LAD 和 STL　　图 5-26　TOF 的 LAD 和 STL

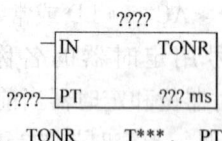

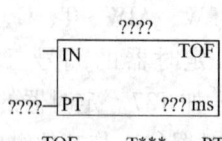

（3）应用举例

图 5-27 所示为 3 种类型定时器的基本使用举例，其中，T35 为 TON，T2 为 TONR，T36 为 TOF。

（4）定时器的刷新方式和正确使用

1）定时器的刷新方式。S7 - 200 PLC 的定时器因其分辨率不同（1ms、10ms、100ms），其刷新方式也不同，从而在使用方法上也有很大的差异。这和其他 PLC 的区别很大。使用

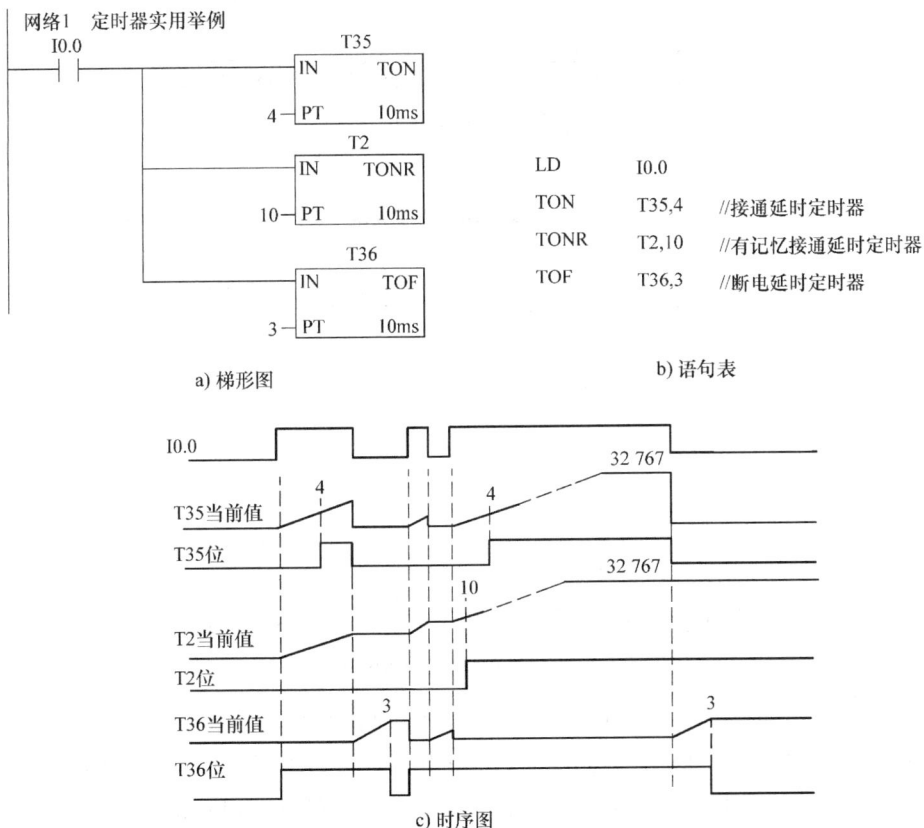

网络1 定时器实用举例

图中梯形图部分：
```
        I0.0                    T35
  ├──────┤ ├──────────────┤IN    TON │
                         4─┤PT    10ms│

                              T2
                       ┌──────┤IN   TONR │
                       │   10─┤PT    10ms│

                              T36
                       └──────┤IN    TOF │
                           3─┤PT    10ms│
```

语句表部分：

LD	I0.0	
TON	T35,4	//接通延时定时器
TONR	T2,10	//有记忆接通延时定时器
TOF	T36,3	//断电延时定时器

a) 梯形图   b) 语句表

c) 时序图

图 5-27   定时器的基本使用举例

时一定要注意，要根据使用场合和要求来选择定时器。

① 1ms 定时器：1ms 定时器由系统每隔 1ms 刷新一次，与扫描周期及程序处理无关。它采用的是中断处理方式。因此，当扫描周期大于 1ms 时，在一个周期中可能被多次刷新。其当前值在一个扫描周期内不一定保持一致。

② 10ms 定时器：10ms 定时器由系统在每个扫描周期开始时自动刷新，由于每个扫描周期只刷新一次，故在一个扫描周期内定时器位和定时器的当前值保持不变。

③ 100ms 定时器：100ms 定时器在定时器指令执行时被刷新，因此，100ms 定时器被激活后，如果不是每个扫描周期都执行定时器指令或在一个扫描周期内多次执行定时期指令，都会造成计时失准，所以在后面讲到的跳转指令和循环指令段中使用定时器时，要格外小心。100ms 定时器仅用在定时器指令在每个扫描周期执行一次的程序中。

2) 定时器的正确使用。在某些应用场合，定时器的刷新方式对结果无影响或影响不大，但图 5-28 所示的应用很特别，对定时器的刷新方式有严格的要求，图 5-28 要求定时器在计时时间到时，在 Q0.0 端产生一个扫描周期的脉冲，这种情况下需根据刷新方式正确使用定时器。

从图 5-28 中可以看出，对 1ms 定时器 T32，在使用错误方法时，只有当定时器的刷新发生在 T32 的常闭触点执行以后到 T32 的常开触点执行以前的区间时，Q0.0 才能产生宽度为一个扫描周期的脉冲，而这种可能性是极小的。在其他情况，这个脉冲产生不了。

错误　　　　　　　　正确

a) 1ms定时器的使用

错误　　　　　　　　正确

b) 10ms定时器的使用

正确　　　　　　　　最好

c) 100ms定时器的使用

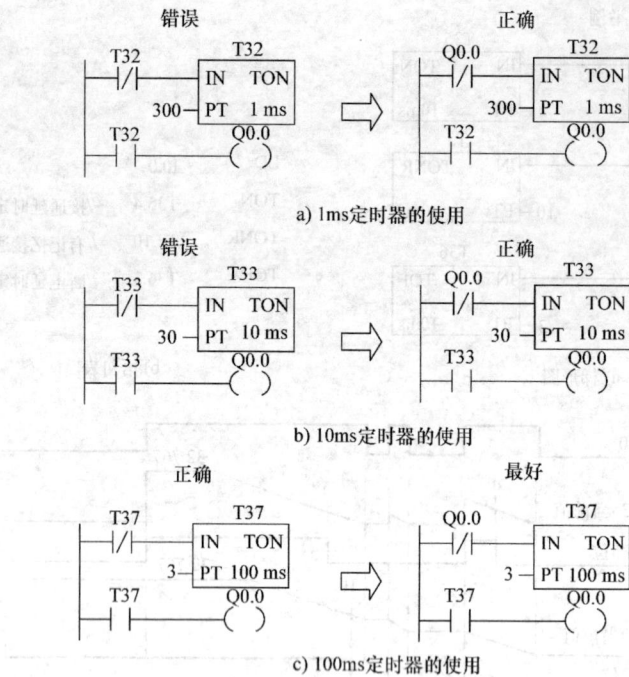

图5-28　定时器的正确使用举例

对 10ms 定时器 T33，使用错误方法时，Q0.0 永远产生不了这个脉冲。因为当定时器计时到时，定时器在每次扫描开始时刷新。该例中，T33 被置位，T33 永远为 OFF，Q0.0 也将为 OFF，即永远不会被置位为 ON。

100ms 定时器在执行指令时刷新，所以当定时器 T37 达到设定值时，Q0.0 肯定会产生这个脉冲。

改用正确的使用方法，即把定时器到达设定值产生结果的输出元器件的常闭触点用做定时器本身的输入，则不论哪种分辨率的定时器，都能保证定时器到达设定值时，Q0.0 产生宽度为一个扫描周期的脉冲。所以，在使用定时器时，除了 100ms 定时器以外，不要把定时器本身的常闭触点作为自身的复位条件。

14. 计数器

计数器用来累计计数器输入端输入脉冲的个数，在实际应用中可用来对产品进行计数或完成复杂的逻辑控制任务。计数器的使用和定时器基本相似，编程时输入它的计数设定值，计数器累计它的脉冲输入端信号上升沿的个数。当计数值达到设定值时，计数器发生动作（其常开触点闭合，常闭触点断开），以便完成计数控制任务。

（1）几个基本概念

1）分类。S7-200 PLC 的计数器有 3 种：增计数器 CTU、增减计数器 CTUD 和减计数器 CTD。

2）计数器的编号。计数器的编号由计数名称和数字（0～255）组成，即 C***，如 C0。计数器的编号包含计数器位和计数器当前值两方面的信息。

计数器位：计数器位是一个开关量，表示计数器是否发生动作的状态。当计数器的当前值达到设定值时，计数器位为 ON（触点动作）。

计数器当前值：其值是一个存储单元，它用来存储计数器当前所累计的脉冲个数，用 16 位符号整数来表示，最大数值为 32767。

3）计数器的输入端和操作数。设定值输入端 PV：数据类型为 INT 型。寻址范围为 VW、IW、QW、MW、SW、SMW、LW、AIW、T、C、AC、＊VD、＊AC、＊LD 和常数。多数都使用常数作为计数器的设定值。

计数输入端 CU、CD：CU 输入端用于递增计数。CU 输入的每个上升沿，计数器当前值增加一个单位；CD 输入端用于递减计数。CD 输入的每个上升沿，计数器当前值减少一个单位。

复位输入端 R、LD：复位输入端 R、LD 有效时，计数器复位。

（2）计数器指令使用说明

计数器指令的 LAD 和 STL 格式见表 5-10。

表 5-10　计数器指令的 LAD 和 STL 格式

格　式	名　称		
	增计数器	增减计数器	减计数器
LAD	???? CU　CTU R ????—PV	???? CU　CTUD CD R ????—PV	???? CD　CTD LD ????—PV
STL	CTU C＊＊＊，PV	CTUD C＊＊＊，PV	CTD C＊＊＊，PV

1）增计数器 CTU（Count Up）。首次扫描时，计数器位为 OFF，当前值为 0。在计数脉冲输入端 CU 的每个上升沿，计数器计数一次，当前值增加一个单位。当前值达到设定值时，计数器位为 ON（触点动作），当前值可继续计数到 32767 后停止计数。复位输入端有效或对计数器执行复位指令，计数器自动复位，即计数器位为 OFF（触点恢复常态），当前值为 0。

增计数器的应用如图 5-29 所示。

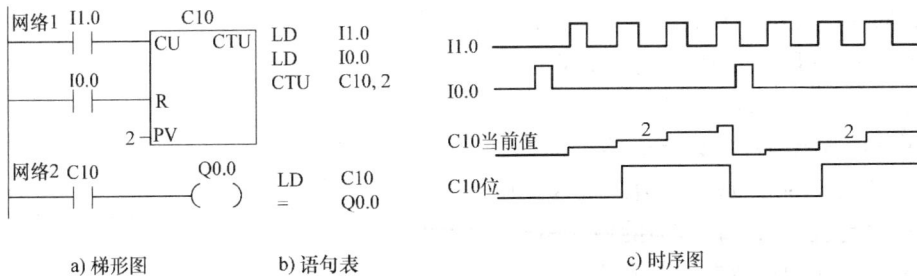

a）梯形图　　　　　　b）语句表　　　　　　　　c）时序图

图 5-29　增计数器的应用

2）增减计数器 CTUD（Count Up/Down）。增减计数器有两个计数脉冲输入端，CU 输入端用于递增计数，CD 输入端用于递减计数。首次扫描时，计数器位为 OFF，当前值为 0。CU 输入的每个上升沿，计数器当前值增加一个单位；CD 输入的每个上升沿，计数器当前值减小一个单位，当前值达到设定值时，计数器位置位为 ON（触点动作）。

增减计数器当前值计数到最大值 32767 后，下一个 CU 输入的上升沿将使当前值跳变为最小值 −32768；当前值达到最小值 −32768 后，下一个 CD 输入的上升沿将使当前值跳变为最大值 32767。复位输入端有效或使用复位指令对计数器进行复位操作，计数器自动复位，即计数器位为 OFF（触点恢复常态），当前值为 0。

增减计数器的应用如图 5-30 所示。

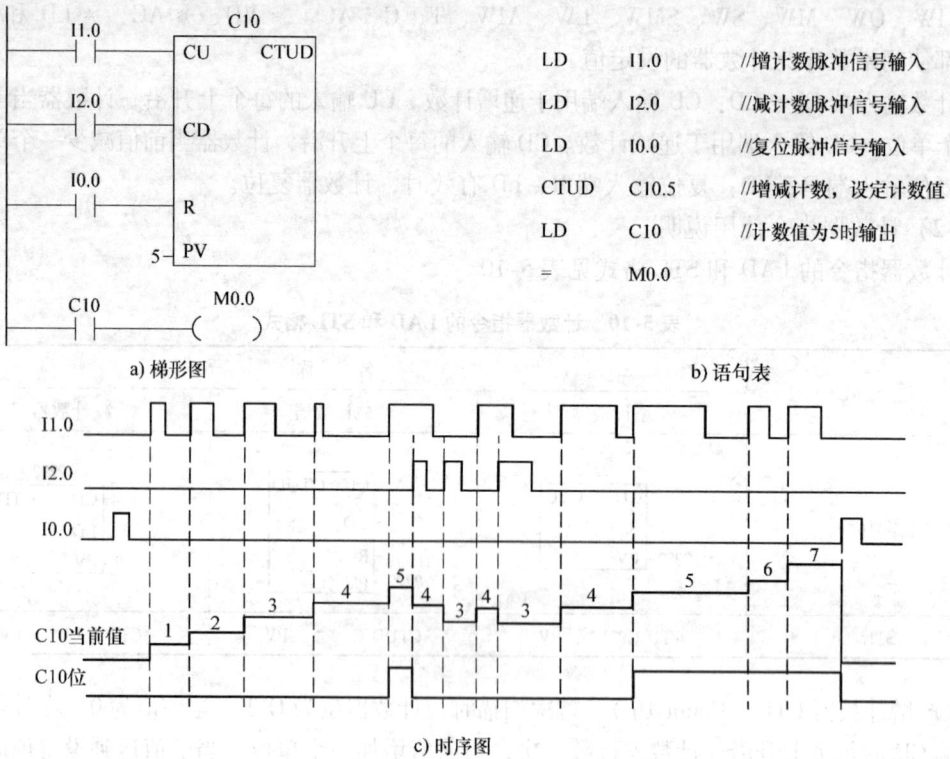

LD	I1.0	//增计数脉冲信号输入
LD	I2.0	//减计数脉冲信号输入
LD	I0.0	//复位脉冲信号输入
CTUD	C10.5	//增减计数，设定计数值
LD	C10	//计数值为5时输出
=	M0.0	

a) 梯形图　　　　　　　　　　　　　　b) 语句表

c) 时序图

图 5-30　增减计数器的应用

3）减计数器 CTD（Count Down）。首次扫描时，计数器位为 ON，当前值为预设定值 PV。对 CD 输入端的每个上升沿计数器计数一次，当前值减少一个单位，当前值减少到 0 时，计数器的位置位为 ON，复位输入端有效或对计数器进行复位操作，计数器自动复位，即计数器位为 OFF，当前值复位为设定值。

减计数器的应用如图 5-31 所示。

使用减计数器应注意以下事项：

① 减计数器的复位端是 LD，而不是 R。

② 在语句表中所有计数器的输入端顺序不能错。

③ 建议在使用计数器之前先清零。

5.2.2　梯形图的编程格式与规则

1. 梯形图的编程格式

梯形图的编程格式是由多个梯级组成的，如图 5-32 所示，每个输出单元构成一个梯级，每个梯级由一个或多个支路组成。支路中安排触点（常开或常闭），它们组成输出执行条件的逻辑控制，安排在梯形图左侧。右侧安排输出单元，触点不能放在输出单元的右边，如图 5-33 所示。

a) 梯形图

```
LD    I1.0       //减计数脉冲信号输入
LD    I1.1       //复位脉冲信号输入
CTD   C20, 4     //减计数，设定计数值
LD    C20        //计数值为0时输出
=     M1.0
```

b) 语句表

c) 时序图

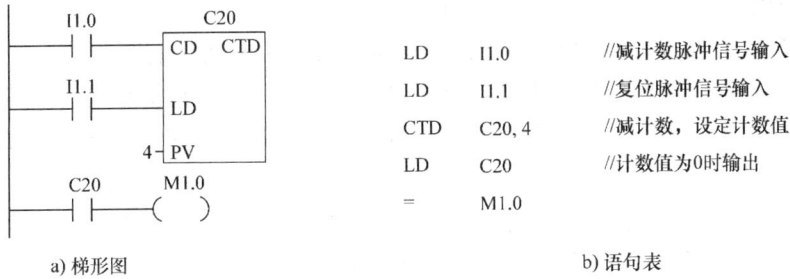

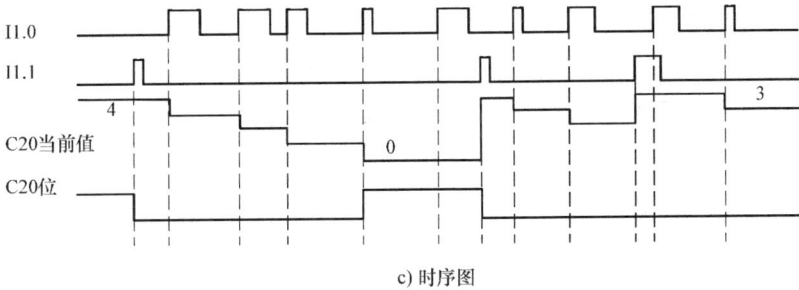

图 5-31　减计数器的应用

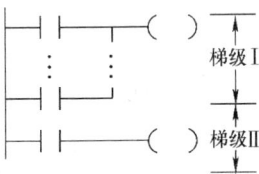

图 5-32　梯级示意图

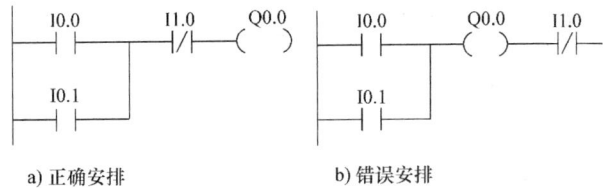

a) 正确安排　　　　　　b) 错误安排

图 5-33　输出单元与触点的正确安排

2. 梯形图的编程规则

1) 继电器（输入继电器、输出继电器和内部辅助继电器）、定时/计数器等器件的触点可以多次重复使用，不必用复杂的程序结构来减少触点的使用次数，也就是说内部继电器的触点无穷多，可以任意使用。

2) 线圈不能直接与左边母线相连。如果需要，可以通过一个没有使用的内部辅助继电器的动断触点或者通过特殊的中间继电器 SM0.0（常 ON 特殊中间继电器）来连接，如图 5-34 所示。

3) 同一编号的线圈在同一程序中不可使用两次以上，否则易引起误操作。

4) 梯形图中串联触点和并联触点的个数没有限制，可以无限制地串联和并联触点，如图 5-35 所示。

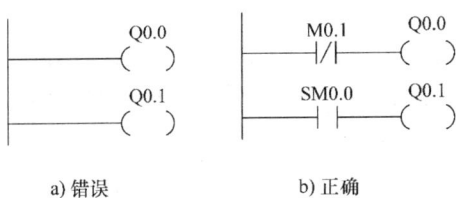

a) 错误　　　　　　b) 正确

图 5-34　线圈不能直接与母线相连　　　图 5-35　串/并联触点无限制及多线圈并联输出举例

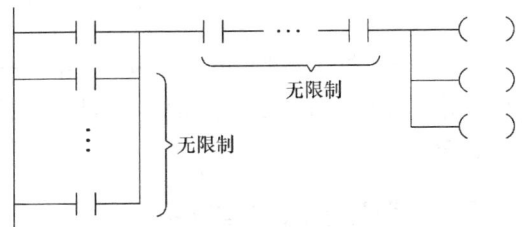

131

5）两个以上线圈可以并联输出，如图 5-35 所示。

6）梯形图应符合顺序执行的原则，即从左到右、从上到下地执行，不符合顺序执行的电路不能直接编程。也就是说，触点应画在水平线上，不要画在垂直线上。如图 5-36a 所示梯形图中，I0.3 触点就无法直接编程，可修改成图 5-36b 所示梯形图进行编程。

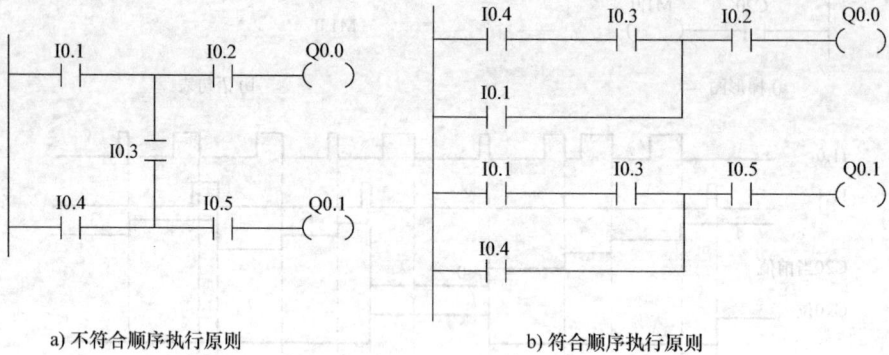

a) 不符合顺序执行原则   b) 符合顺序执行原则

图 5-36   编程应符合顺序执行原则

7）编程按"上重下轻"、"左重右轻"原则进行时，可使程序指令减少，既节省编程时间，也减少了占用内部存储器的空间，如图 5-37、图 5-38 所示。

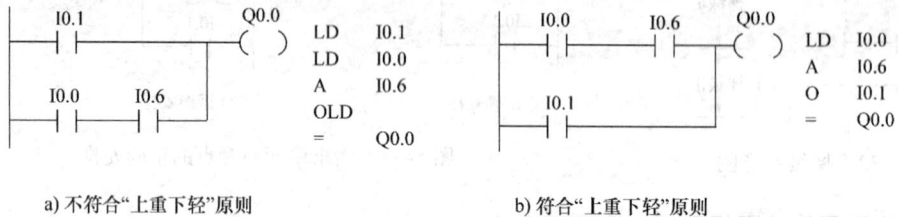

a) 不符合"上重下轻"原则   b) 符合"上重下轻"原则

图 5-37   按"上重下轻"原则安排触点的梯形图

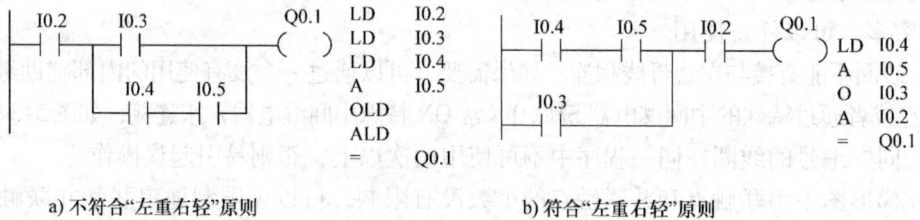

a) 不符合"左重右轻"原则   b) 符合"左重右轻"原则

图 5-38   按"左重右轻"原则安排触点的梯形图

8）复杂控制的处理。对于结构复杂的逻辑控制，可以重复使用一部分触点画出它们的等效电路，充分利用 PLC 内部继电器触点可无限制使用的特点，然后再编程就比较容易了，如图 5-39 所示。

5.2.3   典型环节的编程应用

本节介绍一些 PLC 应用中常用控制信号的编程。

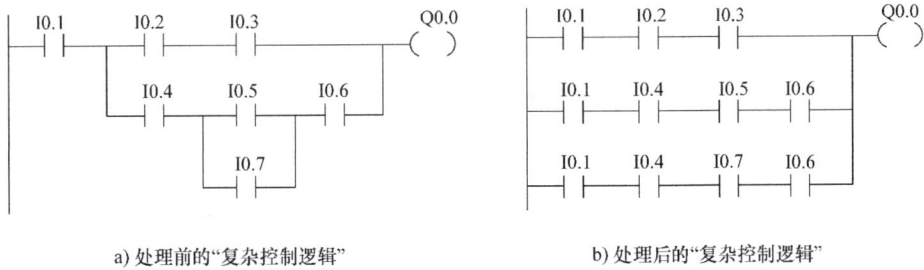

a) 处理前的"复杂控制逻辑"　　　　　　b) 处理后的"复杂控制逻辑"

图 5-39　复杂控制逻辑的处理

1. 产生延时脉冲信号的编程

控制要求：在输入信号有效后，经过一段延时后产生一个脉冲输出。该控制常用于获得启动或关断信号。产生该信号的程序及时序图如图 5-40 所示。

图 5-40 中，在 I0.0 的上升沿开始计时，计时 5s 时间到时，Q0.0 产生一个宽度为一个扫描周期的脉冲，在下一个扫描周期，Q0.0 使 T37 复位，接着 Q0.0 断开。

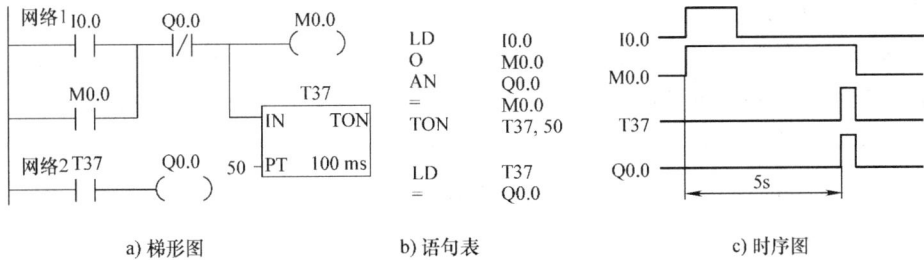

a) 梯形图　　　　　　　b) 语句表　　　　　　　c) 时序图

图 5-40　产生延时脉冲信号

2. 产生瞬时接通/延时断开信号的编程

控制要求：在输入信号有效时，马上有输出，而输入信号断开后，输出信号延时一段时间才断开，产生该信号的程序及时序如图 5-41 所示。

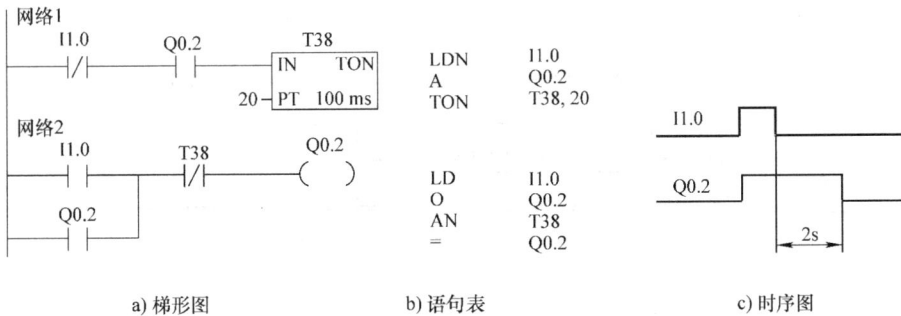

a) 梯形图　　　　　　　b) 语句表　　　　　　　c) 时序图

图 5-41　产生瞬时接通/延时断开信号

编程的关键问题是找出定时器 T38 的计时条件，即 I1.0 为 OFF 且 Q0.2 为 ON。因为 I1.0 变为 OFF 后，Q0.2 仍要保持通电状态 2s，所以 Q0.2 的自锁触点是必需的。

3. 产生延时接通/延时断开信号的编程

控制要求：在输入信号有效时，停一段时间输出信号才为接通；而输入信号断开后，输出信号延时一段时间才断开，图 5-42 所示为该控制的程序及时序图。

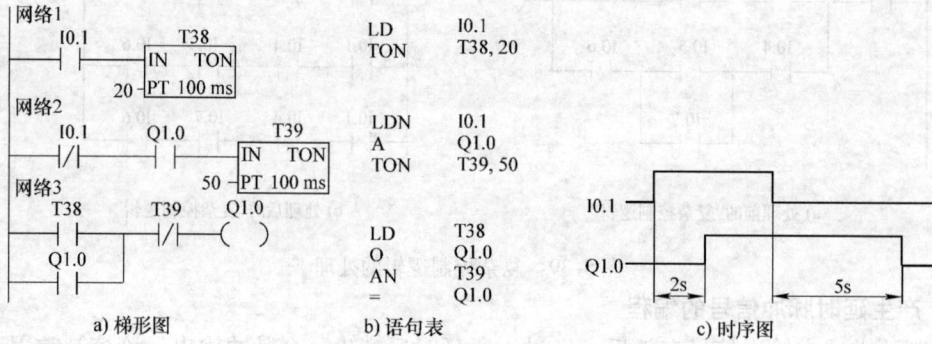

网络1
I0.1 ──┤├── T38
         IN TON
    20 ─ PT 100 ms

LD   I0.1
TON   T38, 20

网络2
I0.1 Q1.0   T39
─┤/├──┤ ├──   IN TON
              50 ─ PT 100 ms

LDN   I0.1
A   Q1.0
TON   T39, 50

网络3
T38 T39 Q1.0
─┤├──┤/├──( )
Q1.0
─┤├

LD   T38
O   Q1.0
AN   T39
=   Q1.0

a) 梯形图   b) 语句表   c) 时序图

图 5-42 产生延时接通/延时断开信号

和瞬时接通/延时断开控制相比，该控制多加了一个输入延时。T38 延时 2s 作为 Q1.0 的启动条件，T39 延时 5s 作为 Q1.0 的关断条件。两个定时器配合使用实现该控制的功能。

4. 产生脉冲宽度可控制信号的编程

控制要求：在输入信号脉冲宽度不规范的情况下，要求每一个输入信号的上升沿产生一个宽度固定的脉冲，该脉冲宽度可以调节。利用定时器、上升沿指令、置位指令和复位指令即可实现，如图 5-43 所示。

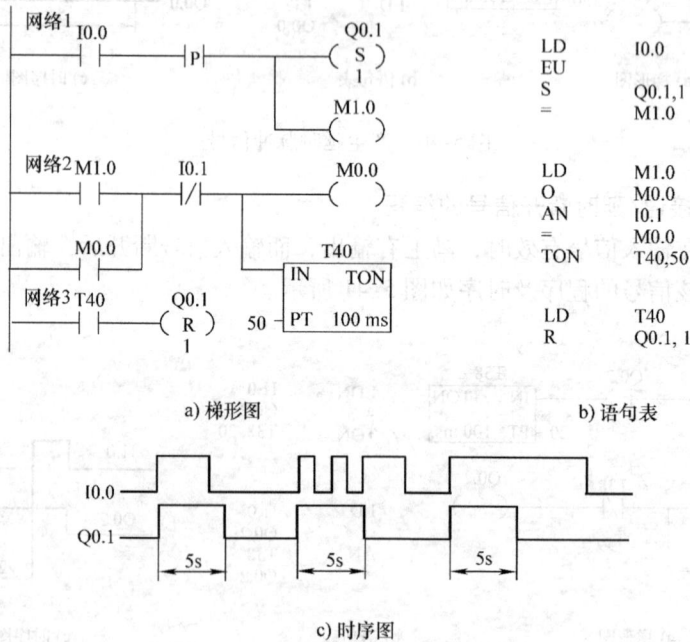

网络1
I0.0   Q0.1
─┤├─┤P├──   (S)
                1
              M1.0
              ( )

LD   I0.0
EU
S   Q0.1,1
=   M1.0

网络2
M1.0 I0.1   M0.0
─┤├──┤/├──   ( )
M0.0
─┤├   T40
              IN TON
          50 ─ PT 100 ms

LD   M1.0
O   M0.0
AN   I0.1
=   M0.0
TON   T40,50

网络3
T40   Q0.1
─┤├── (R)
        1

LD   T40
R   Q0.1, 1

a) 梯形图   b) 语句表

c) 时序图

图 5-43 产生脉冲宽度可控制信号

该程序中，应注意 Q0.1 的开启和关断条件，当 I0.0 的宽度大于或小于 5s 时，都可使 Q0.1 的宽度为 5s。定时器 T40 的计时输入逻辑在上升沿之间的距离小于该脉冲宽度时，对后产生的上升沿脉冲无效。改变 T40 设定值 PT 的大小，就可控制 Q0.1 的宽度，且该宽度不受 I0.0 接通时间长短的影响。

5. 产生长延时信号的编程

S7 – 200 PLC 中的定时器最长定时时间不到 1h，当最长定时的一个定时器也不能满足定时要求时，就要考虑使用多个定时器串联来完成，或者将定时器与计数器联合应用来完成。

利用定时器与计数器联合，完成 10.5h 定时的一种设计方法如图 5-44 所示。

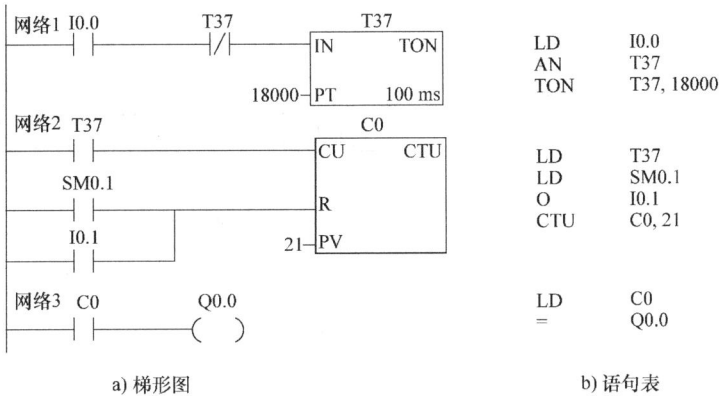

图 5-44　长延时信号程序

T37 每 30min 产生一个脉冲，C0 计 21 个数时，正好定时时间为 10.5h，Q0.0 置位成 ON。

在该例的计数器复位逻辑中，有初始化脉冲 SM0.1 和外部复位按钮 I0.1。初始化脉冲完成在 PLC 上电时对计数器的复位操作，如果所使用的计数器不是设置为断电保护模式，则不需要初始化复位。

在定时时间很长、定时精度要求不高的场合，如小于 1s 或 1min 的误差可以忽略不计时，可以使用时钟脉冲 SM0.4（1min 脉冲）或 SM0.5（1s 脉冲）来构成长延时信号。在学习完以后的"加 1 指令"后，也可以用功能指令完成长延时信号的程序设计。

6. 产生闪烁信号的编程

闪烁信号也称为振荡信号，该信号用于报警、娱乐等场合。闪烁信号实际就是一个时钟信号。它可以是等间隔的通断，也可以是不等间隔的通断。

图 5-45 为一个典型闪烁信号的程序及时序图。在该图中，当 I1.0 有效时，T38 就会产生一个通 2s、断 1s 的闪烁信号。Q1.0 和 T38 一样开始闪烁。

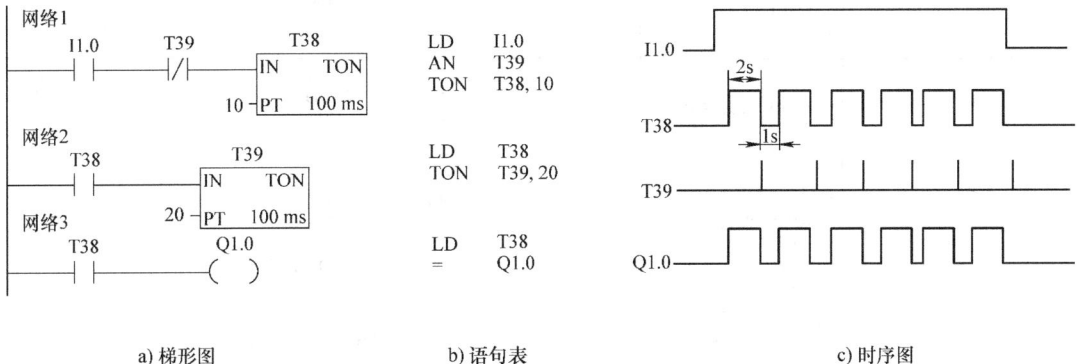

图 5-45　闪烁信号程序及时序图

在实际的程序设计中，如果控制中用到闪烁功能，往往直接用两个定时器产生闪烁信号，其编程如图 5-46 所示。该设计中不管其他信号如何，PLC 一经通电，它就开始工作。什么时候使用到闪烁功能时，把 T38 的常开触点（或常闭触点）串联上即可。通断的时间值可以根据需要任意设定。图 5-46 为一个通 1s、断 1s 的闪烁信号。

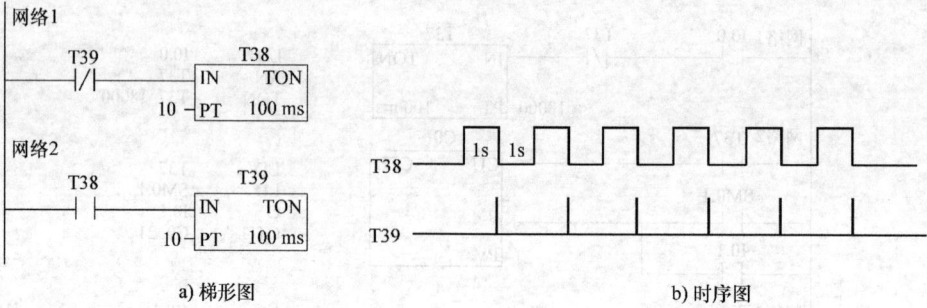

图 5-46　实际使用的闪烁信号程序

7. 报警信号

报警是电气自动控制中不可缺少的重要环节，标准的报警功能应该是声光报警。当故障发生时，报警指示灯闪烁，报警电铃或蜂鸣器鸣响。操作人员知道发生故障后，按消铃按钮，把电铃关掉，报警指示灯从闪烁变为长亮。故障消失后，报警指示灯熄灭。另外还应设置试灯、试铃按钮，用于平时检测报警指示灯和电铃的好坏。图 5-47 为标准报警信号程序。

图 5-47 中的 I/O 地址分配如下：

I：I1.0 为故障信号；I0.0 为消铃按钮；I1.1 为试灯、试铃按钮。

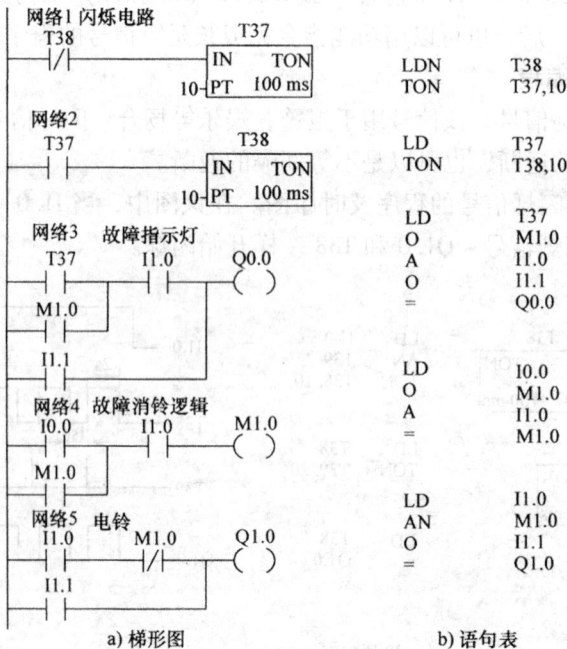

图 5-47　标准报警信号程序

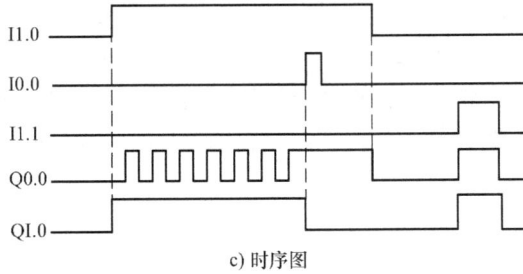

c) 时序图

图 5-47 标准报警信号程序（续）

Q：Q0.0 为报警指示灯；Q1.0 为报警电铃。

在实际的应用系统中可能出现的故障一般有多种，这时的报警信号就不一样了。对报警指示灯来说，一种故障对应一个指示灯，但一个系统只能有一个电铃。通过上面的分析，用户可以自己设计一个由两种故障组成的报警信号。

8. 计数器的扩展

计数器的扩展与长定时电路很相似，一个计数器最大计数值为 32767。在实际应用中，如果计数范围超过该值，就需要对计数器的计数范围进行扩展。

例如，对外部输入脉冲进行计数，计数值达到 300000 时，将 Q1.0 置位。计数器扩展的应用程序如图 5-48 所示。图中计数信号为 I1.0，它作为 C10 的计数端输入信号，每一个上升沿使 C10 计数一次；C10 的常开触点作为计数器 C20 的计数输入信号，C10 计数到 1000 时，使计数器 C20 计数一次；C20 的常开触点作为计数器 C30 的计数输入信号，C20 每计数到 100 时，C30 计数一次。这样当计数总数到达 $1000 \times 100 \times 3 = 300000$，即当 I1.0 的上升沿脉冲数到 300000 时，Q1.0 才被置位。

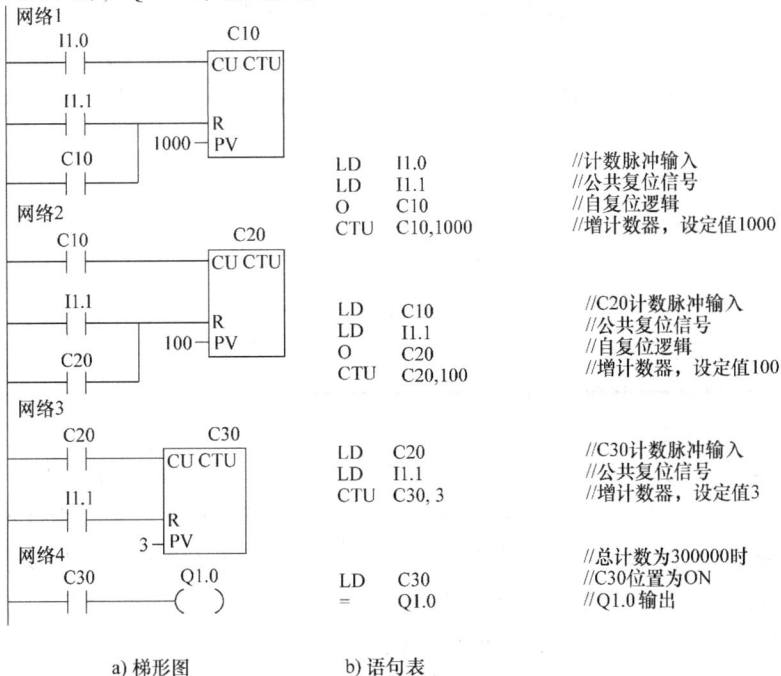

```
网络1
    I1.0              C10
    ┤├              CU CTU

    I1.1
    ┤├
    C10              R
    ┤├       1000   PV

网络2
    C10              C20
    ┤├              CU CTU

    I1.1
    ┤├
    C20              R
    ┤├       100    PV

网络3
    C20              C30
    ┤├              CU CTU

    I1.1
    ┤├
             3      R
                    PV
网络4
    C30              Q1.0
    ┤├              ( )
```

LD	I1.0	//计数脉冲输入
LD	I1.1	//公共复位信号
O	C10	//自复位逻辑
CTU	C10,1000	//增计数器，设定值1000
LD	C10	//C20计数脉冲输入
LD	I1.1	//公共复位信号
O	C20	//自复位逻辑
CTU	C20,100	//增计数器，设定值100
LD	C20	//C30计数脉冲输入
LD	I1.1	//公共复位信号
CTU	C30, 3	//增计数器，设定值3
		//总计数为300000时
LD	C30	//C30位置为ON
=	Q1.0	//Q1.0输出

a) 梯形图　　　　b) 语句表

图 5-48 计数器扩展程序

该程序中应注意计数器复位输入端的设计，C20 和 C21 除了外部复位信号 I1.1 之外，还加了各自的常开触点。比如 C20，在当前计数值等于预设值 1000 时，使 C21 计数一次，在下一个扫描周期本身的常开触点使自身复位。再下一个扫描周期里，当 I0.0 的上升沿有效时，开始新的一轮计数工作。C22 的复位输入端不要加自身的常开触点，否则 Q1.0 只输出脉冲信号。

5.3 程序结构

S7 – 200 PLC 的程序由三部分构成，即用户程序、数据块和参数块。

1. 用户程序

可以使用各种语言（LAD、STL 或 FBD 等）编写用户程序，也称用户程序为组织块，它处于最高层次，可以管理其他块。

用户程序可以包含一个主程序、若干子程序和若干中断程序。但主程序是必需的，子程序和中断程序的有无和多少根据具体使用情况而定。子程序常用于完成某项重复动作的功能，而中断程序则用于发生特定情况时，及时执行某项控制任务。程序结构示意图如图 5-49 所示。

2. 数据块

数据块主要用来存放控制程序运行所需的数据，不一定在每个控制系统的程序设计中都需要使用。

3. 参数块

参数块用来存放 CPU 组态数据，如果在编程软件或其他编程工具上未进行 CPU 的组态，则系统以默认值进行自动配置。在有特殊需要时，如对特殊要求的输入、输出设定，断电保护设定等，用户可以对系统的参数块进行设定。

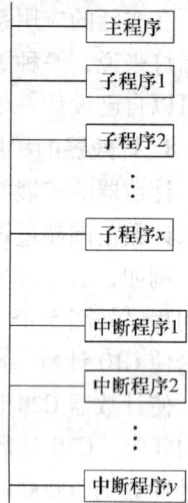

图 5-49 程序结构

5.4 程序控制指令

程序控制指令主要包括结束、暂停、看门狗、跳转、子程序、循环和顺序控制等指令。因为顺序控制指令的使用既多又非常重要，所以把它单独作为一节，放到后面来讲解。合理使用程序控制指令可以优化程序结构，增强程序功能。

1. 暂停及结束指令

1）停止指令 STOP。当 STOP 指令有效时，可使 CPU 的工作方式由 RUN 切换到 STOP，从而立即中止用户程序的执行。STOP 指令在梯形图中以线圈形式编程。指令不含操作数。

STOP 指令可以用在主程序、子程序和中断程序中。如果在中断程序中执行 STOP 指令，则中断处理立即中止，并忽略所有挂起的中断，继续扫描主程序的剩余部分，在本次扫描周期结束后，完成将主机从 RUN 到 STOP 的切换。

2）结束指令 END 和 MEND。结束指令包括有条件结束指令（END）和无条件结束指令（MEND）。两条指令在梯形图中均以线圈形式编程。指令不含操作数。执行完结束指令后，系统结束主程序，返回到主程序起点。END 和 STOP 指令常用来处理程序中突发的紧急事件，以避免生产中的重大损失。

2. 监控定时器复位指令

监控定时器又称看门狗（Watchdog Reset），它的定时时间为500ms，正常工作时扫描周期小于500ms，每次扫描它都被自动复位一次，监控定时器不起作用。

在以下情况下扫描周期可能大于500ms，监控定时器会停止执行用户程序。

1）用户程序很长。

2）出现中断事件时，执行中断程序的时间较长。

3）循环指令使扫描时间延长。

为了防止在正常情况下监控定时器动作，可以将监控定时器复位指令 WDR 插到程序中适当的地方，使监控定时器复位。如果 FOR-NEXT 循环程序的执行时间太长，下列操作只有在扫描周期结束时才能执行：

1）通信（自由端口模式除外）。

2）I/O 刷新（立即 I/O 除外）。

3）强制刷新。

4）SM 位刷新（SM0、SM5~SM29 的位不能被刷新）。

5）运行时间诊断。

6）扫描时间超过25s时，使 10ms 和 100ms 定时器不能正确计时。

7）中断程序中的 STOP 指令。带数字量输出的扩展模块也有一个监控定时器，每次使用 WDR 指令时，应对每个扩展模块的某一个输出字节使用立即写（BIW）指令来复位扩展模块的监控定时器。

结束指令、停止指令及监控定时器复位指令的应用实例如图 5-50 所示。

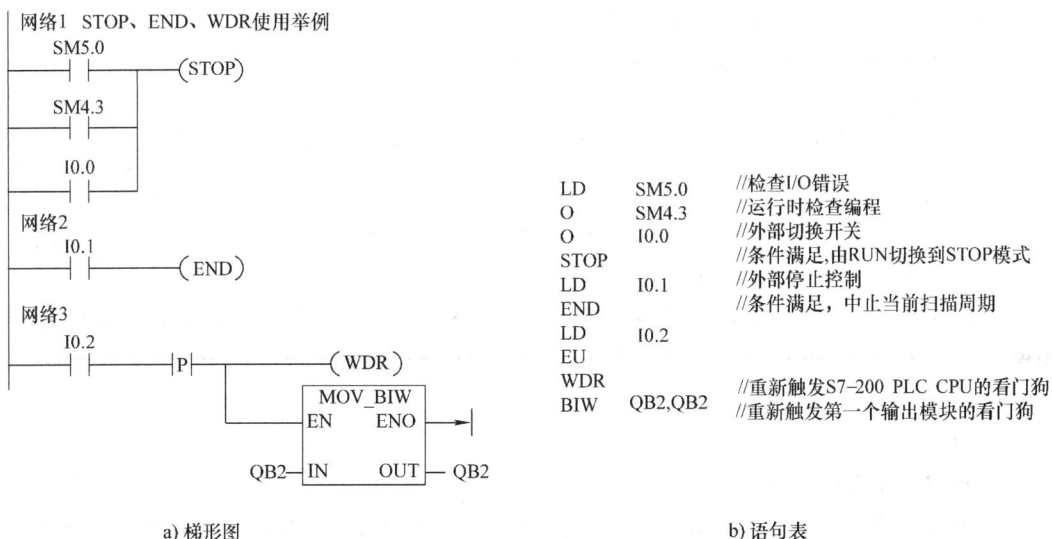

网络1 STOP、END、WDR使用举例

LD	SM5.0	//检查I/O错误
O	SM4.3	//运行时检查编程
O	I0.0	//外部切换开关
STOP		//条件满足，由RUN切换到STOP模式
LD	I0.1	//外部停止控制
END		//条件满足，中止当前扫描周期
LD	I0.2	
EU		
WDR		//重新触发S7-200 PLC CPU的看门狗
BIW	QB2,QB2	//重新触发第一个输出模块的看门狗

a) 梯形图   b) 语句表

图 5-50 结束、停止及监控定时器复位的应用

3. 跳转及标号指令

跳转指令 JMP（Jump to Label）：当输入端有效时，使程序跳转到标号处执行。

标号指令 LBL（Label）：指令跳转的目标标号。操作数 n 为 $0 \sim 255$。

跳转指令可以使 PLC 编程的灵活性有很大提高，可使主机根据条件的需要，选择执行相应的程序段，如图 5-51 所示。

使用跳转及标号指令应注意以下事项：

1）跳转指令和标号指令必须配合使用，而且只能使用在同一程序块中，如主程序、同一个子程序或同一个中断程序。不能在不同的程序块中互相跳转。

2）执行跳转后，被跳过程序段中的各元器件的状态为：

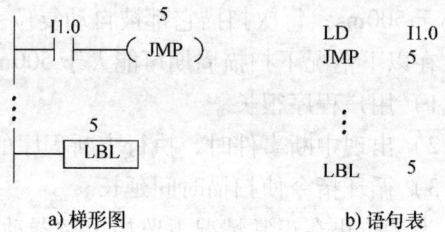

a) 梯形图   b) 语句表

图 5-51 跳转及标号指令的应用

① Q、M、S、C 等元器件的位保持跳转前的状态。

② 计数器 C 停止计数，当前值存储器保持跳转前的计数值。

③ 在跳转期间，分辨率为 1ms 和 10ms 的定时器会一直保持跳转前的工作状态，原来工作的继续工作，到设定值后，其位的状态也会改变，输出触点动作，其当前值存储器一直累计到最大值 32767 才停止。对分辨率为 100ms 的定时器来说，跳转期间停止工作，但不会复位，存储器里的值为跳转时的值，跳转结束后，若输入条件允许，可继续计时，但已失去了准确计时的意义。所以在跳转段，定时器要慎用。

4. 循环指令

循环指令的引入为解决重复执行相同功能的程序段提供了极大的方便，并且优化了程序结构。特别是在进行大量相同功能的计算和逻辑处理时，循环指令非常有用。循环指令的梯形图和语句表格式如图 5-52 所示。

循环指令由循环开始标记 FOR、循环起始值 INIT、循环终值 FINAL、循环计数器 INDX 和循环结束助记符 NEXT 构成。

FOR 和 NEXT 之间的程序段称为循环体，每执行一次循环体，当前计数值增加 1，并且将其结果和终值作比较，如果大于终值，则终止循环。

INDX 操作数的范围为 VW、IW、QW、MW、SW、SMW、LW、T、C、AC、*VD、*AC 和 *LD。这些操作数属 INT 型。

INIT 和 FINAL 操作数的范围为 VW、IW、QW、MW、SW、SMW、LW、T、C、AC、常数、*VD、*AC、和 *LD。这些操作数属 INT 型。

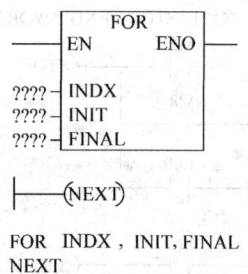

FOR INDX，INIT，FINAL
NEXT

图 5-52 循环指令的梯形图和语句表格式

使用循环指令应注意以下事项：

1）FOR、NEXT 指令必须成对使用。

2）FOR 和 NEXT 可以循环嵌套，最多嵌套 8 层，但每个嵌套之间一定不可有交叉现象。

3）每次使能输入（EN）重新有效时，指令将自动复位各参数。

4）起始值大于终值时，循环体不被执行。

图 5-53 是循环指令的应用程序。当 I0.0 接通时，标为 1 的外层循环执行 15 次。当 I1.0 接通时，标为 2 的内层循环执行 30 次。

网络4 I0.0 ... FOR EN ENO

VW10 — INDX
1 — INIT
15 — FINAL

网络6 I1.0 ... FOR EN ENO

VW100 — INDX
1 — INIT
30 — FINAL

网络33 ──(NEXT)

网络53 ──(NEXT)

LD   I0.0
FOR   VW10, 1, 15
⋮
LD   I1.0
FOR   VW100, 1, 30
⋮
NEXT
⋮
NEXT

a) 梯形图   b) 语句表

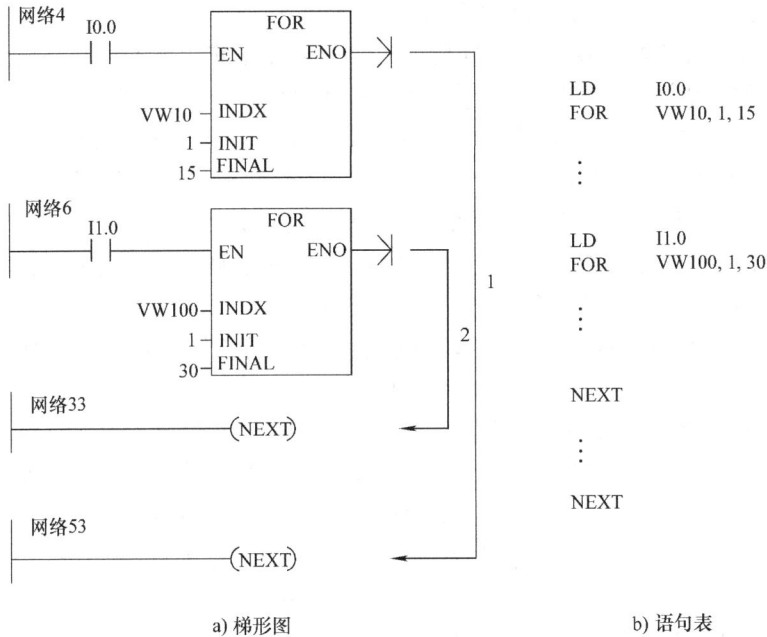

图 5-53 循环指令的应用程序

5. 诊断 LED 指令

PLC 的主机面板上有一个 SF/DIAG（故障/诊断）指示灯，当 CPU 发生系统故障时，该指示灯发出红光。

对于诊断（DIAG）功能部分：

1）在 V4.0 版编程软件系统块的"LED 配置"选项卡中，如果选择了"有变量被强制时"或"有 I/O 错误时"，LED 均发黄光。

2）可利用 DIAG_LED 指令控制 SF/DIAG 指示灯是否发黄光。在该指令中如果输入参数 IN 的数值为零，则诊断 LED 指示灯被设置为不发光，如果输入参数 IN 的数值大于零，则诊断 LED 指示灯被设置为发黄光。其梯形图和语句表格式如图 5-54 所示。图 5-55 是其应用举例。在该例中，I1.0 为故障信号，如果 I1.0 有效，则 MB2 的值非 0，诊断 LED 发黄光。

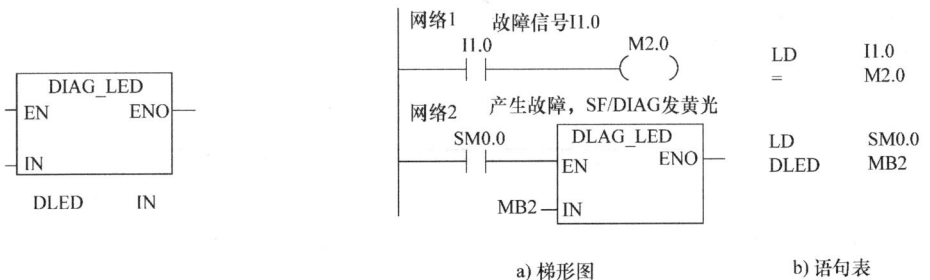

DIAG_LED
EN   ENO

IN

DLED   IN

网络1 故障信号I1.0
I1.0   M2.0
──┤├──────( )

网络2 产生故障，SF/DIAG发黄光
SM0.0   DLAG_LED
──┤├──── EN   ENO

MB2 — IN

LD   I1.0
=   M2.0

LD   SM0.0
DLED   MB2

a) 梯形图   b) 语句表

图 5-54 诊断 LED 指令格式   图 5-55 诊断 LED 指令应用程序

6. 子程序的编写与调用

S7-200 PLC CPU 的控制程序由主程序 OB1、子程序和中断程序组成。STEP 7-Micro/WIN 在程序编辑器窗口里为每个程序组织单元 Program Organizational Unit，POU 提供一个独

立的页。主程序总是第 1 页，后面是子程序或中断程序。

各个 POU 在程序编辑器窗口中是分页存放的，子程序或中断程序在执行到末尾时自动返回，不必加返回指令；在子程序或中断程序中可以使用条件返回指令。

1）子程序的作用。子程序常用于需要多次反复执行相同任务的地方，子程序只需要写一次，别的程序在需要它的时候调用它，而无需重写该程序。子程序的调用是有条件的，未调用它时不会执行子程序中的指令，因此使用子程序可以减少扫描时间。

在编写复杂的 PLC 程序时，最好把全部控制功能划分为几个符合工艺控制规律的子功能块，每个子功能块由一个或多个子程序组成。子程序使程序结构简单清晰，易于调试、查错和维护。在子程序中尽量使用局部变量，避免使用全局变量，因为与其他 POU 几乎没有地址冲突，可以很方便地将子程序移植到其他项目。

2）子程序的创建。可以采用下列方法创建子程序：打开程序编辑器，在"编辑"菜单中执行命令"插入"→"子程序"；或在程序编辑器视窗中单击鼠标右键，从弹出的菜单中执行命令"插入"→"子程序"，程序编辑器将自动生成和打开新的子程序。默认的程序名是 SBR - N，编号 N 从 0 开始按递增顺序生成。用鼠标右键单击指令树中的子程序或中断程序的图标，在弹出的菜单中选择"重新命名"，可以修改它们的名称。

子程序可以带参数调用，参数在子程序的局部变量表中定义，最多可以传递 16 个参数，参数的变量名最多 23 个字符。

名为"模拟量计算"的子程序如图 5-56 所示。

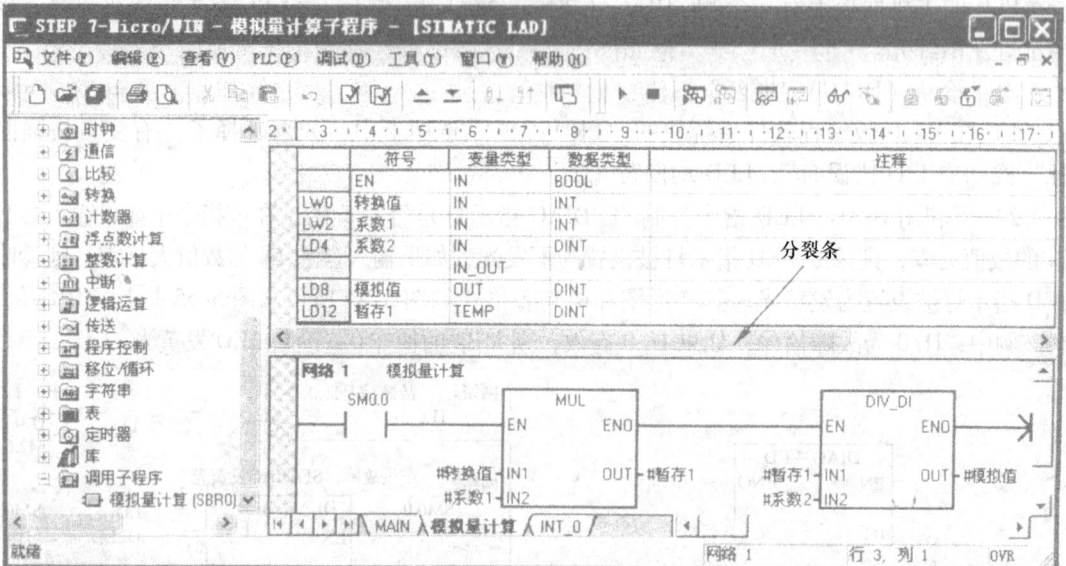

图 5-56　局部变量表与模拟量计算子程序

在该子程序的局部变量表中，定义了名为"转换值"、"系数 1"和"系数 2"的输入（IN）变量，名为"模拟值"的输出（OUT）变量和名为"暂存 1"的临时（TEMP）变量。局部变量表最左边的一系列是编程软件自动分配的每个参数在局部存储器（L）中的地址。

子程序的变量名称中的"#"号表示局部变量，是编程软件自动添加的。输入局部变量时不用输入"#"号。不能用跳转语句跳入或跳出子程序。

3）子程序的调用。可以在主程序、其他子程序或中断程序中调用子程序，调用子程序时将执行子程序中的指令，直至子程序结束，然后返回调用它的程序中该子程序调用指令的下一条指令之处。

CPU 226 的项目中最多可以创建 128 个子程序，其他 CPU 可以创建 64 个子程序。

子程序可以嵌套调用，即在子程序中调用别的子程序，最多可以嵌套 8 层。

在中断程序中调用的子程序不能再调用别的子程序。不禁止递归调用（子程序调用自己），但是应慎重使用递归调用。

创建子程序后，STEP 7 – Micro/WIN 在指令树最下面的"调用子程序"文件夹中自动生成刚创建的子程序"模拟量计算"对应的图标。对于梯形图程序，在子程序局部变量表中为该子程序定义参数后。将生成客户化调用指令块，如图 5-57 所示。指令块自动包含了子程序的输入参数和输出参数。

在梯形图程序中插入子程序调用指令时，首先打开程序编辑器视窗中需要调用子程序的 POU，显示出需要调用子程序的地方。用鼠标双击打开指令树最下面的"调用子程序"文件夹，用鼠标左键按住需要调用的子程序图标，将它"拖"到程序编辑器需要的位置。放开

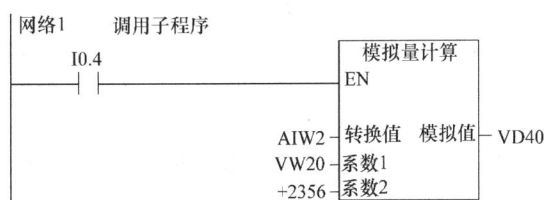

图 5-57　在主程序中调用子程序

左键，子程序块便被放置在该位置。也可以将矩形光标置于程序编辑器视窗中需要放置该子程序的地方，然后双击指令树中要调用的子程序，子程序会自动出现在光标所在的位置。

如果用语句表编程，子程序调用指令格式为

CALL 子程序号，参数 1，参数 2，……，参数 n

其中，$n = 0 \sim 16$。图 5-57 中的梯形图对应的语句表程序为

LD　　　　10.4

CALL　　　模拟量计算，AIW2，VW20，+2356，VD40

在语句表中调用带参数的子程序时，参数必须按一定的顺序排列，输入参数在最前面，其次是输入/输出参数，最后是输出参数。从上面的例子可以看出，梯形图中从上到下的同类参数在语句表中按从左到右的顺序排列。

子程序调用指令中的有效操作数为存储器地址、常量、全局变量和调用指令所在的 POU 中的局部变量，不能指定被调用子程序中的局部变量。

调用子程序时，输入参数被复制到子程序的局部存储器，子程序执行完后，从局部存储器复制输出参数到指定的输出参数地址。

如果在使用子程序调用指令后修改该子程序中的局部变量表，调用指令将变为无效。必须删除无效调用，并用能反映正确参数的新的调用指令代替。

【例 5-1】 求 V 存储区连续的若干个字的累加和的子程序，在 OB1 中调用它，在 I0.1 的上升沿，求 VW100 开始的 10 个数据的和，并将运算结果放在 VD0 中。

表 5-11 是名为"求和"的子程序的局部变量表，相应的 STL 程序代码如下所示。子程序中的 *#POINT 是地址指针 POINT 指定的地址中变量的值。

表 5-11 "求和"子程序的局部变量表

	符 号	变量类型	数据类型	注 释
	EN	IN	BOOL	
LD0	POINT	IN	DWORD	地址指针初值
LW4	NUMB	IN	WORD	要求和的字数
		IN – OUT		
LD6	RESULT	OUT	DINT	求和的结果
LD10	TMP1	TEMP	DINT	存储待累加的数
LW14	COUNT	TEMP	INT	循环次数计数器

```
网络1
LD          SM0.0
MOVB        0, #RESULT              //清结果单元
FOR         #COUNT, 1, #NUMB       //循环开始
网络2
LD          SM0.0
ITD         *#POINT, #TMP1         //将待累加的整数转换为双整数
+ D         #TMP1, #RESULT         //双整数累加
+ D         2, #POINT              //指针值加2，指向下一个字
网络3
NEXT                               //循环结束
```

图 5-58 是调用求和子程序的主程序。在 I0.1 的上升沿，计算 VW100～VW118 中 10 个字的和。调用时指定的 POINT 的值"&VB100"是源地址指针的初始值，即数据字从 VW100 开始存放；数据字个数 NUMB 为常数值 10，求和的结果存放在 VD0 中。

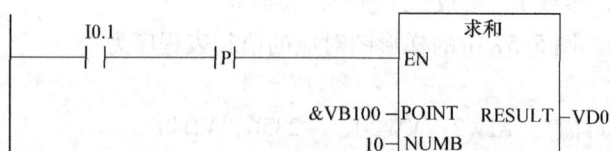

图 5-58 主程序的子程序调用

4）子程序的有条件返回。在主程序中用触点信号控制 CRET（从子程序有条件返回）指令，触点信号接通时条件满足，子程序被终止。

5）子程序中的定时器。停止调用子程序时，线圈在主程序内的位元件的 ON/OFF 状态保持不变。如果在停止调用时，子程序中的定时器正在定时，则 100ms 定时器停止定时，当前值保持不变，重新调用时继续定时；但是 1ms 定时器和 10ms 定时器将继续定时，定时时间到，它们的定时器位置 1，并且可以在主程序之外起作用。

5.5 顺序控制指令及编程应用

1. 基本概念

IEC（国际电工委员会）于 1988 年公布了类似的"控制系统功能图准备"标准

（IEC848）。

功能图又称为功能流程图或状态转移图，它是一种描述自动控制系统的图形表示方法，是专用于工业顺序控制程序设计的一种功能性说明语言。它能完整地描述控制系统的工作过程、功能和特性，是分析、设计电气控制系统控制程序的重要工具。

现在多数 PLC 产品都有专为使用功能图编程所设计的指令，使用起来非常方便。在中小型 PLC 程序设计时，如果采用功能图法，首先要根据控制要求设计功能流程图，然后将其转化为梯形图程序。有些大型或中型 PLC 可直接用功能图进行编程。

功能图主要由"状态"、"转移"及"有向线段"等元素组成。如果适当运用组成元素，可得到控制系统的静态表示方法，再根据转移触发规则模拟系统的运行，就可以得到控制系统的动态过程。图 5-59 所示为状态及动作的表示方法，其中，图 5-59a 为初始状态的表示法，图 5-59b 为中间任意状态的表示法，图 5-59c 为状态下动作的表示法。

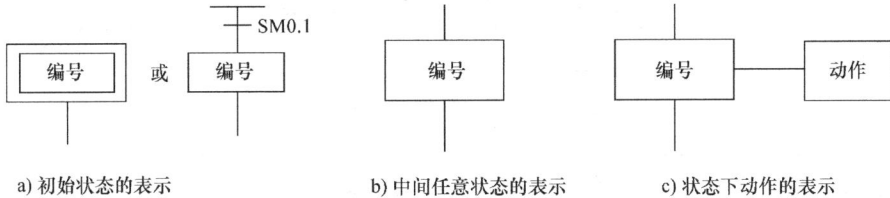

a) 初始状态的表示　　b) 中间任意状态的表示　　c) 状态下动作的表示

图 5-59　状态及动作的表示方法

转移是指顺序控制继电器从一个状态到另一个状态的变化，用一个有向线段来表示转移的方向。两个状态之间的有向线段上再用一段横线表示这一转移的条件，转移符号如图5-60所示。转移是一种条件，是使系统从一个状态向另一个状态转移的必要条件，通常用文字、逻辑方程及符号来表示。

下面用一个例子来说明功能图的绘制。某一冲压机的初始位置是冲头抬起，处于高位；当操作者按动起动按钮时，冲头向工件冲击；到最低位置时，触动低位行程开关；然后冲头抬起，回到高位，触动高位行程开关，停止运行。图 5-61 所示的功能图表示冲压机的运行过程。冲压机的工作顺序可分为三个状态：初始、下冲和返回状态。从初始状态到下冲状态的转移必须满足起动信号和高位行程开关信号同时为 ON 时才能发生；从下冲状态到返回状态，要满足低位行程开关为 ON 时才能发生。

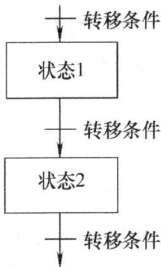

图 5-60　转移符号

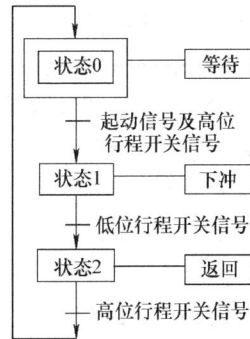

图 5-61　冲压机运行过程功能图

从该例可以进一步知道，功能图就是由许多个状态及连线组成的图形，它可以清晰地描述系统的工序要求，使复杂问题简单化，并且使 PLC 编程成为可能，而且编程的质量和效率也会大大提高。从该例可总结出功能图的构成规则如下：

1）状态与状态不能相连，必须用转移分开。

2）转移与转移不能相连，必须用状态分开。

3）状态与转移、转移与状态之间的连接采用有向线段，当有向线段从上向下画时，可以省略箭头；当有向线段从下向上画时，必须画上箭头，以表示方向。

4）一个功能图至少要有一个初始状态。

2. 顺序控制指令格式

顺序控制指令是 PLC 生产厂家为用户提供的可使功能图变成简单化和规范化的指令。S7 - 200 PLC 提供了 4 条顺序控制指令，它们的 STL 形式、LAD 形式及功能见表 5-12。

表 5-12　顺序控制指令的形式及功能

STL 形式	LAD 形式	功　　能	操作对象
LSCR　S_bit	S_bit ┤SCR├	顺序状态开始	S（位）
SCRT　S_bit	S_bit —(SCRT)	顺序状态转移	S（位）
SCRE	┤(SCRE)	顺序状态结束	无
CSCRE		条件顺序状态结束	无

从表 5-12 中可以看出，顺序控制指令的操作对象为顺序控制继电器 S，S 也称为状态器，每一个 S 位都表示功能图中的一种状态。S 的范围为 S0.0 ~ S31.7。

从 LSCR 指令开始到 SCRE 指令结束的所有指令组成一个顺序控制继电器（SCR）段。LSCR 指令标记一个 SCR 段的开始，当该段的状态器置位时，允许该 SCR 段工作。SCR 段必须用 SCRE 指令结束。当 SCRT 指令的输入端有效时，一方面置位下一个 SCR 段的状态器，以便使下一个 SCR 段开始工作；另一方面又同时使该段的状态器复位，使该段停止工作。由此可以总结出每一个 SCR 程序段一般有以下 3 种功能。

1）驱动处理，即在该段状态器有效时，要做什么工作，有时也可能不做任何工作。

2）指定转移条件和目标，即满足什么条件后状态转移到何处。

3）转移源自动复位功能，状态发生转移后，置位下一个状态的同时，自动复位原状态（但原状态中已被置位的继电器不会被复位，必须用复位指令才能使其复位）。

3. 功能图的主要类型

（1）单流程设计。

这是最简单的功能图，其动作是一个接一个地顺序完成。每个状态仅连接一个转移，每个转移也仅连接一个状态。图 5-62 所示为某小车运动控制的单流程顺序功能图与梯形图。

设小车在初始位置时停在左边，限位开关 I0.2 为 1 状态。按下起动按钮 I0.0 后，小车向右运动（简称右行），碰到限位开关 I0.1 后，停在该处，3s 后开始左行，碰到 I0.2 后返回初始状态，停止运动。除了应设置等待起动的初始步外，根据 Q0.0 和 Q0.1 状态的变化，

SM0.1 S0.0
├┤ ├─(S) 首次扫描，置位初始步
          1
S0.0
[SCR] 初始步的SCR段开始
I0.0 I0.2 S0.1
├┤ ├─┤ ├─(SCRT) 按起动按钮时转换到右行步
(SCRE) 初始步的SCR段结束
S0.1
[SCR] 右行步的SCR段开始
SM0.0 Q0.0
├┤ ├─( ) 小车右行
I0.1 S0.2
├┤ ├─(SCRT) 碰到右限位开关，转换到暂停步
(SCRE) 右行步的SCR段结束
S0.2
[SCR] 暂停步的SCR段开始
SM0.0 T37
├┤ ├─[IN TON] 延时3s
30 ─[PT 100ms]
T37 S0.3
├┤ ├─(SCRT) 延时时间到，转换到左行步
(SCRE) 暂停步的SCR段结束
S0.3
[SCR] 左行步的SCR段开始
SM0.0 Q0.1
├┤ ├─( ) 小车左行
I0.2 S0.0
├┤ ├─(SCRT) 碰到左限位开关，返回到初始步
(SCRE) 左行步的SCR段结束

Q0.1 ← 小车 → Q0.0
I0.2   I0.1

SM0.1
S0.0 初始
起动 I0.0·I0.2
S0.1 Q0.0 右行
I0.1 右限位
S0.2 T37 暂停
T37
S0.3 Q0.1 左行
I0.2 左限位

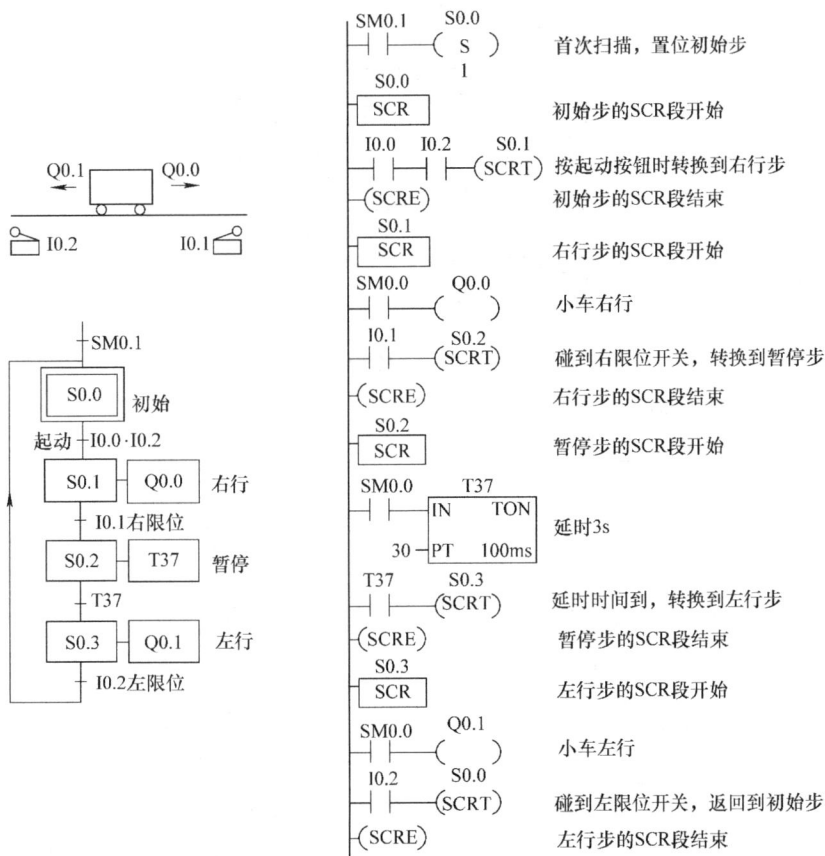

图 5-62　小车运动控制的单流程顺序功能图与梯形图

一个工作周期还可分为右行、暂停和左行 3 步，分别用 S0.0～S0.3 来代表。起动按钮 I0.0 和限位开关的常开触点、T37 的延时接通常开触点是各步之间的转换条件。

首次扫描时，SM0.1 的常开触点接通一个扫描周期，是使顺序控制继电器 S0.0 置位，初始步变为活动步，只执行 S0.0 对应的 SCR 段。如果小车在最左边，I0.2 为 1 状态，此时按下起动按钮 I0.0，指令"SCRT S0.1"对应的线圈得电，使 S0.1 变为 1 状态，操作系统使 S0.0 变为 0 状态，系统从初始步转换到右行步，只执行 S0.1 对应的 SCR 段。在该段中，SM0.0 的常开触点闭合，Q0.0 的线圈得电，小车右行。在操作系统没有执行 S0.1 对应的 SCR 段时，Q0.0 的线圈不会得电。右行碰到右限位开关时，I0.1 的常开触点闭合，将实现右行步 S0.1 到暂停步 S0.2 的转换。定时器 T37 用来使暂停步持续 3s。延时时间到时，T37 的常开触点闭合，使系统由暂停步转换到左行步 S0.3，直到返回初始步。

（2）选择性分支流程设计。

在应用顺序功能指令进行编程时，通常会出现多种情况供选择，即一个控制流程可能转入多个可能的控制流中的某一个，但不允许多路分支同时执行。为了保证一次选择一个顺序及选择的优先权，还必须对各个转移条件进行约束，到底进入哪一个分支，取决于控制流前面的转移条件哪一个为真。可选择的分支和连接的功能图、梯形图如图 5-63 所示。

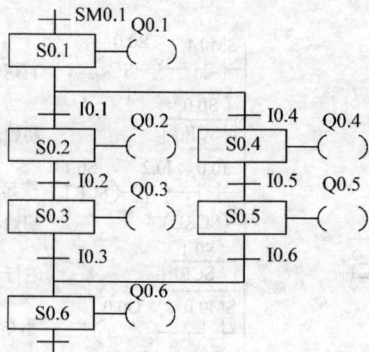

a) 顺序功能图

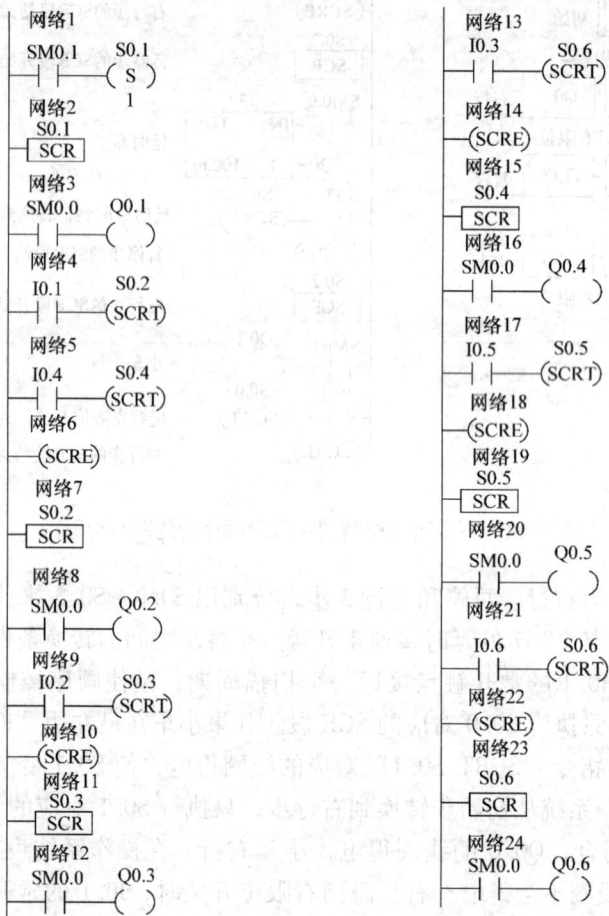

b) 梯形图

图 5-63 可选择的分支和连接功能图、梯形图

【例 5-2】 洗车控制系统的设计，系统元器件分配见表 5-13。洗车过程包含 3 道工艺：泡沫清洗、清水冲洗和风干。系统设置"自动"和"手动"两种控制方式。控制要求如下：

若方式选择开关 SA 置于"手动"方式，按起动按钮 SB0，首先执行泡沫清洗→当按手动冲洗按钮 SB1 时，执行清水冲洗→当按手动风干按钮 SB2 时，执行风干→当按手动结束按钮 SB3, 结束洗车作业。

表 5-13 洗车控制系统元器件分配

元器件地址	符　号	说　　明
I0.0	SA	1—"自动"方式; 0—"手动方式"
I0.1	SB0	起动按钮
I0.2	SB4	停止按钮
I0.3	SB1	手动清水冲洗按钮
I0.4	SB2	手动风干按钮
I0.5	SB3	手动结束按钮
Q0.1	KM1	控制泡沫清洗电动机
Q0.2	KM2	控制清水冲洗电动机
Q0.3	KM3	控制风干机

若方式选择开关置于"自动"方式, 按起动按钮 SB0 后, 自动执行洗车流程: 泡沫清洗 10s →清水冲洗 20s →风干 5s →结束→回到待洗状态。

任何时候按下停止按钮 SB4, 则立即停止洗车作业。

本系统由于"手动"和"自动"工作方式只能选择一种, 因此使用选择性分支来实现, 顺序功能图设计如图 5-64 所示。待洗状态用 S0.0 表示; 自动洗车方式使用 S0.1 ~ S0.3; 手动方式使用 S0.4 ~ S0.6; 洗车作业完成返回到待洗状态。梯形图设计如图 5-65 所示。

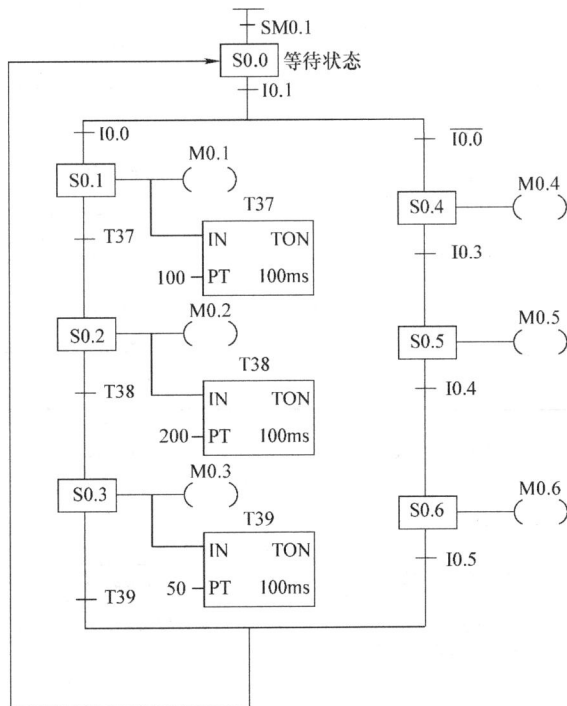

图 5-64　洗车控制系统的顺序功能图

网络1
```
  SM0.1        S0.0
───┤├─────────( S )
                1
```

网络2
```
   S0.0
──┌─────────┐
  │  SCR    │
  └─────────┘
```

网络3
```
  I0.1    I0.0        S0.1
───┤├─────┤├────────(SCRT)
```

网络4
```
  I0.1    I0.0        S0.4
───┤├─────┤/├────────(SCRT)
```

网络5
```
─────────(SCRE)
```

网络6
```
   S0.1
──┌─────────┐
  │  SCR    │
  └─────────┘
```

网络7
```
  SM0.0              M0.1
───┤├────────┬──────( )
             │
             │         T37
             └──┤IN    TON├
                │          │
         100─┤PT  100ms│
```

网络8
```
  T37         S0.2
───┤├────────(SCRT)
```

网络9
```
─────────(SCRE)
```

网络10
```
   S0.2
──┌─────────┐
  │  SCR    │
  └─────────┘
```

网络11
```
  SM0.0              M0.2
───┤├────────┬──────( )
             │
             │         T38
             └──┤IN    TON├
                │          │
         200─┤PT  100ms│
```

网络12
```
  T38         S0.3
───┤├────────(SCRT)
```

网络13
```
─────────(SCRE)
```

网络14
```
   S0.3
──┌─────────┐
  │  SCR    │
  └─────────┘
```

网络15
```
  SM0.0              M0.3
───┤├────────┬──────( )
             │
             │         T39
             └──┤IN    TON├
                │          │
          50─┤PT  100ms│
```

网络16
```
  T39         S0.0
───┤├────────(SCRT)
```

网络17
```
─────────(SCRE)
```

网络18
```
   S0.4
──┌─────────┐
  │  SCR    │
  └─────────┘
```

网络19
```
  SM0.0              M0.4
───┤├──────────────( )
```

网络20
```
  I0.3         S0.5
───┤├────────(SCRT)
```

网络21
```
─────────(SCRE)
```

网络22
```
   S0.5
──┌─────────┐
  │  SCR    │
  └─────────┘
```

网络23
```
  SM0.0              M0.5
───┤├──────────────( )
```

网络24
```
  I0.4         S0.6
───┤├────────(SCRT)
```

网络25
```
─────────(SCRE)
```

网络26
```
   S0.6
──┌─────────┐
  │  SCR    │
  └─────────┘
```

网络27
```
  SM0.0              M0.6
───┤├──────────────( )
```

网络28
```
  I0.5         S0.0
───┤├────────(SCRT)
```

网络29
```
─────────(SCRE)
```

网络30
```
  M0.1              Q0.1
───┤├──────────────( )
  M0.4
───┤├──
```

网络31
```
  M0.2              Q0.2
───┤├──────────────( )
  M0.5
───┤├──
```

网络32
```
  M0.3              Q0.3
───┤├──────────────( )
  M0.6
───┤├──
```

网络33
```
  I0.2         S0.0
───┤├────────( R )
                7
```

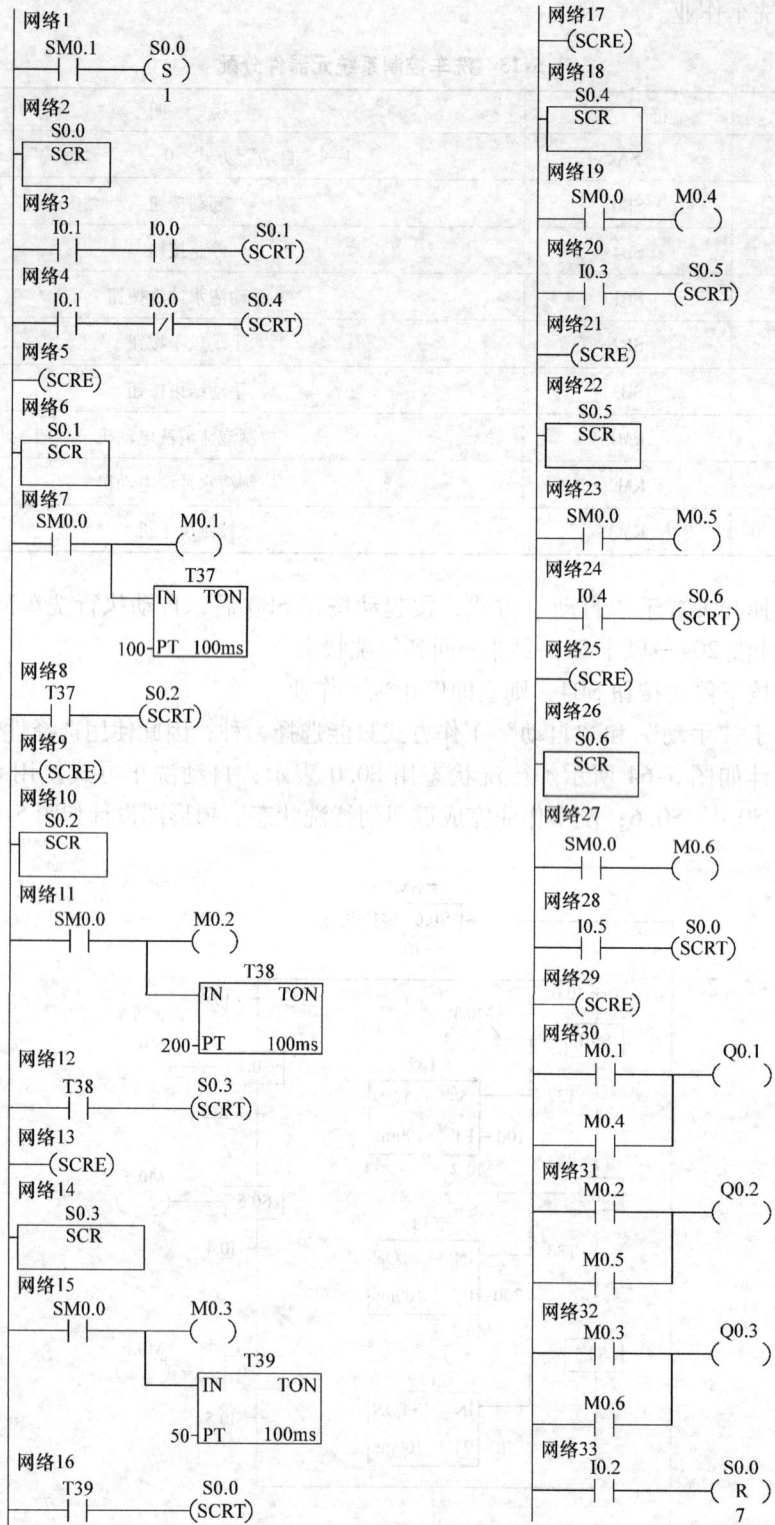

图 5-65　洗车控制系统梯形图

（3）并行分支和连接流程设计。

当一个顺序控制状态流必须分成两个或多个不同分支控制状态流时，分支控制状态流就是并行分支（或称并发分支）。当一个控制状态流分成多个分支时，所有的分支控制状态流必须同时激活。当多个控制流产生的结果相同时，可以把这些控制流合并成一个控制流，即并行分支的连接。在合并控制流时，所有的分支控制流必须都已经完成了。这样，在转移条件满足时才能转移到下一个状态。并行分支的开始一般用双水平线表示，同时结束若干个顺序也用双水平线表示。

并行分支和连接的功能图如图 5-66 所示，其梯形图如图 5-67 所示。

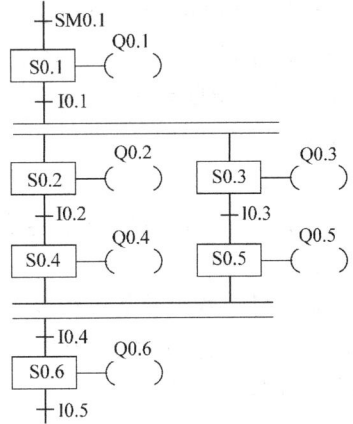

图 5-66　并行分支和连接的顺序功能图

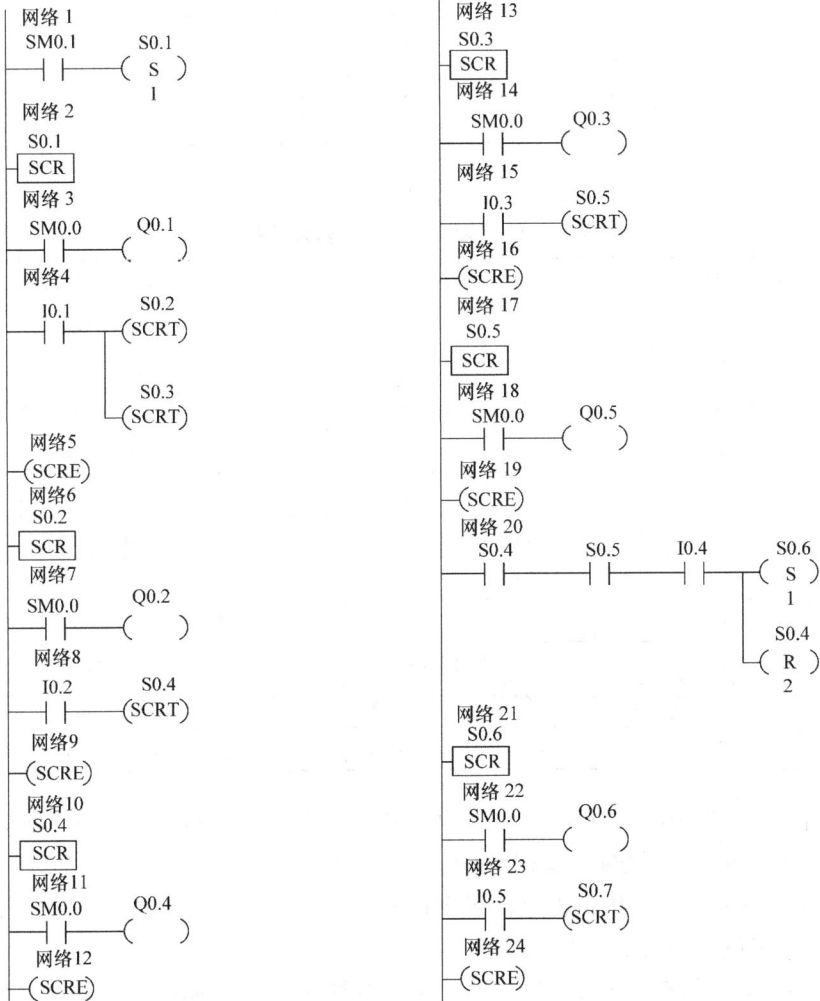

图 5-67　并行分支和连接的梯形图

需要特别说明的是，并行分支连接时要同时使状态转移到新的状态，完成新状态的启动。另外，在状态 S0.4 和 S0.5 的 SCR 程序段中，由于没有使用 SCRT 指令，所以 S0.4 和 S0.5 的复位不能自动进行，最后要用复位指令对其进行复位。这种处理方法在并行分支的连接合并时会经常用到，而且在并行分支连接合并前的最后一个状态常常是"等待"的过渡状态，它们要等待所有并行分支都为"真"后一起转移到新的状态。为优化程序，尽量安排并行分支结束时的状态是连续的，如图 5-67 中的 S0.4 和 S0.5，它们的复位用一条复位指令就可以完成。

【例 5-3】 饮料灌装生产线的设计。

图 5-68 为某流质饮料灌装生产线的示意图，在传送带上设有灌装工位和封盖工位，能自动完成饮料的灌装及封盖操作，元器件配置见表 5-14。

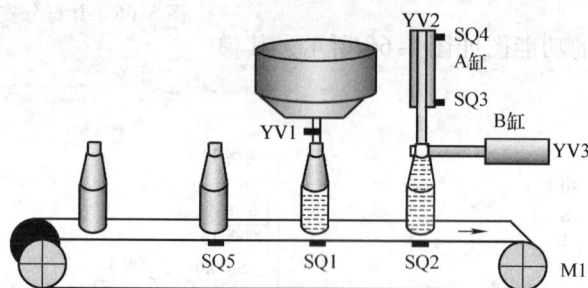

图 5-68 饮料灌装生产线示意图

表 5-14 饮料灌装生产线元器件分配表

编程元器件	元器件地址	符号	传感器/执行器	说　明
数字量 输入 DC24V	I0.0	SB1	常开按钮	起动按钮
	I0.1	SB2	常开按钮	停止按钮
	I0.2	SQ1	位置检测开关，常开	灌装位置有无瓶检测
	I0.3	SQ2	位置检测开关，常开	封盖位置有无瓶检测
	I0.4	SQ3	位置检测开关，常开	气缸 A 推出到位检测
	I0.5	SQ4	位置检测开关，常开	气缸 A 退回到位检测
	I0.6	SQ5	位置检测开关，常开	传送带定位检测
数字量 输出 DC24V	Q0.0	KM1	接触器，"1" 有效	控制传送带电动机 M1 工作
	Q0.1	YV1	电磁阀，"1" 有效	电磁阀
	Q0.2	YV2	电磁气动阀，"1" 有效	控制单作用气缸 A
	Q0.3	YV3	电磁气动阀，"1" 有效	控制单作用气缸 B

控制说明：传送带由电动机 M1 驱动，传送带上设有灌装工位工作传感器 SQ1、封盖工位工作传感器 SQ2 和传送带定位传感器 SQ5。

1）按动起动按钮 SB1，传送带电动机 M1 开始转动，若定位传感器 SQ5 动作，表示饮料瓶已到达一个工位，传送带应立即停止。

2）在灌装工位上部有一个饮料罐，当该工位有饮料瓶时，则由电磁阀 YV1 对饮料瓶进行 3s 定时灌装（传送带已定位）。

3）在封盖工位上有两个单作用气缸（A缸和B缸），当工位上有饮料瓶时（传送带已定位），首先A缸向下推出瓶盖，当SQ3动作时，表示瓶盖已推到位，然后B缸开始执行压接，1s后B缸打开，再经1s A缸退回，当SQ4动作时表示A缸已退回到位，封盖动作完成。

4）瓶子的补充及包装假设由人工操作，暂时不考虑。

5）任何时候按下停止按钮SB2，应立即停止正在执行的工作：传送带电动机停止、电磁阀关闭、气缸归位。

顺序功能图设计：分析上述要求，由于饮料的灌装与封盖是同时进行的，但动作时间并不相同，因此应使用并行分支流程设计顺序功能图，如图5-69所示。系统设计7个状态：S0.1（传送带动作）、S0.2（电磁阀动作）、S0.3（A缸推出）、S0.4（B缸压盖）、S0.5（B缸松开，A缸退回）、S0.6（等待）、S0.7（等待）。系统包括两个分支：

饮料灌装分支：传送带动作→电磁阀动作→等待→循环。

封盖分支：传送带动作→A缸推出→B缸压盖→B缸松开，A缸退回→等待→循环。

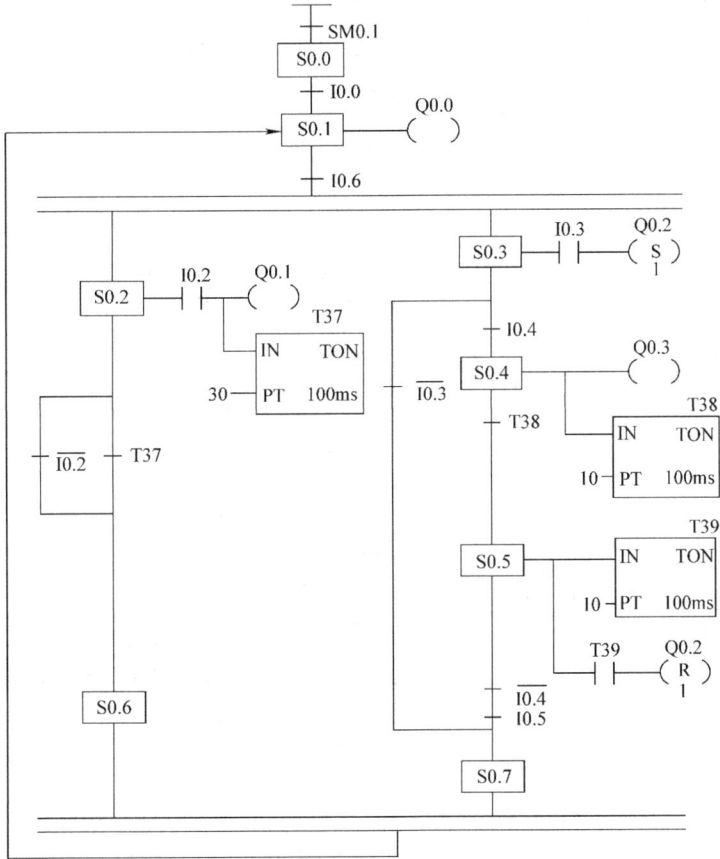

图 5-69　饮料灌装生产线系统的顺序功能图

梯形图设计：饮料灌装生产线系统的梯形图如图5-70所示。

网络1
```
   SM0.1              S0.0
├───┤ ├───────────────( S )
│                        1
│   I0.1
├───┤ ├───
```

网络2
```
 S0.0
┌─────┐
│ SCR │
└─────┘
```

网络3
```
   I0.0              S0.1
├───┤ ├───────────────( SCRT )
```

网络4
```
───( SCRE )
```

网络5
```
 S0.1
┌─────┐
│ SCR │
└─────┘
```

网络6
```
  SM0.0             Q0.0
├───┤ ├───────────────(   )
```

网络7
```
   I0.6              S0.2
├───┤ ├────────┬──────( SCRT )
│              │
│              │      S0.4
│              └──────( SCRT )
```

网络8
```
───( SCRE )
```

网络9
```
 S0.2
┌─────┐
│ SCR │
└─────┘
```

网络10
```
   I0.2              Q0.1
├───┤ ├────────┬──────(   )
│              │
│              │   ┌────────────┐
│              │   │ IN     TON │  T37
│              └───┤            │
│                  │            │
│              30 ─┤ PT         │
│                  └────────────┘
```

网络11
```
   T37              S0.6
├───┤ ├────────┬──────( SCRT )
│              │
│   I0.2       │
├───┤/├────────┘
```

网络12
```
───( SCRE )
```

网络13
```
 S0.3
┌─────┐
│ SCR │
└─────┘
```

网络14
```
   I0.3              Q0.2
├───┤ ├───────────────( S )
                         1
```

网络15
```
   I0.4              S0.4
├───┤ ├───────────────( SCRT )
```

网络16
```
   I0.3              S0.7
├───┤/├───────────────( SCRT )
```

网络17
```
───( SCRE )
```

网络18
```
 S0.4
┌─────┐
│ SCR │
└─────┘
```

网络19
```
  SM0.0             Q0.3
├───┤ ├────────┬──────(   )
│              │
│              │   ┌────────────┐
│              │   │ IN     TON │  T38
│              └───┤            │
│                  │            │
│              10 ─┤ PT         │
│                  └────────────┘
```

网络20
```
   T38              S0.5
├───┤ ├───────────────( SCRT )
```

网络21
```
───( SCRE )
```

网络22
```
 S0.5
┌─────┐
│ SCR │
└─────┘
```

网络23
```
  SM0.0          ┌────────────┐
├───┤ ├──────────┤ IN     TON │  T39
│                │            │
│                │            │
│            10 ─┤ PT         │
│                └────────────┘
```

网络24
```
   T39              Q0.2
├───┤ ├───────────────( R )
                         1
```

网络25
```
   I0.4      I0.5          S0.7
├───┤/├──────┤ ├───────────( SCRT )
```

网络26
```
───( SCRE )
```

网络27
```
   S0.6      S0.7          S0.1
├───┤ ├──────┤ ├────────┬───( S )
│                       │     1
│                       │   S0.6
│                       └───( R )
│                             2
```

网络28
```
   I0.1              S0.1
├───┤ ├────────┬──────( R )
│              │        7
│              │      Q0.2
│              └──────( R )
│                       1
```

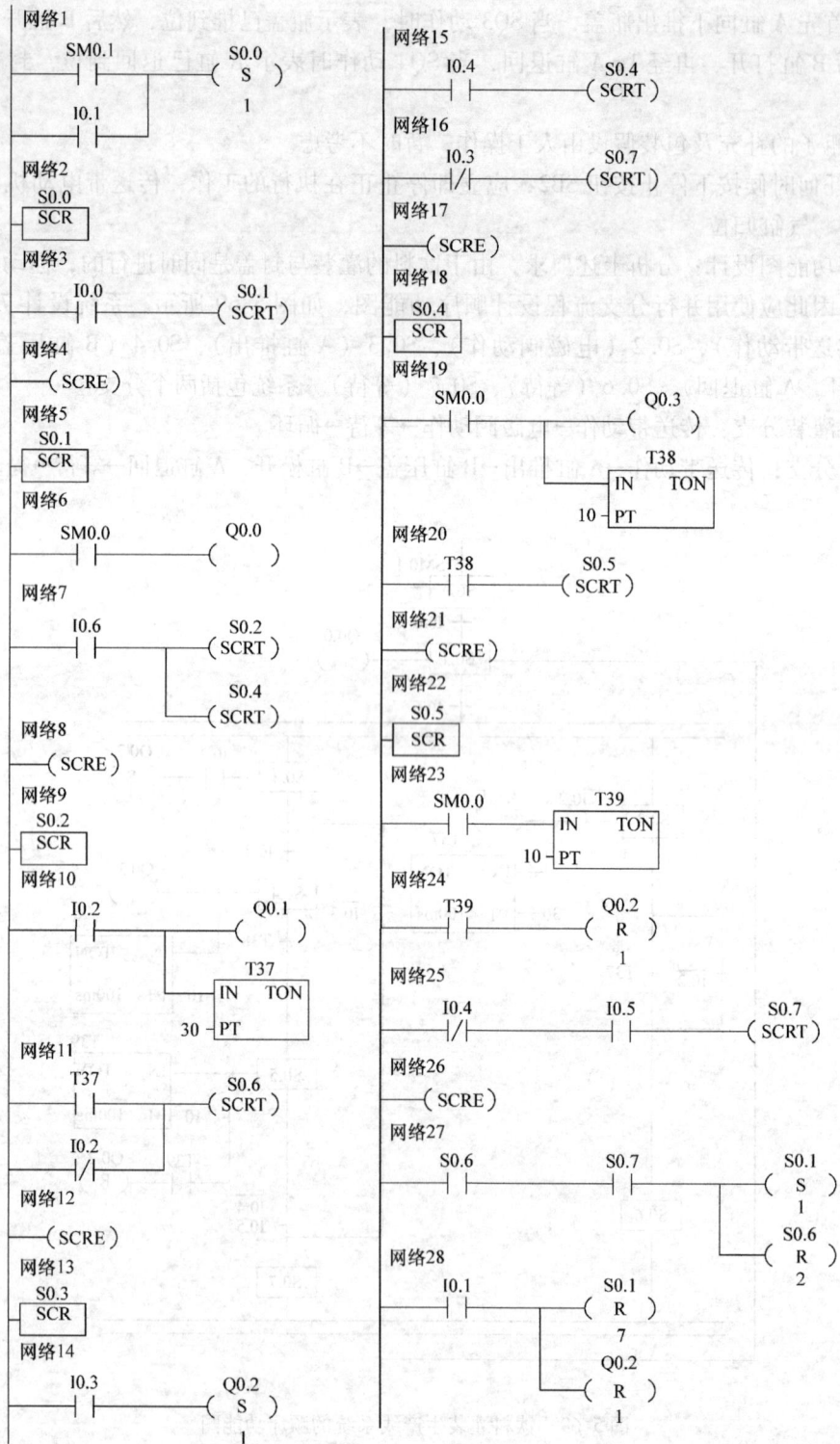

图 5-70 饮料灌装生产线系统的梯形图

（4）跳转和循环流程设计。

单一顺序、并发和选择是功能图的基本形式。多数情况下，这些基本形式是混合出现的，跳转和循环是其典型代表。利用功能图语言可以很容易实现流程的循环重复操作。在程序设计过程中可以根据状态的转移条件，决定流程是单周期操作还是多周期循环，是跳转还是顺序向下执行。图 5-71 为跳转和循环流程的顺序功能图和梯形图。

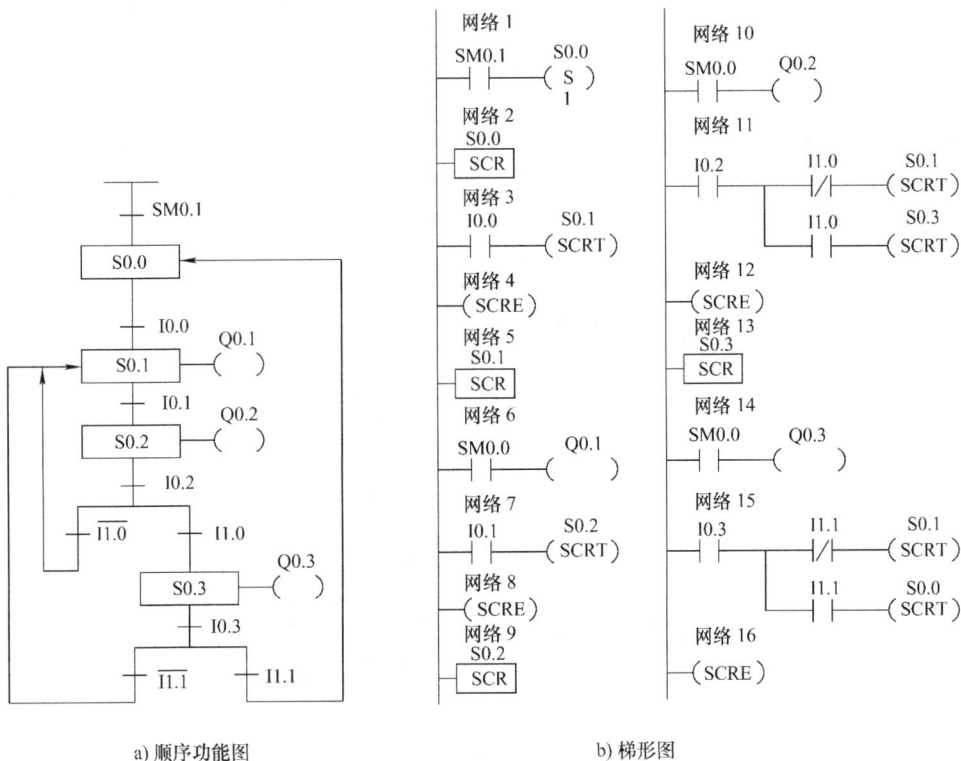

a）顺序功能图　　　　　　　　　　b）梯形图

图 5-71　跳转和循环流程的顺序功能图和梯形图

在使用功能图编程时，应先画出功能图，然后对应于功能图画出梯形图。在图 5-71 中，I1.0 为 OFF 时进行局部循环操作，I1.0 为 ON 按则正常顺序执行；I1.1 为 OFF 时进行多周期循环操作，I1.1 为 ON 时进行单周期循环操作。

【例 5-4】　3 台电动机在按下起动按钮后，每隔一段时间自动顺序起动，起动完毕后，按下停止按钮，每隔一段时间自动反向顺序停止。在起动过程中，如果按下停止按钮，则立即中止起动过程，对已起动运行的电动机，马上进行反方向顺序停止，直到全部结束。起动/停止控制示意图如图 5-72 所示。

PLC 的输入/输出地址分配见表 5-15。

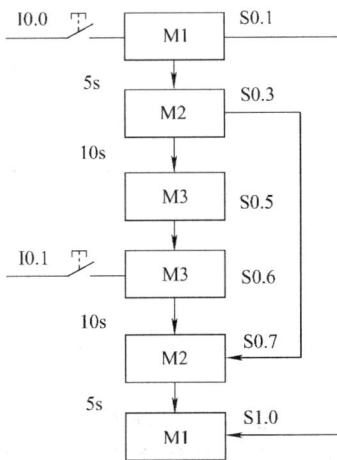

图 5-72　电动机顺序起动/停止控制示意图

表 5-15　输入/输出地址分配

表 5-15　输入/输出地址分配

编程元器件	元器件地址	符号	传感器/执行器	说　明
数字量输入 DC24V	I0.0	Start	常开按钮	起动按钮
	I0.1	Stop	常开按钮	停止按钮
数字量输出 DC24V	Q0.0	KM1	接触器，"1" 有效	控制电动机 M1
	Q0.1	KM2	接触器，"1" 有效	控制电动机 M2
	Q0.2	KM3	接触器，"1" 有效	控制电动机 M3

该控制系统的功能图如图 5-73 所示。

在图 5-73 的最后一个状态 S1.0 后，要激活初始状态 S0.0，不然无法再次开始下一轮工作；按本例设计，则再次按下起动按钮后，系统又可以继续工作。本例中最关键的是要设计好选择分支的条件和跳转的目标状态，处理好结束状态的转移目标。

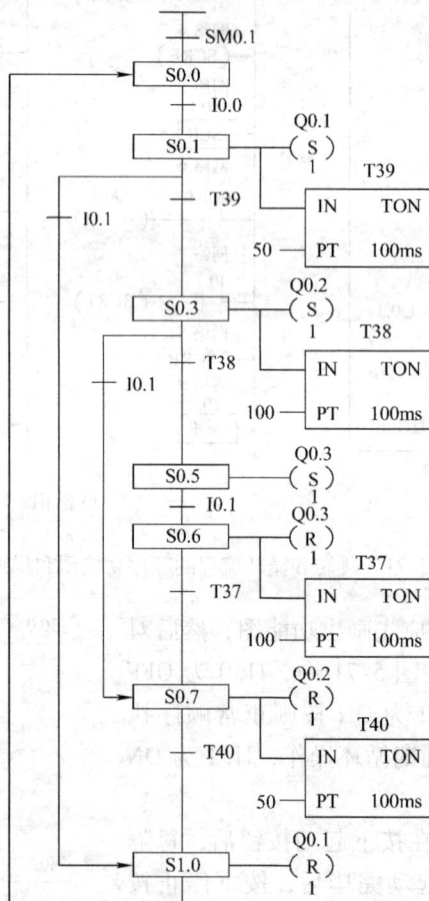

图 5-73　电动机顺序起动/停止控制系统的顺序功能图

根据功能图设计的梯形图如图 5-74 所示。在图 5-74 中加上了对所使用的顺序控制继电器 S 进行初始化的复位处理，在 S7-200 PLC 中，S 不是断电保持型的存储器，所以不对它进行初始化复位也是可以的。在起动过程中如果按下停止按钮，则马上转移到相应的状态，原状态随之复位，定时器 T37 或 T38 也会复位。

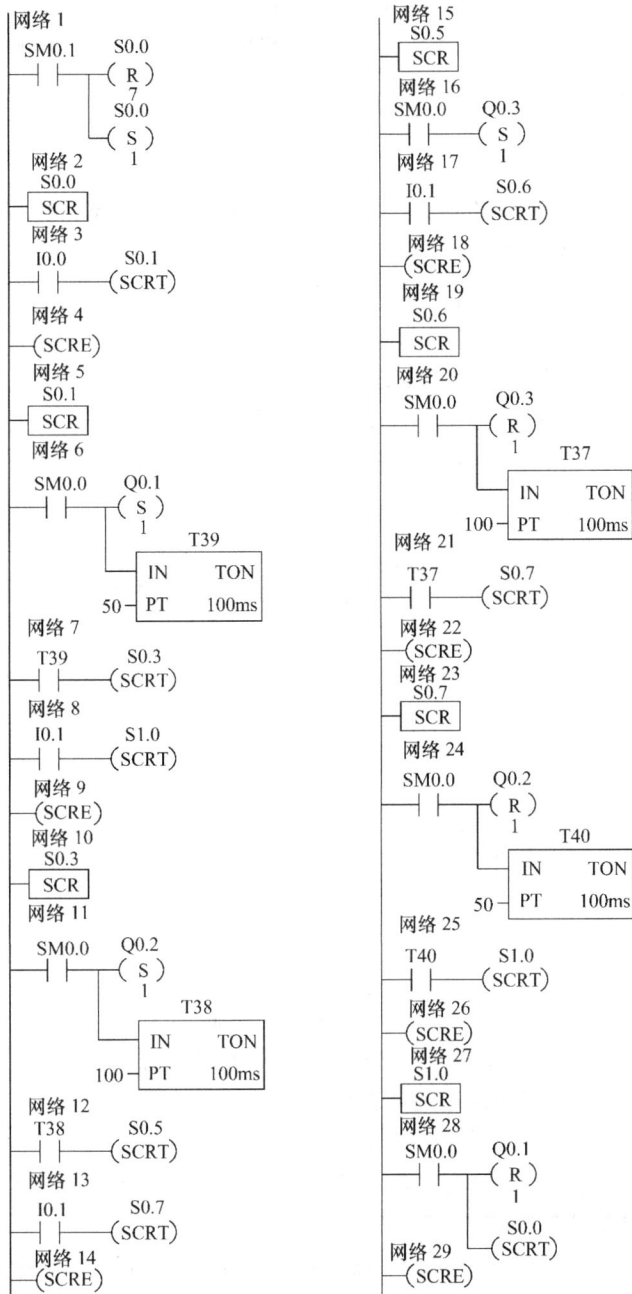

图 5-74 电动机顺序起动/停止控制系统的梯形图

5.6 STEP 7 编程软件

S7 - 200 PLC 使用 STEP 7 - Micro/WIN 编程软件进行编程，STEP 7 - Micro/WIN 编程软件是基于 Windows 的应用软件，由西门子公司专为 S7 - 200 系列 PLC 设计开发，它功能

强大，主要为用户开发控制程序使用，同时也可实时监控用户程序的执行状态。它是西门子 S7-200 用户不可缺少的开发工具，现在加上汉化程序后，可在全汉化的界面下进行操作，使中国的用户使用起来更加方便。本节详细介绍 STEP 7-Micro/WIN V4.0 的安装及使用。

5.6.1　编程软件概述

1. 安装条件

操作系统：Windows 2000 SP3 以上；Windows XP Home 或 Windows XP Professional。

硬盘空间：至少 100MB 以上的空间。

通信电缆：使用 PC/PPI 电缆将计算机与 PLC 连接。

2. 软件安装

（1）STEP 7-Micro/WIN V4.0 的安装步骤

1）将光盘插入光盘驱动器，系统自动进入安装向导，或在光盘目录里双击 Setup，进入安装向导，在开始安装 Micro/WIN 时选择安装程序的界面语言，选择"英语"进行安装，如图 5-75 所示。

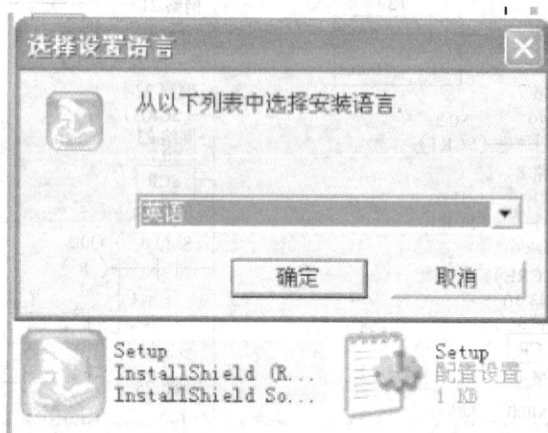

图 5-75　初始安装界面

2）按照安装向导完成软件的安装。软件程序安装路径可以使用默认子目录，也可以用"浏览"按钮弹出的对话框中任意选择或新建一个子目录。

3）在安装结束时，会出现下面的选项：

"是，我现在要重新启动计算机（默认选项）；

否，我以后再启动计算机。"

如果出现该选项，建议用户选择默认项，单击"完成"按钮，完成安装。

4）首次安装完成后，会出现一个选项：

"是，我现在游览 Readme 文件（默认选项）；

否，我现在要进入 STEP 7-Micro/WIN 4.0。"

如果出现该选项，建议用户选择默认选项，然后阅读 Readme 文件，并浏览关于 STEP 7-Micro/WIN编程软件的最新消息。

（2）编程软件的汉化

STEP 7-Micro/WIN4.0 编程软件本身有中文界面功能，安装完成后，可以打开 Tools

（工具）菜单的 Options（选项），在 General（常规）分支中的语言选择栏中选择"Chinese"，确定并关闭软件，然后重新打开后系统即变为中文界面。

（3）软件升级

若要对 STEP7 – Micro/WIN4.0 升级，需从西门子公司的网站上下载 SPx 软件包，STEP 7 – Micro/WIN4.0 SPx 和 V4.0 不能共存，安装 SPx 时看到提示后，需退出安装程序，先卸载 V4.0 版，然后再次安装 SPx。

3. 硬件连接

可以采用 PC/PPI 电缆建立个人计算机与 PLC 之间的通信。这是单主机与个人计算机的连接，不需要其他硬件，如调制解调器和编程设备。

典型的单主机连接及 CPU 组态如图 5-76 所示。把 PC/PPI 电缆的 PC 端连接到计算机的 RS – 232 通信口（一般是 COM1），把 PC/PPI 电缆的 PPI 端连接到 PLC 的 RS – 485 通信口即可。

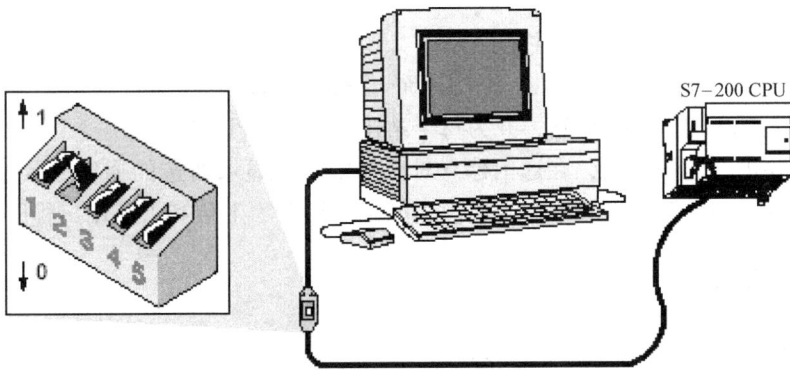

图 5-76　主机与计算机连接

4. 参数设置

用 PPI 多主站编程电缆与 S7 – 200 PLC 建立通信时，常用参数设置如下：

1）双击指令树"项目"目录下的图标　CPU，设置 PLC 类型及 CPU 版本，如图 5-77 所示。

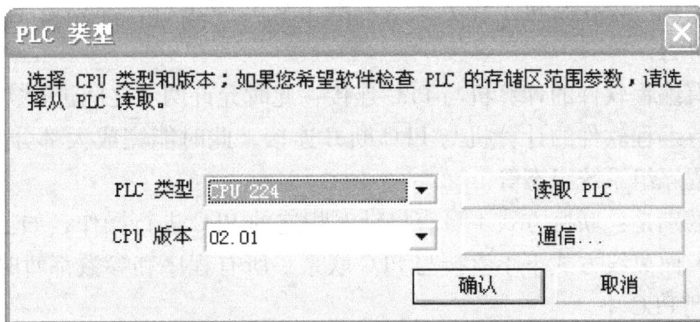

图 5-77　设置 PLC 类型及 CPU 版本

2）将编程设备的通信地址设为 0，CPU 默认地址为 2。

3）PC 的接口一般使用 COM1 或 USB。

4）传输波特率为9.6kbit/s。如果建立了计算机和PLC的在线联系，可以用软件检查、设置和修改PLC的通信参数。步骤如下：

① 单击浏览条中的系统块图标 ，将出现系统块对话框。单击"通信口（Communication ports）"选项卡，则会出现一个通信对话框，检查或修改各参数，确认无误后单击确定（OK）按键。

② 单击工具条中的下载按钮，可把修改后的参数下载到PLC主机，参数块的下载也可以和程序下载同时进行。

5. 建立通信

前几步如果都顺利完成，则可以建立与西门子S7-200 PLC CPU的在线通信，步骤如下：

1）在STEP 7-Micro/WIN V4.0下，单击通信 图标，则会出现一个通信建立结果对话框，显示是否连接了CPU主机。

2）双击通信建立对话框中的"双击刷新"图标，STEP 7-Micro/WIN V4.0将检查所连接的所有S7-200 PLC CPU站，并为每个站建立一个CPU图标。

3）双击要进行通信的站，在通信建立对话框中可以显示所选的通信参数；此时，可以建立与S7-200 PLC CPU主机的在线通信，如主机组态、上传和下载用户程序等。

5.6.2 软件功能

1. 基本功能

STEP 7-Micro/WIN V4.0的基本功能是协助用户完成开发应用软件的任务，例如创建用户程序、修改和编辑原有的用户程序。编辑过程中，编辑器具有的简单语法检查功能，同时它还有一些工具性的功能，例如用户程序的文档管理和加密等。此外，还可以直接用软件设置PLC的工作方式、参数和运行监控等。

程序编辑过程中的语法检查功能可以提前避免一些语法和数据类型方面的错误。梯形图中的错误处下方自动加红色曲线，语句表中错误行前有红色叉，且错误处下方加红色曲线。

软件功能的实现可以在联机工作方式（在线方式）下进行，部分功能的实现也可以在离线工作方式下进行。

联机方式：有编程软件的计算机与PLC连接，此时允许两者之间进行实时通信。

离线方式：有编程软件的计算机与PLC断开连接，此时能完成大部分基本功能，如编程、编译和调试程序组系统组态等。

两者的主要区别是：联机方式下可直接针对相连的PLC进行操作，如上传/下载用户程序和组态数据等；而离线方式下不直接与PLC联系，所有程序和参数都暂时存放在磁盘上，等联机后再下载到PLC中。

2. 界面

启动STEP 7-Micro/WIN V4.0编程软件，其主界面外观如图5-78所示。界面一般可分为以下几个区：菜单条（包含8个主菜单项）、工具条（快捷按钮）、引导条（快捷操作窗口）、指令树（Instruction Tree）（快捷操作窗口）、输出窗口和用户窗口（可同时或分别

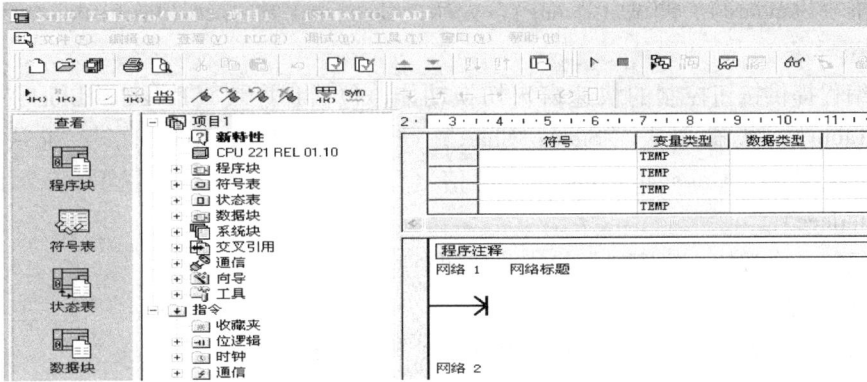

图 5-78　STEP 7 – Micro/WIN　V4.0 主界面

打开图中的 5 个用户窗口）。除菜单条外，用户可根据需要决定其他窗口的取舍和样式的设置。

3. 各部分功能

（1）工具条

软件允许使用鼠标或对应热键的操作，各菜单功能如下：

文件（File）：文件操作，如新建、打开、关闭、保存文件、上载/下载程序，文件的打印预览、设置和操作等。

编辑（Edit）：程序编辑的工具，如选择、复制、剪切、粘贴程序块和数据块，同时提供查找、替换、插入、删除和快速光标定位等功能。

查看（View）：可以设置软件开发环境的风格，如决定其他辅助窗口（如引导窗口、指令树窗口、工具条按钮区）的打开与关闭：包含引导条中所有的操作项目；选择不同语言的编程器（包括 LAD、STL、FBD 这 3 种）、选择组件等。

可编程序控制器（PLC）：PLC 可建立与 PLC 联机时的相关操作，如改变 PLC 的工作方式、在线编译、查看 PLC 的信息、清除程序和数据、时钟、存储器卡操作、程序比较、PLC 类型选择和通信设置等，还提供离线编译的功能。

调试（Debug）：调试用于联机调试。

工具（Tools）：可以调用复杂指令向导（包括 PID 指令、NETR/NETW 指令和 HSC 指令），使复杂指令编程时工作大大简化；用户化界面风格（设置按钮及按钮样式，在此可添加菜单项）；单击"工具"→"选项"，可以设置 3 种编辑器的风格，如字体、指令盒的大小等。

窗口（Windows）：窗口可以打开一个或多个，并可以进行窗口之间的切换；可以设置窗口的排放形式，如层叠、水平和垂直等。

帮助（Help）：通过帮助菜单上的目录和索引检阅几乎所有的相关的使用帮助信息，帮助菜单还提供网上查阅功能。而且，在软件操作过程中的任何步骤或任何位置都可以按 F1 键来显示在线帮助，大大方便了用户的使用。

（2）浏览条

浏览条提供简便的鼠标操作，将最常用的 STEP 7 – Micro/WIN　V4.0 操作以按钮形式设定到工具条。可以用"查看（View）"菜单中"工具（Toolbars）"选项来显示或隐藏 4 种工具条：标准（Standard）、调试（Debug）、公用（Common）和指令（Instructions）。

（3）引导条

它为编程提供按钮控制的快速窗口切换功能，包括程序块（Program Block）、符号表（Symbol Table）、状态图表（Status Chart）、数据块（Data Block）、系统块（System Block）、交叉引用（Cross Reference）、通信（Communication）和设置 PC/PG 接口（Set PC/PG Interface）。

单击任何一个按钮，主窗口切换成此按钮对应的窗口。

（4）指令树

指令树提供编程时用到的所有快捷操作命令和 PLC 指令。

（5）编程器

该编程器可用梯形图、语句表或功能图表编程器编写用户程序，或在联机状态下从 PLC 上传用户程序进行读程序或修改程序。

（6）局部变量表

每个程序块都对应一个局部变量表，在带参数的子程序调用中，参数的传递就是通过局部变量表进行的。

（7）输出窗口

该窗口用来显示程序编译的结构信息，如各程序块（主程序、子程序的数量及子程序号、中断程序的数量及中断程序号）及各块的大小、编译结构有无错误，及错误编码和位置等。

4. 系统组态

使用 S7 – 200 编程软件，通过系统块可以进行许多参数的设置和系统配置，如通信组态、设置数字量输入滤波、设置脉冲捕捉、输出表配置和定义存储器保存范围等。在实际工作中用到时可参考编程手册，本书不再详述。

5.6.3　软件的编程

本节介绍如何使用 STEP 7 – Micro/WIN V4.0 编程软件进行编程，这是学习编程软件使用的重点。

1. 程序文件操作

（1）新建文件

建立一个程序文件，可用"文件（File）"菜单中的"新建（New）"命令，在主窗口将显示新建的程序文件主程序区；也可用工具条中的 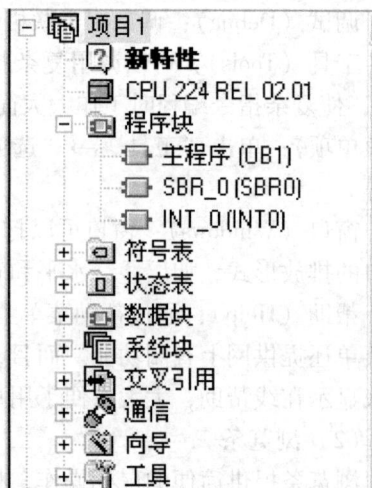 按钮来完成。图 5-79 所示为一个新建程序文件夹的指令树。

系统默认初始设置如下：

新建的程序文件以"项目 1"命名，项目包含 7 个相关的块。其中，程序块中有一个主程序，一个子程序 SBR_0 和一个中断程序 INT_0。

用户可以根据实际编程需要做以下操作：

1）确定主机型号。首先要根据实际应用情况选择

图 5-79　新建程序文件夹的指令树

PLC 型号。右击"项目 1 下拉菜单（CPU 224）"图标，在弹出的按钮中单击"类型（Type）"，或用"PLC"菜单中的"类型（Type）"命令，然后在弹出的对话框中选择所用的 PLC 型号。

2）程序更名。如果新建了一个程序文件，可用"文件（File）"菜单中"另存为（Save as）"命令，然后在弹出的对话框中键入希望的名称。

子程序或中断程序更名，在指令树窗口中，右击要更名的子程序或中断程序名称，在弹出的选择按钮中单击"重命名（Rename）"，然后键入名称。

主程序的名称一般用默认的 MAIN，任何项目文件的主程序只有一个。

3）添加一个子程序或一个中断程序。有如下 3 种方法添加：

方法 1：在指令树窗口中，右击"程序块（Program Block）"图标，在弹出的选择按钮中单击"插入子程序（Insert Subroutine）"或"插入中断程序（Insert）"项。

方法 2：用"编辑（Edit）"菜单编辑区，在弹出的菜单选项中选择"插入（Insert）"命令。

方法 3：在编辑窗口中单击编辑区，弹出的菜单选项中选择"插入（Insert）"。

新生成的子程序和中断程序根据已有子程序和中断程序的数目，默认名称分别为 SBR_n 和 INT_n，用户可以自行更名。

（2）打开已有文件

打开一个磁盘中已有的程序文件，可用"文件（File）"菜单中的"打开（Open）"命令，在弹出的对话框中选择打开的程序文件；也可用工具条中的 📂 按钮来完成。

2. 编辑程序

STEP 7 – Micro/WIN V4.0 提供了 3 种程序编辑器：STL 编辑器、LAD 编辑器和 FBD 编辑器。选择查看（View）菜单，单击 STL、LAD 或 FBD 便可进入相应的编程环境。

（1）输入编程元件

梯形图的编程元件（编程元素）主要有线圈、触点、指令盒、标号及连接线。输入方法有两种：

方法 1：用指令树窗口中的"指令（Instructions）"所列的一系列指令，而这些指令是按类别分类编排在不同子目录中，找到要输入的指令并双击，如图 5-80 所示。

方法 2：用指令工具条上的一组编程按钮，单击触点、线圈指令盒按钮，从弹出的窗口中的下拉菜单所列出的指令中选择要输入的指令，单击即可。编程按钮如图 5-81 所示。

在指令工具条上，编程元件输入有 7 个按钮。下行线、上行线、左行线和右行线按钮，用于输入连接线，可形成复杂梯形图结构。输入触点、输出线圈和输入指令盒按钮用于输入编程元件时使用。输入指令盒按钮弹出的窗口下拉菜单如图 5-82 所示。

1）顺序输入元件。在一个网络中，如果只有编程元件的串联连接，输入和输出都无分叉，则视作顺序输入。此方法非常简单，只需从网络的开始一次输入各编程元器件即可，每输入一个元器件，光标自动向后移动到下一列。图 5-83 中，网络 1 已经在一行上输入了两个触点，若想再输入一个线圈，可以直接在指令树中双击线圈图标。而网络 2 中的图形就是一个网络的开始，此图形表示可在此继续输入元件。图中的方框为图标（大光标），编程元件就是在光标处被输入。

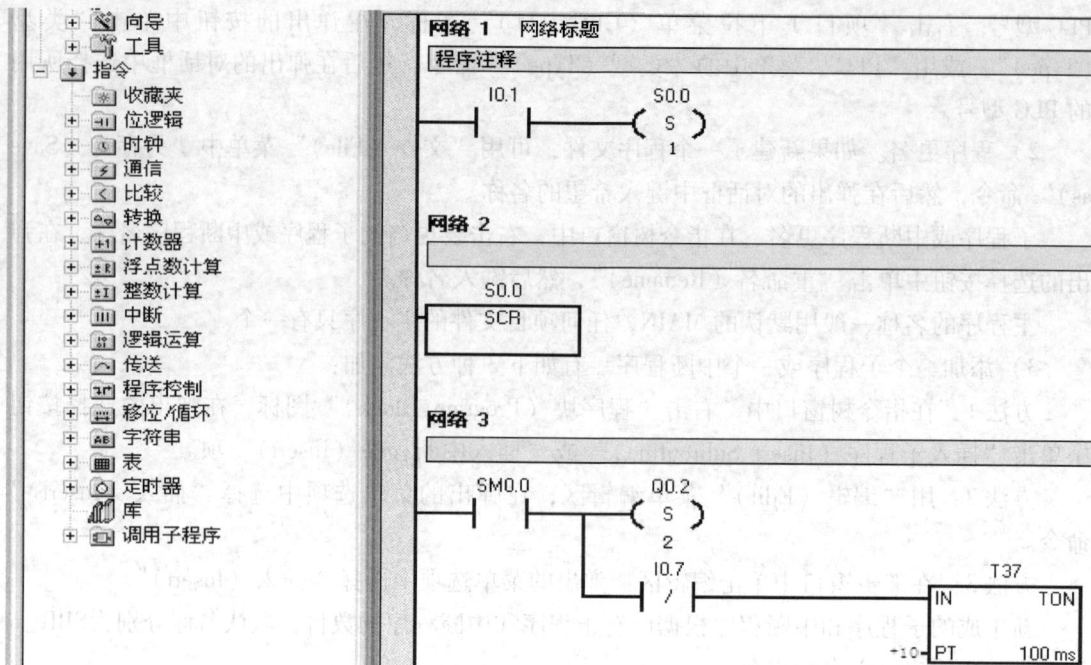

图 5-80　编程举例

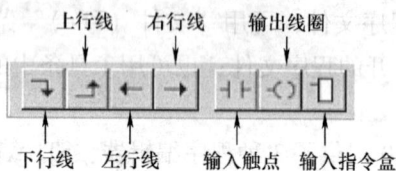

图 5-81　编程按钮

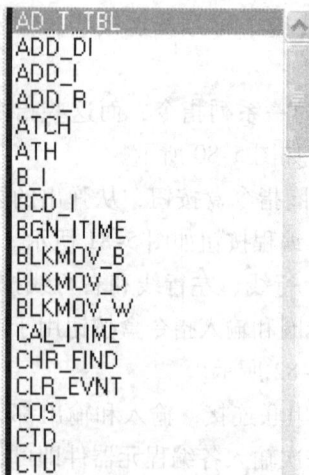

图 5-82　输入指令盒的窗口下拉菜单　　　　　图 5-83　顺序输入元件

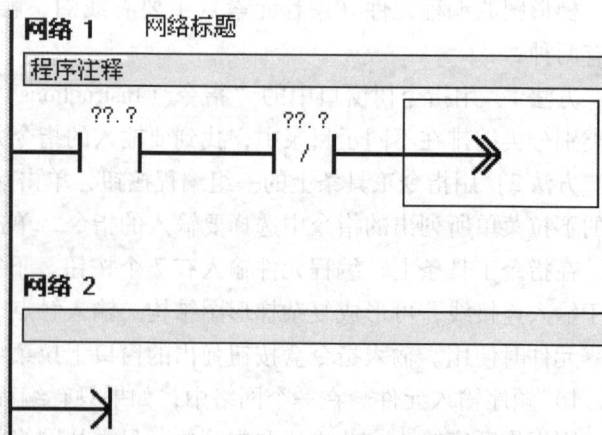

2）输入操作数。图 5-83 中的"？？.？"表示此处必须有操作数，此处的操作数为触点的名称。可单击"？？.？"，然后键入操作数。

3）任意添加输入。如果想在任意位置添加一个元件，只需单击这一位置将光标移到此处，然后输入编程元件即可。

（2）复杂指令

1）新生成行。用指令工具条中的编程按钮，可编写复杂结构的梯形图，如图 5-84 所示。方法是单击图中第一行下方的编程区域，则在本行下一行的开始处显示光标（图中虚线框），然后输入触点，生成新的一行。

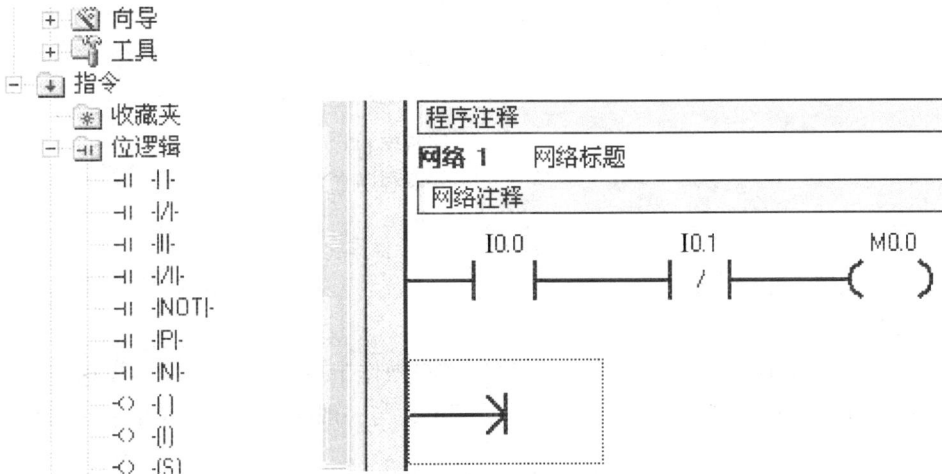

图 5-84　新生成行

2）向上合并。在如图 5-85 所示光标所处位置处单击一下，然后在指令工具栏中单击向上连线按钮 ⬆ ，即可完成向上合并操作。

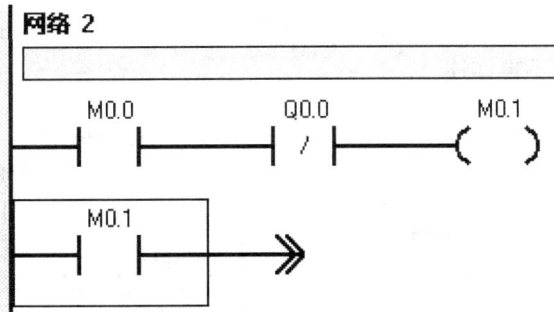

图 5-85　向上合并

3）插入和删除。编程中经常用到插入和删除一行、一列、一个网络、一个子程序或中断程序等。可以在程序编辑器窗口中要进行操作的位置单击右键，弹出下拉菜单，选择"插入（Insert）"或"删除（Delete）"选项，再弹出子菜单，单击要插入或删除的项，然后进行编辑，如图 5-86 所示。

对于元器件的剪切、复制和粘贴等操作方法也与上述类似。

如果要在一行的某个元件后向下分支，可将光标移到该元件，单击按钮 ⬇ ，便可在

撤消 (U)	Ctrl+Z		
剪切 (T)	Ctrl+X		
复制 (C)	Ctrl+C		
粘贴 (P)	Ctrl+V		
全选 (L)	Ctrl+A		
插入 (I) ▶		行 (R)	Ctrl+I
删除 (D) ▶		列 (C)	
选项 (O)...		竖线 (V)	
		网络 (N)	F3
		子程序 (S)	
		中断程序 (I)	

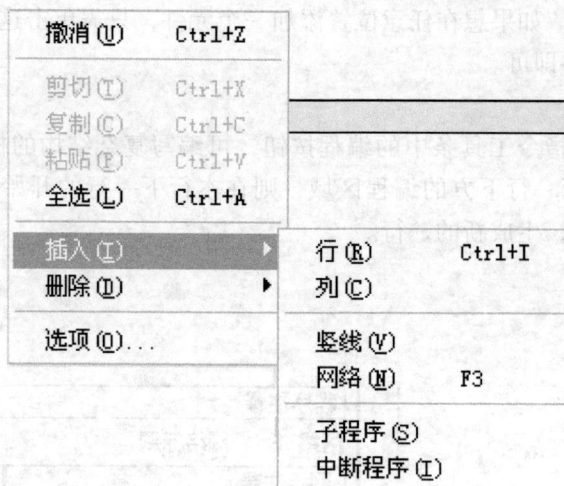

图 5-86 插入或删除操作

生成的分支顺序处输入各元件。

3. 块操作

利用块操作对程序做大面积删除、移动、复制操作十分方便。块操作包括选择、块剪切、块删除、块复制和块粘贴。这些操作非常简单，与一般字处理软件中的相应操作方法完全相同。

4. 符号表

使用符号表，可将直接地址编号用具有实际含义的符号代替，有利于程序结构清晰易读。具体使用可参考"帮助"栏中的相关内容。

5. 局部变量表

打开局部变量表的方法是，将光标移到编辑器的程序编辑区的上边缘，拖动上边缘向下，则自动显露出局部变量表，此时即可设置局部变量。使用带参数的子程序调用指令时会用到局部变量表，在此不再详述。

6. 注释

梯形图编程器中的"网络 n（Net-workn）"标志每个梯级，同时又是标题栏，可在此为本梯级加标题或必要的注释说明，使程序清晰易读，如图 5-87 所示。

7. 编程语言转换

软件可实现 3 种编程语言（编辑器）之间的任意切换。选择"查看（View）"菜单，单击 STL、LAD 或 FBD 便可进入对应的编程环境。使用最多的是 STL 和 LAD 之

图 5-87 加标题和注释

间的转换，STL 的编程可以按照或不按网络块的结构顺序编程，但 STL 只有在严格按照网络块编程的格式编程才切换到 LAD，不然无法实现转换。

8. 编译

程序编写完成后，在下载到 PLC 之前，要进行编译，选择编译快捷键编译。编译结束

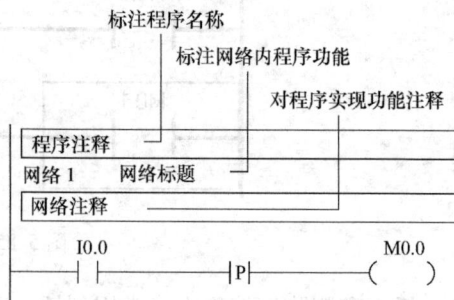

后，在输出窗口显示编译结构信息。

9. 下载与上载

在已经与 PLC 建立通信的前提下，如果编译无误，可用菜单 File/Upload 把用户程序下载到 PLC 中，也可单击工具条中的下载按钮 ![下载] 来完成。下载新程序将覆盖 PLC 中原有程序，如果要对 PLC 中原有项目进行修改或保存，可以单击工具条中的上载按钮 ![上载] 将 PLC 中的项目传到 STEP 7 – Micro/WIN V4.0 中，再存储起来。

5.6.4　程序的调试及运行监控

1. 调试工具栏

STEP 7 – Micro/WIN V4.0 编程软件提供了一系列工具，可使用户直接在软件环境下调试并监视用户程序的执行。调试工具栏中部分按钮的作用如图 5-88 所示。

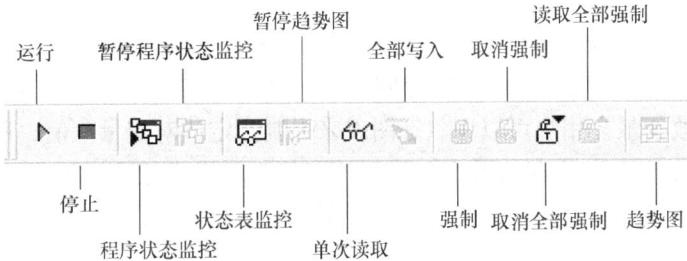

图 5-88　调试工具栏

2. PLC 操作模式的选择

S7 – 200 PLC 有两种操作模式：停止模式和运行模式。CPU 模块前面板上的 LED 状态指示灯显示当前的操作模式，在运行模式下，PLC 将运行用户程序；在停止模式下，PLC 不执行程序，这时可以下载程序，进行组态或编程。常用的操作模式选择有两种方法：

1）使用 CPU 模块前面板上的模式选择开关，可以选择停止模式（STOP）和运行模式（RUN）；也可以将开关打在终端模式（TERM），不改变当前操作模式。如果模式开关打在 RUN 或 TERM 模式，且电源状态发生变化，当电源恢复时，CPU 自动进入 RUN 模式，反之亦然。

2）使用 STEP 7 – Micro/WIN V4.0 编程软件改变与之相连的 PLC 的操作模式，使用这种方法，必须将 CPU 面板上的模式开关打在 RUN 或 TERM 上，这时可以使用菜单命令中的"PLC/RUN"、"PLC/STOP"或工具栏中的运行和停止按钮改变操作模式。

3. 选择扫描次数

用户可选择单次或多次扫描来监视用户程序，可以指定主机以有限的扫描次数执行用户程序。通过选择主机扫描次数，当过程变量改变时，可以监视用户程序的执行。

1）多次扫描。将 PLC 置于 STOP 模式，使用"调试（Debug）"菜单中的"多次扫描（Multiple Scans）"命令，来指定执行的扫描次数，然后单击确认（OK）按钮进行监视。

2）首次扫描。将 PLC 置于 STOP 模式，使用"调试（Debug）"菜单中的"首次扫描（First Scans）"命令。

5.6.5 状态表监控和趋势图监控

1. 建立状态表

在导引窗口中单击"状态表（Status Chart）"按钮进入状态表窗口，在状态表的地址栏中输入要监视的过程变量的地址，在格式栏中选择数据类型。

程序运行时，单击调试工具栏中的图形状态表监控按钮 🖳 ，就可以在当前值栏中显示出这些变量的变化过程。可以按位或者字两种形式来显示定时器和计数器的值，以位形式显示的是其状态位，以字形式显示的是其当前值。单击 🖍 可以单次读取过程变量。

2. 建立趋势图

在显示状态表的状态下，单击调试工具栏中的趋势图 🖾 按钮，可以实现在状态图和趋势图直接的切换。在趋势图中单击鼠标右键，在快捷菜单中可以设置图形更新的速率。

3. 强制

该操作用来给一个或所有的 I/O 点赋指定值，还可以强制改变最多 16 个内部存储器（V 或 M）中的数据或模拟量。V 和 M 存储区变量可以按字节、字或双字来改变，而模拟量只能以字改变。改变最多用户可以用状态图表来强制指定值对变量赋值，所有强制改变的值都存到主机固定的 EEPROM 存储器中，强制功能优先于立即指令，同样优先于切换到停止模式时使用的输出表。也就是说，如果对某一输出点强制，当 PLC 进入停止模式时，输出点上为强制值而不是输出表中配置的值。

1）强制一个值。若强制一个新值，可以在状态表"新值（New Value）"栏中输入新值，然后单击工具条中的强制按钮。

若强制一个已经存在的值，可以在"当前值（Current Value）"栏中单击并点亮这个值，然后单击 🔒 按钮。

2）读所有的强制操作。打开状态图表窗口，单击工具条中的 🔓 按钮，则状态图表中的所有被强制的当前值的单元格中会显示强制符号。

3）解除一个强制操作。在当前值栏中单击并点亮这个值，然后单击工具条中的 🔓 按钮。

4）解除所有强制操作。打开状态图表，单击工具条中的 🔓 按钮。

4. 写入

在状态表的新数值栏写入数据，然后单击调试工具栏中的全部写入按钮 🖋 ，就可以实现新数据写入 PLC。

5.6.6 运行模式下编辑程序

在运行模式下编辑，可以在对控制过程影响较小的情况下，对用户程序作少量的修改，修改后在程序下载时，将立即影响系统的控制运行，所以使用时应特别注意。可进行这种操作的 PLC 有 CPU 224 和 CPU 226 两种。

操作步骤：

1）选择"调试（Debug）"菜单中的"在运行状态编辑程序（Program Edit in RUN）"命令。因为 RUN 模式下只能编辑主机中的程序，如果主机中的程序与编辑软件窗口中的程序序不同，系统会提示用户存盘。

2）屏幕弹出警告信息。单击"继续（Continue）"按钮，所连接主机中的程序将被上装到编程主窗口，便可以在运行模式下进行编辑。

3）在运行模式下进行下载。在程序编辑成功后，可用"文件（File）"菜单中的"下载（Download）"命令，或单击工具条中的下载按钮 ⬛ ，将程序块下载到 PLC 主机。

4）退出运行模式编辑。使用"调试（Debug）"菜单中的"在运行状态编辑程序（Program Edit in RUN）"命令，然后根据需要选择"选项（Checkmark）"中的内容。

5.6.7 程序监控

利用 3 种程序编辑器（梯形图、语句表和功能表）都可以在 PLC 运行时，监视程序的执行对各元件的执行结果，并可监视操作数的数值（本书只介绍梯形图和语句表的情况）。在程序执行时，单击工具栏中的按钮 🔲 就可监控程序运行状态。

（1）梯形图监视

利用梯形图编辑器可以监视在线程序状态，打开梯形图窗口，在工具条中单击程序状态按钮 🔲 即可，如图 5-89 所示，图中被点亮的元件表示处于接通状态。

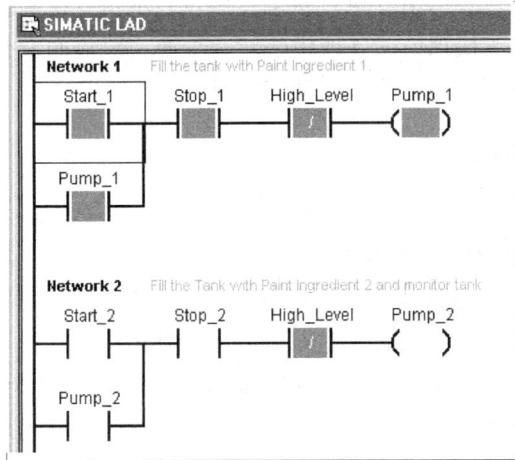

图 5-89 梯形图监视

梯形图中显示所有操作数的值，所以这些操作数状态都是 PLC 在扫描周期完成时的结果。在使用梯形图监控时，STEP 7 – Micro/WIN V4.0 编程软件不是在每个扫描周期都采集状态值在屏幕上的梯形图中显示，而是要间隔多个扫描周期采集一次状态值，然后刷新梯形图中各值的状态显示。在通常情况下，梯形图的状态显示不反映程序执行时的每个编程元素的实际状态。但这并不影响使用梯形图来监控程序状态，而且在大多数情况下，使用梯形图也是编程人员的首选。

（2）语句表监视

对于 STL 程序的状态，可以监视程序逐条指令的执行状态，操作数按程序代码顺序在屏幕上不断更新，反映指令的实际运行状态。用户可利用语句表编辑器监视在线程序状态。语句表程序状态按钮连续不断地更新屏幕上的数值，操作数按顺序显示在屏幕上，这个顺序与它们出现在指令中的顺序一致，当指令执行时，这些数值将被捕捉，它可以反映指令的实际运行状态。

实现方法是：打开语句表（STL）窗口，单击工具栏上的程序状态按钮 🔲 ，出现如

图 5-90 所示的显示界面。其中，语句表的程序代码出现在左侧的 STL 状态窗口里，包含操作数的状态区显示在右侧。间接寻址的操作数将同时显示存储单元的值和它的指针。

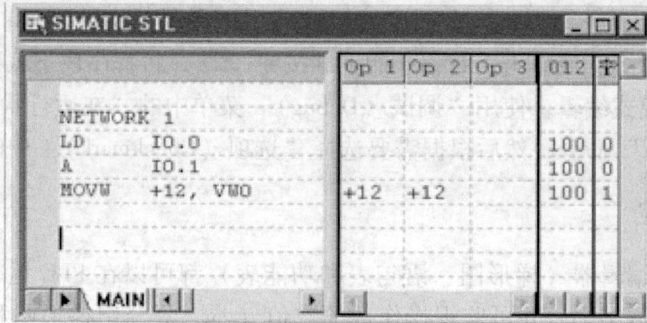

图 5-90　语句表监视

可以利用工具栏中的　　按钮暂停，将当前的状态数据保留在屏幕上，直到再次单击这个按钮。

图中，状态数值的颜色表示指令执行状态：黑色表示指令正确执行；红色表示指令执行有错误；灰色表示指令由于栈顶值为 0 或由跳转指令使之跳过而没有执行；空白表示指令未执行。可利用初次扫描得到第一个扫描周期的信息。

5.7　思考题与练习题

1. S7 - 200 PLC 有哪些软继电器？

2. 立即指令有何特点？它应用于什么场合？

3. 什么是双输出？在编写梯形图时怎样避免双输出？

4. 定时器有几种类型？各有何特点？它们的刷新方式有何不同？对它们执行复位指令后，它们的当前值和位的状态是什么？

5. 计数器有几种类型？各有何特点？对它们执行复位指令后，它们的当前值和位的状态是什么？

6. 什么是顺序功能指令？顺序功能图主要由哪些元素组成？

7. 设计一个定时 20h 的定时器。

8. 设计一个计数值为 60000 的计数器。

9. 设计周期为 5s，占空比为 20% 的方波输出信号程序。

10. 设计一个升降控制系统，要求可以手动和自动控制。在自动控制时，要求上升 10s，停 5s，下降 10s，停 10s，循环往返 10 次停止运行。

11. 如果 VW10 中的数大于等于 AIW2 中的数，令 M0.0 为 1，并保持；反之将 M0.0 复位为 0。设计梯形图和语句表。

12. 设计一个声控灯的控制程序。当接在 I1.0 上的声控开关感应到声音信号后，接在 Q0.1 上的照明灯可发光 25s，如果在 25s 内声控开关再一次感应到声音信号，则照明时间间隔从头开始计时。

13. 写出如图 5-91 所示梯形图的语句表，并画出时序图（已知 I0.0、I0.1 的波形图）。

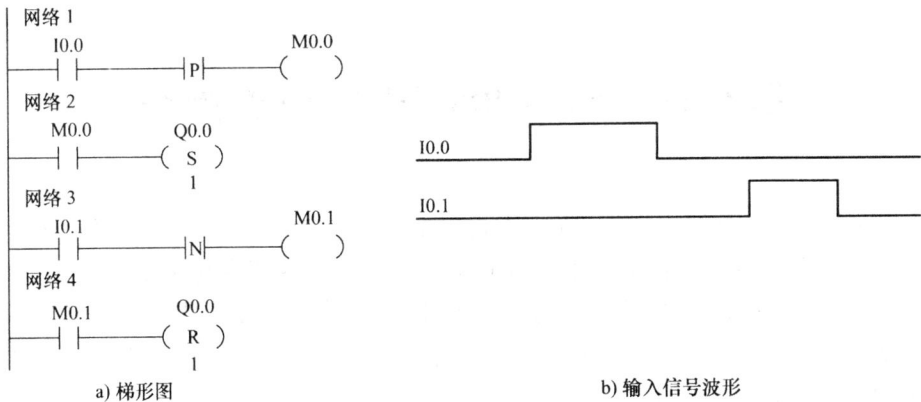

a) 梯形图   b) 输入信号波形

图 5-91 梯形图程序和输入信号波形

14. 有 3 个通风机，设计一个监视系统，监事通风机的运转，如果有两个或两个以上运行，信号灯持续发光。如果只有一个通风机运转，信号灯就以 2s 的时间间隔闪烁。如果 3 个都停转，信号灯就以 0.5s 的时间间隔闪烁。

15. 有一套 16 点彩灯图案，启动它后从 1 点到 16 点每隔 2s 亮一点，全亮后，每隔 1s 闪 3 次后，从后到前间隔 3s 依次熄灭，完成依次循环，每隔 5s 循环一次，10 次循环后自动停止。要求画出流程图、编制梯形图并调试程序。

16. 分别写出图 5-92 和图 5-93 所示梯形图的语句表。

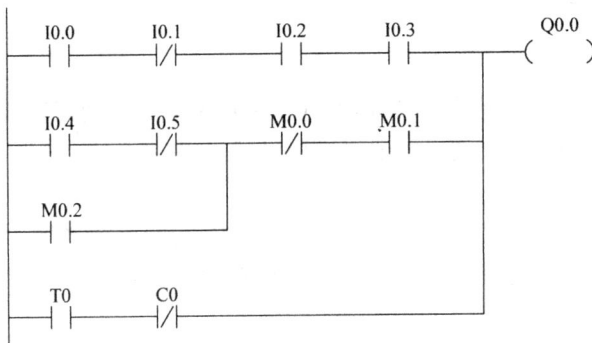

图 5-92 习题 16 梯形图程序

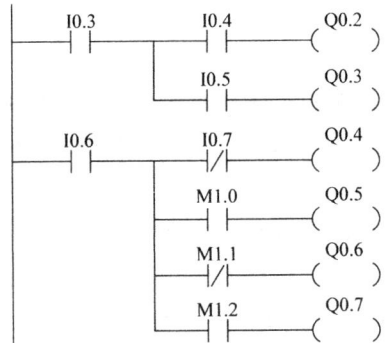

图 5-93 习题 16 梯形图程序

17. 指出图 5-94 中的错误。

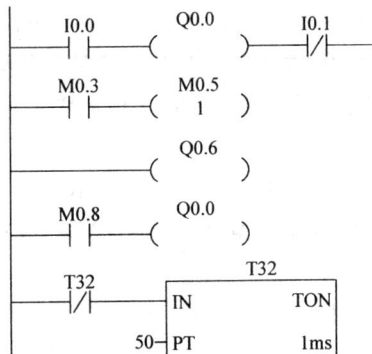

图 5-94 习题 17 梯形图程序

第6章　S7－200 PLC功能指令

PLC 除了有丰富的逻辑指令外，为了满足工业生产中实现复杂控制的需要，各生产厂商为 PLC 增添了过程控制、数据处理和特殊功能的指令，这些指令称为功能指令（Function Instruction），又称功能块。功能指令包括数据处理指令、算术运算与逻辑运算指令、表功能指令、转换指令、中断指令、高速处理指令、时钟指令和 PID 指令等，极大地拓宽了 PLC 的应用范围，增强了 PLC 编程的灵活性。

在梯形图中，用方框表示功能指令，方框称为指令盒。功能指令的输入端均在左边，输出端均在右边。如图 6-1 所示，左侧的垂直母线为梯形图提供"能流"，图中 I2.4 的常开触点接通时，能流流到功能块的数字量输入端 EN（Enable in，使能输入），该输入端有能流时，功能指令 DIV_I 才能被执行。

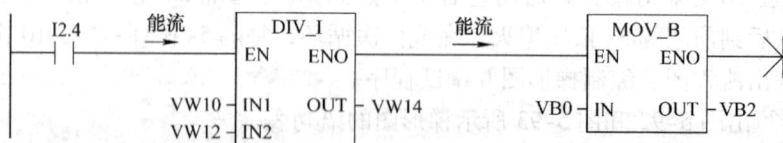

图 6-1　EN 与 ENO

如果功能指令在 EN 处有能流而且执行时无错误，则 ENO（Enable Output，使能输出）将把能流传递给下一个元器件。如果执行过程中有错误，那么能流会在出现错误的功能指令处终止。

ENO 可以作为下一个功能块 EN 的输入，即几个功能块可以串联在一行中（见图 6-1），后一个功能块被执行的前提条件是前一个功能块被正确执行。EN 和 ENO 的操作数类型均为 BOOL（布尔）型。

在功能指令介绍中作如下约定：

1）指令格式。在所有的说明图中，上面的指令盒为 LAD 格式，下面为指令的 STL 格式。

2）功能说明。详细介绍了指令的功能，讲解了使用中的注意事项。

3）字符含义。B 表示字节，W 表示字，I 表示整数，DW 表示双字（LAD 中），DI 表示双整数（LAD 中），D 表示双字或双整数（STL 中），R 表示实数。

4）操作数类型。约定如下：

① 字节型有 VB、IB、QB、MB、SB、SMB、LB、AC、*VD、*LD、*AC 和常数。

② 字型及 INT 型有 VW、IW、QW、MW、SW、SMW、LW、AC、T、C、*VD、*LD、*AC和常数。

③ 双字型及 DINT 型有 VD、ID、QD、MD、SD、SMD、LD、AC、*VD、*LD、*AC和常数。

④ 字符型字节有 VB、LB、*VD、*LD 和 *AC。

操作数分输入操作数（IN）和输出操作数（OUT）。以上对操作数的概括只是一般总结，具体使用到每条指令时，可能会有微小的不同；另外，输入操作数（IN）和输出操作数（OUT）的相同数据类型的内容也会有微小的不同，例如输出操作数（OUT）一般不包括常数。

5）标志位。由一些特殊存储器组成，如 SM1。它们用来记录在执行功能指令时所产生的一些特殊信息。本书中只涉及几个，在实际使用时读者可以查阅 S7-200 系统手册。

6）使能信号。有些功能指令需要的是使能信号的上升沿，若使能信号不是一个扫描周期的脉冲信号，可能会产生意想不到的结果。所以在使用功能指令时，必须注意对输入使能信号的处理。

6.1 数据处理指令

此类指令涉及对数据的非数值运算操作，主要包括传送、移位、字节交换、循环移位和填充等指令。

6.1.1 传送类指令

该类指令用来完成各存储单元之间进行一个或多个数据的传送，可分为单一传送指令和块传送指令。

1. 单一传送（Move）指令

单一传送包括字节传送（MOVB）、字传送（MOVW）和双字传送（MOVD）。

指令格式：LAD 和 STL 格式如图 6-2 所示。图中的□处可为 B、W、DW（LAD 中）、D（STL 中）或 R。

指令功能：使能输入有效时，把一个单字节（字、双字或实数）数据由 IN 传送到 OUT 所指的存储单元里。

数据类型：输入、输出均为字节（字、双字或实数）。

2. 字节立即传送（Move Byte Immediate）指令

字节立即传送指令与位指令中的立即指令一样，用于输入和输出的立即处理。

（1）字节立即读指令

指令格式：LAD 及 STL 格式如图 6-3a 所示。

指令功能：立即读取单字节输入端子数据 IN，并传送到 OUT 所指的字节存储单元。该指令用于对输入信号的立即响应，但输入映像寄存器并不刷新。

数据类型：输入为 IB，输出为字节。

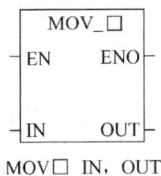

图 6-2　单一传送指令

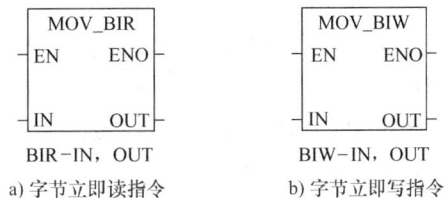

图 6-3　字节立即传送指令

（2）字节立即写指令

指令格式：LAD 及 STL 格式如图 6-3b 所示。

指令功能：立即从内存地址 IN 中读取数据，写入输出端 OUT，同时刷新相应的输出映像寄存器。

数据类型：输入为字节，输出为 QB。

3. 块传送（Block Move）指令

该类指令可用来进行一次多个（最多 255 个）数据的传送，它包括字节块的传送（BMB）、字块传送（BMW）和双字块传送（BMD）。

指令格式：LAD 及 STL 格式如图 6-4 所示。图中的□处可为 B、W、DW（LAD 中）、D（STL 中）或 R。

指令功能：把从 IN 开始的 N 个字节（字或双字）型数据传送到从 OUT 开始的 N 个字节（字或双字）存储单元中。

数据类型：输入、输出均为字节（字、双字），N 为字节。

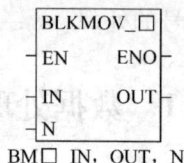

图 6-4　块传送指令

【例 6-1】 利用传送类指令实现下列功能。

1）在 I0.0 的上升沿，将字节 VB10 中的数据传送到字节 VB20 中。

2）双字 AC0 中的数据传送到双字 VD40 中。

3）字节 VB50 开始的 4 个连续字节中的数据传送到字节 VB60 开始的 4 个连续字节中。

4）字 VW70 开始的两个连续字中的数据传送到字 VW76 开始的两个连续字存储单元中。

5）双字 VD80 开始的 4 个连续双字节的数据传送到双字 VD100 开始的 4 个连续双字中。

6）I0.0～I0.7 的输入端的状态立即送到 VB200 中，不受扫描周期影响。

7）VB300 中的数据立即从 Q0.0～Q0.7 端子输出不受扫描周期影响。

其梯形图如图 6-5 所示。

6.1.2　移位与循环指令

该类指令包括左移和右移、左循环和右循环。在该类指令中，LAD 与 STL 指令格式中的缩写是不同的。

1. 移位（Shift）指令

该指令有左移和右移两种，根据所移位数的长度不同可分为字节型、字型和双字型。移位数据存储单元的移出端与 SM1.1（溢出）相连。移位时，移出位进入 SM1.1，另一端自动补 0。如果所需移位次数大于移位数据的位数，则超出次数无效。如果移位操作使数据变为 0，则零存储器标志位（SM1.0）自动置位。

（1）右移指令

指令格式：LAD 及 STL 格式如图 6-6a 所示。图中的□处可为 B、W、DW（LAD 中）、D（STL 中）。

指令功能：把字节型（字型或双字型）输入数据 IN 右移 N 位后输出到 OUT 所指的字节（字或双字）存储单元。

数据类型：输入、输出均为字节（字或双字），N 为字节型数据。

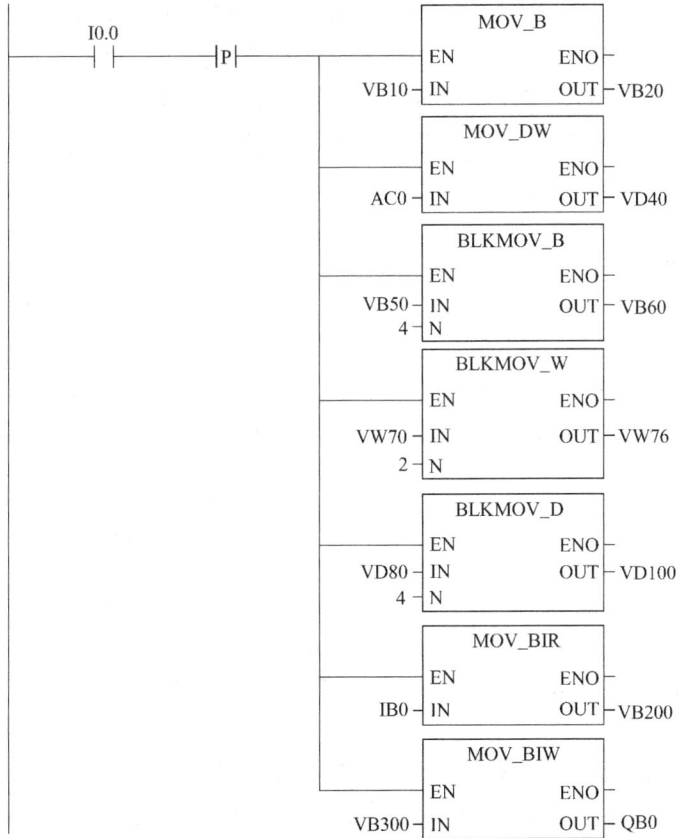

图 6-5　传送类指令应用梯形图

（2）左移指令

指令格式：LAD 及 STL 格式如图 6-6b 所示。图中的□处可为 B、W、DW（LAD 中）、D（STL 中）。

指令功能：把字节型（字型或双字型）输入数据 IN 左移 N 位后输出到 OUT 所指的字节（字或双字）存储单元。

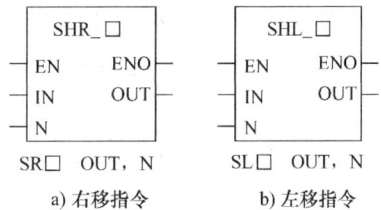

图 6-6　移位指令

数据类型：输入、输出均为字节（字或双字），N 为字节型数据。

使用移位指令应注意：

1）移位指令在使用 LAD 编程时，OUT 和 IN 可以使用不同的存储单元，但在使用 STL 编程时，OUT 和 IN 使用相同的存储单元，OUT 就是移位前的 IN。

2）最大实际可移位次数 N 为 8 位（16 位或 32 位）。

3）SM1.1 始终存放最后一次被移出的位。

4）如果移位操作的结果为 0，零存储器位（SM1.0）置位。

5）字节操作是无符号的，对于字和双字操作，当使用有符号数据类型时，符号位也被移位。

2. 循环移位（Rotate）**指令**

循环移位指令包括循环左移和循环右移，循环移位位数的长度分别为字节、字或双字。

循环数据存储单元的移出端与另一端相连，同时又与 SM1.1（溢出）相连，所以最后被移出的位移到另一端的同时，也被放到 SM1.1 位的存储单元中。移位次数与移位数据的长度有关，如果移位次数 N 的设定值大于或等于移位数据的位数，则在执行循环移位之前，系统先对设定值取以本身数据长度为底的模，得到一个有效的移位次数。对于字节操作是 0 ~ 7，对于字操作是 0 ~ 15，对于双字操作是 0 ~ 31，即用小于数据长度的结果作为实际循环移位的次数。

（1）循环右移指令

指令格式：LAD 及 STL 格式如图 6-7a 所示。图中的□处可为 B、W、DW（LAD 中）、D（STL 中）。

指令功能：把字节型（字型或双字型）输入数据 IN 循环右移 N 位后输出到 OUT 所指的字节（字或双字）存储单元。实际移位次数是将设定值 N 取以 8（16 或 32）为底的模所得的结果。

数据类型：输入、输出均为字节（字或双字），N 为字节型数据。

（2）循环左移指令

指令格式：LAD 及 STL 格式如图 6-7b 所示。图中的□处可为 B、W、DW（LAD 中）、D（STL 中）。

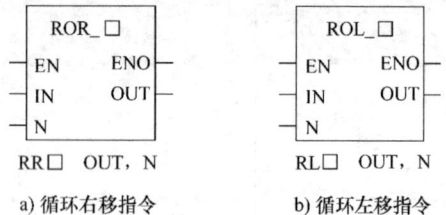

图 6-7　循环移位指令

指令功能：把字节型（字型或双字型）输入数据 IN 循环左移 N 位后输出到 OUT 所指的字节（字或双字）存储单元。实际移位次数是将设定值 N 取以 8（16 或 32）为底的模所得的结果。

数据类型：输入、输出均为字节（字或双字），N 为字节型数据。

使用循环移位指令应注意：

1）循环移位指令在使用 LAD 编程时，OUT 和 IN 可以使用不同的存储单元，但在使用 STL 编程时，OUT 和 IN 使用相同的存储单元，OUT 就是移位前的 IN。

2）最大实际可移位次数为 7 位（15 位或 31 位），如果移位次数为 0，循环移位指令不执行。

3）SM1.1 始终存放最后一次被移出的位。

4）如果移位操作的结果为 0，零存储器位（SM1.0）置位。

5）字节操作是无符号的，对于字和双字操作，当使用有符号数据类型时，符号位也被移位。

【例 6-2】　移位和循环移位指令应用如图 6-8 所示。

3. 寄存器移位（Shift Register）**指令**

移位寄存器指令提供了一种排列和控制产品流或数据的简单方法。移位寄存器指令将一个数值移入移位寄存器中，使用该指令，每个扫描周期，整个移位寄存器移动一位，所以必须用边沿跳变指令来控制使能端的状态。

指令格式：LAD 及 STL 格式如图 6-9 所示。

指令功能：该指令在梯形图中有 3 个数据输入端：DATA 为数值输入，将该位的数值移入移位寄存器；S_BIT 指定移位寄存器的最低位；N 指定移位寄存器的长度和移位方向（N

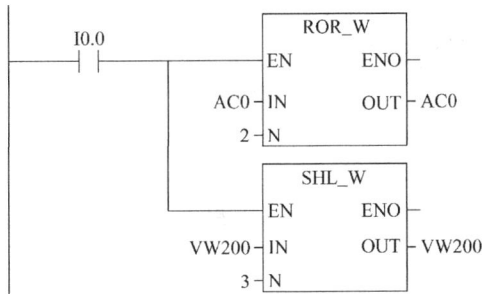

```
        I0.0          ROR_W
        ─┤├───┬──────┤EN      ENO├
              │   AC0─┤IN     OUT├─ AC0
              │     2─┤N         │
              │
              │        SHL_W
              └──────┤EN      ENO├
                VW200─┤IN     OUT├─ VW200
                    3─┤N         │
```

```
LD    I0.0
RRW   AC0，2
SLW   VW200，3
```

a) 梯形图   b) 语句表

循环移位   循环移位前   溢出
AC0   │ 0100 0000 0000 0001 │   │ × │

移位   移位前
VW200   │ 1110 0010 1010 1101 │

        第一次循环移位后   溢出
AC0   │ 1010 0000 0000 0000 │ →   │ 1 │

溢出   第1次移位后
│ 1 │ ← │ 1100 0101 0101 1010 │ ← 0

        第二次循环移位后   溢出
AC0   │ 0101 0000 0000 0000 │ →   │ 0 │

结果：零标志位（SM1.0）=0
     溢出标志位（SM1.1）=0

溢出   第2次移位后
│ 1 │ ← │ 1000 1010 1011 0100 │ ← 0

溢出   第3次移位后
│ 1 │ ← │ 0001 0101 0110 1000 │ ← 0

结果：零标志位（SM1.0）=0
     溢出标志位（SM1.1）=1

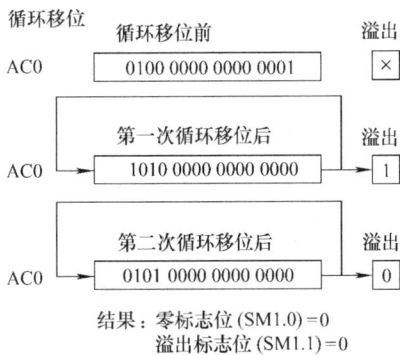

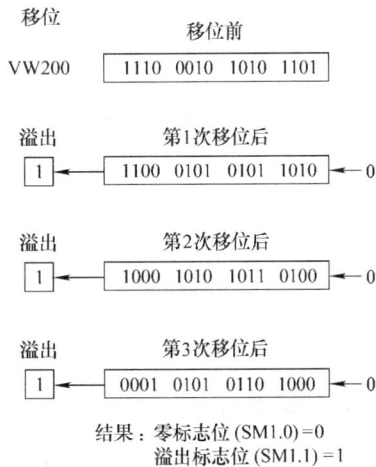

c) 移位前后变化

图6-8　移位和循环指令应用实例

```
      SHRB
 ─┤EN      ENO├
  ─┤DATA
  ─┤S_BIT
  ─┤N
```

SHRB DATA，S_BIT，N

图6-9　寄存器移位指令

为正值时为正向移位，N 为负值时为反向移位）。移位寄存器存储单元的移出端与 SM1.1（溢出）相连，所以最后被移出的位放在 SM1.1 位。移位时，移出位进入 SM1.1，另一端自动补上 DATA 移入位的值。

正向移位时，将 DATA 的值从最低字节的最低位（S_BIT）移入移位寄存器，最高字节的最高位数值被移出。

反向移位时，将 DATA 的值从最高字节的最高位移入移位寄存器，最低字节的最低位（S_BIT）数值被移出。

数据类型：DATA 和 S_BIT 为 BOOL 型，N 为字节型，可以指定的移位寄存器最大长度为 64 位，可正可负。

最高位的计算方法为（N 的绝对值 −1 +（S_BIT 的位号））/8，余数即是最高位的位号，商与 S_BIT 的字节号之和就是最高位的字节号。

例如，S_BIT 是 V21.5，N 是 13，则（13 −1 +5）/8 =2 余 1。所以，最高位的字节号是 21 +2 =23，位号为 1，即移位寄存器的最高位是 V23.1。

【例6-3】 移位寄存器指令应用如图6-10所示。

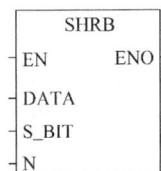

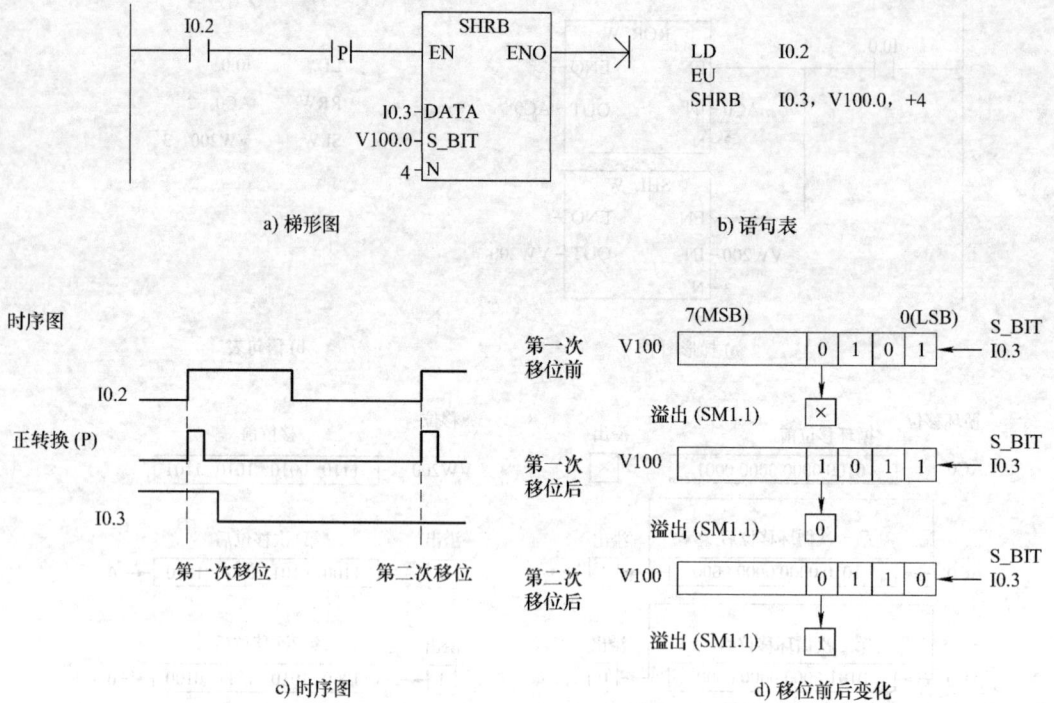

a) 梯形图　　　　　　　　　　　　　b) 语句表

```
LD    I0.2
EU
SHRB  I0.3，V100.0，+4
```

时序图

c) 时序图　　　　　　　　　　　　d) 移位前后变化

图 6-10　移位寄存器指令应用

6.1.3　字节交换指令

指令格式：LAD 及 STL 格式如图 6-11a 所示。

指令功能：用来交换字型输入数据 IN 的高字节和低字节。

数据类型：输入为字。

6.1.4　填充指令

指令格式：LAD 及 STL 格式如图 6-11b 所示。

指令功能：将字型输入数据 IN 填充到从输出 OUT 所指的单元开始的 N 个字存储单元里。

数据类型：IN 和 OUT 为字型，N 为字节型，可取值范围为 1～255 的整数。

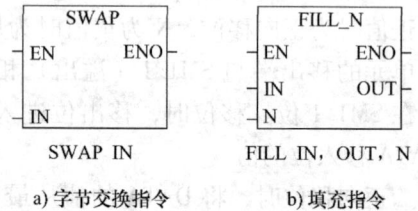

a) 字节交换指令　　　b) 填充指令

图 6-11　字节交换与填充指令

6.2　数学运算指令

运算功能的加入是现代 PLC 与以往 PLC 的最大区别之一，目前各种型号的 PLC 普遍具备较强的运算功能。与其他 PLC 不同，S7－200 对算术运算指令来说，在使用时要注意存储单元的分配。在用 LAD 编程时，IN1、IN2 和 OUT 可以使用不一样的存储单元，这样编写出的程序比较清晰易懂。但在使用 STL 编程时，OUT 要和其中的一个操作数使用同一个存储单元，这样用起来较麻烦，编写程序和使用计算结果时很不方便。LAD 格式程序转化为 STL 格式程序或 STL 格式程序转化为 LAD 格式程序时，会有不同的转换结果。所以建议在使用算术指令和数学指令时，最好用 LAD 形式编程。

同时，学习下面的内容时应注意：

1）运算指令 LAD 格式中的 IN1 和 STL 格式中的 IN1 不一定指的是同一个存储单元。

2）整数以字存储（16 位），双整数和实数都以双字存储（32 位）。

6.2.1 加法指令

加法（Add）指令是对有符号数进行相加操作。它包括整数加法、双整数加法和实数加法。

指令格式：LAD 及 STL 格式如图 6-12 所示。图中□处可为 I、DI（LAD 中）、D（STL 中）或 R。

指令功能：在 LAD 中，执行结果为 IN1 + IN2 = OUT；在 STL 中，通常将 IN2 与 OUT 共用一个地址单元，执行结果为 IN1 + OUT = OUT。

数据类型：整数加法时，输入、输出均为 INT；双整数加法时，输入、输出均为 DINT；实数加法时，输入、输出均为 REAL。

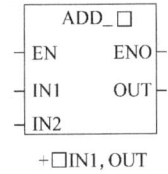

```
       ADD_□
  ┤EN      ENO├
  ┤IN1     OUT├
  ┤IN2         

   +□IN1,OUT
```

图 6-12　加法指令

6.2.2 减法指令

减法（Subtract）指令是对有符号数进行相减操作。它包括整数减法，双整数减法和实数减法。

指令格式：LAD 及 STL 格式如图 6-13 所示。图中□处可为 I、DI（LAD 中）、D（STL 中）或 R。

指令功能：在 LAD 中，执行结果为 IN1 – IN2 = OUT；在 STL 中，通常将 IN2 与 OUT 共用一个地址单元，执行结果为 OUT – IN1 = OUT。

数据类型：整数减法时，输入、输出均为 INT；双整数减法时，输入、输出均为 DINT；实数减法时，输入、输出均为 REAL。

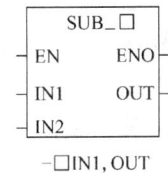

```
       SUB_□
  ┤EN      ENO├
  ┤IN1     OUT├
  ┤IN2         

   -□IN1,OUT
```

图 6-13　减法指令

6.2.3 乘法指令

1. 一般乘法（Multiply）指令

一般乘法指令是对有符号数进行相乘运算。它包括整数乘法，双整数乘法和实数乘法。

指令格式：LAD 及 STL 格式如图 6-14a 所示。图中□处可为 I、DI（LAD 中）、D（STL 中）或 R。

指令功能：在 LAD 中，执行结果为 IN1 * IN2 = OUT；在 STL 中，通常将 IN2 与 OUT 共用一个地址单元，执行结果为 IN1 * OUT = OUT。

数据类型：整数乘法时，输入、输出均为 INT；双整数乘法时，输入、输出均为 DINT；实数乘法时，输入输出均为 REAL。

2. 完全整数乘法（Multiply Integer to Double Integer）指令

完全整数乘法指令是将两个单字长（16 位）的有符号整数 IN1 和 IN2 相乘，产生一个 32 位双整数结果 OUT。

指令格式：LAD 及 STL 格式如图 6-14b 所示。

指令功能：在 LAD 中，执行结果为 IN1 * IN2 = OUT；在 STL 中，通常将 IN2 与 OUT 共用一个地址单元，执行结果为 IN1 * OUT = OUT，32 位运算结果存储单元的低 16 位运算前用于存放乘数。

数据类型：输入为 INT，输出为 DINT。

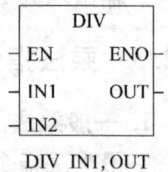

6.2.4 除法指令

1. 一般除法（Divide）指令

一般除法指令是对有符号数进行相除运算。它包括整数除法、双整数除法和实数除法。

指令格式：LAD 及 STL 格式如图 6-15 所示。图中□处可为 I、DI（LAD 中）、D（STL 中）或 R。

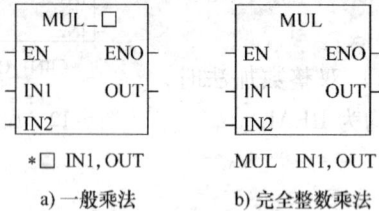

a) 一般乘法　　b) 完全整数乘法

图 6-14　乘法指令格式

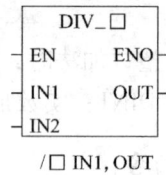

图 6-15　一般除法指令

指令功能：在 LAD 中，执行结果为 IN1/IN2 = OUT；在 STL 中，通常将 IN2 与 OUT 共用一个地址单元，执行结果为 OUT/IN1 = OUT。不保留余数。

数据类型：整数除法时，输入、输出均为 INT；双整数除法时，输入、输出均为 DINT；实数除法时，输入、输出均为 REAL。

2. 完全整数除法（Divide Integer to Double Integer）指令

完全整数除法指令是将两个 16 位的有符号整数相除，产生一个 32 位结果，其中低 16 位为商，高 16 位为余数。

指令格式：LAD 及 STL 格式如图 6-16 所示。

指令功能：在 LAD 中，执行结果为 IN1/IN2 = OUT；在 STL 中，通常将 IN2 与 OUT 共用一个地址单元，执行结果为 OUT/IN1 = OUT，32位结果存储单元的低 16 位运算前被兼用存放被除数。除法运算结果的商放在 OUT 的低 16 位字中，余数放在 OUT 的高 16 位字中。

DIV IN1, OUT

图 6-16　完全整数除法指令

数据类型：输入为 INT，输出为 DINT。

6.2.5 增/减指令

增/减指令又称自增和自减指令。它是对无符号或有符号整数进行自动加 1 或减 1 的操作，数据长度可以是字节、字或双字。其中字节增减是对无符号数操作，而字或双字的增减是对有符号数操作。

1. 增（Increment）指令

增指令包括字节增、字增和双字增指令。

指令格式：LAD 及 STL 格式如图 6-17a 所示。图中□处可为 B、W、DW（LAD 中）或 D（STL 中）。

指令功能：在 LAD 中，执行结果为 IN + 1 = OUT；在 STL 中，IN 与 OUT 共用一个地址单元，执行结果为 OUT + 1 = OUT。

数据类型：字节增指令时，输入、输出均为字节；字增指令时，输入、输出均为 INT；双字增指令时，输入、输出均为 DINT。

2. 减（Decrement）指令

减指令包括字节减、字减和双字减指令。

指令格式：LAD 及 STL 格式如图 6-17b 所示。图中□处可为 B、W、DW（LAD 中）或 D（STL 中）。

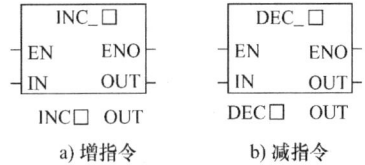

图 6-17 增、减指令格式

指令功能：在 LAD 中，执行结果为 IN – 1 = OUT；在 STL 中，IN 与 OUT 共用一个地址单元，执行结果为 OUT – 1 = OUT。

数据类型：字节减指令时，输入、输出均为字节；字减指令时，输入、输出均为 INT；双字减指令时，输入、输出均为 DINT。

【例 6-4】 数学运算指令应用如图 6-18 和图 6-19 所示。图 6-18 中的语句表是由梯形图通过编程软件转换而得，图 6-19 中的梯形图是由语句表通过编程软件转换而得，请注意区别。

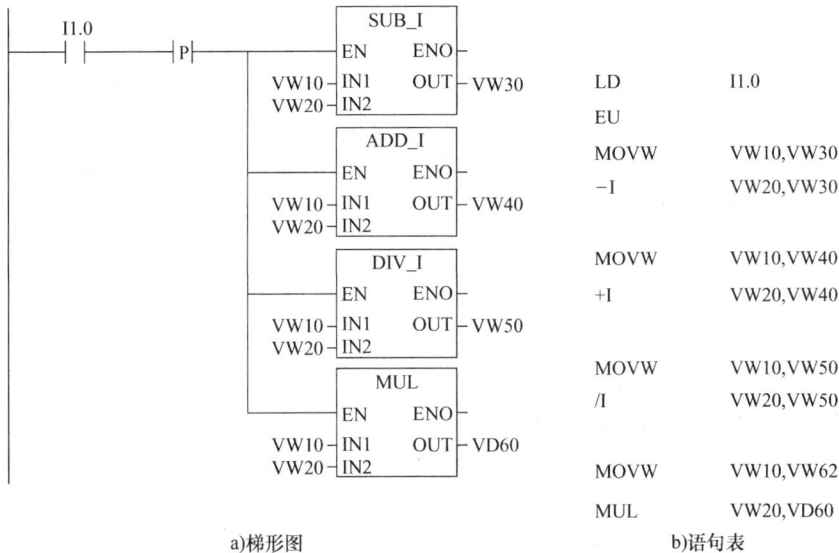

图 6-18 数学运算指令应用 1

在图 6-18 中，如果设 VW10 = 200，VW20 = 15，则执行完该段程序后，各存储单元的数值为：VW30 = 185，VW40 = 215，VW50 = 13，VD60 = 3000。

6.2.6 数学功能指令

S7 – 200 PLC 的数学功能指令有二次方根、自然对数、指数、正弦、余弦和正切。运算输入输出数据都为实数。结果大于 32 位二进制数表示的范围时产生溢出。

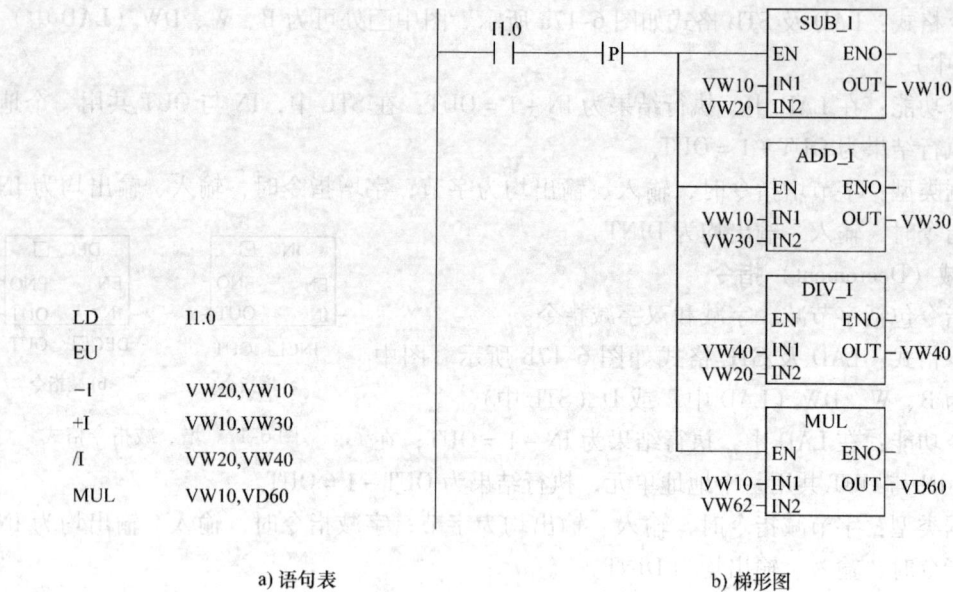

```
        I1.0                                         ┌──────────────┐
    ─────┤ ├──────────┤P├────┬──────────────────│    SUB_I     │
                                 │               │EN         ENO│
                                 │          VW10─│IN1        OUT│─VW10
                                 │          VW20─│IN2           │
                                 │               └──────────────┘
                                 │               ┌──────────────┐
                                 │               │    ADD_I     │
                                 ├───────────────│EN         ENO│
                                 │          VW10─│IN1        OUT│─VW30
                                 │          VW30─│IN2           │
                                 │               └──────────────┘
                                 │               ┌──────────────┐
                                 │               │    DIV_I     │
                                 ├───────────────│EN         ENO│
                                 │          VW40─│IN1        OUT│─VW40
                                 │          VW20─│IN2           │
                                 │               └──────────────┘
                                 │               ┌──────────────┐
                                 │               │    MUL       │
                                 └───────────────│EN         ENO│
                                            VW10─│IN1        OUT│─VD60
                                            VW62─│IN2           │
                                                 └──────────────┘
```

LD	I1.0
EU	
-I	VW20,VW10
+I	VW10,VW30
/I	VW20,VW40
MUL	VW10,VD60

a) 语句表   b) 梯形图

图 6-19 数学运算指令应用 2

1. 二次方根（Square Root）指令

指令格式：LAD 及 STL 格式如图 6-20a 所示。

```
┌──────────┐        ┌──────────┐        ┌──────────┐
│   SQRT   │        │    LN    │        │   EXP    │
│EN    ENO │        │EN    ENO │        │EN    ENO │
│IN    OUT │        │IN    OUT │        │IN    OUT │
└──────────┘        └──────────┘        └──────────┘
 SQRT IN,OUT          LN IN,OUT           EXP IN,OUT
a) 二次方根指令      b) 自然对数指令        c) 指数指令
```

图 6-20 二次方根、自然对数、指数指令

指令功能：计算实数（IN）的二次方根，并将结果存放到 OUT 中。

数据类型：输入、输出均为 REAL（32 位）。

2. 自然对数（Natural Logartjm）指令

指令格式：LAD 及 STL 格式如图 6-20b 所示。

指令功能：将一个双字长（32 位）的实数 IN 取自然对数，得到 32 位的实数结果送到 OUT。

数据类型：输入、输出均为 REAL。

当求解以 10 为底的常用对数时，可以用一般除法指令将自然对数除以 2.302585 即可（LN10 的值约为 2.302585）。

3. 指数（Natural Exponential）指令

指令格式：LAD 及 STL 格式如图 6-20c 所示。

指令功能：将一个双字长（32 位）的实数 IN 取以 e 为底的指数，得到 32 位的实数结果送到 OUT。

数据类型：输入、输出均为 REAL。

可以用指数指令和自然对数指令相配合来完成以任意常数为底和以任意常数为指数的计算。

例如：125 的 3 次方根 $= 125^{1/3} = \exp(1/3\,{}^*\ln(125)) = 5$

4. 正弦（Sin）、余弦（Cos）和正切（Tan）指令

指令格式：LAD 及 STL 格式如图 6-21a、b 和 c 所示。

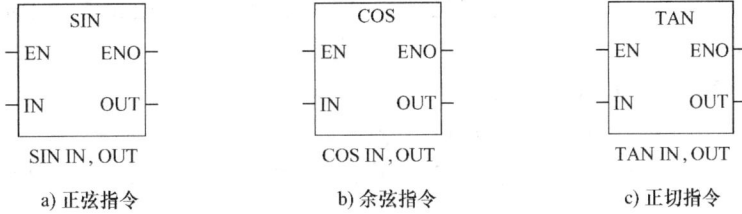

a) 正弦指令　　　　　　b) 余弦指令　　　　　　c) 正切指令

图 6-21　三角函数指令格式

指令功能：将一个双字长（32 位）的实数弧度值 IN 取正弦、余弦或正切，得到 32 位的实数结果送到 OUT。

数据类型：输入、输出均为 REAL。

如果已知输入值为角度，需先将角度值转化为弧度值，方法是使用一般乘法指令，将角度值乘以 π/180° 即可。

【**例 6-5**】　求 $18^6 - \sin 10°$ 的值。程序如图 6-22 所示。

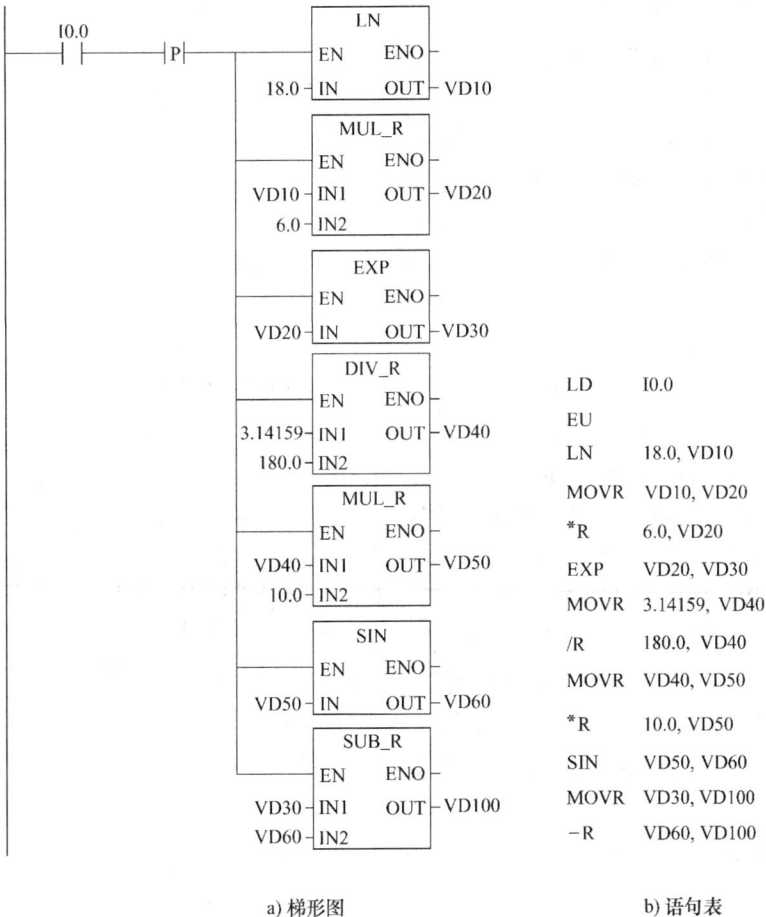

a) 梯形图　　　　　　　　　　　b) 语句表

图 6-22　数学功能指令应用

6.3 逻辑运算指令

逻辑运算是对无符号数进行的逻辑处理，主要包括逻辑与、逻辑或、逻辑异或和取反等运算指令。按操作数长度可分为字节、字和双字逻辑运算。

1. 逻辑与运算（Logic And）**指令**

它包括字节、字和双字的逻辑与运算指令。

指令格式：LAD 及 STL 格式如图 6-23a 所示。图中□处可为 B、W、DW（LAD 中）或 D（STL 中）。

指令功能：把两个等长（字节、字或双字）的输入逻辑数按位相与，得到一个字节（字或双字）的逻辑数并输出到 OUT。在 STL 中，OUT 和 IN2 使用同一个存储单元。

数据类型：输入、输出均为字节（字或双字）。

2. 逻辑或运算（Logic Or）**指令**

它包括字节、字和双字的逻辑或运算指令。

指令格式：LAD 及 STL 格式如图 6-23b 所示。图中□处可为 B、W、DW（LAD 中）或 D（STL 中）。

指令功能：把两个等长（字节、字或双字）的输入逻辑数按位相或，得到一个字节（字或双字）的逻辑数并输出到 OUT。在 STL 中，OUT 和 IN2 使用同一个存储单元。

数据类型：输入、输出均为字节（字或双字）。

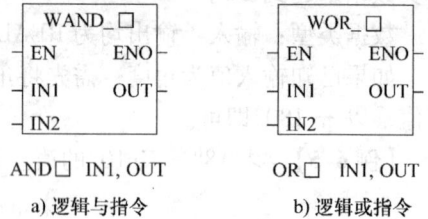

a) 逻辑与指令　　　b) 逻辑或指令

图 6-23　逻辑与、或运算指令

3. 逻辑异或运算（Logic Exclusive Or）**指令**

它包括字节、字和双字的逻辑异或运算指令。

指令格式：LAD 及 STL 格式如图 6-24a 所示。图中□处可为 B、W、DW（LAD 中）或 D（STL 中）。

指令功能：把两个等长（字节、字或双字）的输入逻辑数按位相异或，得到一个字节（字或双字）的逻辑数并输出到 OUT。在 STL 中，OUT 和 IN2 使用同一个存储单元。

数据类型：输入、输出均为字节（字或双字）。

4. 逻辑取反（Logic Invert）**指令**

它包括对字节、字和双字的逻辑取反指令。

指令格式：LAD 及 STL 格式如图 6-24b 所示。图中□处可为 B、W、DW（LAD 中）或 D（STL 中）。

指令功能：把字节（字或双字）型的输入逻辑数按位取反，得到一个字节（字或双字）型的逻辑数并输出到 OUT。在 STL 中，OUT 和 IN 使用同一个存储单元。

数据类型：输入、输出均为字节（字或双字）。

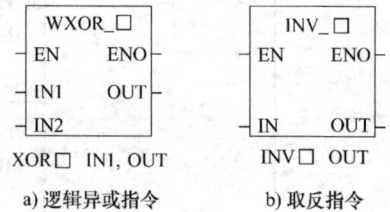

a) 逻辑异或指令　　　b) 取反指令

图 6-24　逻辑异或、取反指令

6.4 转换指令

转换指令是指对操作数的类型进行转换，包括数据的类型转换、码的类型转换以及数据和码之间的类型转换。

数据类型主要包括字节、整数、双整数和实数，主要的码制有 BCD 码、ASCII 码、十进制数和十六进制等。不同性质的指令对操作数的类型要求不同，因此在指令使用之前，要通过转换指令将操作数转化成相应的类型。

6.4.1 数据类型转换指令

1. 字节与整数之间的转换指令

（1）字节转整数（Byte to Integer）

指令格式：LAD 与 STL 格式如图 6-25a 所示。

指令功能：将字节型输入数据 IN 转换成整数类型，并将结果送到 OUT 输出。字节型是无符号的，所以没有符号扩展位。

数据类型：输入为字节，输出为 INT。

（2）整数转字节（Integer to Byte）

指令格式：LAD 与 STL 格式如图 6-25b 所示。

图 6-25　字节与整数之间的转换指令

指令功能：将整数输入数据 IN 转换成字节类型，并将结果送到 OUT 输出。输入数据超出字节范围（0～255）时产生溢出。

数据类型：输入为 INT，输出为字节。

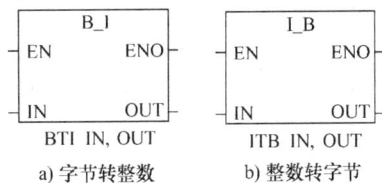

2. 整数与双整数之间的转换指令

（1）双整数转整数（Double Integer to Integer）

指令格式：LAD 与 STL 格式如图 6-26a 所示。

指令功能：将双整数输入数据 IN 转换成整数类型送 OUT 输出。输入数据超出整数范围则产生溢出。

数据类型：输入为 DINT，输出为 INT。

（2）整数转双整数（Integer to Double Integer）

指令格式：LAD 与 STL 格式如图 6-26b 所示。

图 6-26　整数与双整数之间的转换指令

指令功能：将整数输入数据 IN 转换成双整数类型（符号进行扩展），并将结果送到 OUT 输出。

数据类型：输入为 INT，输出为 DINT。

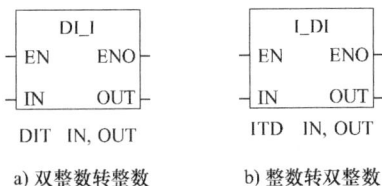

3. 双整数与实数之间的转换指令

（1）实数转双整数（Real to Double Integer）

实数转换为双整数，其指令有两条：ROUND 和 TRUNC。

指令格式：LAD 与 STL 格式如图 6-27a、b 所示。

指令功能：将实型输入数据 IN 转换成双整数类型，并将结果送到 OUT 输出。两条指令的区别是：前者小数部分四舍五入，而后者小数部分直接舍去。

数据类型：输入为 REAL，输出为 DINT。

（2）双整数转实数（Double Integer to Real）

指令格式：LAD 与 STL 格式如图 6-27c 所示。

指令功能：将双整数输入数据 IN 转换成实数类型，并将结果送到 OUT 输出。

a) 实数转双整数形式 1   b) 实数转双整数形式 2   c) 双整数转实数

图 6-27   双整数与实数之间的转换指令

数据类型：输入为 DINT，输出为 REAL。

（3）整数转实数（Integer to Real）

没有直接的整数到实数转换指令。转换时，需先使用 ITD（整数到双整数）指令，然后再使用 DTR（双整数到实数）指令。

【例 6-6】 将英寸长度转化成厘米长度，假设 VW10 中存英寸长度，VD20 中存转换系数，系数为 2.54。

解：编写数据类型转换程序如图 6-28 所示。先将英寸值转化为双整数，再转化为实数，然后与转换系数 2.54 相乘，将得到的结果转化成整数。

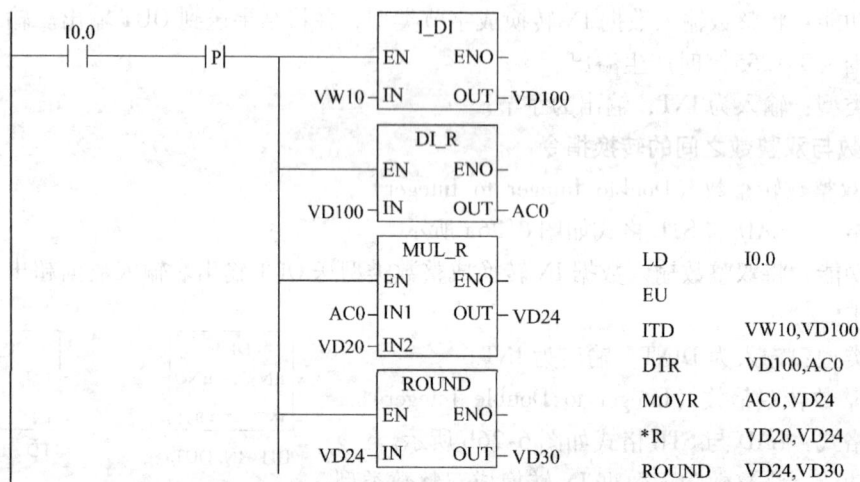

a) 梯形图

```
LD      I0.0
EU
ITD     VW10,VD100
DTR     VD100,AC0
MOVR    AC0,VD24
*R      VD20,VD24
ROUND   VD24,VD30
```

b) 语句表

图 6-28   数据类型转换应用程序

若 VW10 = 101（英寸），VD20 = 2.54，执行程序后，AC0 = 101.0（实数），VD24 = 256.54（实数），VD30 = 257（双整数）。

4. 整数与 BCD 码之间的转换指令

（1）BCD 码转整数（BCD to Integer）

指令格式：LAD 与 STL 格式如图 6-29a 所示。在 STL 中，IN 和 OUT 使用相同的存储单元。

指令功能：将 BCD 码输入数据 IN 转换成整数类型，并将结果送到 OUT 输出。输入数据 IN 的范围为 0 ~ 9999。

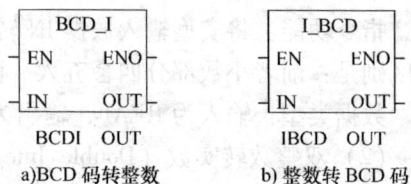

a)BCD 码转整数   b) 整数转 BCD 码

图 6-29   整数与 BCD 码之间的转换指令

数据类型：输入、输出均为字。

（2）整数转 BCD 码（Integer to BCD）

指令格式：LAD 与 STL 格式如图 6-29b 所示。在 STL 中，IN 和 OUT 使用相同的存储单元。

指令功能：将整数输入数据 IN 转换成 BCD 码类型，并将结果送到 OUT 输出。输入数据 IN 的范围为 0～9999。

数据类型：输入、输出均为字。

6.4.2　编码和译码指令

1. 编码（Encode）指令

指令格式：LAD 与 STL 格式如图 6-30a 所示。

指令功能：将字型输入数据 IN 的最低有效位（值为 1 的位）的位号输出到 OUT 所指定的字节单元的低 4 位，即用半个字节来对一个字型数据 16 位中的"1"位有效位进行编码。

数据类型：输入为字，输出为字节。

2. 译码（Decode）指令

指令格式：LAD 与 STL 格式如图 6-30b 所示。

指令功能：将字节型输入数据 IN 的低 4 位所表

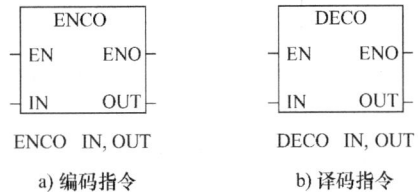

a) 编码指令　　　　b) 译码指令

图 6-30　编码和译码指令

示的位号输入到 OUT 所指定的字单元的对应位置 1，其他位置 0，即对半个字节的编码进行译码，以选择一个字型数据 16 位中的"1"位。

数据类型：输入为字节，输出为字。

【例 6-7】　编码与译码应用程序如图 6-31 所示。

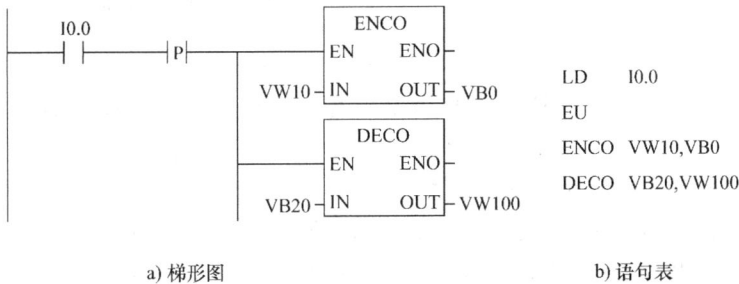

a) 梯形图　　　　　　　　　　b) 语句表

图 6-31　编码与译码应用程序

在该例中，如果 VW10 的内容为 0100101100010000，即最低为 1 的位是位 4，在执行编码指令后，VB0 的内容为 00000100（即 04）；如果 VB20 的内容为 00000110（即 06）；在执行译码指令后，VW100 的内容为 0000000001000000，即位 6 为 1，其余位为 0。

6.4.3　段码指令

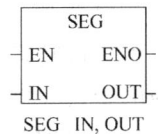

SEG IN, OUT

图 6-32　段码指令

指令格式：LAD 与 STL 格式如图 6-32 所示。

指令功能：将字节型输入数据 IN 的低 4 位有效数字产生相应的七段码，并将其输出到 OUT 所指定的字节单元。

数据类型：输入、输出均为字节。

七段码编码表如表 6-1 所列。

表 6-1 七段码（共阴极）编码表

段显示	— g f e d c b a	段显示	— g f e d c b a
0	0 0 1 1 1 1 1 1	8	0 1 1 1 1 1 1 1
1	0 0 0 0 0 1 1 0	9	0 1 1 0 0 1 1 1
2	0 1 0 1 1 0 1 1	A	0 1 1 1 0 1 1 1
3	0 1 0 0 1 1 1 1	b	0 1 1 1 1 1 0 0
4	0 1 1 0 0 1 1 0	C	0 0 1 1 1 0 0 1
5	0 1 1 0 1 1 0 1	d	0 1 0 1 1 1 1 0
6	0 1 1 1 1 1 0 1	E	0 1 1 1 1 0 0 1
7	0 0 0 0 0 1 1 1	F	0 1 1 1 0 0 0 1

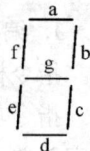

【例 6-8】 段码指令应用程序如图 6-33 所示。

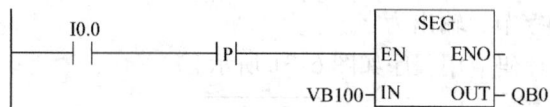

图 6-33　段码指令应用程序

当 I0.0 的上升沿有效时，执行段码指令，若 VB100 = 02，那么在 Q0.0 ~ Q0.7 将输出 01011011。为了大家能更好地掌握该部分的指令，下面给出一个数据转换、显示的综合实例。

【例 6-9】 将 VD100 中存放的数据进行 BCD 码转换，并将个位数字送 LED 显示器显示（假设 PLC 的 QB0 端子接 1 位 LED 显示器）。

解： 梯形图如图 6-34 所示。

6.4.4　ASCII 码转换指令

ASCII 码转换指令是将标准字符 ASCII 编码与十六进制数值、整数、双整数及实数之间进行转换。可进行转换的 ASCII 码为 30 ~ 39 和 41 ~ 46，对应的十六进制数为 0 ~ 9 和 A ~ F。

1. ASCII 码与十六进制数转换指令

（1）ASCII 码转换为十六进制数（ASCII To HEX）指令

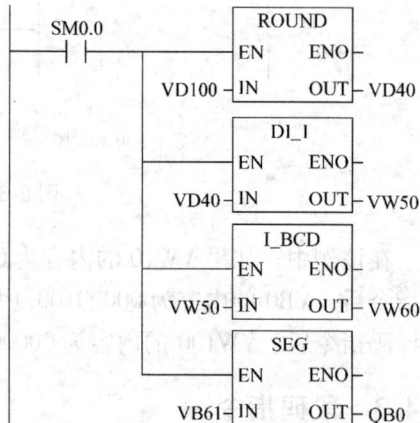

图 6-34　BCD 码转换及显示梯形图

指令格式：LAD 与 STL 格式如图 6-35a 所示。

指令功能：把从 IN 开始的长度为 LEN 的 ASCII 码转换为十六进制数，并将结果送到 OUT 开始的字节进行输出。LEN 的长度最大为 255。

数据类型：IN、LEN 和 OUT 均为字节类型。

（2）十六进制数转换为 ASCII 码指令（HEX To ASCII）

指令格式：LAD 与 STL 格式如图 6-35b 所示。

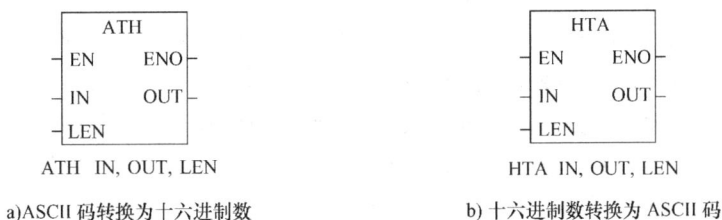

a)ASCII 码转换为十六进制数　　　　　　　　b) 十六进制数转换为 ASCII 码

图 6-35　十六进制数与 ASCII 编码之间的转换指令

指令功能：把从 IN 开始的长度为 LEN 的十六进制数转换为 ASCII 码，并将结果送到 OUT 开始的字节进行输出。LEN 的长度最大为 255。

数据类型：IN、LEN 和 OUT 均为字节类型。

【例 6-10】　执行如图 6-36 所示的程序。

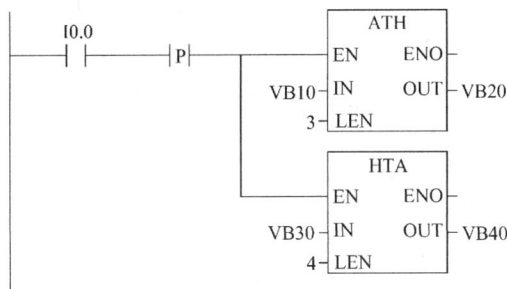

图 6-36　ASCII 码转换指令实例

给定的条件及执行程序的结果如下：

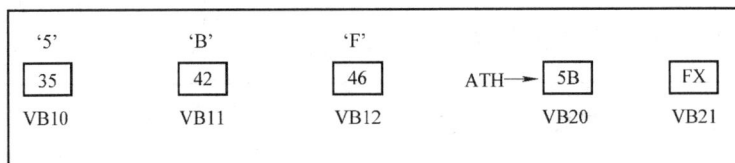

其中，X 表示 VB21 的低 4 位（半个字节）未发生变化。

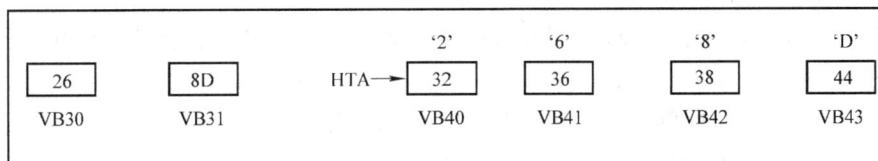

2. 整数、双整数、实数与 ASCII 码转换

（1）整数转换为 ASCII 码指令（Integer to ASCII）

指令格式：LAD 与 STL 格式如图 6-37 所示。

指令功能：把一个整数 IN 转换成一个 ASCII 码字符串。格式 FMT 指定小数点右侧的转换精度和小数点是使用逗号还是使用点号。转换结果放在 OUT 指定的连续 8 个字节中。

数据类型：IN 为整数、FMT 和 OUT 均为字节类型。

FMT 操作格式如图 6-38a 所示。输出缓冲区的大小始终是 8 个字节，nnn 指定输出缓冲区中小数点右侧的数字位数，其有效范围是 0 ~ 5。如果 nnn = 0，则没有小数；如果 nnn 大于 5，则用 ASCII 码空格键填充整个缓冲区。c 指定是用逗号（c = 1）或者用点号（c = 0）作为整数和小数的分隔符，FMT 的高 4 位必须是 0。图 6-38b 给出了一个数值的例子，其格式位使用点号（c = 0），小数点右侧有 3 位小数（nnn = 011）。

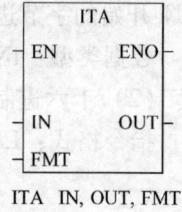

图 6-37　整数转换为 ASCII 码

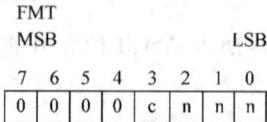

FMT
MSB　　　　　　　　　LSB

7	6	5	4	3	2	1	0
0	0	0	0	c	n	n	n

c=逗号(1)或点号(0)
nnn=小数点后的位数

a) FMT操作格式

	Out	Out+1	Out+2	Out+3	Out+4	Out+5	Out+6	Out+7
In=-98			−	0	·	0	9	8
In=987				0	·	9	8	7
In=-9876			−	9	·	8	7	6
In=98765			9	8	·	7	6	5

b) FMT操作实例

图 6-38　ITA 指令的 FMT 操作数格式及实例

输出缓冲区的格式符合以下规则：

1）正数写入输出缓冲区时没有符号位。

2）负数写入输出缓冲区时以负号（−）开头。

3）小数点左侧的开头 0（除去靠近小数点的那个之外）被隐藏。

4）数值在输出缓冲区中右对齐。

（2）双整数转换为 ASCII 码（Double Integer To ASCII）指令

指令格式：LAD 与 STL 格式如图 6-39a 所示。

指令功能：把一个双整数 IN 转换成一个 ASCII 码字符串。格式操作数 FMT 指定小数点右侧的转换精度和小数点是使用逗号还是使用点号。转换结果放在 OUT 开始的连续

DTA IN,OUT,FMT

a) 双整数转换为 ASCII 码

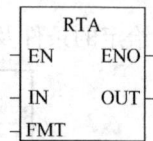

RTA IN,OUT,FMT

b) 实数转换为 ASCII 码

图 6-39　双整数、实数与 ASCII 码转换指令

12 个字节中。FMT 操作格式和输出缓冲区的格式规则，都与整数转换为 ASCII 码指令的相同，只是输出缓冲区多 4 个字节。

数据类型：IN 为双整数、FMT 和 OUT 均为字节类型。

（3）实数转换为 ASCII 码（Real to ASCII）

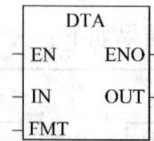

指令格式：LAD 与 STL 格式如图 6-39b 所示。

指令功能：把一个实数值 IN 转换成一个 ASCII 码字符串。格式操作数 FMT 指定小数点右侧的转换精度和小数点是使用逗号还是使用点号，转换结果放在 OUT 开始的 3~15 个字节中。

数据类型：IN 为实数、FMT 和 OUT 均为字节类型。

操作数 FMT 的格式如图 6-40a 所示。ssss 指定缓冲区（OUT）的大小，它的范围是 3~15，nnn 指定输出缓冲区中小数点右侧的位数，它的有效范围是 0~5，如果 nnn = 0，则没有小数；如果 nnn 大于 5 或缓冲区过小，无法容纳转换数值时，则用 ASCII 码空格键填充整个缓冲区。c 指定是用逗号（c = 1）还是用点号（c = 0）作为整数和小数部分的分隔符。图 6-40b 给出了一个数值的例子，其中，ssss = 1000，c = 0，nnn = 001。

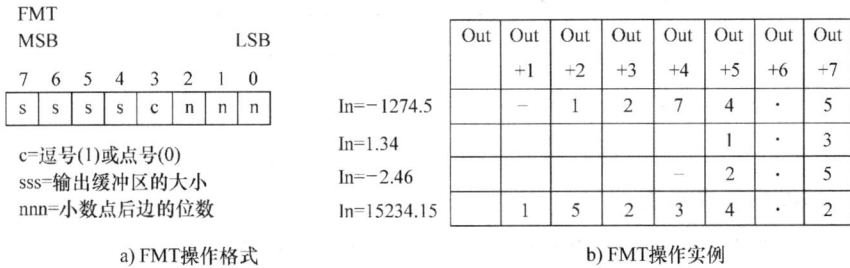

	Out	Out +1	Out +2	Out +3	Out +4	Out +5	Out +6	Out +7
In=−1274.5		−	1	2	7	4	.	5
In=1.34						1	.	3
In=−2.46					−	2	.	5
In=15234.15		1	5	2	3	4	.	2

a) FMT操作格式　　　　　　　b) FMT操作实例

图 6-40　DTA 指令的 FMT 操作数格式及实例

输出缓冲区的格式符合以下规则：

1）正数写入输出缓冲区时没有符号位。

2）负数写入输出缓冲区时以负号（−）开头。

3）小数点左侧的开头 0（除去靠近小数点的那个之外）被隐藏。

4）数值在输出缓冲区中是右对齐。

5）小数部分的位数如果大于 nnn 指定的位数，则进行四舍五入，去掉多余的小数位。

6）缓冲区的字节数应为 3~15，且大于小数部分的位数。

【例 6-11】　执行图 6-41 所示程序。

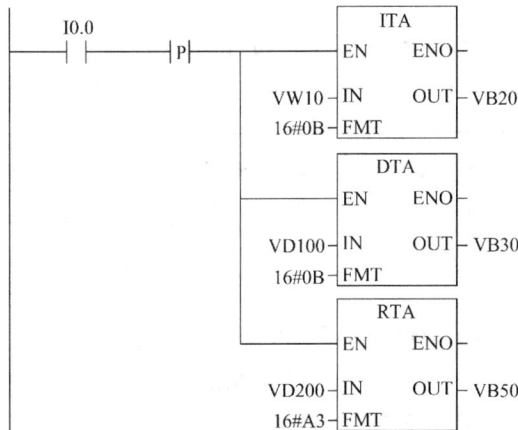

图 6-41　整数、双整数、实数与 ASCII 码转换指令

其中，16#0B 表示用逗号作小数点，保留 3 位小数，而 16#A3 表示 OUT 为 10 个字节，用点号作小数点，保留 3 位小数。

给定数据及程序执行结果如下：

```
                 ' '  ' '  '9'  '8'  ','  '7'  '6'  '5'
98765 ITA →     [20] [20] [39] [38] [2C] [37] [36] [35]
VW10      VB20            ···                      VB27


            ' '  ' '  ' '  ' '  ' '  ' '  '1'  '3'  ','  '2'  '5'  '4'
13254 DTA → [20] [20] [20] [20] [20] [20] [31] [33] [2C] [32] [35] [34]
VD100   VB30              ···                                    VB41


            ' '  '1'  '3'  '2'  '5'  '3'  '.'  '9'  '9'  '9'
13254.0 RTA → [20] [31] [33] [32] [35] [33] [2E] [39] [39] [39]
VD200   VB50            ···                             VB59
```

6.4.5 字符串转换指令

字符串是指全部合法的 ASCII 码字符串，与上一节中的 ASCII 码范围不同。

1. 数值转换为字符串指令

（1）整数转换为字符串（Convert Integer To String）指令

指令格式：LAD 与 STL 格式如图 6-42a 所示。

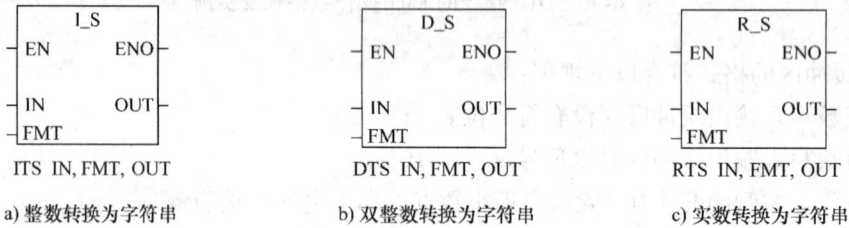

```
    ┌─────────┐          ┌─────────┐          ┌─────────┐
    │   I_S   │          │   D_S   │          │   R_S   │
  ─┤EN    ENO├─        ─┤EN    ENO├─        ─┤EN    ENO├─
    │         │          │         │          │         │
  ─┤IN    OUT├─        ─┤IN    OUT├─        ─┤IN    OUT├─
  ─┤FMT      │        ─┤FMT      │        ─┤FMT      │
    └─────────┘          └─────────┘          └─────────┘
  ITS IN, FMT, OUT     DTS IN, FMT, OUT     RTS IN, FMT, OUT

  a) 整数转换为字符串      b) 双整数转换为字符串      c) 实数转换为字符串
```

图 6-42　数值转换为字符串指令格式

指令功能：把一个整数 IN 转换成一个 ASCII 码字符串。格式 FMT 指定小数点右侧的转换精度和小数点是使用逗号还是使用点号。转换结果放在 OUT 指定的连续 9 个字节中，（OUT+0）字节中的值为字符串的长度。

数据类型：IN 为整数，FMT 和 OUT 均为字节类型。

（2）双整数转换为字符串（Convert Double Integer to String）指令

指令格式：LAD 与 STL 格式如图 6-42b 所示。

指令功能：把一个双整数 IN 转换成一个 ASCII 码字符串。格式操作数 FMT 指定小数点右侧的转换精度和小数点是使用逗号还是使用点号。转换结果放在 OUT 开始的连续 13 个字节中。FMT 操作格式和输出缓冲区的格式规则和 DTA 指令的相同，（OUT+0）字节中的值为字符串的长度。

数据类型：IN 为双整数，FMT 和 OUT 均为字节类型。

（3）实数转换为字符串（Convert Real to String）指令

指令格式：LAD 与 STL 格式如图 6-42c 所示。

指令功能：把一个实数值 IN 转换成一个 ASCII 码字符串。格式操作数 FMT 指定小数点右侧的转换精度和小数点是使用逗号还是使用点号，转换结果放在 OUT 开始的连续 ssss + 1 个字节中。

数据类型：IN 为实数，FMT 为字节类型，OUT 为字符串型字节。

2. 子字符串转换为数值

子字符串转换为数字值包括 3 条指令：子字符串转整数（STI）、子字符串转双整数（STD）和子字符串转实数（STR）指令。

指令格式：LAD 及 STL 格式如图 6-43a、b 和 c 所示。

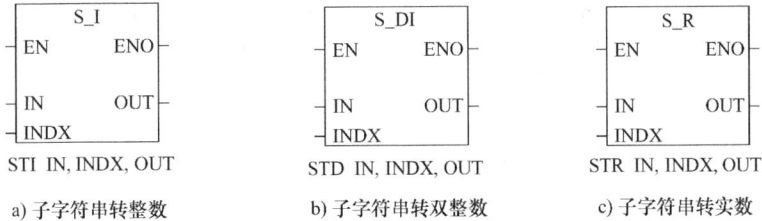

a) 子字符串转整数	b) 子字符串转双整数	c) 子字符串转实数

图 6-43　子字符串转换为数值指令格式

指令功能：这 3 条指令将一个字符串 IN，从偏移量 INDX 开始转换为整数、双整数和实数值，结果存放在 OUT 中。

数据类型：这 3 条指令的 IN 均为字符串型字节，INDX 均为字节；STI 的 OUT 为 INT 型，STD 的 OUT 为 DINT 型，STR 的 OUT 为 REAL 型。

应用说明：

1）STI 和 STD 将字符串转换为以下格式：［空格］［+ 或 –］［数字 0 ~ 9］。STR 将字符串转换为以下格式：［空格］［+ 或 –］［数字 0 ~ 9］［. 或,］［数字 0 ~ 9］。

2）INDX 的值通常设置为 1，它表示从第一个字符开始转换。INDX 也可以设置为其他值，从字符串的不同位置进行转换，这可以被用于字符串中包含非数值字符的情况。例如，输入字符串为"Temperature：77.8"，若 INDX 设置为 13，这样就可以跳过字符串开头的"Temperature："。

3）STR 指令不能用于转换以科学计数法或者指数形式表示实数的字符串。指令不会产生溢出错误（SM1.1），但是它会将字符串转换到指数之前，然后停止转换。例如，字符串"1.234E6"转换为实数值为 1.234，但不会有错误提示。

4）在转换时，当到达字符串的结尾或遇到第一个非法字符（任意非 0 ~ 9 的字符）时，转换指令结束。

5）当转换产生的整数值过大或者过小以致输出值无法表示时，溢出标志（SM1.1）会置位。例如，当输入字符串产生的数值大于 32767 或者小于 – 32768 时，子字符串转整数指令会置位 SM1.1。

6）当输入字符串中并不包含可以转换的合法数值时，SM1.1 也会置位，例如字符串为空串或者为诸如"A123"等。

【**例 6-12**】　将数字字符串转为整数、双整数、实数，给定数据及执行程序如图 6-44 所示。

程序执行结果为：VW100（整数）= 98；VD 200（双整数）= 98；VD 300（实数）= 98.6。

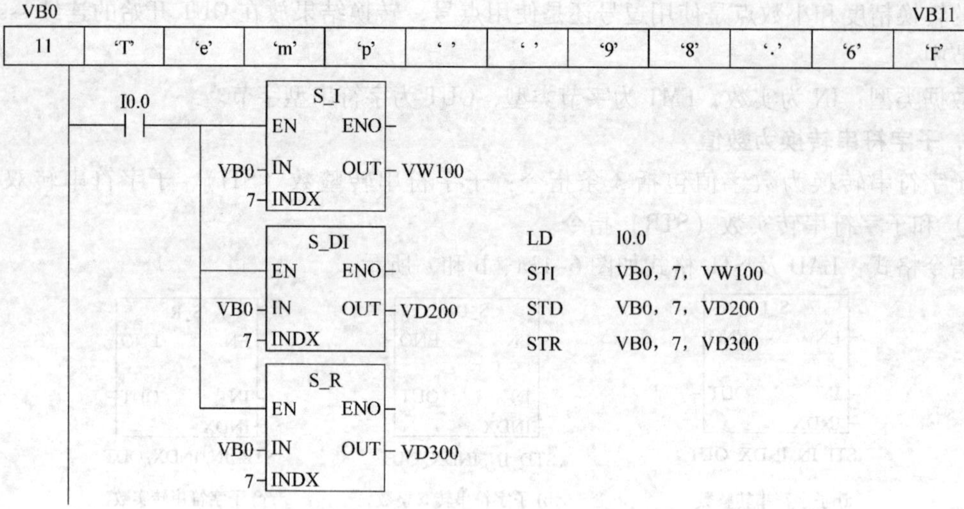

VB0										VB11
11	'T'	'e'	'm'	'p'	' '	' '	'9'	'8'	'.'	'6'	'F'

```
           I0.0              S_I
            ┤├             EN    ENO
                    VB0 ─ IN    OUT ─ VW100
                      7 ─ INDX

                           S_DI              LD    I0.0
                        EN    ENO            STI   VB0, 7, VW100
                  VB0 ─ IN    OUT ─ VD200    STD   VB0, 7, VD200
                    7 ─ INDX                 STR   VB0, 7, VD300

                           S_R
                        EN    ENO
                  VB0 ─ IN    OUT ─ VD300
                    7 ─ INDX
```

a) 梯形图   b) 语句表

图 6-44 子字符串转成整数、双整数、实数实例

6.5 字符串指令

字符串指令在处理人机界面设计和数据转换时非常有用，这是最新版本的 PLC 才有的指令。

1. 字符串长度（String Length）**指令**

指令格式：LAD 及 STL 格式如图 6-45 所示。

指令功能：把 IN 中指定的字符串的长度值送到 OUT 中。

数据类型：IN 为字符串型字节，OUT 为字节。

```
    STR_LEN
  EN     ENO

  IN     OUT

 SLEN IN, OUT
```

图 6-45 字符串长度指令

2. 字符串复制（Copy String）**指令**

指令格式：LAD 及 STL 格式如图 6-46a 所示。

指令功能：把 IN 中指定的字符串复制到 OUT 中。

数据类型：IN 和 OUT 均为字符串型字节。

3. 字符串连接（Concatenate String）**指令**

指令格式：LAD 及 STL 格式如图 6-46b 所示。

指令功能：把 IN 中指定的字符串连接到 OUT 中指定的字符串的后面。

数据类型：IN 和 OUT 均为字符串型字节。

4. 从字符串中复制字符串（Copy Substring From String）**指令**

指令格式：LAD 及 STL 格式如图 6-46c 所示。

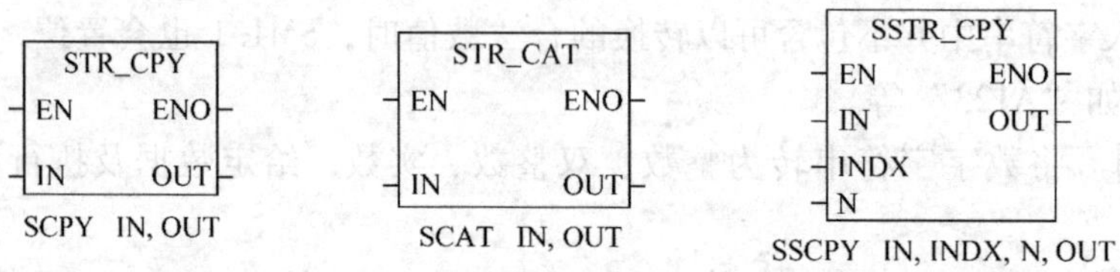

```
    STR_CPY              STR_CAT                 SSTR_CPY
  EN     ENO           EN     ENO             EN       ENO

  IN     OUT           IN     OUT             IN       OUT
                                              INDX
 SCPY  IN, OUT        SCAT  IN, OUT           N

                                            SSCPY  IN, INDX, N, OUT

a) 字符串复制指令      b) 字符串连接指令        c) 从字符串中复制字符串
```

图 6-46 字符串复制、连接、从字符串中复制字符串指令

194

指令功能：从 INDX 指定的字符号开始，把 IN 中存储的字符串中的 N 个字符复制到 OUT 中。

数据类型：IN 和 OUT 均为字符串型字节，INDX 和 N 均为字节。

【例6-13】 执行如图6-47所示的程序。

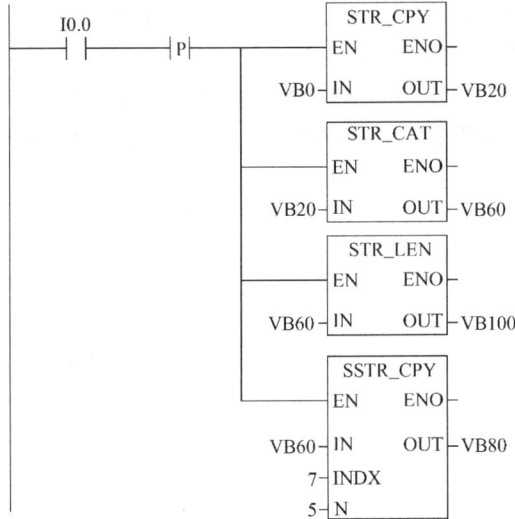

图 6-47 字符串应用程序

已知 VB0 和 VB60 为：

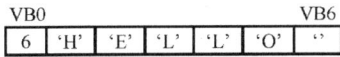

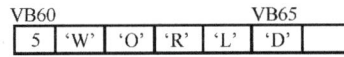

VB0						VB6		VB60						VB65
6	'H'	'E'	'L'	'L'	'O'	' '		5	'W'	'O'	'R'	'L'	'D'	

当 I0.0 有效时，程序执行结果如下：

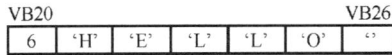

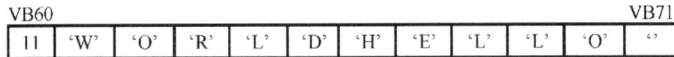

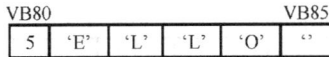

VB20						VB26
6	'H'	'E'	'L'	'L'	'O'	' '

VB60											VB71
11	'W'	'O'	'R'	'L'	'D'	'H'	'E'	'L'	'L'	'O'	' '

VB100
11

VB80					VB85
5	'E'	'L'	'L'	'O'	' '

5. 字符串、字符搜索指令

（1）字符串搜索（Find String Within String）指令

指令格式：LAD 和 STL 格式如图6-48a所示。

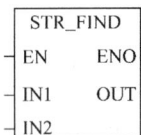

a) 字符串搜索指令   b) 字符搜索指令

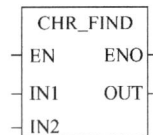

图 6-48 字符串、字符搜索指令

指令功能：在 IN1 字符串中寻找 IN2 字符串。由 OUT 指定搜索的起始位置。如果找到了相匹配的字符串，则 OUT 中会存入这段字符中首个字符的位置；如果没有找到，OUT 被清零。

数据类型：IN1 和 IN2 均为字符串型字节，OUT 为字节。

（2）字符搜索（Find First Character Within String）指令

指令格式：LAD 及 STL 格式如图 6-48b 所示。

指令功能：在 IN1 字符串中寻找 IN2 字符串中的任意字符。由 OUT 指定搜索的起始位置。如果找到了相匹配的字符，则 OUT 中会存入相匹配的首个字符的位置；如果没有找到，OUT 被清零。

数据类型：IN1 和 IN2 均为字符串型字节，OUT 为字节。

【例 6-14】 执行图 6-49 所示的程序。

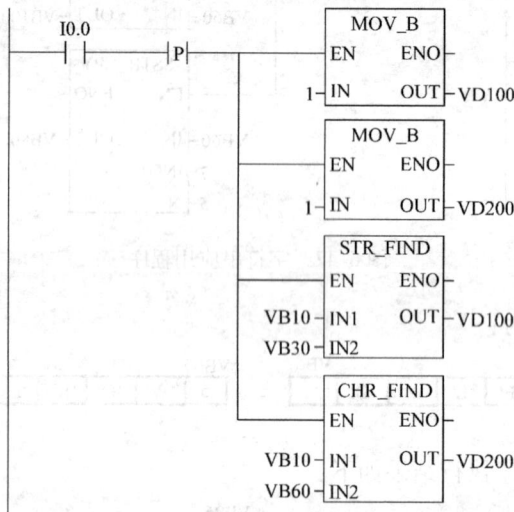

图 6-49　字符及字符串搜索指令应用程序

已知 VB10、VB30、VB60 为：

当 I0.0 有效时，程序执行结果为：VD100 = 13，VD200 = 7。

6.6　表功能指令

在 S7 - 200 PLC 指令系统中，一个表由表地址（表的首地址）指明。表地址和第二个字地址所对应的单元分别存放两个表参数（最大填表数 TL 和实际填表数 EC），之后是最多100 个填表数据。表只对字型数据存储，表的格式举例见表 6-2。

表 6-2　数据表格式

单元地址	单元内容	说　明
VW200	0007	TL = 7，最多可填 7 个数，VW200 是表地址
VW202	0004	EC = 4，实际在表中存有 4 个数据
VW204	1234	数据 0
VW206	5678	数据 1
VW208	9876	数据 2
VW210	5431	数据 3
VW212	＊＊＊＊	无效数据
VW214	＊＊＊＊	无效数据
VW216	＊＊＊＊	无效数据

1. 表填数（Add To Table）**指令**

指令格式：LAD 及 STL 格式如图 6-50 所示。

指令功能：该指令在梯形图中有两个数据输入端，DATA 是要填加的输入数值，TBL 是表格的首地址，用以指明被访问的表格。当使能输入有效时，将输入的字符型数据（DATA）填到指定的表格（TBL）中。表填数时，新的数据填在原表中最后一个数据的后面。每向表中填一个数据，实际填表数 EC 会自动加 1。

数据类型：DATA 为 INT，TBL 为字。

【例 6-15】　表填数指令应用实例如图 6-51 所示。

梯形图如图 6-51a 所示，语句表如图 6-51b 所示，执行程序前后表的格式和内容如图 6-51c 所示。

2. 表取数指令

从表中取出一个字型数据有两种方式：先进先出式和后进先出式。每从表中取出一个数据之后，表的实际填表数 EC 值自动减 1。两种方式的指令在梯形图中有两个数据端：输入端 TBL 为表格的首地址，用以指明访问的表格；输出端 DATA 指明数值取出后要存放的目标单元。如果指令试图从空表中取走一个数值，则特殊标志寄存器位 SM1.5 置位。

（1）先进先出指令（First – In – First – Out）

指令格式：LAD 及 STL 如图 6-52a 所示。

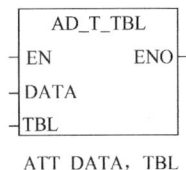

a) 梯形图　　　　　　　　　　　　　　b) 语句表

图 6-51　表填数指令应用实例

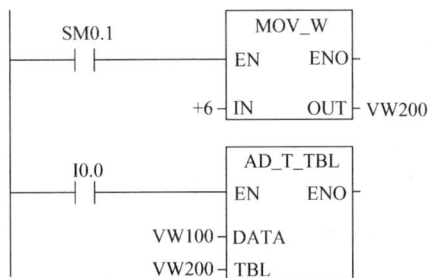

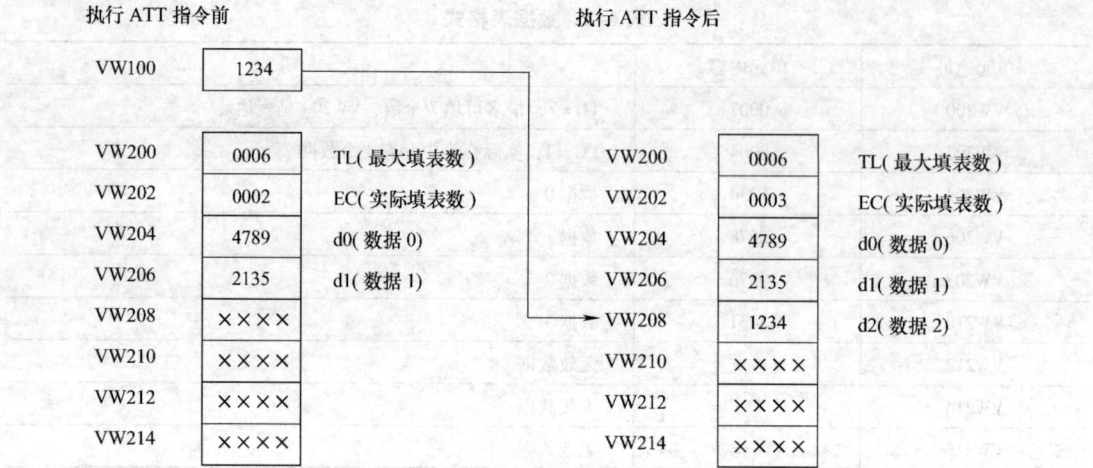

c) 执行程序前后表的格式和内容

图 6-51　表填数指令应用实例（续）

指令功能：从 TBL 指定的表中取出第一个数据，并将此数输出到 DATA 所指定的存储单元。取数时，取走的数据总是最先进入表中的数据。每次从表中取走一个数据，剩余数据则依次上移一个位置，同时实际填表数 EC 会自动减 1。

数据类型：TBL 为字，DATA 为 INT。

（2）后进先出指令（Last – In – First – Out）

指令格式：LAD 格式如图 6-52b 所示。

指令功能：从 TBL 指定的表中取出最后一个数据，并将其输出到 DATA 所指定的存储单元。取数时，取出的数据是最后进入表中的数据。每次从表中取出一个数据，剩余数据位置保持不变，实际填表数 EC 会自动减 1。

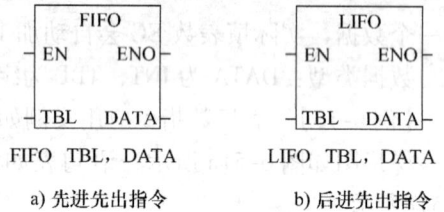

FIFO TBL，DATA　　　LIFO TBL，DATA

a) 先进先出指令　　　b) 后进先出指令

图 6-52　表取数指令

数据类型：DATA 为字，TBL 为 INT。

【例 6-16】 表取数指令应用实例，执行下列程序的结果如图 6-53 所示。

3. 查表（Table Find）**指令**

查表指令用来搜索表，以查找符合一定规则的数据在表中位置。

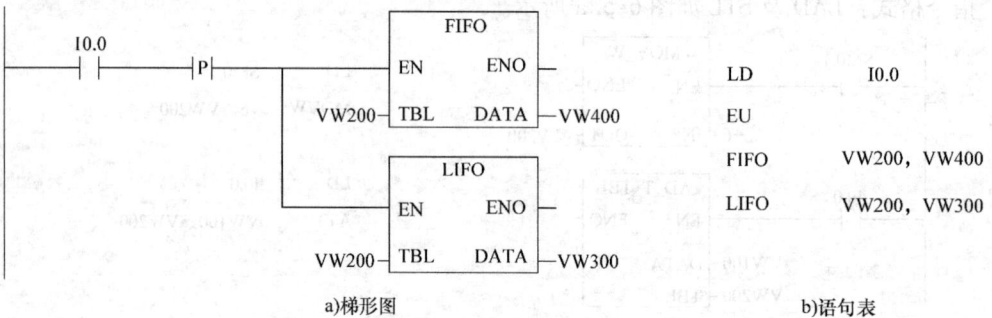

a) 梯形图　　　　　　　b) 语句表

图 6-53　表取数指令应用实例

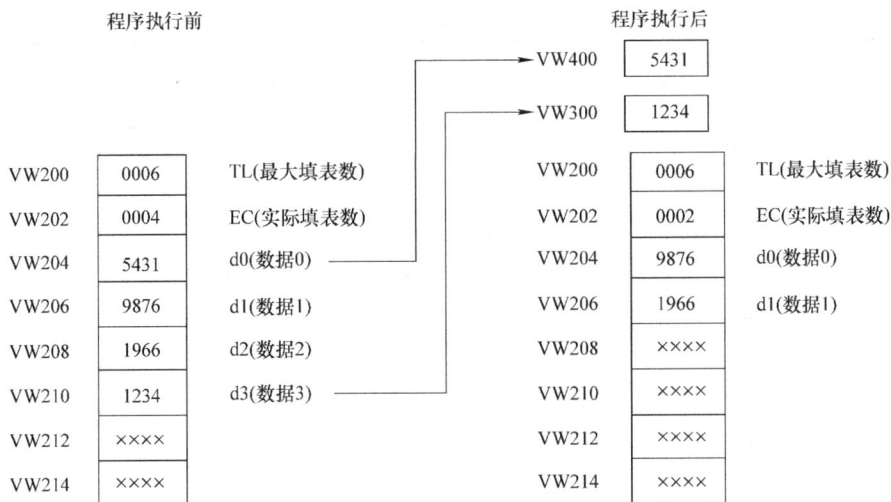

c)执行程序前后表的格式和内容

图 6-53 表取数指令应用实例（续）

指令格式：LAD 格式如图 6-54 所示。

指令功能：在梯形图中有 4 个数据输入端，其中，TBL 为表格的首地址，用以指明被访问的表格；PTN 给出查找的数据；CMD 给出查表条件，它为比较运算符的编码，是 1~4 的数值，分别代表 =、<>、< 和 > 运算符；INDX 为指针。查表前，INDX 指定搜索表 TBL 中数据的开始位置。查表后，INDX 用来存放表中符合查找条件的数据的编号。

查表指令执行之前，应先对 INDX 的内容清零。当使能输入有效时，从 INDX 开始搜索表 TBL，寻找由 PTN 和 CMD 所决定的条件数据，如果发现一个符合条件的数据，那么将该数据的表中数据编号装入 INDX。为了查找下一个符合条件的数据，在激活查表指令前，必须先对 INDX 加 1，然后再从 INDX 开始搜索表 TBL。如果没有发现符合条件的数据，那么 INDX 的值等于 EC。

一个表可以有最多 100 条数据。数据条标号范围为 0~99。

数据类型：TBL、INDX 为字，PTN 为 INT，CMD 为字节型常数。

【例 6-17】 如果 PNT 为 16#1234，CMD 为 3，则查找条件为 "<16#1234"，那么执行图 6-55 所示的程序。

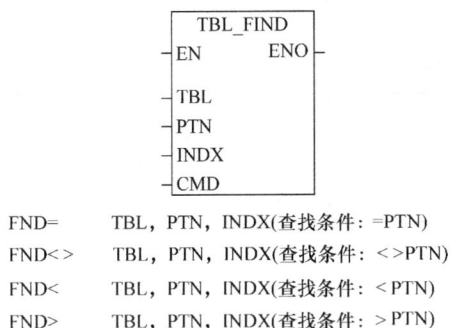

FND=　　　TBL, PTN, INDX(查找条件：=PTN)

FND<>　　TBL, PTN, INDX(查找条件：<>PTN)

FND<　　　TBL, PTN, INDX(查找条件：<PTN)

FND>　　　TBL, PTN, INDX(查找条件：>PTN)

图 6-54　查表指令

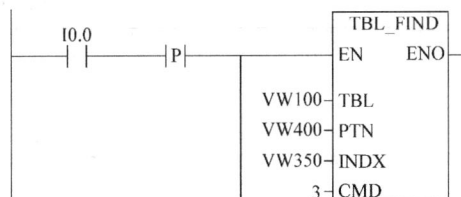

图 6-55　查找指令应用实例

给定条件及指令执行结果见表 6-3。

表 6-3　查表指令执行结果

操作数	单元地址	执行前内容	执行后内容	说　明
PTN	VW400	1234	1234	用来比较的数据
INDX	VW350	0	2	符合查表条件的数据编号
CMD	无	3	3	3 表示为 <
TBL	VW100	0006	0006	TL = 6，最大填表数，不变化
	VW102	0004	0004	EC 实际填表数，不变化
	VW104	9876	9876	数据 0
	VW106	6543	6543	数据 1
	VW108	1023	1023	数据 2
	VW110	2345	2345	数据 3
	VW112	＊＊＊＊	＊＊＊＊	无效数据
	VW114	＊＊＊＊	＊＊＊＊	无效数据

6.7　特殊指令

6.7.1　时钟指令

时钟指令可以实现调用系统实时时钟或根据需要来设定系统实时时钟，这对于实现控制系统的运行监视、运行记录以及所有和实时时间有关的控制等十分方便。时钟操作有两种：设定实时时钟和读实时时钟。

1. 设定实时时钟（Set Real – Time Clock）**指令**

指令格式：LAD 及 STL 格式如图 6-56a 所示。

指令功能：当使能输入信号有效时，指令把包含当前时间和日期的 8 个字节缓冲区（起始地址是 T）的内容装入 PLC 的内部时钟中，以更新 PLC 的实时时钟。

数据类型：T 为字节。

时钟缓冲区的格式见表 6-4。

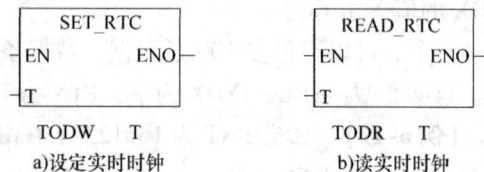

图 6-56　时钟指令格式

表 6-4　时钟缓冲区

字节	T	T + 1	T + 2	T + 3	T + 4	T + 5	T + 6	T + 7
含义	年	月	日	小时	分钟	秒	0	星期
范围	00 ~ 99	01 ~ 12	01 ~ 31	00 ~ 23	00 ~ 59	00 ~ 59	0	00 ~ 07

2. 读实时时钟（Read Real – Time Clock）**指令**

指令格式：LAD 及 STL 格式如图 6-56b 所示。

指令功能：当使能输入信号有效时，指令从 PLC 的内部时钟中读取当前时间和日期，并装载到以 T 为起始字节地址的 8 个字节缓冲区，依次存放年、月、日、时、分、秒、零和星期。

数据类型：T 为字节。

注意事项：

1）对于一个没有使用过时钟指令的 PLC，在使用时钟指令前，要在编程软件的"PLC"一栏中对 PLC 的时钟进行设定，然后才能使用时钟指令。时钟可以设定成和 PC 中的一样，也可用 TODW 指令自由设定，但必须先对时钟存储单元赋值后，才能使用 TODW 指令。

2）所有日期和时间的值均要用 BCD 码表示。例如对于年而言，16#11 表示（20）11 年；对于小时而言，16#22 表示晚上 10 点；星期的表示范围为 0～7，1 表示星期日，以此类推，7 表示星期六，0 表示禁用星期。

3）系统不检查、不核实时钟各值是否合理，无效日期 February 30（2 月 30 日）可能被接受，所以必须确保输入的数据是正确的。

4）不能同时在主程序和中断程序中使用读、写时钟指令，否则，将产生非致命错误，中断程序中的实时时钟指令将不被执行。

5）硬件时钟在 CPU224 以上的 PLC 中才有。

【例 6-18】 编写程序实现读/写实时时钟，并用 LED 数码管显示小时，时间缓冲区从 VB10 开始。具体程序如图 6-57 所示。

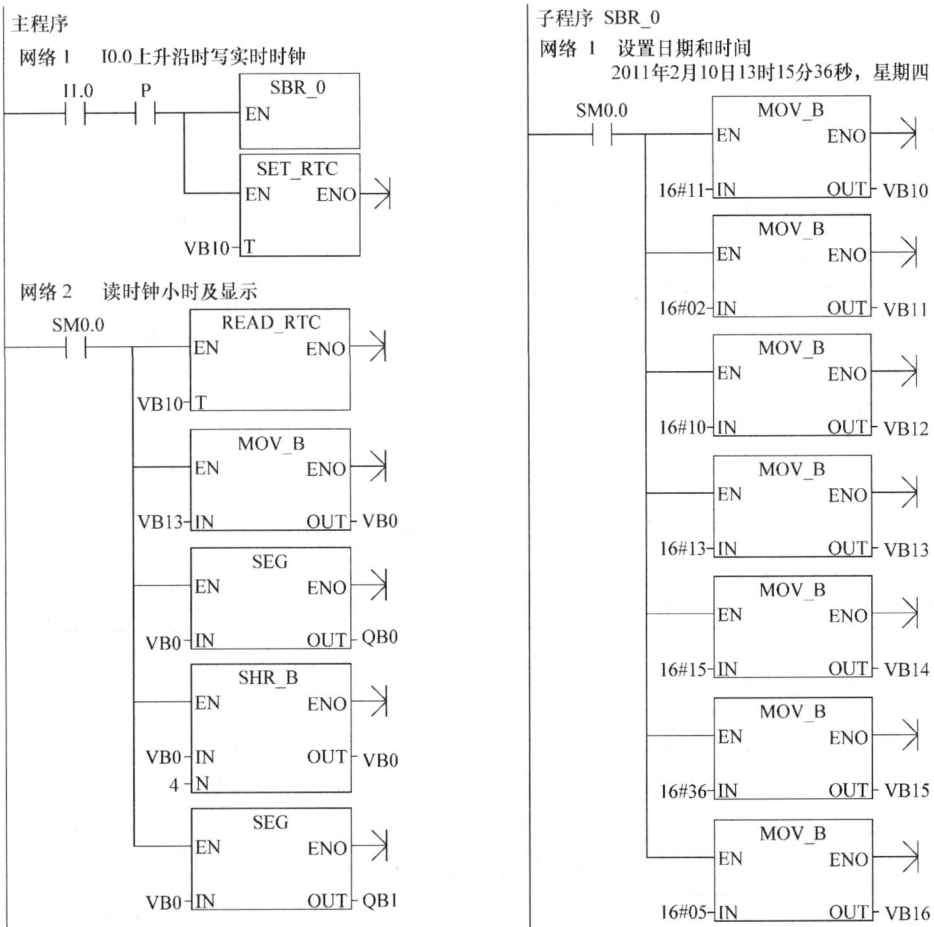

图 6-57　读/写时钟应用程序

6.7.2 中断

中断是计算机在实时处理和实时控制中不可缺少的一项技术，应用非常广泛。所谓中断是当控制系统执行正常程序时，系统中出现了某些急需处理的异常情况或特殊请求，这时系统暂时中断当前正在执行的程序，转去对随机发生的紧迫事件进行处理（执行中断服务程序），当该事件处理完毕后，系统自动回到原来被中断的程序处继续执行。

中断事件的发生具有随机性，中断在 PLC 应用系统中的人机联系、实时处理、高速处理、通信和网络中非常重要。

1. 中断指令

中断调用即调用中断程序，使系统对特殊的内部或外部事件做出响应。系统响应中断时自动保存逻辑堆栈、累加器和某些特殊标志存储器位，即保护现场。中断处理完成时，又自动恢复这些单元原来的状态，即恢复现场。

（1）中断允许（Enable Interrupt）及中断禁止（Disable Interrupt）指令

指令格式：LAD 及 STL 格式如图 6-58a、b 所示。

ENI：中断允许（开中断）指令，全局地允许所有被连接的中断事件。梯形图中以线圈形式编程，无操作数。

DISI：中断禁止（关中断）指令，全局地禁止处理所有中断事件。梯形图中以线圈形式编程，无操作数。

当系统由其他模式切换到 RUN 模式时，就自动关闭了所有中断。可以通过编程，在 RUN 模式下，用使能输入执行 ENI 指令来开放所有的中断，以实现对中断事件的处理。全局中断禁止指令（DISI）不允许处理中断服务程序，但中断事件仍然会排队等候，直到使用开中断指令重新允许中断。

（2）中断条件返回（CRETI）指令

用于根据前面的逻辑操作的条件，从中断服务程序中返回。无操作数。

指令格式：LAD 及 STL 格式如图 6-58c 所示。

（3）中断连接（Attach Interrupt）指令

指令格式：LAD 及 STL 格式如图 6-59 所示。

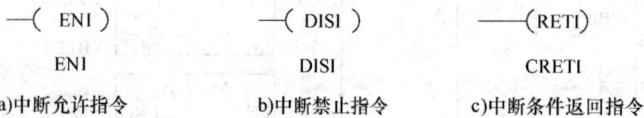

```
—( ENI )              —( DISI )           ——(RETI)
   ENI                    DISI               CRETI
a)中断允许指令         b)中断禁止指令      c)中断条件返回指令
```

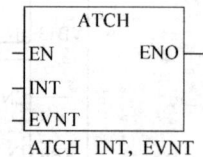

```
          ┌──────────────┐
          │     ATCH     │
        ──┤EN        ENO ├──
          │              │
        ──┤INT           │
          │              │
        ──┤EVNT          │
          └──────────────┘
          ATCH INT, EVNT
```

图 6-58　中断允许、禁止、条件返回指令　　　　图 6-59　中断连接指令

指令功能：将中断事件号 EVNT 与中断服务程序号 INT 建立联系，并允许该中断事件。

数据类型：中断程序号 INT 和中断事件号 EVNT 均为字节型常数。

不同 CPU 主机的 EVNT 取值范围不同，见表 6-5。不同类型的中断事件见表 6-6。

表 6-5　EVNT 取值范围

CPU 型号	CPU221 和 CPU222	CPU224	CPU224XP 和 CPU226
EVNT 取值范围	0~12，19~23，27~33	0~23，27~33	0~33

（4）中断分离（Detach Interrupt）指令

指令格式：LAD 及 STL 格式如图 6-60a 所示。

指令功能：切断中断事件号 EVNT 与中断服务程序之间的关联，并禁止该中断事件。

数据类型：中断事件号 EVNT 为字节型常数。

（5）清除中断事件（CLEAR EVENT）指令

指令格式：LAD 及 STL 格式如图 6-60b 所示。

指令功能：该指令从中断队列中清除所有 EVNT 类型的中断事件。

使用该指令可从中断队列中清除不需要的中断事件，从而避免预料之外的中断事件的发生。如果该指令用于清除假的中断事件，那么在从队列中清除事件之前要首先分离事件，否则在执行清除事件指令之后，新的事件将被增加到队列中。

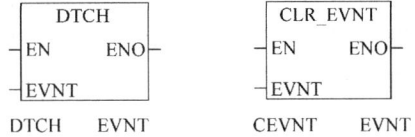

a)中断分离　　　　　　b)清除中断事件

图 6-60　中断分离、清除中断事件指令

说明：

1）多个事件可以调用同一个中断程序，但同一个中断事件不能同时指定多个中断服务程序。否则，在中断允许时，若某个中断事件发生，系统默认只执行为该事件指定的最后一个中断程序。

2）在一个程序中若使用中断功能，则至少要使用一次 ENI 指令，否则程序中的 ATCH 指令将完不成使能中断的任务。

2. 中断程序

中断程序即中断服务程序，是由用户事先编好的用来处理中断事件的程序。一般使用中断程序入口处的中断程序标号来区分不同的中断程序。

（1）构成

中断程序必须由三部分构成：中断程序标号、中断程序指令和无条件返回指令。

中断程序标号（名称）是在建立中断程序时生成的；中断程序指令是中断程序的实际有效部分，对中断事件的处理就是由这些指令组合完成的，在中断程序中可以调用嵌套子程序；中断返回指令用来退出中断程序回到主程序。它有两条返回指令，一是无条件中断返回指令 RETI，无需编程人员手工输入，是程序编译时由软件自动在中断程序结尾加上的指令；另一条是条件返回指令 CRETI，在中断程序内部用它可以提前退出中断程序，返回到主程序。

（2）要求

中断程序的编写要短小精悍、执行时间短，因此用户应最大限度地优化中断程序，否则意外情况可能会导致由主程序控制的设备出现异常操作。

（3）编制方法

用编程软件，在"编辑"菜单下的"插入"项中选择"中断"，则自动生成一个新的中断程序编号，进入该中断程序的编辑区，在此即可编写中断程序。

说明：

1）在一个中断服务程序中可以调用一个子程序，中断服务程序与被调用的子程序可共用累加器和逻辑堆栈。

2）在中断程序中不能使用 ENI、DISI、HDEF、LSCR 和 END 指令。

3. 中断类型

（1）中断源

中断事件发出中断请求的来源称为中断源。S7 – 200 PLC 的型号不同，具有的中断源数量也不同，最多具有 34 个中断源，每个中断源都分配一个编号加以区别，该编号称为中断事件号。S7 – 200 PLC 的中断源分为 3 类：通信中断、输入/输出中断和时基中断，见表 6-6。

表6-6 中断事件及优先级

组 优 先 级	组内类型	中断事件号	中断事件描述	组内优先级
通信中断 （最高级）	通信口 1	8	通信口 0：接收字符	0
		9	通信口 0：发送完成	0
		23	通信口 0：接收信息完成	0
	通信口 2	24	通信口 1：接收信息完成	1
		25	通信口 1：接收字符	1
		26	通信口 1：发送完成	1
输入/输出中断 （次高级）	脉冲输出	19	PTO0 脉冲串输出完成中断	0
		20	PTO1 脉冲串输出完成中断	1
	外部输入	0	I0.0 上升沿中断	2
		2	I0.1 上升沿中断	3
		4	I0.2 上升沿中断	4
		6	I0.3 上升沿中断	5
		1	I0.0 下降沿中断	6
		3	I0.1 下降沿中断	7
		5	I0.2 下降沿中断	8
		7	I0.3 下降沿中断	9
	高速计数器	12	HSC0 当前值等于预设值中断	10
		27	HSC0 输入方向改变中断	11
		28	HSC0 外部复位中断	12
		13	HSC1 当前值等于预设值中断	13
		14	HSC1 输入方向改变中断	14
		15	HSC1 外部复位中断	15
		16	HSC2 当前值等于预设值中断	16
		17	HSC2 输入方向改变中断	17
		18	HSC2 外部复位中断	18
		32	HSC3 当前值等于预设值中断	19
		29	HSC4 当前值等于预设值中断	20
		30	HSC4 输入方向改变中断	21
		31	HSC4 外部复位中断	22
		33	HSC5 当前值等于预设值中断	23

组优先级	组内类型	中断事件号	中断事件描述	组内优先级
时基中断	定时	10	定时中断0	0
		11	定时中断1	1
	定时器	21	T32当前值等于预设值中断	2
		22	T96当前值等于预设值中断	3

1）通信中断。S7-200生成让用户的程序可以控制通信口的事件，即PLC的串行通信口可由LAD或STL程序来控制，通信口的这种操作模式称为自由口通信模式。在自由口通信模式下，用户可以通过编程来设置波特率、每个字符位数、奇偶校验和通信协议等，利用接收和发送中断可简化程序对通信的控制。

2）输入/输出（I/O）中断。输入/输出中断包括外部输入中断、高速计数器中断和脉冲串输出中断。外部输入中断是系统利用I0.0～I0.3的上升沿或下降沿产生中断的，这些中断输入点可用做连接某些一旦发生就必须引起注意的外部事件；高速计数器中断可以响应当前值等于预设值、计数方向改变、计数器外部复位等事件引起的中断；脉冲串输出中断可以用来响应给定数量的脉冲输出完成所引起的中断。

3）时基中断。时基中断包括定时中断和定时器中断。

① 定时中断。用来支持一个周期性的活动，周期时间以1ms为计量单位，周期时间可以是1～255ms。对于定时中断0，必须把周期时间写入SMB34；对于定时中断1，必须把周期值写入SMB35。每当到达定时时间值，相关定时器溢出，由此产生定时中断，转去执行定时中断处理程序。定时中断可以用来以固定的时间间隔作为采样周期来对模拟量输入进行采样，也可以用来执行一个PID控制回路，另外，定时中断在自由口通信编程时非常有用。

当把某个中断程序连接到一个定时中断事件上，如果该定时中断被允许，那就开始计时。当定时中断重新连接时，定时中断功能会清除前一次连接时的任何累计值，并用新值重新开始计时。

② 定时器中断。利用定时器来对一个指定的时间段产生中断。这类中断只能使用分辨率为1ms的定时器T32和T96来实现。当所用定时器的当前值等于预设值时，在主机正常的定时刷新中，执行中断程序。

（2）中断优先级

所谓优先级，是指多个中断事件同时发生中断请求时，CPU对中断响应的优先次序。在中断系统中，将全部中断源按中断性质和处理的轻重缓急来进行优先级排队。中断优先级由高到低的次序是：通信中断、输入/输出中断、时基中断。每种中断中的不同中断事件又有不同的优先级。所有中断事件的优先级见表6-6。

在PLC中，CPU按先来先服务的原则响应中断请求，一个中断程序一旦执行，就一直执行到结束为止，不会被其他甚至更高优先级的中断程序打断。在任何时刻，CPU只执行一个中断程序。中断程序执行中，新出现的中断请求按优先级排队等候处理。中断队列能保存的最多中断个数有限，如果超过队列容量，就会产生溢出，相应的中断队列溢出标志位被置位。中断队列、中断队列溢出标志位及队列容量见表6-7。

表 6-7　各主机的中断队列最大中断数

中断队列种类	中断队列溢出标志位	CPU221	CPU222	CPU224	CPU226/CPU224XP
通信中断队列	SM4.0	4 个	4 个	4 个	8 个
I/O 中断队列	SM4.1	16 个	16 个	16 个	16 个
时基中断队列	SM4.2	8 个	8 个	8 个	8 个

【例 6-19】　在 I0.0 的上升沿通过中断使 Q0.0 立即置位。在 I0.1 的下降沿通过中断使 Q0.0 立即复位。主程序和中断服务程序的梯形图和语句表如图 6-61 所示。

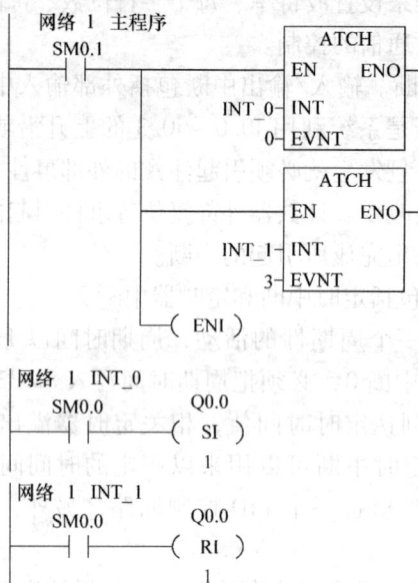

a)梯形图

```
// 主程序    OB1
LD         SM0.1          // 第一次扫描时
ATCH       INT_0, 0       // 在 I0.0 的上升沿执行0号中断程序
ATCH       INT_1, 3       // 在 I0.1 的下降沿执行1号中断程序
ENI                       // 允许全局中断
// 中断程序 0 (INT_0)
LD         SM0.0          // 该位总是为ON
SI         Q0.0, 1        // 使 Q0.0 立即置位
// 中断程序 0 (INT_1)
LD         SM0.0          // 该位总是为ON
RI         Q0.0, 1        // 使 Q0.0 立即复位
```

b)语句表

图 6-61　中断应用程序

【例 6-20】　利用定时中断读取模拟量的数值，要求每 100ms 读取一次 AIW4 的数值，

并放入 VW100 中。程序如图 6-62 所示。

6.7.3 高速计数器指令

普通计数器受到 CPU 扫描速度的影响，对高速脉冲信号计数会发生脉冲丢失的现象。高速计数器脱离主机的扫描周期而独立计数，它可以对脉宽小于主机扫描周期的高速脉冲准确计数，高速计数器常用于电动机转速检测等场合，使用时，可由编码器将电动机的转速转化成脉冲信号，再用高速计数器对转速脉冲信号进行计数。

不同型号的 PLC 主机，高速计数器的数量也不同。使用时，每个高速计数器都有地址编号。CPU221 和 CPU222 有 4 个，它们是 HC0 和 HC3 ~ HC5；CPU224、CPU226 和 CPU224XP 有 6 个，它们是 HC0 ~ HC5。

1. 中断事件、高速计数器的工作模式与外部输入信号

（1）中断事件类型

高速计数器的计数和动作可采用中断方式进行控制，与 CPU 的扫描周期关系不大，各种型号的 PLC 可用的高速计数器的中断事件大致分为 3 类：当前值等于预设值中断、输入方向改变中断和外部复位中断。

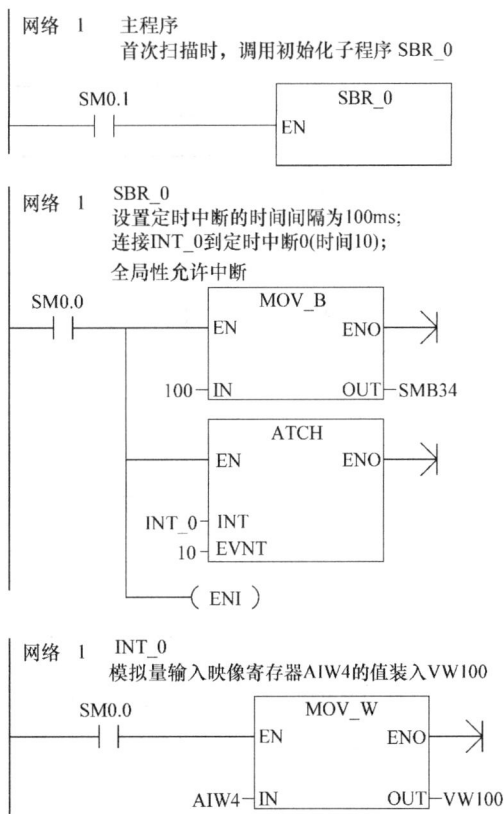

图 6-62　用定时中断采集模拟量的应用程序

所有高速计数器都支持当前值等于预设值中断，每个高速计数器的 3 种中断的优先级由高到低，不同高速计数器之间的优先级又按编号顺序由高到低。具体对应关系见表 6-6。

（2）高速计数器的工作模式

S7 – 200 PLC 的高速计数器有下面 4 种计数类型共 12 种工作模式。

1）带有内部方向控制的单向加/减计数器（模式 0 ~ 2）。用高速计数器的控制字节的第 3 位来控制加计数或减计数。该位为 1 时加计数，该位为 0 时减计数，如图 6-63 所示。

2）带有外部方向控制的单向加/减计数器（模式 3 ~ 5）。方向输入信号为 1 时为加计数，为 0 时为减计数，如图 6-64 所示。

3）带有加计数时钟脉冲输入和减计数时钟脉冲输入的双向计数器（模式 6 ~ 8）。若加计数时钟脉冲和减计数时钟脉冲的上升沿出现的时间间隔不到 0.3ms，高速计数器认为这两个事件是同时发生的，当前值不变化，也不会有计数方向变化的指示；反之，高速计数器能捕捉到每一个独立事件，如图 6-65 所示。

4）A/B 相正交计数器（模式 9 ~ 11）。它的两路计数脉冲的相位互差 90°（见图 6-66），正转时 A 相时钟脉冲比 B 相时钟脉冲超前 90°，反转时 A 相时钟脉冲比 B 相时钟脉冲滞后 90°。利用这一点可以实现在正转时加计数，反转时减计数。

当前值清0，预置值为4，计数方向设为加计数。
计数器使能位使能。

PV=CV产生中断
方向改变产生中断

时钟

内部方向控制
(1=加计数)

计数器
当前值

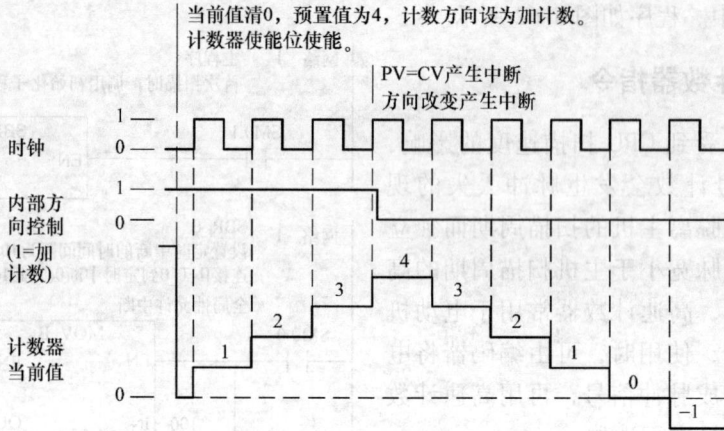

图 6-63　模式 0、1 或 2 操作实例

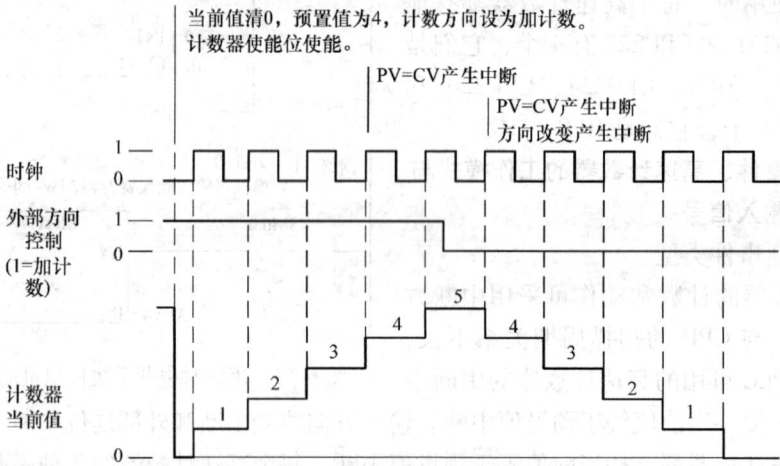

当前值清0，预置值为4，计数方向设为加计数。
计数器使能位使能。

PV=CV产生中断
PV=CV产生中断
方向改变产生中断

时钟

外部方向控制
(1=加计数)

计数器
当前值

图 6-64　模式 3、4 或 5 操作实例

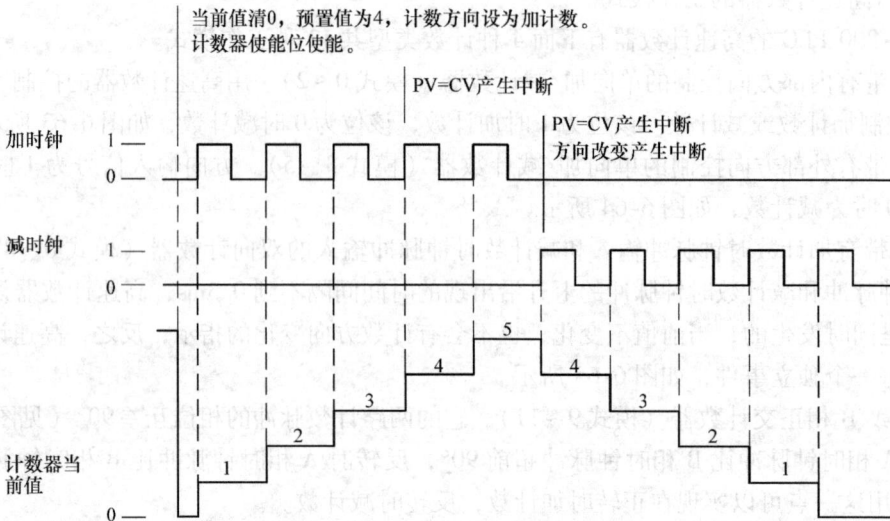

当前值清0，预置值为4，计数方向设为加计数。
计数器使能位使能。

PV=CV产生中断
PV=CV产生中断
方向改变产生中断

加时钟

减时钟

计数器当前值

图 6-65　模式 6、7 或 8 操作实例

A/B 相正交计数器可以选择 1 倍速模式（见图 6-66）和 4 倍速模式（见图 6-67），1 倍速模式在时钟脉冲的每一个周期计 1 次数，4 倍速模式在时钟脉冲的每一个周期计 4 次数。

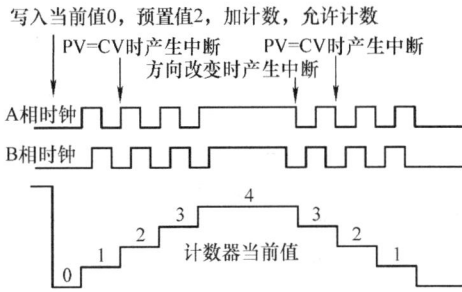

图 6-66　1 倍速正交模式操作实例　　　　图 6-67　4 倍速正交模式操作实例

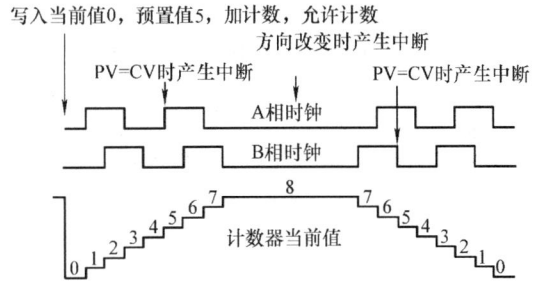

两相计数器的两个时钟脉冲可以同时工作在最大速率，全部计数器可以同时以最大速率运行，互不干扰。

根据有无复位输入和启动输入，上述的 4 种计数类型各对应 3 种工作模式，因此 HSC1 和 HSC2 有 12 种工作模式；HSC0 和 HSC4 因为没有启动输入，只有 8 种工作模式；HSC3 和 HSC5 因为只有时钟脉冲输入，所以只有 1 种工作模式。

（3）高速计数器的外部输入信号

高速计数器的输入信号见表 6-8。有些高速计数器的输入点相互间或它们与边沿中断 I0.0 ~ I0.3（见表 6-6）的输入点有重叠，同一输入点不能同时用于两种不同的功能。但是高速计数器当前模式未使用的输入点可以用于其他功能。例如，HSC0 工作在模式 1 时只使用 I0.0 和 I0.2，I0.1 可供边沿中断或 HSC3 使用。

对高速计数器的复位和启动有如下规定：

1）当激活复位输入端时，计数器清除当前值并一直保持到复位端失效。

2）当激活启动输入端时，计数器计数；当启动端失效时，计数器的当前值保持不变，并且忽略时钟事件。

3）如果在启动输入端无效的同时，复位信号被激活，则忽略复位信号，当前值保持不变；如果在复位信号被激活的同时，启动输入端被激活，则当前值被清除。

表 6-8　高速计数器的输入点和工作模式

模　式	描　　述	输　入　点			
	HSC0	I0.0	I0.1	I0.2	
	HSC1	I0.6	I0.7	I1.0	I1.1
	HSC2	I1.2	I1.3	I1.4	I1.5
	HSC3	I0.1			
	HSC4	I0.3	I0.4	I0.5	
	HSC5	I0.4			
0	带有内部方向控制的单相计数器	时钟			
1		时钟		复位	
2		时钟		复位	启动

模 式	描 述	输 入 点			
3	带有外部方向控制的单相计数器	时钟	方向		
4		时钟	方向	复位	
5		时钟	方向	复位	启动
6	带有加/减计数时钟脉冲输入的双相计数器	加时钟	减时钟		
7		加时钟	减时钟	复位	
8		加时钟	减时钟	复位	启动
9	A/B相正交计数器	时钟A	时钟B		
10		时钟A	时钟B	复位	
11		时钟A	时钟B	复位	启动

2. 高速计数器指令

高速计数器指令包含定义高速计数器（HDEF）指令和启动高速计数器（HSC）指令，高速计数器的时钟输入速率可达 10 ~ 30kHz。

（1）定义高速计数器指令（High – Speed Counter Definition）

指令格式：LAD 及 STL 格式如图 6-68a 所示。

指令功能：当使能输入有效时，为指定的高速计数器（HSCx）设置一种工作模式，建立起高速计数器（HSCx）和工作模式之间的联系。操作数 HSC 是高速计数器编号（0 ~ 5），MODE 是工作模式（0 ~ 11）。每个高速计数器只能使用一次 HDEF 指令，并且在启动高速计数器之前使用。

数据类型：HSC 和 MODE 均为字节型常量。

（2）启动高速计数器指令（High – Speed Counter）

指令格式：LAD 及 STL 格式如图 6-68b 所示。

指令功能：使能输入有效时，启动编号为 N 的高速计数器，按照指定的工作模式工作。

图 6-68 定义高速计数器及高速计数器指令

数据类型：N 表示高速计数器编号，为字型常量，范围是 0 ~ 5。

高速计数器装入预置值后，当前计数值小于当前预置值时，计数器处于工作状态。当当前值等于预置值或外部复位信号有效时，可使高速计数器产生中断，除模式 0 ~ 2 外，计数方向的改变也可产生中断。可利用这些中断事件完成预定的操作。每当中断事件出现时，采用中断的方法在中断程序中装入一个新的预置值，从而使高速计数器进入新一轮的工作。

3. 高速计数器的使用方法

每个高速计数器都有 4 个固定的特殊存储器与之相配合，以完成高速计数功能。具体对应关系见表 6-9。

（1）状态字节

每个高速计数器都有一个状态字节，其中的状态存储位指出了当前计数方向，当前值是否大于或者等于预置值。可以通过程序来读取相关位的状态，用做判断条件实现相应的操

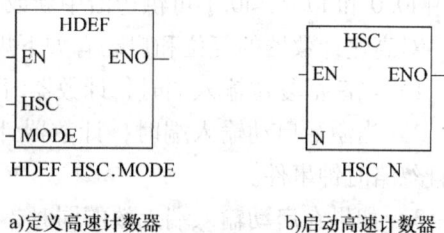

作。表 6 – 10 给出了状态字节各位的定义。

表 6-9　HSC 使用特殊标志寄存器的对应关系

高速计数器编号	状态字节	控制字节	初始值（双字）	预设值（双字）
HSC0	SMB36	SMB37	SMD38	SMD42
HSC1	SMB46	SMB47	SMD48	SMD52
HSC2	SMB56	SMB57	SMD58	SMD62
HSC3	SMB136	SMB137	SMD138	SMD142
HSC4	SMB146	SMB147	SMD148	SMD152
HSC5	SMB156	SMB157	SMD158	SMD162

表 6-10　高速计数器的状态字节各位的定义

状态位	SM××6.0～SM××6.4	SM××6.5	SM××6.6	SM××6.7
功能描述	不用	当前计数方向状态位 0＝减计数；1＝加计数	当前值等于预设值状态位 0＝不等；1＝相等	当前值大于预设值状态位 0＝小于等于；1＝大于

（2）控制字节

每个高速计数都有一个控制字节，用户可以根据要求来设置控制字节中各位的状态，如复位与启动输入信号的有效状态、计数速率、计数方向、允许更新双字值和允许执行 HSC 指令等，从而实现对高速计数器的控制。控制字节中各位的功能见表 6-11。

表 6-11　高速计数器的控制字节中各位的功能

控　制　位	功能描述	适用的计数器 HCn
SM××7.0	复位电平有效控制位：0＝高电平有效；1＝低电平有效	0，1，2，4
SM××7.1	起动电平有效控制位：0＝高电平有效；1＝低电平有效	1，2
SM××7.2	正交计数器计数速率选择位：0＝4x 计数速率；1＝1x 计数速率	0，1，2，4
SM××7.3	计数方向控制位：0＝减计数；1＝加计数	0，1，2，3，4，5
SM××7.4	允许更新计数方向：0＝不更新计数方向；1＝更新计数方向	0，1，2，3，4，5
SM××7.5	允许更新预设值：0＝不更新预设值；1＝更新预设值	0，1，2，3，4，5
SM××7.6	允许更新新的初始值：0＝不更新初始值；1＝更新初始值	0，1，2，3，4，5
SM××7.7	HSC 指令允许执行控制：0＝禁止 HSC；1＝允许 HSC	0，1，2，3，4，5

表中的前 3 位（0、1 和 2）只能在 HDEF 指令执行时进行设置，在程序中其他位置不能

更改（默认值为：启动和复位为高电位有效，正交计数速率为4x）。第3位和第4位可以在工作模式0、1和2下直接更改，以单独改变计数方向。后3位可以在任何模式下并在程序中更改，以单独改变计数器的初始值、预设值或对HSC禁止计数。

（3）高速计数器的初始化步骤及应用实例

以HSC1为内部方向控制的单向加/减计数器（模式0、1或2）为例，其初始化步骤如下：

1）用初次扫描存储器位（SM0.1 = 1）调用执行初始化操作的子程序。由于采用了这样的子程序调用，后续扫描不会再调用这个子程序，从而减少了扫描时间，也提供了一个结构优化的程序。

2）初始化子程序中，根据所希望的控制操作对SMB47置数。例如，SMB47 = 16#F8，表示允许计数、写入新的初始值、写入新的预置值、置计数方向为加计数、置启动和复位输入为高电平有效。

3）执行HDEF指令时，HSC输入置1，MODE输入置0（无外部复位或启动）或置1（有外部复位和无启动）或置2（有外部复位和启动）。

4）向SMD48（双字）写入所希望的初始值（若写入0，则清除）。

5）向SMD52（双字）写入所希望的预置值。

6）为了捕获当前值（CV）等于预置值（PV）的中断事件，编写中断子程序，并指定CV = PV中断事件（事件号13）调用该中断子程序。

7）为了捕获外部复位事件，编写中断子程序，并指定外部复位中断事件（事件号15）调用该中断子程序。

8）执行全局中断允许指令（ENI）来允许HSC1中断。

9）执行HSC指令，启动HSC1按规定的工作模式开始工作。

10）退出子程序。

初始化模式3~12请读者参考S7-200手册，这里不再赘述。

【例6-21】 通过HSC0工作在模式0（无外部方向控制的单向加/减计数器）实现计数值为1000~2000时，Q1.0输出为1。

解： 根据控制要求和高速计数器初始化步骤，编写主程序、初始化子程序及中断程序如图6-69所示。

6.7.4 高速脉冲输出指令

高速脉冲输出功能是指在PLC的某些输出端产生高速脉冲，用来驱动负载实现精确控制。这在运动控制中广泛应用。使用高速脉冲输出功能时，PLC主机应选用晶体管输出型，以满足高速输出的频率要求。

1. 高速脉冲输出的方式和输出端子

每个S7-200 PLC的CPU有两个PTO/PWM发生器，用以产生高速脉冲和脉冲宽度可调的波形输出，一个发生器分配在数字输出端Q0.0，另一个分配在Q0.1。

PTO可以输出一串占空比为50%的脉冲，用户可以控制脉冲的周期和个数，如图6-70a所示。PWM可以输出一串占空比可调的脉冲，用户可以控制脉冲的周期和宽度，如图6-70b所示。

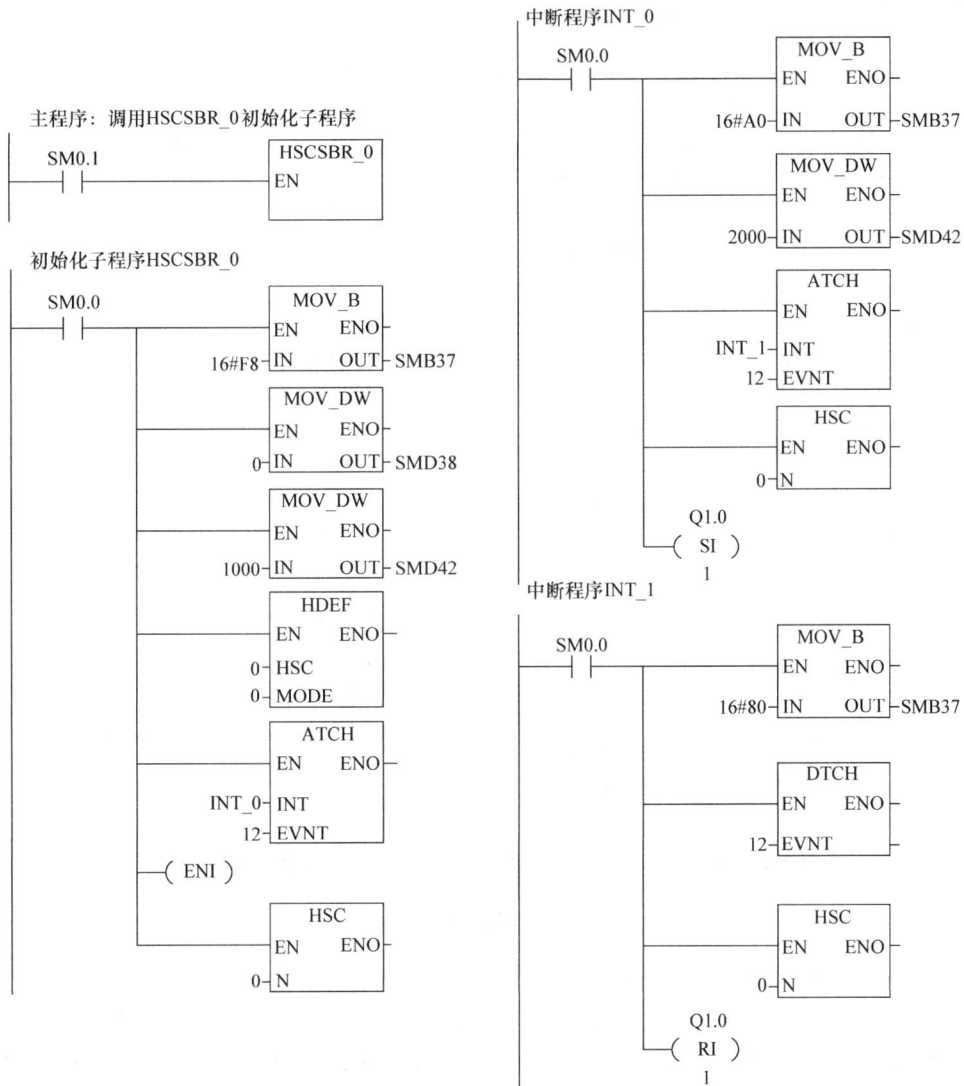

中断程序INT_0

```
       SM0.0              MOV_B
   ─────┤├─────┬──────────EN    ENO─
                          16#A0─IN   OUT─SMB37
                          MOV_DW
                        ┌─EN    ENO─
                   2000─IN   OUT─SMD42
                          ATCH
                        ┌─EN    ENO─
                 INT_1─INT
                    12─EVNT
                          HSC
                        ┌─EN    ENO─
                     0─N
        Q1.0
      ─( SI )
         1
```

主程序：调用HSCSBR_0初始化子程序

```
       SM0.1              HSCSBR_0
   ─────┤├────────────────EN
```

初始化子程序HSCSBR_0

```
       SM0.0              MOV_B
   ─────┤├─────┬──────────EN    ENO─
                    16#F8─IN   OUT─SMB37
                          MOV_DW
                        ├─EN    ENO─
                       0─IN   OUT─SMD38
                          MOV_DW
                        ├─EN    ENO─
                    1000─IN   OUT─SMD42
                          HDEF
                        ├─EN    ENO─
                       0─HSC
                       0─MODE
                          ATCH
                        ├─EN    ENO─
                   INT_0─INT
                      12─EVNT
                     ─( ENI )
                          HSC
                        └─EN    ENO─
                       0─N
```

中断程序INT_1

```
       SM0.0              MOV_B
   ─────┤├─────┬──────────EN    ENO─
                    16#80─IN   OUT─SMB37
                          DTCH
                        ├─EN    ENO─
                      12─EVNT
                          HSC
                        └─EN    ENO─
                       0─N
        Q1.0
      ─( RI )
         1
```

a)梯形图

主程序

| LD | SM0.1 | //首次扫描时为 ON |
| CALL | HSCSBR_0 | //调用 HSCSBR_0 初始化子程序 |

初始化子程序 HSCSBR_0

LD	SM0.0	//SM0.0 总是为 ON
MOVB	16#F8，SMB37	//设置控制字节，加计数、允许计数
MOVD	0，SMD38	//装载初始值
MOVD	1000，SMD42	//装载预置值 PV
HDEF	0，0	//设置 HSC0 为模式 0
ATCH	INT_0，12	//当前值等于预置值时执行中断程序 INT_0
ENI		//允许全局中断

图 6-69　高速计数器应用程序

```
HSC      0                    //启动 HSC0 工作
中断程序 INT_0
当 HSC0 的计数当前值等于第 1 个预置值 1000 时产生中断, 执行中断程序 INT_0
LD       SM0.0
MOVB     16#A0, SMB37         //设置控制字节, 允许计数, 写入新的预置值, 不改变计数方向
MOVD     2000, SMD42          //装载预置值 PV
ATCH     INT_1, 12           //当前值等于预置值时执行中断程序 INT_1
HSC      0                    //启动 HSC0 工作
SI       Q1.0, 1             //Q1.0 立即置位
中断程序 INT_1
当 HSC0 的计数当前值等于第 2 个预置值 2000 时产生中断, 执行中断程序 INT_1
LD       SM0.0
MOVB     16#80, SMB37         //设置控制字节, 允许计数, 不写入新的预置值, 不改变计数方向
DTCH     12                   //断开中断连接
HSC      0                    //启动 HSC0 工作
RI       Q1.0, 1             //Q1.0 立即复位
```

b) 语句表

图 6-69 高速计数器应用程序 (续)

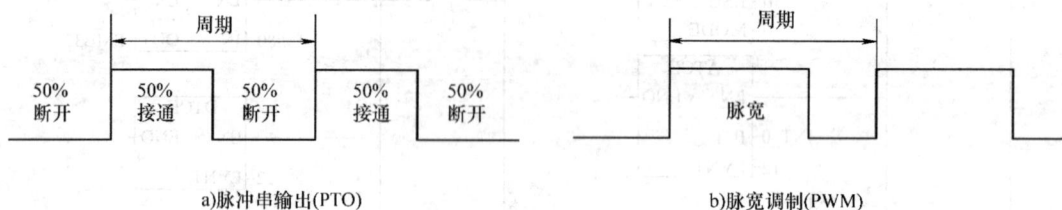

a) 脉冲串输出(PTO)   b) 脉宽调制(PWM)

图 6-70 高速脉冲输出的方式

PTO/PWM 发生器与输出映像寄存器共用 Q0.0 和 Q0.1。同一个输出点只能用做一种功能, 如果 Q0.0 和 Q0.1 在程序执行时用做高速脉冲输出, 则只能被高速脉冲输出使用, 其通用功能被自动禁止, 任何输出刷新、输出强制、立即输出等指令均无效。只有高速脉冲输出不用的输出点才可能用做普通数字量输出点。

在 Q0.0 和 Q0.1 编程时用做脉冲输出, 但未执行脉冲输出指令时, 仍可以用普通位操作指令设置这两个输出位, 以控制高速脉冲的起始和终止电位。

2. 高速脉冲指令及特殊寄存器

(1) 脉冲输出 (Pulse Output) 指令

指令格式: LAD 和 STL 格式如图 6-71 所示。

指令功能: 当使能端输入有效时, 检测用程序设置的特殊存储器位, 激活由控制位定义的脉冲操作, 从 Q0.0 或 Q0.1 输出脉冲。高速脉冲 PTO 和宽度可调脉冲输出 PWM 都由 PLS 指令激活输出。

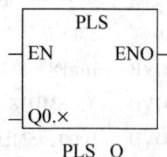

PLS Q

图 6-71 脉冲输出指令

数据类型: Q 位字型数据输入, 必须是 0 或 1 的常数。

(2) 特殊标志寄存器

每个高速脉冲发生器均对应若干个特殊寄存器, 包括控制字节寄存器、状态字节寄存器和参数值寄存器, 用以控制高速脉冲的输出形式, 反映输出状态和参数值。各寄存器的功能

见表6-12。

1) 状态字节。用于 PTO 方式，每个高速脉冲输出都有一个状态字节，程序运行时根据运行状态自动使某些位置位。通过程序可以读取相关位的状态，用此状态作为判断条件实现相应的操作。状态字节中各位的功能见表6-13。

表6-12　高速脉冲发生器使用的特殊寄存器

Q0.0 寄存器	Q0.1 寄存器	名称及功能描述
SMB66	SMB76	状态字节，在 PTO 方式下跟踪脉冲串的输出状态
SMB67	SMB77	控制字节，控制 PTO/PWM 脉冲输出的基本功能
SMB68	SMB78	周期值，属字型，PTO/PWM 的周期值，范围为 2～65535ms 或 10～65535μs
SMB70	SMB80	脉宽值，属字型，PWM 的脉宽值，范围为 0～65535（ms 或 μs）
SMB72	SMB82	脉冲数，属双字型，PTO 的脉冲数，范围为 1～4294967295
SMB166	SMB176	段号，多段管线 PTO 进行中的段的编号
SMB168	SMB178	多段管线 PTO 包络表起始字节的地址

表6-13　状态字节中各位的功能

状态位	SM ×6.0～SM ×6.3	SM ×6.4	SM ×6.5	SM ×6.6	SM ×6.7
功能描述	不用	PTO 包络因增量计算错误终止0＝无错；1＝终止	PTO 包络因用户命令终止0＝无错；1＝终止	PTO 管线溢出0＝无溢出；1＝溢出	PTO 空闲0＝执行中；1＝空闲

2) 控制字节。每个高速脉冲输出都有一个控制字节，通过对控制字节相应位的编程，来设置控制字节中各位的功能，如脉冲输出允许、PTO/PWM 模式选择、PTO 单段/多段选择、更新方式、时间基准和允许更新等。表6-14 给出了控制字节中各控制位的功能。

表6-14　控制字节中各控制位的功能

Q0.0 控制位	Q0.1 控制位	功能描述
SM67.0	SM77.0	PTO/PWM 更新周期值：0＝不更新；1＝允许更新
SM67.1	SM77.1	PWM 更新脉冲宽度值：0＝不更新；1＝允许更新
SM67.2	SM77.2	PTO 更新输出脉冲数：0＝不更新，1＝允许更新
SM67.3	SM77.3	PTO/PWM 时间基准选择：0＝1μs 单位时基；1＝1ms 单位时基
SM67.4	SM77.4	PWM 更新方法：0＝异步更新；1＝同步更新
SM67.5	SM77.5	PTO 操作：0＝单段管线操作；1＝多段管线操作
SM67.6	SM77.6	PTO/PWM 模式选择：0＝选用 PTO 模式；1＝选用 PWM 模式
SM67.7	SM77.7	PTO/PWM 脉冲输出允许：0＝禁止；1＝允许

假如用 Q0.1 作为高速脉冲输出，则对应的控制字节为 SMB77。如果向 SMB77 写入 2#10101000，即 16#A8，则对 Q0.1 的功能设置为：允许 PTO 脉冲输出、多段 PTO 脉冲串输出、时基为 1ms、不允许更新周期值和脉冲数。表6-15 给出了一些 PTO/PWM 控制字节的设置参考值，供读者在学习和应用中参考。

表 6-15　PTO/PWM 控制字节的设置参考值

控制寄存器 (16 进制)	执行 PLS 指令的结果							
	允许	模式选择	PTO 段操作	PWM 更新方法	时基	脉冲数	脉冲宽度	周期
16#81	Yes	PTO	单段		1μs/周期			装入
16#84	Yes	PTO	单段		1μs/周期	装入		
16#85	Yes	PTO	单段		1μs/周期	装入		装入
16#89	Yes	PTO	单段		1ms/周期			装入
16#8C	Yes	PTO	单段		1ms/周期	装入		
16#8D	Yes	PTO	单段		1ms/周期	装入		装入
16#A0	Yes	PTO	多段		1μs/周期			
16#A8	Yes	PTO	多段		1ms/周期			
16#D1	Yes	PWM		同步	1μs/周期			装入
16#D2	Yes	PWM		同步	1μs/周期		装入	
16#D3	Yes	PWM		同步	1μs/周期		装入	装入
16#D9	Yes	PWM		同步	1ms/周期			装入
16#DA	Yes	PWM		同步	1ms/周期		装入	
16#DB	Yes	PWM		同步	1ms/周期		装入	装入

3. PTO 的使用

PTO 状态字节中的最高位用来指示脉冲串输出是否完成。在脉冲串输出完成的同时可以产生中断，因而可以调用中断程序完成指定操作。

周期：周期变化范围为 10～65535μs 或 2～65535ms，为 16 位无符号数据，如果编程时设定周期单位小于最小值，则系统默认按最小值进行设置。

脉冲数：脉冲数取值范围为 1～4294967295，是双字无符号数，如果编程时指定脉冲数为 0，则系统默认脉冲数为 1。

PTO 方式：可输出多个脉冲串，并允许脉冲串排队，以形成管线。当前输出的脉冲串完成之后，立即输出新脉冲串，以保证脉冲串顺序输出的连续性。根据管线的实现方式，将 PTO 分为单段管线和多段管线两种。

1）单段管线。管线中只能存放一个脉冲串的控制参数（即入口），一旦起动了一个脉冲串进行输出时，就需要用指令立即为下一个脉冲串更新特殊寄存器，并再次执行脉冲串输出指令。当前脉冲串输出完成后，自动输出下一个脉冲串。重复这一操作可以实现多个脉冲串的输出。单段管线中的各脉冲段可以采用不同的时间基准。

2）多段管线。多段管线是指在变量 V 存储区建立一个包络表，包络表中存储各个脉冲串的参数，相当于有多个脉冲串的入口。多段管线可以用 PLS 指令起动，运行时，CPU 自动从包络表中按顺序读出每个脉冲串的参数进行输出。

编程时必须装入包络表的起始变量（V 存储区）的偏移地址，运行时只使用特殊存储区的控制字节和状态字节。包络表的首地址代表该包络表，它放在 SMW168 或 SMW178 中。PTO 当前进行中的段的编号放在 SMB166 或 SMB176 中。

包络表格式由包络段数和各段构成。整个包络表的段数（1~255）放在包络表首字节中，而每段设定要占用 8 个字节，包括脉冲初始周期值（16 位）、周期增量值（16 位）和输出脉冲数（32 位）。以包络 3 段的包络表为例，若 VBn 包络表起始字节地址，则包络表的结构见表 6-16。表中的时间基准单位为 ms。

表 6-16　3 段包络表的结构

字节偏移地址	名　称	描　　　　述
VBn	段标号	段数，为 1~255，数 0 将产生非致命性错误，不产生 PTO 输出
VWn + 1	段 1	初始的周期，取值范围为 2~65535
VWn + 3		每个脉冲的周期增量，符号整数，取值范围为 -32768~32767 时间基准单位
VDn + 5		输出脉冲数（1~4294967295）
VWn + 9	段 2	初始周期，取值范围为 2~65535
VWn + 11		每个脉冲的周期增量，符号整数，取值范围为 -32768~32767 时间基准单位
VDn + 13		输出脉冲数（1~4294967295）
VWn + 17	段 3	初始周期，取值范围为 2~65535
VWn + 19		每个脉冲的周期增量，符号整数，取值范围为 -32768~32767 时间基准单位
VDn + 21		输出脉冲数（1~4294967295）

在步进电动机的加/减速控制中采用多段管线形式非常方便。

多段管线使用时的局限性是在包络表中的所有脉冲串的周期必须采用同一个基准，而且多段管线执行时，包络表的各段参数不能改变。

中断事件号：高速脉冲串输出可以采用中断方式进行控制。由表 6-6 可知，高速脉冲串输出中断事件有 19 和 20 两个。

PTO 的使用：PTO 高速脉冲串输出时，要按以下步骤进行：

1）确定脉冲发生器及工作模式。选用高速脉冲串输出端（发生器）；选择工作模式为 PTO 并且确定多或单段工作模式。如果要求有多个脉冲串连续输出，通常采用多段管线。

2）设置控制字节。按控制要求将控制字节写入 SMB67 或 SMB77 特殊寄存器。

3）写入周期值、周期增量值和脉冲数。如果是单段脉冲输出，对以上各值分别设置；如果是多段脉冲，则需要建立多段脉冲包络表，并对各段参数分别设置。

4）装入包络表的首地址。本步骤为可选项，只在多段脉冲输出中需要。

5）设置中断事件并全局开中断。高速脉冲串输出 PTO 可利用中断方式对高速事件进行精确控制。中断事件是中断事件号为 19 或 20 的高速脉冲输出完成。用 ATCH 指令把中断事件号 19 或 20 与中断子程序连接起来，并全局开中断。程序如下：

```
ATCH      PTOINT _ 0，19
ENI
```

6）执行 PLS 指令。经以上设置并执行指令后，即可用 PLS 指令启动高速脉冲串，并由 Q0. 0 或 Q0. 1 输出。

以上 6 步是对高速脉冲输出的初始化。该过程可以用主程序中的程序段来实现，也可以用子程序来实现，高速脉冲串在运行之前，必须要执行一次初始化程序段或初始化子程序。

【例 6-22】 用带有脉冲包络的 PTO 来控制一台步进电动机，实现一个简单的加速、匀速、减速过程。要求启动和结束频率均是 2kHz，最大脉冲频率是 10kHz。假定在输出包络的加速部分，在 200 个脉冲左右达到最大脉冲频率，而在减速部分在 400 个脉冲内完成，电动机总转动数为 4000 个脉冲。图 6-72 给出了频率 – 时间关系图。

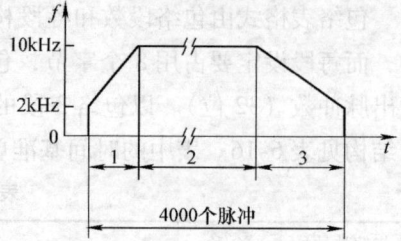

图 6-72   频率 – 时间关系图

解：1）确定脉冲发生器和工作模式。选用高速脉冲串发生器 Q0.1，并且确定 PTO 为 3 段脉冲管线。

2）设置控制字节。10kHz 对应的周期值是 100μs，所以选择 μs 级时基，将 16#A0 写入控制字节 SMB77（允许脉冲输出、多段 PTO、时基为 μs 级、不允许更新周期值和脉冲数）。

3）写入周期值、周期增量值和脉冲数。给定段的周期增量 = $(T_{EC} - T_{IC})/Q$，其中，T_{EC} 为该段结束周期时间；T_{IC} 该段初始周期时间；Q 为该段脉冲数量。包络表见表 6-17。

表 6-17   包络表

V 变量存储器地址	各块名称	实际功能	参数名称	参数值
VB300	段数	决定输出脉冲串数	总包络段数	3
VW301	段 1	电动机加速阶段	初始周期	500μs
VW303			周期增量	−2μs
VD305			输出脉冲数	200
VW309	段 2	电动机恒速阶段	初始周期	100μs
VW311			周期增量	0μs
VD313			输出脉冲数	3400
VW317	段 3	电动机减速阶段	初始周期	100μs
VW319			周期增量	1μs
VD321			输出脉冲数	400

4）装入包络表的首地址。将包络表的起始变量 V 存储器地址装入 SMB178 中。

5）设置中断事件并全局开中断。脉冲输出完成时，调用中断程序（Q1.0 = 1）。中断事件号为 20，全局开中断。

6）执行 PLS 指令。梯形图程序如图 6-73 所示。

4. PWM 的使用

PWM 产生一个占空比变化周期固定的脉冲输出。用户可以以 μs 或 ms 为单位指定其周期和脉冲宽度，完成特定的控制任务。

周期：16 位无符号数据，变化范围为 10 ~ 65535μs 或 2 ~ 65535ms。如果编程时设定周期单位小于 2，则系统默认按两个时间单位进行设置。

脉冲宽度：16 位无符号数据，变化范围为 0 ~ 65535μs 或 0 ~ 65535ms。

网络 1　　主程序

网络 1　　建立包络表的子程序SBR_1

网络 1　　初始化子程序SBR_0

网络 1　　中断程序 PTOINT

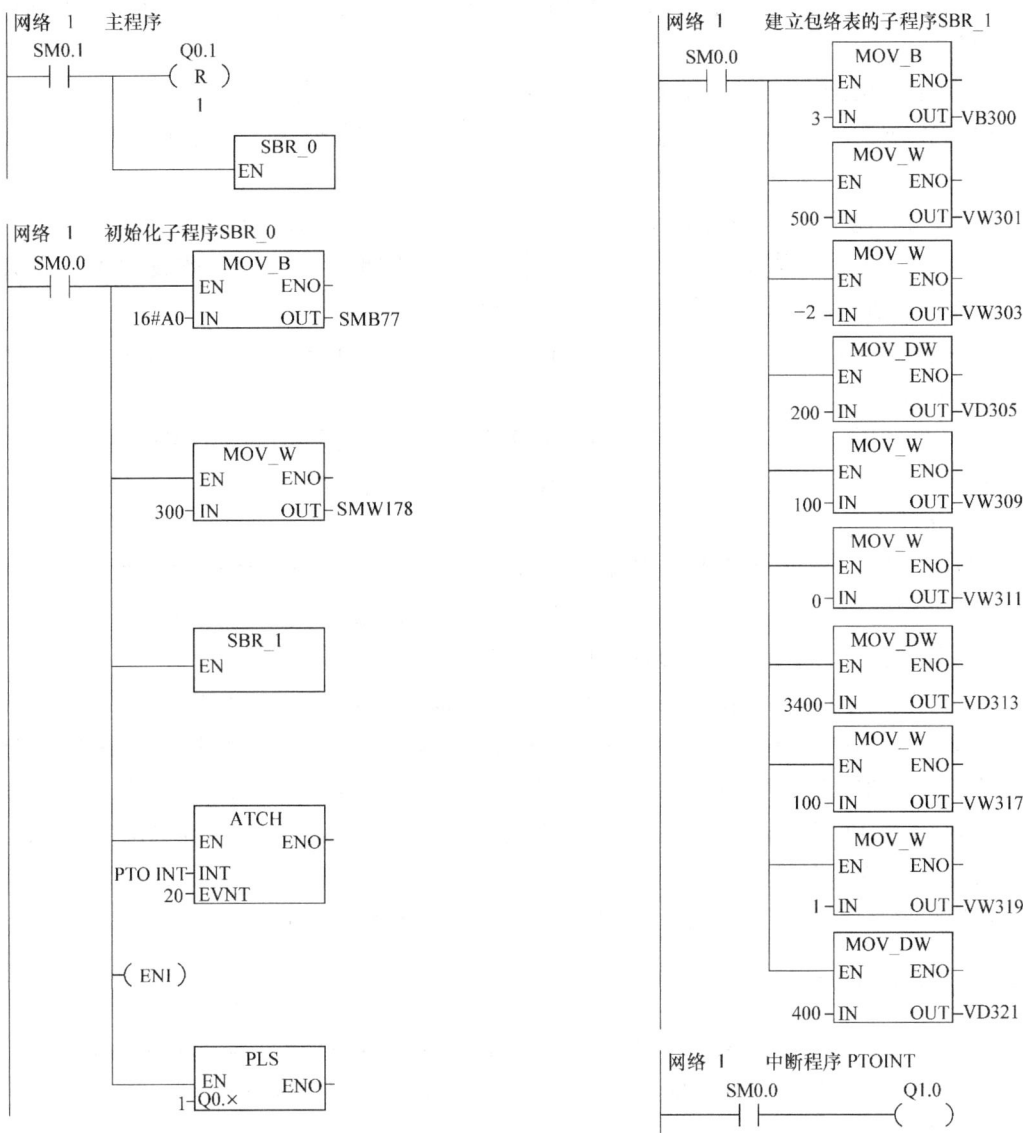

图 6-73　PTO 应用举例梯形图程序

如果设定脉宽等于周期（使占空比为 100%），则输出连续接通；如果设定脉宽等于 0（使占空比为 0%），则输出断开。

更新方式：有两种方式可改变高速 PWM 波形的特性，即同步更新和异步更新。

1）同步更新。波形特性的变化发生在周期的边沿，提供平滑转换。在不需要改变时间基准的情况下，可以采用同步更新。

2）异步更新。PWM 的典型操作是当周期时间保持常数时变化脉冲宽度。所以，不需要改变时间基准。但是，在需要改变 PTO/PWM 发生器的时间基准的情况下，必须采用异步更新。异步更新有时会引起脉冲输出功能被瞬时禁止或 PWM 波形不同步，从而引发被控制设备的振动。

由此可以看出，要尽可能采用 PWM 同步更新。为此要事先选一个适合于所有时间周期的时间基准。

PWM 的使用：使用 PWM 高速脉冲串输出时，要按以下步骤进行。

1）确定脉冲串输出器。它包括两方面工作，即根据控制要求，一是选用高速脉冲串输出端（发生器）；二是选择工作模式为 PWM。

2）设置控制字节。按控制要求设置 SMB67 或 SMB77 特殊寄存器。

3）写入周期值和脉冲宽度值。按控制要求将脉冲周期值写入 SMW68 或 SMW78 特殊寄存器，将脉宽值写入 SMW70 或 SMW80 特殊寄存器。

4）执行 PLS 指令。经以上设置并执行指令后，即可用 PLS 指令启动 PWM，并由 Q0.0 或 Q0.1 输出。

PWM 的使用应注意：控制字节中的 PWM 更新方式位（SM67.4 或 SM77.4）用于指定更新方式。当 PLS 指令执行时变化生效。如果改变了时间基准，会产生一个异步更新，而与 PWM 更新方式位的状态无关。

【例 6-23】 设计一段程序，从 PLC 的 Q0.1 输出一串脉冲。该串脉冲宽的初始值为 0.2s，周期固定为 2s，其脉宽每周期递增 0.2s，当脉宽达到 1.8s 时，脉宽改为每周期递减 0.2s，直到脉宽减为零为止。重复执行以上过程。

解：该题是 PWM 的典型应用，因为每个周期都有要求的操作，所以需要把 Q0.1 接到 I0.0，采用输入中断的方法完成控制任务。另外还要设置一个标志，来决定什么时候脉冲递增、什么时候脉冲递减。控制字设定为 16#DA，即 11011010，把它放到 SMB77 中，它表示输出端 Q0.1 为 PWM 方式、不允许更新周期值、允许更新脉宽、时间基准单位为 ms 级、同步更新且允许 PWM 输出。

梯形图程序如图 6-74 所示，它包括主程序、子程序和中断程序。

6.7.5 PID 回路指令

PID 是比例积分微分的缩写。在过程控制系统中，PID 算法是最常用的算法之一，而 PID 回路指令，又使执行 PID 回路功能这一任务的编程和实现变得非常容易。

1. PID 控制器

（1）连续控制系统中的 PID 控制器

在连续控制系统中，信号均为连续变化的模拟量，PID 控制器由运算放大器组成。设 $sp(t)$ 为给定值，$pv(t)$ 为过程变量（反馈量），误差 $e(t) = sp(t) - pv(t)$，PID 控制器的输出量 = 比例项 + 积分项 + 微分项 + 输出的初始值，即

$$M(t) = K_C\left(e + \frac{1}{T_I}\int_0^t e\,\mathrm{d}t + T_D\,\frac{\mathrm{d}e}{\mathrm{d}t}\right) + M_{\text{initial}} \tag{6-1}$$

式中，$M(t)$ 是控制器的输出；M_{initial} 是回路输出的初始值；K_C 是 PID 回路的增益；T_I 和 T_D 分别是积分时间和微分时间。

比例（P）、积分（I）、微分（D）部分分别与误差、误差的积分和误差的微分成正比。如果取其中的一项或两项，可以组成 P、PD 或 PI 控制器。需要较好的动态品质和较高的稳态精度时，可以选用 PI 控制方式；控制对象的惯性滞后较大时，应选择 PID 控制方式。

主程序

网络1 初始化PWM, 调用子程序SBR_0

```
SM0.1        SBR_0
─┤├─────────│EN    │
```

网络2 脉宽大于1.8s, 则复位标志位M1.0

```
SMW80              M1.0
─┤>=1├───────────( R )
VW0                  1
```

网络3 若脉宽为0, 则重新开始新的循环

```
SMW80        SBR_0
─┤==1├───────│EN    │
  0
```

网络4 I0.0上升沿脉冲中断, 脉宽增加时执行INT_0

```
M1.0         ATCH
─┤├──────────│EN    ENO│───
        INT_0│INT      │
            0│EVNT     │
```

网络5 I0.0上升沿脉冲中断, 脉宽减少时执行INT_1

```
M1.0         ATCH
─┤/├─────────│EN    ENO│───
        INT_1│INT      │
            0│EVNT     │
```

a)主程序

SBR_0

网络1 初始化输入控制字、周期、初始脉宽和比较值, 启动PWM

```
SM0.0     M1.0
─┤├───────( S )
             1

          MOV_B
         │EN    ENO│
   16#DA─│IN    OUT│─SMB77

          MOV_W
         │EN    ENO│
     200─│IN    OUT│─SMW80

          MOV_W
         │EN    ENO│
    2000─│IN    OUT│─SMW78

         ( ENI )

           PLS
         │EN    ENO│
        1│Q0.×     │

          MOV_W
         │EN    ENO│
    4600─│IN    OUT│─VW0
```

b)子程序SBR_0

INT_0

网络1 M1.0=1时, 脉宽递增

```
SM0.0        ADD_I
─┤├──────────│EN    ENO│
        200─│IN1   OUT│─SMW80
      SMW80─│IN2      │

             PLS
            │EN    ENO│
           1│Q0.×     │

             DTCH
            │EN    ENO│
           0│EVNT     │
```

c)中断程序INT_0

INT_1

网络1 M1.0=0时, 脉宽递减

```
SM0.0         SUB_I
─┤├───────────│EN    ENO│
      SMW80─│IN1   OUT│─SMW80
        200─│IN2      │

              PLS
             │EN    ENO│
            1│Q0.×     │

              DTCH
             │EN    ENO│
            0│EVNT     │
```

d)中断程序INT_1

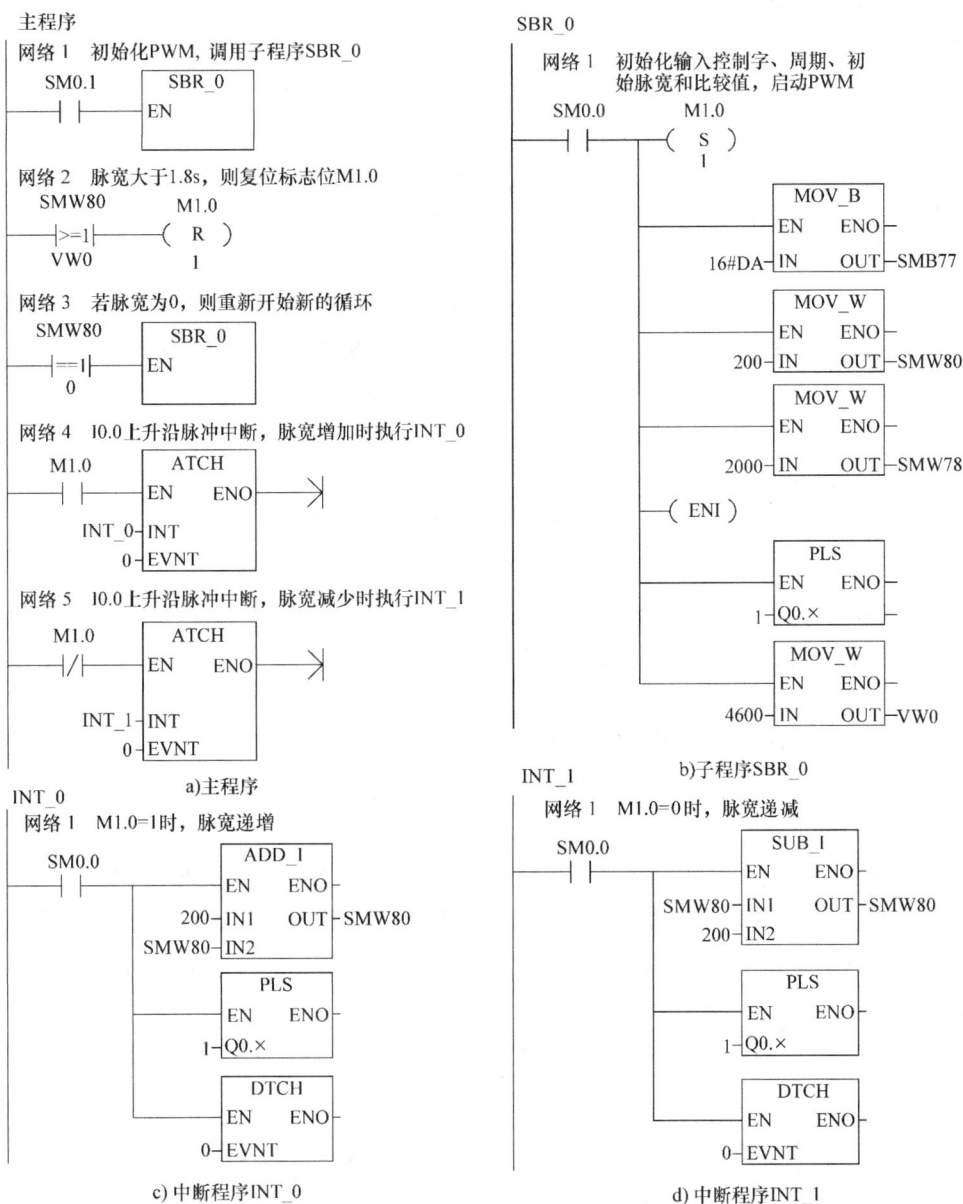

图 6-74　PWM 应用实例程序

（2）PID 控制器的数字化

假设采样周期为 T_S, 系统开始运行的时刻为 $t=0$, 将式（6-1）离散化, 得第 n 次采样时控制器的输出为

$$M_n = K_C e_n + \left(K_I \sum_{j=1}^{n} e_j + M_{initial} \right) + K_D (e_n - e_{n-1}) \tag{6-2}$$

式中, e_n 是第 n 次采样时的误差值; e_{n-1} 是第 $n-1$ 次采样时的误差值; K_C、K_I、K_D 分别是 PID 回路的增益、积分项的系数和微分项的系数。

将式（6-2）化简为式（6-3），每一次计算只需要保存上一次的误差值 e_{n-1} 和上一次的积分项 MX

$$M_n = K_C e_n + (K_I e_n + MX) + K_D(e_n - e_{n-1}) \tag{6-3}$$

CPU 实际使用的改进型 PID 算法的算式为

$$M_n = MP_n + MI_n + MD_n \tag{6-4}$$

式中，等号右边 3 项依次是比例项、积分项和微分项。

1）比例项

$$MP_n = K_C(SP_n - PV_n) = K_C e_n \tag{6-5}$$

式中，SP_n 和 PV_n 分别是第 n 次采样时的给定值和过程变量值（即反馈值）。

2）积分项。积分项与误差的累加和成正比，其计算公式为

$$MI_n = K_C(T_S/T_I)(SP_n - PV_n) + MX = K_I e_n + MX \tag{6-6}$$

式中，T_S 是采样时间间隔；T_I 是积分时间；MX 是前面所有积分项之和。每次计算出 MI_n 后，需要用它去更新 MX。在第一次计算时 MX 的初值为控制器输出的初值 $M_{initial}$。

3）微分项。微分项 MD 与误差的变化率成正比，其计算式为

$$MD_n = K_C(T_D/T_S)[(SP_n - PV_n) - (SP_{n-1} - PV_{n-1})] = K_D(e_n - e_{n-1}) \tag{6-7}$$

为了避免给定值变化引起微分部分的跳变，可以令给定值不变 $(SP_n = SP_{n-1})$，微分项的算式变为

$$MD_n = K_C(T_D/T_S)(PV_{n-1} - PV_n) = K_D(PV_{n-1} - PV_n) \tag{6-8}$$

为了下一次的计算，必须保存本次的过程变量 PV_n，作为下一次的 PV_{n-1}。初始化时令 $PV_{n-1} = PV_n$。

在某些控制系统内，可能只需要 P、I、D 中的一种或两种控制类型。例如，可能只要求 P 控制或 PI 控制，通过设置参数可以对回路控制类型进行选择。

公式中包含 9 个用来控制和监视 PID 运算的参数，在 PID 指令使用时要构成回路表，回路表的格式见表 6-18。

表 6-18 PID 回路表

地址偏移量	参 数	数据格式	I/O 类型	描 述
0	过程变量当前值 PV_n	双字，实数	I	过程变量，必须在 0.0~1.0 之间
4	给定值 SP_n	双字，实数	I	给定值，必须在 0.0~1.0 之间
8	输出值 M_n	双字，实数	I/O	输出值，必须在 0.0~1.0 之间
12	增益 K_C	双字，实数	I	增益是比例常数，可正可负
16	采样时间 T_S	双字，实数	I	单位为 s，必须是正数
20	积分时间 T_I	双字，实数	I	单元为 min，必须是正数
24	微分时间 T_D	双字，实数	I	单元为 min，必须是正数
28	积分项前项值 MX	双字，实数	I/O	积分项前相，必须在 0.0~1.0 之间
32	过程变量前值 PV_{n-1}	双字，实数	I/O	包含最后一次执行 PID 指令时存储的过程变量值

2. PID 回路指令及使用

（1）PID 回路（Proportional，Integral，Derivative Loop）指令

指令格式：LAD 和 STL 格式如图 6-75 所示。

指令功能：该指令利用回路表中的输入信息和配置信息，进行 PID 运算。

数据类型：TBL 是回路表的起始地址，为字节型数据；LOOP 是回路号，可以是 0 ~ 7 的整数。

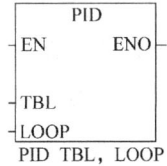

```
        PID
  EN        ENO

  TBL
  LOOP
  PID TBL, LOOP
```

图 6-75 PID 回路指令

（2）PID 回路号

用户程序中最多可有 8 条 PID 回路，因此可使用 8 次 PID 回路指令，每条 PID 回路指令必须指定不同的回路号，否则会产生意外的后果。

（3）PID 指令的使用

使用 PID 指令的关键是选择回路控制类型，建立 PID 指令回路表，对输入采样数据进行转换和标准化（归一化）处理及对 PID 输出数据进行工程量转换。

1）选择 PID 回路类型。在许多控制系统中，控制算法并不一定都是 PID，可能是 P、PI、PD、PID 中的任意一种或其他。对于 PLC 控制系统，通过设置常量参数，就可以选择需要的控制算法，即回路控制类型。

若要关闭积分回路，就把积分时间 T_I（复位）设置为无穷大"INF"。即使没有积分作用，积分项还是不为零，因为有初值 MX，但可以忽略。

若要关闭微分回路，就把微分时间 T_D 设置为 0 即可。

若要关闭比例回路，可把比例增益 K_C 设置为 0，系统会在计算积分项和微分项时，把增益当做 1.0 看待。

实际工作中，使用最多的是 PI 调节器。

2）建立 PID 指令的回路表。PID 回路表的建立见表 6-18。要注意表中的地址均为双字，建议找一个容易记忆的地址作为开始地址，如 VD100、VD200 等。

3）回路输入量的转换及标准化处理。给定值和过程变量都是实际的工程量，其幅值、范围和测量单位都会不同，用 PLC 控制 PID 回路时，要把它们转化为 PLC 能够识别和处理的数据，即把它们转化为无量纲的归一化纯量和浮点型实数的格式。

第 1 步，将工程实际值由 16 位整数转换成浮点型实数值。例如：

ITD	AIW0, AC0	//将输入值转换为双整数
DTR	AC0, AC0	//把 32 位双整数转换为实数

第 2 步，将实数格式的工程实际值转换成 0.0 ~ 1.0 之间的无量纲相对值，即标准化值。实数标准化公式如下：

$$R_{Norm} = (R_{Raw}/Span) + Offset \tag{6-9}$$

式中，R_{Norm} 为标准化的实际值；R_{Raw} 为没有标准化的实数值或原值；$Span$ 为值域的大小，等于可能的最大值减去可能的最小值，通常单极性时取 32000（典型值），双极性时取 64000（典型值）；对于 $Offset$，单极性时为 0，双极性时为 0.5。下面的指令把双极性实数标准化为 0.0 ~ 1.0 之间的实数（可紧接第 1 步的程序后面）。

/R	64000.0, AC0	//将 AC0 中的双极性模拟量进行标准化
+R	0.5, AC0	//加上偏置，使其在 0.0 ~ 1.0 之间

```
MOVR      AC0，VD100      //将标准化的结果存入回路表（设 TABLE 表地址为 VB100）
```

4）回路输出值转换成按工程量标定的整数值。回路输出是 0.0～1.0 之间的一个标准化了的实数值，在回路输出用于驱动模拟量负载之前，回路输出值必须转换成一个 16 位的标定整数值，这一过程，是给定值或过程变量的标准化转换的逆过程。

第 1 步，用式（6-10）将回路输出转换成一个按工程量标定的实数值格式：

$$R_{\mathrm{scal}} = (M_n - Offset)\,Span \tag{6-10}$$

式中，R_{scal} 为回路输出的已按工程量标定的实数值；M_n 为回路输出的标准化的实数值。$Span$ 和 $Offset$ 同式（6-9）。程序如下：

```
MOVR      VD108，AC1      //将回路输出结果（设 TABLE 表地址为 VB100）放入 AC1
－R        0.5，AC1         //双极性场合时减去 0.5
*R        64000，AC1       //将 AC1 中的值按工程量标定
```

第 2 步，将已标定的实数格式的回路输出转换为 16 位的整数格式，并输出。

```
ROUND     AC1，AC1       //将实数转换为双整数
DTI       AC1，AC1       //双整数转换为整数
MOVW      AC1，AQW0      //把整数值送到模拟量输出通道（设为 AQW0）
```

为了让 PID 指令以稳定的采样周期工作应在定时中断程序中使用 PID 指令。综上所述，如果直接使用 PID 指令，编程的工作量和难度都较大。

为了减少编写 PID 控制程序的难度，S7 – 200 的编程软件设置了 PID 指令向导。单击编程软件指令树中的"\向导\PID"图标，或者执行菜单命令"工具"→"指令向导"，在出现的对话框中选择"PID"，单击"下一步"按钮。然后在依次出现的对话框中设置以下内容：

① PID 回路的编号（0～7）。

② PID 回路给定值的范围（默认范围为 0.0～100.0，可修改）。

③ 比例增益、采样时间（s）、积分时间（min）和微分时间（min）。如果设置微分时间为 0，则为 PI 控制器。如果不需要积分作用，可以将积分时间设为无穷大（"INF"）。因为有积分的初值 MX，即使没有积分运算，积分项的数值也可能不为零。

④ 回路输入值（反馈值 PV）的极性与范围。根据变送器的量程范围，可以选择单极性（默认范围为 0～32000，可修改）、双极性（默认范围为 – 32000～32000，可修改）或 20% 偏移量（默认范围为 6400～32000，不可修改），后者适用于输出为 4～20mA 的变速器，因为 S7 – 200 的模拟量输入模块只有 0～20mA 的量程。

⑤ 回路输出量的类型。如果选择模拟量输出，需要设置输出量的极性和范围，设置的方法与回路输入量的相同；如果选择数字量输出，需要设置以秒为单位的"占空比周期"。

⑥ 确定是否启用过程变量（PV）低限报警、高限报警功能，是否启用模拟量输入模块错误报警功能。如果启用，需要设置相应的参数。

⑦ PID 指令的参数表占用的 V 存储区起始地址。

完成了向导中的设置工作后，将会自动生成第 x 号回路的初始化子程序 PIDx _ INIT（x = 0～7）、中断程序 PID _ EXE、符号表 PIDx _ SYM 和数据块 PIDx _ DATA。应在主程序中用 SM0.1 调用 PIDx _ INIT（见图 6-76），初始化 PID 控制中使用的变量，启动 PID 中断程序。以后 CPU 根据在向导中设置的 PID 采样时间，周期性的调用中断程序 PID _ EXE，在

PID＿EXE 中执行 PID 运算。

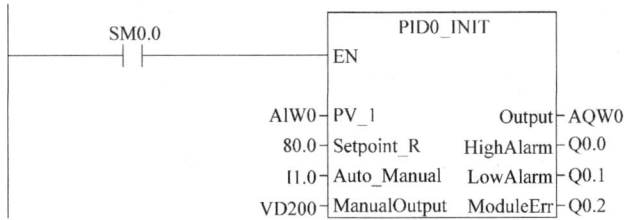

图 6-76　PID 初始化指令

PIDx＿INIT 指令中的 PV＿I 是模拟量输入模块提供的反馈值的地址，Setpoint＿R 是以百分比为单位的实数给定值（SP），假设 AIW0 对应的是 0～400℃的温度值，如果在向导中设置给定范围为 0.0～200.0（400℃对应于 200.0%），则设定值 80.0（%）相当于 160℃。

BOOL 变量 Auto＿Manual 为 1 时该回路为自动模式（PID 闭环控制），反之为手动模式。ManualOutput 是手动模式时标准化的实数输出值（0.00～1.00）。

Output 是 PID 控制器的 INT 型输出值的地址，HighAlarm 和 LowAlarm 分别是 PV 超过上限和下限的报警信号输出，ModuleErr 是模拟量模块的故障输出信号。

PIDx＿INIT 中的输入、输出参数的个数与向导中的选项设置有关。例如没有选择上限报警时，则没有输出变量 HighAlarm。

PID 参数整定与 PID 调节控制面板的使用等，请参考系统使用手册。限于版面这里不再赘述。

6.8　思考题与练习题

1. 分别用循环移位指令和移位寄存器指令设计一个控制彩灯被点亮的程序，10 路彩灯串按 L1→L2→L3…→L10 的顺序依次点亮，且重复循环。各路彩灯点亮的时间间隔是 0.2s。

2. 将 AIW0 中的有符号整数（4350）转换成（0.0～1.0）之间的实数，结果存入 VD10。

3. 用整数除法指令将 VW20 中的数（300）除以 6 后存放到 VW30 中。

4. 设计求圆面积的子程序，输入量为半径（5000mm），输出量为圆面积（双字整数）。在 I0.0 的上升沿调用该子程序，运算结果存放在 VD100 中，设计梯形图。

5. 编写一段程序计算 $\sqrt[3]{125} - \cos26° + \lg19$ 的值。

6. 用时钟指令控制路灯的定时接通和断开，10 月 1 日～1 月 31 日，每天 17:30 开灯，6:30 关灯；2 月 1 日～4 月 30 日，每天 19:00 开灯，6:00 关灯；5 月 1 日～9 月 30 日，每天 20:00 开灯，5:00 关灯。请编写梯形图程序。

7. 某温度控制系统，温度信号从 AIW0 采入 PLC 中，通过 PI 计算的结果从 AQW0 输出。如果 PID 参数表的起始地址为 VB200，且模拟量输入为单极性的，试设计梯形图程序完成下列任务：

（1）每 200ms 中断一次，执行中断程序。

（2）在中断程序中完成对 AIW0 的采样、转换及归一化处理，完成回路控制输出值的工程量标定及输出。

8. 试设计一个高速计数器的程序，信号源是一个编码器，高速计数器对其输出的脉冲信号进行计数，要求实现：

（1）当脉冲数为 50 的偶数倍时，点亮彩灯 L1，关断彩灯 L2。

（2）当脉冲数为 50 的奇数倍时，点亮彩灯 L2，关断彩灯 L1。

（3）当脉冲总计数值为 10000 时，计数器复位，并开始下一个循环。

第 7 章　S7 – 200 PLC 的通信与网络

随着计算机通信技术的日益成熟和企业对工业自动化程度要求的提高，自动控制系统也从传统的集中式控制向多级分布式控制方向发展，这就要求构成控制系统的 PLC 必须具有通信和网络的功能，能够互相连接、远程通信、构成网络。为了适应这种发展的需求，各 PLC 生产厂商纷纷给自己的产品增加了通信及连网的功能，研制开发自己的 PLC 网络产品。现在市场上销售的 PLC 产品，即使是微型和小型的 PLC 也都具有网络通信的接口。

PLC 的通信及网络技术的内容十分丰富，各厂商的 PLC 网络各不相同。本章主要介绍西门子 S7 – 200 PLC 的通信网络及其配置，介绍通信指令及通信实例。

7.1　通信及网络的基础知识

无论是计算机还是 PLC，它们都是数字设备。它们之间交换的信息是由 "0" 和 "1" 表示的数字信息。通常把具有一定格式、位长和编码要求的数字信息称为数据信息。

数据通信就是将数据信息通过适当的传输线路从一台机器传送到另一台机器。这里的机器可以是计算机、PLC 或具有通信功能的其他数字设备。

数据通信系统的任务是把地理位置不同的计算机、PLC 及其他数字设备连接起来，高效率地完成数据的传送、信息交换和通信处理 3 项任务。

数据通信系统一般由传送设备、传送控制设备、传送协议及通信软件等组成。

7.1.1　串行通信的基本概念

1. 数据通信的基本方式

数据通信的基本方式可分为并行通信与串行通信两种方式。

并行通信是指数据的各位同时进行传送，可以用字并行传送，也可以用字节并行传送。其优点是传送速度快，缺点是数据有多少位，就需要多少根传输线，适合于近距离传输。

串行通信是指数据的各位按顺序一位一位传送。其优点是只需一对传输线（如电话线），占用硬件资源少，从而降低了传输成本，特别适用于远距离通信，缺点是传送速度较慢。

2. 串行通信的两种方式

串行通信分为异步通信和同步通信两种基本方式。

（1）异步通信方式

异步通信时，数据是以字符为单位一个一个进行传送的。每个字符由 4 个部分组成：起始位、数据位、奇偶校验位和停止位。异步通信的字符格式如图 7-1 所示。

起始位	D_0	D_1	…	D_N	奇偶校验位	停止位

图 7-1　异步通信的字符格式

传输的字符由 1 位起始位 "0" 开始，然后是 7 ~ 8 位的数据位，并规定低位在前，高

227

位在后，接下来是 1 位奇偶校检位（可以没有），最后是停止位"1"（可以是 1 位或 2 位）。

字符与字符之间的间隔长短不定，在停止位后可以加 1 位或几位空闲位"1"。

在进行异步通信时，通信双方需要对所采用的字符格式和数据传输速率做相同的约定。

1）字符格式。双方要约定字符的编码形式、奇偶校验形式及起始位和停止位的规定。

2）波特率。波特率就是传送速率，即每秒传送的二进制位数，单位为 bit/s 或 Baud。

异步通信时，发送和接收双方可以使用各自的时钟，因此硬件结构简单，应用范围广。

（2）同步通信方式

由于异步通信对每个字符都附加了起始位和停止位，因此在需要传输大量数据块的场合，因附加位占用了传输时间，降低了传送效率。同步通信则去掉每个字符的起始位和停止位，把要发送的若干个数据按顺序连接成一个数据块，在数据块的开头附加 1~2 个同步字符，在数据块的末尾加差错校验字符。同步通信的数据格式如图 7-2 所示。在数据块内部，数据与数据之间没有附加位。

同步字符	数据 1	数据 2	…	数据 N	校验字符 1	校验字符 2	同步字符

图 7-2　同步通信的数据格式

同步通信进行数据传输时，发送和接收双方要保持完全的同步，因此要求发送方和接收方必须使用同一时钟。在近距离通信时可以采用在传输线中增加一根时钟信号线来解决；远距离通信时，可以通过解调器从数据流中提取同步信号，用锁相技术使接收方得到和发送方时钟频率完全相同的时钟信号。

同步通信所需要的软件、硬件的价格比异步通信高，因此通常在数据传输速率较高的系统中，才采用同步通信。

3. 数据在线路上的传送方式

串行通信数据在线路上的传送方式有以下 3 种。

（1）单工方式

单工方式是指数据在线路上的传送是单方向的，如图 7-3a 所示。一方（A 端）固定为发送端，另一方（B 端）固定为接收端。单工方式只需要一条数据线。

（2）半双工方式

半双工方式是指数据在线路上的传送是双向的，如图 7-3b 所示。数据既可以从 A 端发送到 B 端，又可以由 B 端发送到 A 端，不过在同一时刻只能做一个方向的传送。半双工方式仅需要一条数据线。

（3）全双工方式

全双工方式是指数据在线路上的传送是双向的，如图 7-3c 所示。A 端和 B 端双方都可以一面发送数据，一面接收数据。全双工方式需要两条数据线。

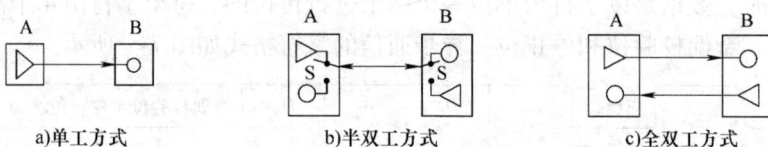

a)单工方式　　　　　b)半双工方式　　　　　c)全双工方式

图 7-3　线路通信方式

4. 差错控制方式和检错码

（1）差错控制

在数据传输过程中，由于干扰而引起误码是难免的，但要尽量减少误码带来的影响，为了提高通信质量，就必须对传输的数据进行差错检测并纠正差错，把差错控制在允许的尽可能小的范围内，这就是通信过程中的差错控制。

常用的差错控制方式主要有以下4种：

自动检错重传（ARQ）、前向纠错（FEC）、混合纠错（HEC）、不用编码的差错控制。

（2）常用的几种检错码。

常用的检错码有奇偶校验码和循环冗余校验码（CRC码）等。

1）奇偶校验码。奇偶校验码是以字符为单位的校验方法。一个字符一般由8位组成，低7位是信息字符的ASCII码，最高位是奇偶校验位。如果进行奇校验，应保证所传送的字符中"1"的个数为奇数；如果进行偶校验，应保证所传送的字符中"1"的个数为偶数。通过使奇偶校验位置"1"或置"0"，来保证发送字符中"1"的个数为奇数（或偶数）。

奇偶校验由于在每个字符后都要加一位校验位，当传输大量数据时，将增加大量的额外开销，降低传送效率，故一般用在简单场合或对传送效率要求不高的场合。

2）循环冗余校验码（CRC码）。循环冗余校验的思想是：在发送端对传输的数据序列进行一次除法操作，将进行除法操作的余数附加在传输信息的后边。在接收端，也进行同样的除法过程，如果接收端的除法结果不是零，则表明数据传输出现了错误。这种方法能检测出大约99.95%的错误，是一种检错率高，占用通信资源少的检测方法，应用较广泛。

5. 传输介质

目前，在PLC网络中普遍使用的传输介质有同轴电缆、双绞线和光缆。其中双绞线（带屏蔽）成本低，安装简单；光缆尺寸小、重量轻、传输距离远，但成本高，安装维护需专用仪器。传输介质的性能比较见表7-1。

表7-1 传输介质的性能比较

功　能	传　输　介　质		
	双绞线	同轴电缆	光缆
传输速率	9.6k～2Mbit/s	1～450Mbit/s	10～500Mbit/s
连接方法	点到点 多点 1.5km不用中继器	点到点 多点 10km不用中继器（宽带） 1～3km不用中继器（基带）	点到点 50km不用中继器
传输信号	数字调制信号纯模拟信号（基带）	调制信号、数字（基带）、数字、声音、图像（宽带）	调制信号（基带）、数字、声音、图像（宽带）
支持网络	星形、环形、小型交换机	总线型、环形	总线型、环形
抗干扰能力	好（需外屏蔽）	很好	极好
抗恶劣环境能力	好（需外屏蔽）	好，但必须将电缆与腐蚀物隔开	极好，耐高温和其他恶劣环境

7.1.2 串行通信的接口标准

串行通信的连接接口与连接电缆是直观可见的，它们的相互兼容是通信得以保证的基本要求。目前应用最广泛的串行通信接口标准有 RS-232C、RS-422A 和 RS-485 等。

1. RS-232C 标准

RS-232C 是美国 EIC（电子工业联合会）在 1969 年公布的通信协议，至今仍在计算机和 PLC 中广泛使用。

"RS"是英文"推荐标准"一词的缩写，"232"是标识号，"C"表示此标准修改的次数。它既是一种协议标准，又是一种电气标准，它规定了终端和通信设备之间信息交换的方式和功能。PLC 与上位计算机之间的通信就是通过 RS-232C 标准接口来实现的。

RS-232C 采用负逻辑，规定逻辑"1"电平为 $-15 \sim -5V$，逻辑"0"电平为 $5 \sim 15V$，这样在线路上传送的电平可高达 $\pm 12V$，较之小于 $5V$ 的 TTL 电平来说有更强的抗干扰性能。RS-232C 的最大通信距离为 15m，最高传输速率为 20kbit/s，只能进行一对一的通信。

RS-232C 一般使用 9 针或 25 针的 D 形连接器，工业控制中 9 针连接器用得较多，距离较近时只需要 3 根线，如图 7-4 所示。

RS-232C 使用单端驱动、单端接收电路，如图 7-5 所示。该电路是一种共地的传输方式，容易受到公共地线上的电位差和外部引入的干预信号的影响。

2. RS-422A 标准

RS-422A 采用平衡驱动、差分接收电路，如图 7-6 所示。该电路从根本上取消了信号地线，平衡驱动器相当于两个单端驱动器，其输入信号相同，两个输出信号互为反相信号，图中的小圆圈表示反相。外部输入的干扰信号主要是以共模方式出现，两根传输线上的共模干扰信号相同，因接收器是差分输入，共模信号可以互相抵消。只要接收器有足够的抗共模干扰能力，就能从干扰信号中识别出驱动器输出的有用信号，从而克服外部干扰的影响。

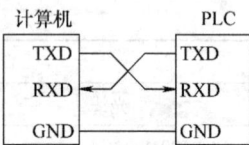

图 7-4 RS-232 的信号线连接　　图 7-5 单端驱动单端接收　　图 7-6 平衡驱动差分接收

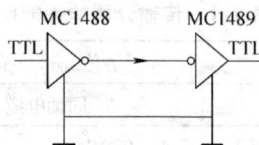

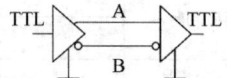

RS-422A 在传输速率为 100kbit/s 时，允许的最大通信距离为 1200m；最大传输速率为 10Mbit/s 时，允许的最大通信距离为 12m；一台驱动器可以连接 10 台接收器。

3. RS-485 标准

RS-485 实际上是 RS-422A 的简化变形，它与 RS-422A 的不同之处在于：RS-422A 支持全双工通信，用两对平衡差分信号线；RS-485 支持半双工通信，只用一对平衡差分信号线，一台驱动器可以连接 32 台接收器。

RS-422A/485 接口均采用差分平衡式传送数据，其收发不共地，因此可以大大减少共地所带来的共模干扰；它使用双绞线为传输介质，具有设备简单、成本低等特点，RS-422A/485 接口适合远距离传输，在工业设备及新设计的装置或仪表中获得广泛应用。

7.1.3 网络概述

1. 网络的概念

网络是将分布在不同地理位置上的具有独立工作能力的计算机、终端及其附属设备通过通信设备和通信线路连接起来，并配置网络软件，以实现计算机资源共享的系统。网络中每个计算机或交换信息的设备称为网络的站点或节点。

网络按拓扑划分为总线型、星形、环形、网形、树形和星环形。

2. 网络的分类

按节点间距离大小可将网络分为三类。

（1）全域网（GAN – Global Area Network）

全域网通过卫星通信连接各大洲不同国家，覆盖面积极大，范围在 1000km 以上，如美国 ARPA 网、因特网。

（2）广域网（WAN – Wide Area Network）

广域网又称远程网，其站点分布范围广，从几公里到几千公里。单独建造一个广域网，价格昂贵，常借用公共电报、电话网实现。此外，网络的分布不规则，使网络的通信控制比较复杂，尤其是使用公共传输网，要求连到网上的用户必须严格遵循各种规范，限制比较死。

（3）局域网（LAN – Local Area Network）

局域网地理范围有限，通常在几十米到几千米，数据通信传输速率高、误码率低，网络拓扑结构比较规则，网络的控制一般趋于分布式，以减少对某个节点的依赖，避免或减少了一个节点故障对整个网络的影响，比较廉价。

工业网络是指应用于工业领域的计算机网络，是属于局域网，是在一个企业范围内将信号检测、数据传输、处理、存储、计算、控制等设备或系统连接在一起，以实现企业内部的资源共享、信息管理、过程控制和经营决策，使得企业的生产、管理和经营能够高效率地协调运作，从而实现企业集成管理和控制的一种局域网络环境。

3. 网络中主站与从站

通信网络中的各种设备都有不同的角色，通信网络一般有主站和从站之分。

（1）主站

主站可以主动发起数据通信，读/写其他从站的数据，主站也可以对网络中其他主站的请求作出响应。

（2）从站

从站不能主动发起通信请求，不能访问其他从站，只能响应主站的访问，提供或接收数据。

设备在网络中究竟是作主站还是作从站则由通信协议决定。

7.2 S7 – 200 PLC 的通信协议与典型网络配置

在工业控制自动化领域中，计算机之间通信与控制设备之间连网已经成为不可缺少的组成部分。PLC 作为工业控制装置，特别是作为现场级工业控制，PLC 的通信包括 PLC 之间、

PLC 与上位计算机以及 PLC 与其他智能设备的通信。PLC 系统与计算机可以直接或经过通信处理单元、通信转接器相连接构成网络，以实现信息的交换，各 PLC 系统或远程 I/O 模块按功能各自放置在生产现场进行分散控制，再用网络连接起来，构成集中管理的分布式网络控制系统，分布式网络以其适应性强、扩展性好及维护简单等优势而得到广泛应用。

7.2.1 西门子工业网络结构

西门子公司生产的 PLC 产品所构成的工业网络结构一般由 3 层组成，如图 7-7 所示。上层是工厂管理层，下层是设备级控制层，中间层是车间级监控层。

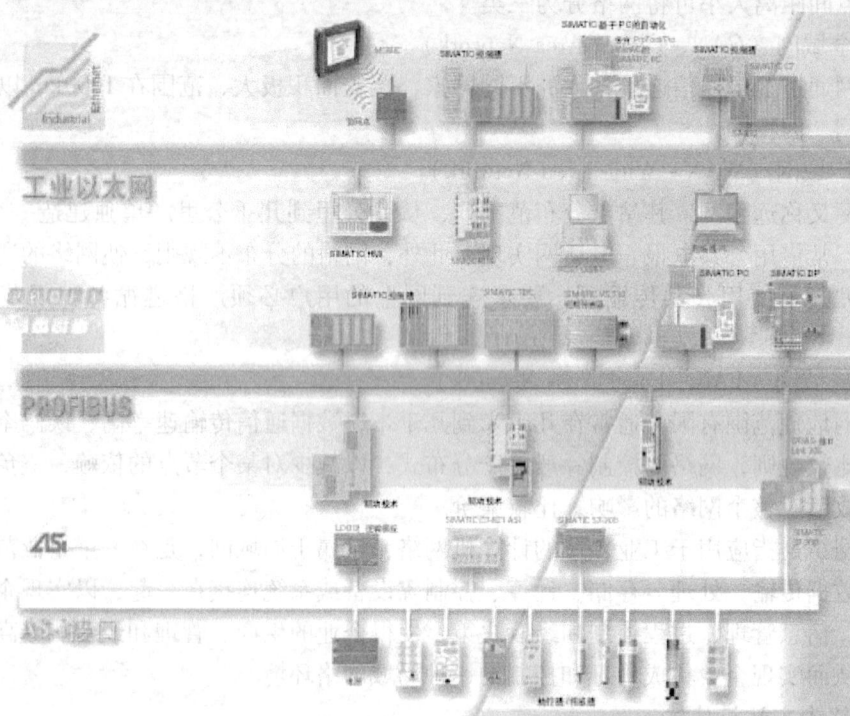

图 7-7 西门子的工业控制网络

设备级控制层的主要功能是通过连接现场设备，完成现场设备控制及设备间的联锁控制。主站（PLC、PC 或其他控制器）负责总线通信管理、与从站的通信。总线上所有设备的控制程序都存储在主站中，并由主站执行。现场设备包括分布式 I/O、传感器、驱动器、执行机构和开关设备等，该层主要使用 AS–i（执行器–传感器接口）网络。

车间监控层又称为单元层，用来完成车间主生产设备之间的连接，实现车间级设备的监控。车间级监控包括生产设备状态的在线监控、设备故障报警及维护等，通常还具有生产统计、调度等车间级管理功能。在该层通常要设立车间监控室。该层可以使用 PROFIBUS 或工业以太网。PROFIBUS 是一个多主网络，这一级数据传输速度不是最重要的，但是应能传送大容量的信息。

工厂管理层主要负责生产信息管理，进行生产调度。车间管理网作为工厂主网的一个子网，通过交换机、网桥或路由器等连接到厂区主干网，将车间数据传送到工厂管理层。该层可采用工业以太网通信协议或最新的 PROFINET。

7.2.2 S7 – 200 PLC 支持的通信协议

西门子产品所用的通信协议包括通用协议和公司专用协议，通用协议主要是 Ethernet 协议，用于管理级的信息交换，S7 – 200 CPU 需经专用的通信模块才能接入到相应的通用网络中；公司专用协议是西门子公司产品之间的通信协议，通过其产品提供的通信口，经通信电缆即可以接入到相应的网络中，无需专用的通信模块。不同形式的通信可以分别使用相应的协议。

S7 – 200 PLC 支持多种通信协议，适应多种应用场合，使用时可以根据实际需要选择合适的通信协议。

S7 – 200 PLC 支持的通信协议见表 7-2。其中专用的通信协议有 PPI、MPI、自由口和 USS 等；通用协议有 PROFIBUS、AS – i、工业以太网、Modbus 和 Modem 等。

表 7-2 S7 – 200 PLC 支持的通信协议

协议类型	端口位置	接口类型	传输介质	通信速率/(bits/s)	备注
PPI	EM241	RJ11	模拟电话	33.6k	数据传输速率
	CPU 口 0/1	DB – 9 针	RS – 485	9.6k, 19.2k, 187.5k	主站、从站
MPI	CPU 口 0/1	DB – 9 针	RS – 485	19.2k, 187.5k	从站
	EM277	DB – 9 针	RS – 485		从站（速率自适应）
PROFIBUS – DP	EM277	DB – 9 针	RS – 485	9.6k ~ 12M	从站（速率自适应）
S7 协议	CP243 – 1/ CP243 – 1 IT	RJ45	以太网	10/100M	自适应
AS – i	CPU243 – 2	接线端子	AS – i 网络	167k	主站
USS	CPU 口 0	DB – 9 针	RS – 485	1200 ~ 9.6k ~ 12M	主站 自由口库指令
Modbus RTU	CPU 口 0	DB – 9 针	RS – 485	1200 ~ 9.6k ~ 12M	主站/从站 自由口库指令
	EM241	RJ11	模拟电话	33.6k	数据传输速率
自由口	CPU 口 0/1	DB – 9 针	RS – 485	1200 ~ 9.6k ~ 12M	

1. PPI 协议

PPI（Point to Point Interface）协议是点对点通信协议，它是一个主/从协议。

在 PPI 协议中，所有 S7 – 200 PLC 都默认为从站，主站可以是其他 CPU 主机（如 S7 – 300/400 等）、编程用计算机或 SIMATIC 编程器、文本显示器（如 TD400）或触摸屏等。

如果在用户程序中将 S7 – 200 PLC 设置为 PPI 主站模式，则这个 S7 – 200 PLC 在 RUN 模式下可以作为主站，此时它可以利用网络读（NETR）和网络写（NETW）指令来读写另外一个 S7 – 200 PLC 中的数据。S7 – 200 PLC 作为 PPI 主站时，也可以作为从站来响应其他主站的通信请求或查询。

PPI 没有限制可以有多少个主站与一个从站通信，但在网络中最多只能有 32 个主站。

PPI 支持的通信速率见表 7-2，标准的 PPI 通信距离为 50m，如果使用一对 RS – 485 中继器，通信距离可以达到 1200m。

2. MPI 协议

MPI（Multi – Point Interface）协议是多点通信协议，可以是主/主协议或主/从协议，具体采用哪种则视通信设备的类型来定。

S7 – 200 PLC 在 MPI 网络中只能作为从站，S7 – 300/400 PLC 在网络中都默认为主站。

如果网络中只有 S7 – 300/400 PLC，则建立主/主连接，如果设备中有 S7 – 200 PLC，则可建立主/从连接。

MPI 的通信速率为 19.2kbit/s ~ 12Mbit/s。连接 S7 – 200 PLC 时，MPI 网络的最高速率为 187.5kbit/s。如果要求波特率高于 187.5kbit/s，S7 – 200 PLC 必须使用 EM277 模块来连接网络，计算机必须通过通信卡（CP）来连接网络。

3. PROFIBUS 协议

PROFIBUS 是开放式的现场总线标准，符合国际标准 IEC61158 和 EN50170，也是我国首个现场总线国家标准（GN/T 20540 – 2006）。

PROFIBUS 提供了 3 种通信协议：

1）PROFIBUS – DP（Decentralized Periphery，分布式外部设备）。它规定了主站之间的通信为令牌方式，主站与从站之间为主从方式，以及这两种方式的组合，主要适用于单元级（PLC 和 PC）与现场级分布式设备（远程式 I/O）的高速通信。

2）PROFIBUS – PA（Process Automation，过程自动化）。它使用扩展的 PROFIBUS – DP 协议，此外还描述了现场设备行为的 PA 行规，从而保证了不同厂商生产的现场设备的互换性和互操作性，主要适用于过程自动化的现场传感器和执行器的低速数据传输。

3）PROFIBUS – FMS（Fieldbus Message Specification，现场总线报文规范）。它定义了主站与主站之间的通信模型，提供了大量的通信服务，主要适用于系统级和车间级的不同供应商的自动化系统之间传输数据，处理单元级的多主站数据通信。

S7 – 200 PLC 需要通过专用通信模块 EM277 接入 PROFIBUS – DP 网络中，并作为 PRO-FIBUS – DP 网络中的从站。网络中通常有一个主站和几个 I/O 从站，主站通过配置可以知道所连接的 I/O 从站的型号和地址。主站初始化网络，使网络上的所有从站与配置相匹配。运行时主站可以像操作自己的 I/O 设备一样对从站进行读/写操作。当 DP 主站成功地配置一个从站时，它就拥有该从站，如果网络中有第二个主站，它只能很有限地访问第一个主站的从站。

PROFIBUS 协议允许在一个网络段上最多连接 32 台设备，网络段的长度可以达到 1200m，如果采用中继器，则可连接更多的设备，网络的长度可延长到 9600m。

PPI、MPI、PROFIBUS 协议是基于 7 层开放系统互连模型（OSI），通过一个令牌环形网来实现。3 个协议都是基于字符的异步通信协议，带有 1 个起始位、8 个数据位、1 个偶校验位和 1 个停止位。通信帧由特殊的起始和结束字符、源和目的站地址、帧长度和数据完整性检查组成。只要相互波特率相同，3 个协议可以在一个网络中同时运行，而不会相互影响。

3 个协议均支持一个网络上的 127 个地址（0 ~ 126），最多可以有 32 个主站，为了通信成功，网络上的所有设备必须具有不同的地址。SIMATIC 编程器和计算机的默认地址是 0，操作员面板的默认地址是 1，PLC 的默认地址是 2，可运行 STEP7 – Micro/WIN32 修改地址。

4. 自由口协议

自由口协议是用户自定义通信协议，并通过用户程序对通信口进行操作。

通过设置特殊存储字节 SM30（端口 0）或 SM130（端口 1）可以选择自由口通信模式。当选择自由口通信模式时，通信协议完全由用户程序控制，用户可以通过发送指令（XMT）和发送中断、接收指令（RCV）和接收中断来控制通信口的操作。

自由口通信模式只限在 CPU 处于 RUN 模式时才能使用，当 CPU 处于 STOP 模式时，自由口通信被停止，通信口自动转换为正常的 PPI 协议模式。

5. USS 协议

USS（Universal Serial Interface）协议是一个主/从协议，是专为 S7 – 200 PLC 与西门子公司生产的 MicroMaster 变频器等驱动设备之间实现串行通信控制而开发的通信协议。

S7 – 200 PLC 的通信口在自由口模式下，支持 USS 通信协议，并且 S7 – 200 PLC 在 USS 通信中作为主站。

在 STEP7 – Micro/WIN 指令库中，提供了 8 条专门设计的 USS 协议指令（专门定义的子程序和中断服务程序），调用一条 USS 指令时，将会自动增加一个或多个相关的子程序。

使用 USS 通信协议，USS 总线最多可接 31 台变频器作从站，S7 – 200 PLC 依靠从站号识别每个变频器，使用 USS 协议指令可以控制变频器的启/停、参数设定和修改等操作，可以连续地对多台变频器进行监视和控制。

S7 – 200 PLC 在使用 USS 协议进行通信时，将独占通信端口 0，因此端口 0 不能用于其他用途，包括与 STEP7 通信。

6. Modbus 协议

Modbus 协议是 Modicon 公司提出的一种报文传输通信协议，它是一种独立于制造商的、开放的、并在工业领域广泛使用的通信网络协议。Modbus 可以用来实现系统监控、智能装置、设备和传感器之间的通信，也可用在无线通信中实现 RTU 应用。

Modbus 是一种单主站的主/从通信协议，即 Modbus 网络上只能有一个主站存在，主站在 Modbus 网络上没有地址，从站的地址范围为 0 ~ 247，其中 0 为广播地址，从站的实际地址范围为 1 ~ 247。

S7 – 200 PLC 上的通信口在自由口模式下，可以实现 Modbus RTU 通信协议，在 Modbus 网络中 S7 – 200 PLC 只能作从站。

在 STEP7 – Micro/WIN 指令库中，为 Modbus RTU 通信设计了两条专用的从站协议指令（专门定义的子程序和中断服务程序）：初始化指令 MBUS – INT 和响应指令 MBUS – SLVE。MBUS – INT 指令用于将 S7 – 200 PLC 组态为一个 Modbus RTU 从站，而响应指令 MBUS – SLVE 对 Modbus RTU 主站的请求作出响应。

如果在用户程序中调用了从站协议指令，就会有几个有关的子程序自动加到项目中。

S7 – 200 PLC 在使用 Modbus 从站协议进行通信时，将独占通信端口 0，因此端口 0 不能用于其他用途，包括与 STEP7 通信。

7. 工业以太网

工业以太网是基于以太网技术和 TCP/IP 技术开发出来的一种工业通信网络，是基于国际标准 IEEE802.3 的开放式网络。以太网可以实现管理—控制网络的一体化，可以集成到互联网，为全球连网提供了条件。

在 S7 - 200 PLC 端，需要通过以太网模块 CP243 - 1 或互联网模块 CP243 - 1IT 接入到工业以太网中。

在计算机上，应安装以太网网卡和 STEP7 - Micro/WIN 编程软件，在编程软件中使用以太网向导和因特网向导配置对应的模块，配置 TCP/IP 协议，在"通信"对话框中，为网络中的每个以太网/互联网模块指定远程 IP 地址。计算机上会有一个标准的浏览器，可以用它来访问 CP243 - 1IT 模块的主页。

CP243 - 1IT 可以发送电子邮件，在以太网中可以作为 Web 服务器、HTTP 服务器和 FTP 服务器使用。CP243 - 1（- 1IT）使用 RJ45 接口和 TCP/IP 协议，数据传输速率为 10Mbit/s 或 100Mbit/s，最多可以与 8 个 S7 控制器通信，提供 S7 - OPC 的连接，简化了网络的管理。

借助于 CP243 - 1（- 1IT），可以实现 S7 - 200 PLC 通信的远程编程、组态和诊断，也可以与其他 S7 系列控制器交换数据，实现低端产品的以太网通信。通过 S7 - OPC、PC 应用程序可以访问 S7 - 200 PLC 中的数据，从而对其数据进行可视化处理。

8. AS - i

AS - i（Actuator Sensor Interface）是一种用在控制器（主站）和传感器/执行器（从站）之间双向交换信息的多站点数字通信的总线网络，位于工业控制网络最底层。

AS - i 是传感器和执行器通信的国际标准（EN50295 和 IEC62026 - 2），响应时间小于 5ms，使用未屏蔽的双绞线，由总线提供电源，使用中继器时最长通信距离可达 300m，最多 62 个从站，特别适合于连接需要传送开关量的传感器和执行器。

AS - i 属于主从式网络，每个网段只能有一个主站。主站负责网络的初始化以及设置从站的地址和参数等；AS - i 从站是 AS - i 系统的输入通道和输出通道，仅在被 AS - i 主站访问时才被激活，当接到主站命令时，它们触发相应动作或将现场信息传送给主站。

S7 - 200 PLC 需要通过 AS - i 接口模块 CP243 - 2 连接到 AS - i 网络中，并作为 AS - i 网络的主站。CP243 - 2 符合 V2.1 规范，支持 A/B 技术，并具有模拟量处理功能。

9. Modem

Modem（Modulator/DEModulator，调制器/解调器），是计算机与电话线之间进行信号转换的装置，由调制器和解调器两部分组成。调制器是把计算机的数字信号（如文件等）调制成可在电话线上传输的声音信号的装置；在接收端，解调器再把声音信号转换成计算机能接收的数字信号。通过调制解调器和电话线就可以实现计算机之间的数据通信。

S7 - 200 PLC 通过调制解调器模块 EM241 可以连接到电话线上，通过电话网可以和远端的 PC 或装有调制解调器的 PLC 进行远程通信。

EM241 是一个支持 V.34 标准（33.6K）的 10 位调制解调器，集成有 RJ11 电话接口，EM241 支持两种通信协议：PPI 协议用于远程编程、调试以及 S7 - 200 PLC 之间的通信；ModbusRTU 从站协议，支持与上位计算机的通信。

7.2.3 S7 - 200 PLC 的几种典型网络配置

1. PPI 网络配置

PLC 常见的 PPI 通信网络主要有将计算机或编程器作为主站、将操作员面板作为主站和将 PLC 作为主站等类型。这几种类型中又有单主站单从站 PPI、多主站单从站 PPI 和复杂的 PPI 网络几类。

（1）单主站单从站 PPI 网络

计算机通过 PC/PPI 电缆或者通信卡（CP）与 S7 - 200 PLC 组成单主站单从站 PPI 网络，如图 7-8 所示。图中，计算机（STEP7 - Micro/WIN）或人机界面（HMI）设备（如 TD200、TP、OP）是网络的主站，S7 - 200 是网络的从站。

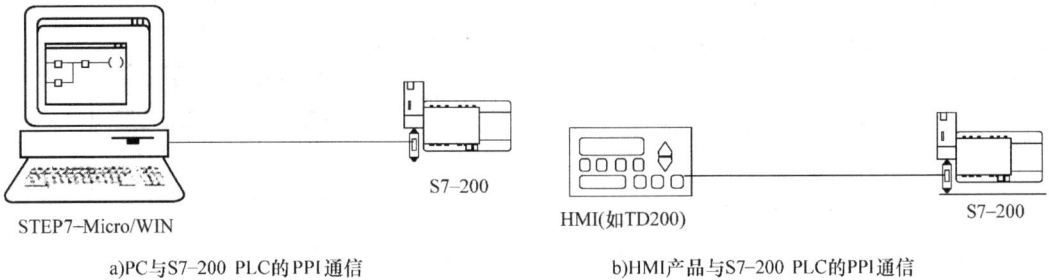

a)PC与S7-200 PLC的PPI通信　　　　　　　b)HMI产品与S7-200 PLC的PPI通信

图 7-8　单主站单从站 PPI 网络

对于单主站 PPI 网络，配置 STEP7 - Micro/WIN 使用 PPI 协议时，选择单主网络。

（2）多主站单从站 PPI 网络

计算机通过 PC/PPI 电缆或者通信卡（CP）与 S7 - 200 PLC 组成多主站单从站 PPI 网络，如图 7-9 所示。图中，计算机和 HMI 设备都是网络的主站，S7 - 200 是网络的从站。

对于多主站 PPI 网络，配置 STEP7 - Mi-

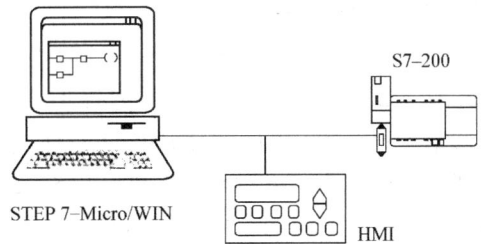

图 7-9　多主站单从站 PPI 网络

cro/WIN 使用 PPI 协议时，应选择多主网络，最好选择高级 PPI。必须为两个主站分配不同的站地址，才能保证通信成功。

PPI 协议是一个主从通信协议，所以网络中的多个主站之间不能相互通信。

（3）复杂的 PPI 网络

图 7-10 所示为点对点通信的多主站多从站网络，计算机和 HMI 都是网络中的主站，两个 S7 - 200 PLC 作网络的从站。两个 HMI 分别与两个 S7 - 200 PLC 进行点对点通信，STEP7 - Micro/WIN 可以访问网络上所有的 S7 - 200 PLC，但每次只与一个 S7 - 200 PLC 通信。

对于多主站网络，配置 STEP7 - Mi-cro/WIN 使用 PPI 协议时，应选择多主网

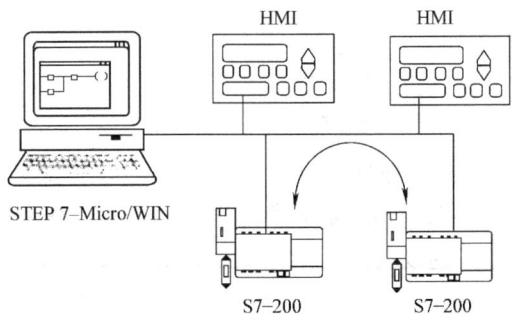

图 7-10　复杂的 PPI 网络

络并选择高级 PPI。如果使用 PPI 多主站电缆，可以忽略此项选择。

高级 PPI 允许在 PPI 网络中与一个或多个 S7 - 200 PLC 建立多个连接，S7 - 200 PLC 的通信口 0 和通信口 1 分别可以建立 4 个连接。

在多主 PPI 网络中，可以将一个 S7 - 200 PLC 定义为 PPI 主站模式，则这个 S7 - 200 PLC 就可以用网络读/写指令来读/写另一个作为从站的 S7 - 200 PLC 中的数据，但该 S7 - 200 PLC

与网络中其他主站通信时还是作为从站，即此时只能响应主站请求，不能发送请求。

2. MPI 网络配置

图 7-11 所示为包含 3 个主站的 MPI 网络，在 MPI 网络中，计算机、S7 – 300 PLC 和 HMI 设备都是网络中的主站，S7 – 200 PLC 只能作网络的从站。S7 – 300 可以使用 XGET 和 XPUT 指令读写 S7 – 200 PLC 的数据，HMI 可以监控 S7 – 200 PLC 或 S7 – 300 PLC。

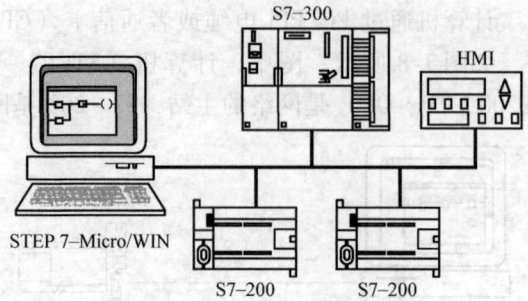

图 7-11　MPI 通信网络

如果要求波特率高于 187.5kbit/s，S7 – 200 PLC 必须使用 EM277 模块连接网络，计算机必须通过通信卡来连接网络。

3. PROFIBUS 网络配置

图 7-12 所示为 S7 – 200 PLC 接入 PROFIBUS – DP 网络。

在该网络中，S7 – 315 – 2 DP 作为主站，S7 – 200 PLC 和 ET200（远程 I/O）作从站，S7 – 200 PLC 通过 EM277 模块连接到 PROFIBUS – DP 网络中。S7 – 315 – 2 DP 通过 EM277 读/写 S7 – 200 PLC 的 V 存储区中的数据，每次可以读/写 1 ~ 128 个

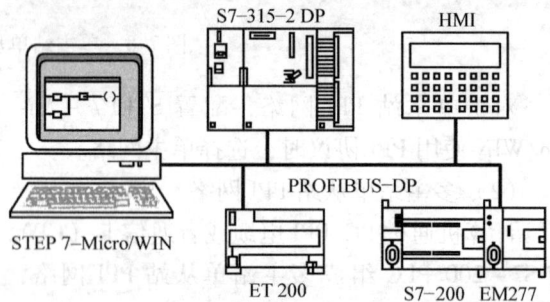

图 7-12　S7 – 200 PLC 接入 FROFIBUS – DP 网络

字节的数据，HMI 通过 EM277 监控 S7 – 200 PLC，STEP7 – Micro/WIN 通过 EM277 对 S7 – 200 PLC 进行编程。

从站 ET200 本身没有用户程序，主站 S7 – 315 – 2 DP 在网络配置时将 ET200 的 I/O 点与主站本身的 I/O 点一起编址，因此 ET200 的 I/O 点直接作为主站的 I/O 点由主站直接进行读/写操作。

网络支持的波特率为 9.6kbit/s ~ 2Mbit/s，但当波特率超过 19.2kbit/s 时，计算机必须通过通信卡来连接网络。

4. 以太网网络配置

图 7-13 所示为计算机与两个 S7 – 200 PLC 组成的以太网网络，图中计算机安装有 STEP7 – Micro/WIN 和以太网卡，两个 S7 – 200 PLC 分别通过 CP243 – 1 以太网模块和 CP243 – 1 IT 互联网模块接入以太网网络。两个 S7 – 200 PLC 可以通过以太网连接交换数据，而计算机上会有一个标准浏览器，可以访问 CP243 – 1 IT 互联网模块的主页。

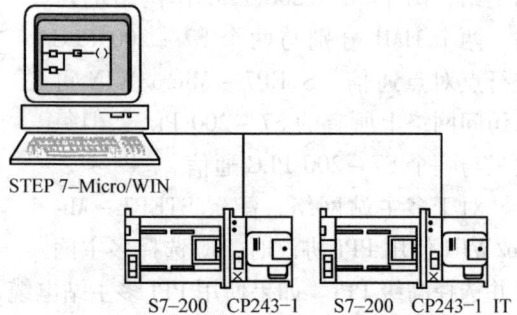

图 7-13　计算机与 S7 – 200 PLC 组成的以太网

5. Modbus 网络配置

图 7-14 所示为两个 S7 – 200 PLC 接入 Modbus 网络，S7 – 200 PLC 在 STEP7 – Micro/

WIN 提供的指令库中使用初始化指令 MBUS – INT，将 S7 – 200 PLC 组态为一个 Modbus RTU 从站，并在用户程序中调用响应指令 MBUS – SLVE，就能完成 S7 – 200 PLC 与 Modbus RTU 主站的数据通信。

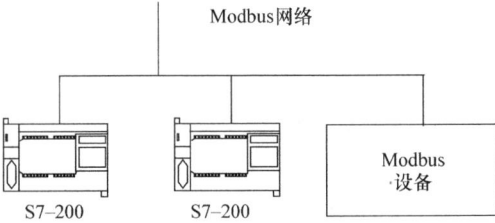

图 7-14　S7 – 200 PLC 接入 Modbus 网络

6. Modem 网络配置

图 7-15 所示为 S7 – 200 PLC 接入 Modem 网络，每个 S7 – 200 PLC 均通过调制解调器模块 EM241 连接到电话线上，远端的计算机安装有外置的调制解调器，通过电话网 S7 – 200 PLC 可以与远程计算机之间进行通信，S7 – 200 PLC 使用 PPI 协议；通过电话网还可以与远程 S7 – 200 PLC 之间进行通信。

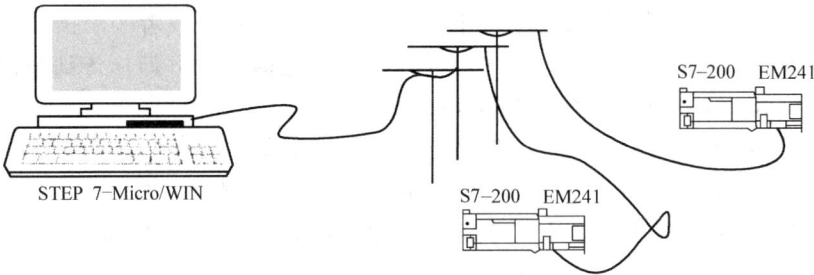

图 7-15　S7 – 200 PLC 接入 Modem 网络

7.3　S7 – 200 PLC 通信接口及网络部件

网络部件可以把每个 S7 – 200 PLC 的通信接口连接到网络总线。构成通信网络的部件主要有通信接口、网络连接器、通信电缆和网络中继器。

7.3.1　S7 – 200 PLC 通信接口

每个 S7 – 200 PLC 上都有一个或两个串行通信接口，该通信接口是标准的 RS – 485 兼容的 9 针 D 形接口，通信接口外形及引脚如图 7-16 所示。该接口符合欧洲标准 EN50170 中 PRO-FIBUS 标准。通过该接口可以把每个 S7 – 200 PLC 连到网络总线中。

表 7-3 给出了 S7 – 200 CPU 通信接口的引脚分配。

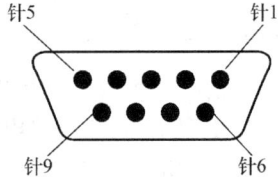

图 7-16　S7 – 200 CPU 通信接口外形

表 7-3 S7－200 CPU 通信接口的引脚分配

引　　脚	PROFIBUS 名称	端口 0/端口 1
1	屏蔽	机壳地
2	24V 返回	逻辑地
3	RS－485 信号 B	RS－485 信号 B
4	发送申请	RTS（TTL)
5	5V 返回	逻辑地
6	5V	5V，100Ω 串联电阻
7	24V	24V
8	RS－485 信号 A	RS－485 信号 A
9	不用	10 位协议选择（输入）
连接器外壳	屏蔽	机壳接地

7.3.2　网络连接器

为了能够把多台设备很容易地连接到网络中，西门子公司提供了两种网络连接器：一种是标准网络连接器，其引脚分配见表 7-3；另一种是带编程接口的连接器，如图 7-17 所示，后者允许在不影响现有网络连接的情况下，再连接一个编程器或者一个操作员面板到网络中。带编程接口的连接器可将 S7－200 的所有信号（包括电源引脚）传到编程接口，这对于那些从 S7－200 取电源的设备（如 TD400）尤为有用。

网络连接器都有网络偏置和终端匹配选择开关，选择开关在 ON 位置时，表示内部有终端匹配和偏置电阻，在 OFF 位置时，表示未接终端匹配和偏置电阻。在整个网络中，始端和终端一定要有终端匹配和偏置电阻才能减少网络在通信过程中的传输错误。因此，处在始端和终端节点的网络连接器，其选择开关应拨在 ON 位置，开关在 ON 位置时其接线如图 7-18 所示；而处在其他位置的网络连接器，其选择开关应拨在 OFF 位置。

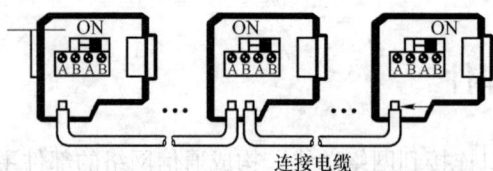

图 7-17　带编程器接口的网络连接器　　　图 7-18　开关在 ON 位置时终端连接器连接图

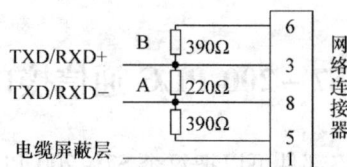

7.3.3　通信电缆

通信电缆主要有 PROFIBUS 网络电缆和 PC/PPI 电缆。

1. PROFIBUS 网络电缆

PROFIBUS 现场总线使用屏蔽双绞线电缆。PROFIBUS 网络电缆的最大长度取决于通信波特率和电缆类型。当波特率为 9600bit/s 时，网络电缆最大长度为 1200m。

2. PC/PPI 电缆

由于 PC 及便携式计算机等设备的串行口为 RS－232 信号，而 S7－200 PLC 的通信口为

RS-485 信号，两者之间要进行通信，必须有装置将这两种信号相互转换。PC/PPI 电缆就是一种实现该功能的部件。

PC/PPI 电缆有两种不同的型号：隔离型的 PC/PPI 电缆和非隔离型的 PC/PPI 电缆。下面以隔离型的 PC/PPI 电缆为例进行介绍。

（1）PC/PPI 电缆基本功能

隔离型的 PC/PPI 电缆外形如图 7-19 所示。

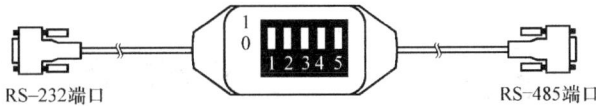

图 7-19　隔离型的 PC/PPI 电缆外形

电缆的一端是 RS-485 端口，用来连接 PLC 主机；另一端是 RS-232 端口，用于连接计算机等其他设备。电缆中部有一个开关盒，上面有 5 个 DIP 开关（或 4 个开关），用来设置通信时的波特率及其他配置项，DIP 开关中 1、2、3 用于设置波特率，它们的对应关系见表 7-4。开关 4 用于选择 10 位数据传输模式或 11 位模式。开关 5 用于选择将 RS-232 设置为数据通信设备（DCE）模式或数据终端设备（DTE）模式。没有调制解调器时，开关 4、5 均应设置为 0。

表 7-4　开关设置与波特率和转换时间的对应关系

开关 1，2，3	波特率/（bit/s）	转换时间/ms
000	38400	0.5
001	19200	1
010	9600	2
011	4800	4
100	2400	7
102	1200	14
110	600	28

进行通信时，若数据从 RS-232 向 RS-485 传输，则 PC/PPI 电缆是发送状态，反之是接收状态。接收状态与发送状态的相互转换需要一定时间，称为电缆的转换时间。转换时间与设置的波特率有关，它们之间的关系见表 7-4。

通常情况下，电缆处于接收状态。当检测到 RS-232 发送数据时，电缆立即从接收状态转换为发送状态。若电缆处于发送状态的时间超过电缆的转换时间，电缆将自动切换为接收状态。

自由口通信系统中使用 PC/PPI 电缆，在程序设计时必须考虑转换时间的影响。比如在接收到 RS-232 设备的发送数据请求后，S7-200 必须延时一段时间才能发送数据，延时时间必须大于等于电缆的切换时间。否则，数据不能正确地传输。

（2）PC/PPI 电缆与调制解调器的连接

当进行远程数据传输时，可以将 PC/PPI 电缆与调制解调器进行连接以增加数据传输的距离。在串行数据传输中，串行设备不是 DTE（数据终端设备）就是 DCE（数据发送设备）。因此，PC/PPI 电缆有两种工作模式。PC/PPI 电缆进行通信时不检测 RS-232 通信控制信号，但在 DTE 模式下提供 RTS 信号。因此，使用 PC/PPI 电缆连接调制解调器时，调制解调器应设置成不检测控制信号的模式。

1）DTE 模式。当把 PC/PPI 电缆的 RS－232 端口用于连接 DCE 时，PC/PPI 电缆即处于 DTE 模式。这时，需要将 DIP 开关的开关 5 设置到 1 的位置。图 7-20 所示为 DTE 模式下 PC/PPI 电缆连接调制解调器的示意图。当连接的调制解调器的接口为 9 针时，需要一个 9～25 针的适配器。

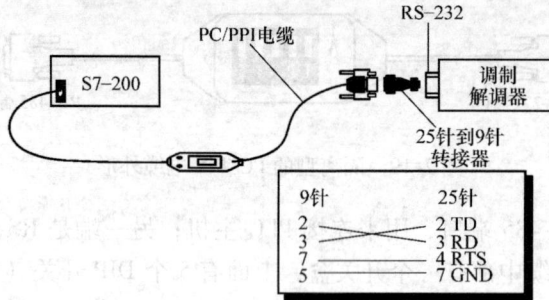

图 7-20 PC/PPI 电缆在 DTE 模式下与调制解调器的连接

2）DCE 模式。当把 PC/PPI 电缆的 RS－232 端口用于连接 DTE 时，PC/PPI 电缆即处于 DCE 模式。这时，需要将 DIP 开关的 5 设置到 0 的位置。

7.3.4 中继器

在网络中使用中继器可延长网络通信距离，增加接入网络的设备，并且可以实现不同网络段之间的电隔离。

在网络中使用一个中继器可以使网络的通信距离扩展为 50m，如果在两个中继器之间没有其他网络设备，则该网络的长度能达到波特率允许的最大距离（1000m）。

图 7-21 所示为带有中继器的网络，每个中继器都提供了网络偏置和终端匹配。

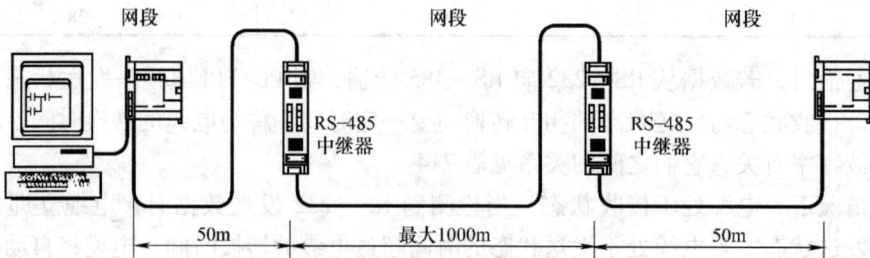

图 7-21 带有中继器的网络

在一个串联网络中，最多可以使用 9 个中继器，每个中继器最多可增加 32 个设备，但网络总长度不能超过 9600m。中继器不占用地址资源，但它也算做 32 个设备中的一个。

7.4 S7－200 PLC 的通信指令及应用

S7－200 PLC 的通信指令包括应用于 PPI 协议的网络读/写指令、用于自由口通信模式的发送和接收指令，以及使用 USS 协议库和 Modbus 协议库的指令。

7.4.1 网络读/写指令及 PPI 通信实例

S7 – 200 PLC 提供的网络读/写指令，适用于 S7 – 200 PLC 之间的联网通信，网络读/写指令只能由主站的 PLC 执行，从站 PLC 只需准备通信的数据，当某个 S7 – 200 PLC 被定义为 PPI 主站模式时，该 S7 – 200 PLC 就可以应用网络读/写指令对另外的 S7 – 200 PLC 进行读/写操作。

1. 网络读/写指令

网络读 NETR（Network Read）、网络写 NETW（Network Write）指令格式如图 7-22 所示。

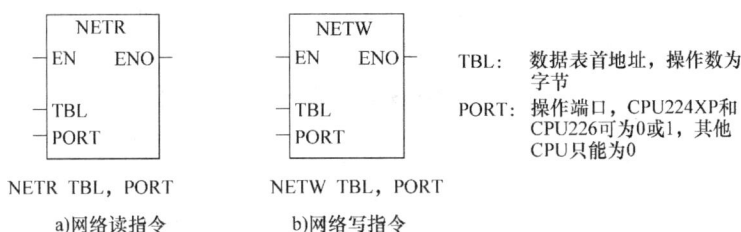

```
   ┌─────────┐        ┌─────────┐
   │  NETR   │        │  NETW   │       TBL:  数据表首地址，操作数为
  ─┤EN    ENO├─      ─┤EN    ENO├─             字节
   │         │        │         │       PORT: 操作端口，CPU224XP和
  ─┤TBL      │      ─┤TBL      │              CPU226可为0或1，其他
  ─┤PORT     │      ─┤PORT     │              CPU只能为0
   └─────────┘        └─────────┘

  NETR TBL, PORT       NETW TBL, PORT

   a)网络读指令          b)网络写指令
```

图 7-22　NETR/NETW 指令格式

网络读 NETR 指令功能：通过指定的通信端口（PORT），读取远程设备（另外的 S7 – 200 PLC）的数据，并存储在数据表（TBL）中。

网络写 NETW 指令功能：通过指定的通信端口（PORT），向远程设备（另外的 S7 – 200 PLC）写入数据表（TBL）中的数据。

数据表（TBL）中的参数定义见表 7-5。

表 7-5　网络读/写指令数据表的参数定义

字节偏移量	名　称	描　　述
0	状态字节	反映网络指令的执行结果状态及错误码
1	远程站地址	存放被访问的 PLC 从站地址
2 3 4 5	远程站数据区的指针	存放被访问数据区（I、Q、M 和 V 数据区）的首地址
6	数据长度	远程站上被访问数据的字节数
7 8 ⋮ 22	数据字节 0 数据字节 1 ⋮ 数据字节 15	对 NETR 指令，执行后，从远程站读取的数据存放在这个数据区 对 NETW 指令，执行前，将要发送到远程站的数据存放到这个数据区

数据表 TBL 中的首字节为通信操作的状态信息，其各位含义如下：

D7							D0
D	A	E	0	E1	E2	E3	E4

D 位：操作完成位，0 = 未完成；1 = 已完成。

A 位：操作有效位，0 = 操作无效；1 = 操作有效（操作已被排队）。

E 位：错误标志位，0 = 无错误；1 = 有错误。

E1、E2、E3、E4 位：错误编码。

NETR 指令可以从远程站点上最多读取 16 个字节的信息，NETW 指令则可以向远程站点最多写 16 个字节信息。在程序中可以使用任意条网络读写指令，但在任意时刻，最多只能有 8 条 NETW 或 NETW 指令同时有效。

2. PPI 通信主站定义

S7 – 200 PLC 使用特殊存储器 SMB30（对端口 0）和 SMB130（对端口 1）选择通信口的通信协议等。特殊存储器 SMB30 和 SMB130 的定义见表 7-6。

表 7-6 特殊存储器 SMB30 和 SMB130 的定义

端口 0	端口 1	描　　述							
SMB30 的格式	SMB130 的格式	MSB　　　　　　　　　　　　　　　　　　　LSB							
		P	P	D	B	B	B	M	M
SM30.6 和 SM30.7	SM130.6 和 SM130.7	PP：奇偶效验选择 00 = 无奇偶效验；01 = 偶效验 10 = 无奇偶效验；11 = 奇效验							
SM30.5	SM130.5	D：每个字符的数据位 0 = 每个字符 8 位；1 = 每个字符 7 位							
SM30.2 ~ SM30.4	SM130.2 ~ SM130.4	BBB：自由口波特率（bit/s） 000 = 38400；001 = 19200 010 = 9600；011 = 4800 100 = 2400；101 = 1200 110 = 115200；111 = 57600							
SM30.0 和 SM30.1	SM130.0 和 SM130.1	MM：协议选择（默认设置为 PPI/从站模式） 00 = 点到点接口协议（PPI/从站模式）；01 = 自由口协议 10 = 点到点接口协议（PPI/主站模式）；11 = 保留							

控制器的最低两位，即 mm 用来选择通信口的通信协议，当选择 mm = 10 时，即选择了 PPI 主站模式，此时 S7 – 200 PLC 被定义为网络中的一个主站，允许执行 NETR 和 NETW 指令，在 PPI 模式下忽略 2 ~ 7 位。PPI 的波特率在"系统块"中被设置。

3. PPI 通信举例

【例 7 – 1】 在图 7-23 所示的网络中，编程用计算机的站地址为 0，两台 S7 – 200 PLC 的站地址分别为 2、3。要求在 RUN 模式下，两台 S7 – 200 PLC 之间实现 PPI 通信。控制要求：

1）2 号站作主站，3 号站作从站。

2）主站用起动按钮 SB1 和停止按钮 SB2 控制从站三相笼型异步电动机的丫/△起动和停止。

3）主站监视从站电动机运行状态，并通过指示灯显示其运行状态。

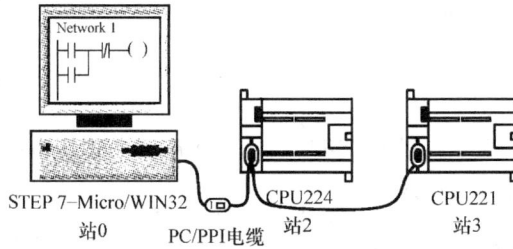

图 7-23　计算机及两台 S7–200 PLC 的网络结构

解：1）设置主站和从站使用的输入/输出信号及 I/O 地址分配见表 7-7。

表 7-7　输入/输出信号及 I/O 分配表

主　　　站	从　　　站
起动按钮 SB1 接 I0.0：控制从站电动机丫/△起动	Q0.0：控制从站电动机主接触器线圈 KM0
停止按钮 SB2 接 I0.1：停止从站电动机运行	Q0.1：控制从站电动机丫联结接触器线圈 KM1
Q0.0：从站电动机丫联结起动的指示灯	Q0.2：控制从站电动机△联结接触器线圈 KM2
Q0.1：从站电动机△联结正常运行的指示灯	KM1 辅助常开触点接 I0.0：监视从站是否丫联结起动
	KM2 辅助常开触点接 I0.1：监视从站是否△联结运行

从站三相笼型异步电动机丫/△控制主电路如图 7–24 所示。

2）设置主站的接收数据表和发送数据表见表 7–8。

3）主站梯形图设计。主站通信程序主要由初始化程序和控制程序组成，初始化程序完成通信协议选择、接收数据表和发送数据表参数的初始化设置；控制程序则循环执行网络读指令和网络写指令、根据读取的数据控制指示灯、根据起动按钮和停止按钮组成控制从站丫/△起动和停止的命令字。设计主站梯形图如图 7-25 所示。

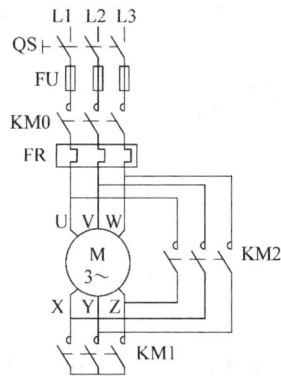

图 7-24　从站电动机丫/△控制主电路

表 7-8　主站接收数据表和发送数据表

	接收数据表		发送数据表
VB100	网络指令执行状态	VB110	网络指令执行状态
VB101	3，从站地址	VB111	3，从站地址
VD102	&MB20，从站被访问的数据区首地址	VD112	&QB0，从站被写入数据的数据区首地址
VB106	1，读取的字节数	VB116	1，发送的字节数
VB107	接收的从站数据（电动机运行状态）	VB117	MB10，主站发送给从站的数据（控制电动机丫/△起动）

245

网络 1　　SMB30=00000010 定义PPI主站

```
    SM0.1        MOV_B
 ───┤ ├───────┤EN    ENO├───
            16#02─┤IN   OUT├─SMB30
```

网络 2　　读网络初始化

```
    SM0.1        MOV_B
 ───┤ ├──┬──────┤EN    ENO├───
         │   16#03─┤IN   OUT├─VB101
         │
         │        MOV_DW
         ├──────┤EN    ENO├───
         │   &MB20─┤IN   OUT├─VD102
         │
         │        MOV_B
         └──────┤EN    ENO├───
             16#1─┤IN   OUT├─VB106
```

网络 3　　写网络初始化

```
    SM0.1        MOV_B
 ───┤ ├──┬──────┤EN    ENO├───
         │   16#03─┤IN   OUT├─VB111
         │
         │        MOV_DW
         ├──────┤EN    ENO├───
         │   &QB0─┤IN   OUT├─VD112
         │
         │        MOV_B
         └──────┤EN    ENO├───
             16#1─┤IN   OUT├─VB116
```

网络 4　　读网络命令

```
    SM0.0        NETR
 ───┤ ├───────┤EN    ENO├───
          VB100─┤TBL│
              0─┤PORT│
```

网络 5　　写网络命令

```
    SM0.0        MOV_B
 ───┤ ├──┬──────┤EN    ENO├───
         │    MB10─┤IN   OUT├─VB117
         │
         │        NETW
         └──────┤EN    ENO├───
          VB110─┤TBL│
              0─┤PORT│
```

网络 6　　根据从站数据，控制丫联结起动的指示灯

```
   V107.0        Q0.0
 ───┤ ├────────( )
```

网络 7　　根据从站数据，控制△联结运行的指示灯

```
   V107.1        Q0.1
 ───┤ ├────────( )
```

网络 8　　起动从站电动机丫/△起动的命令

```
    I0.0      M10.2       M10.0
 ───┤ ├───────┤/├────────( S )
                            2
```

网络 9

```
   M10.1          T37
 ───┤ ├────────┤IN    TON│
             60─┤PT  100ms│
```

网络 10　　丫/△起动时间到，转△联结运行的命令

```
    T37          M10.2
 ───┤ ├──┬──────( S )
         │         1
         │       M10.1
         └──────( R )
                   1
```

网络 11　　停止从站电动机运行命令

```
    I0.1          M10.0
 ───┤ ├────────( R )
                   3
```

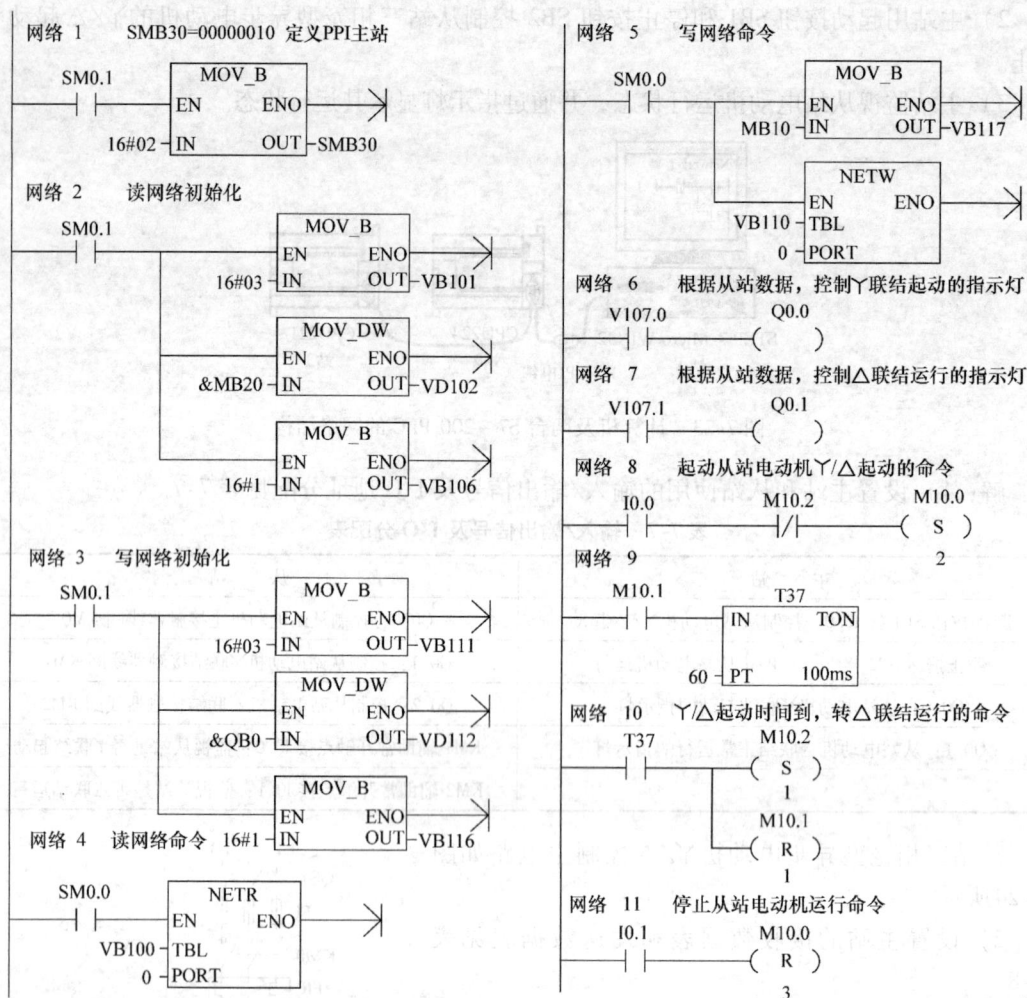

图 7-25　主站梯形图程序

4）从站梯形图设计。由于主站发来的控制命令已直接写入从站的输出端 QB0，所以从站程序主要是检测电动机是丫联结起动或△联结运行，根据其运行状态设置主站要读取的数据单元。

从站梯形图如图 7-26 所示。

7.4.2　发送/接收指令及自由口通信实例

1. 自由口通信模式

S7-200 PLC 提供的自由口通信模式，是用于 S7-200 PLC 与计算机、串行打印机或变频器等智能设备之间的联网通信。在自由口通信模式下，通

网络 1　　　定义PPI从站

```
    SM0.1        MOV_B
 ───┤ ├───────┤EN    ENO├───
            16#00─┤IN   OUT├─SMB30
```

网络 2　电动机丫联结起动，置丫联结起动标志位

```
    Q0.0      Q0.1       M20.0
 ───┤ ├───────┤ ├────────( )
```

网络 3　置正常运行标志位

```
    Q0.0      Q0.2       M20.1
 ───┤ ├───────┤ ├────────( )
```

图 7-26　从站梯形图程序

信协议完全由用户程序控制，并且必须编写通信程序，通信程序可以使用接收完成中断、字符接收中断、发送完成中断、发送指令和接收指令来进行通信操作。

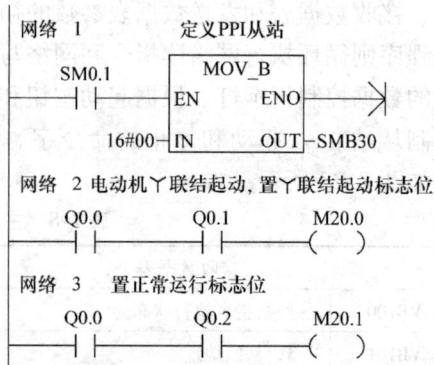

SMB30（端口0）和SMB130（端口1）用于自由口通信选择、定义波特率、选择奇偶校验和数据位数等（见表7-6）。通过将SMB30或SMB13的协议选择域（mm）置1，可以将通信口设置为自由口通信模式。处于该模式时，S7-200 PLC不能与编程设备通信。

自由口通信模式只限在S7-200 PLC处于RUN模式时才能使用，当S7-200 PLC处于STOP模式时，自由口通信被禁止，通信口自动切换为正常的PPI协议模式。

在实际使用时，可以用反映S7-200 PLC工作模式的开关位置的指示位SM0.7来控制自由口通信模式的进入。当SM0.7=1时，模式开关处于RUN位置，可以选择自由口通信模式；当SM0.7=0时，模式开关处于STOP位置，应选择PC/PPI协议模式，以便于编程设备监视或控制S7-200 PLC的操作。

2. 发送与接收指令

发送指令XMT（Transmit）与接收指令RCV（Receive）的指令格式如图7-27所示。

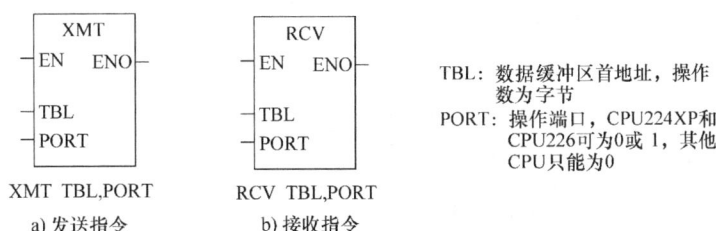

TBL：数据缓冲区首地址，操作数为字节
PORT：操作端口，CPU224XP和CPU226可为0或1，其他CPU只能为0

a）发送指令　　b）接收指令

图7-27　XMT/RCV指令格式

发送指令（XMT）功能：通过指定的通信端口（PORT），将发送数据缓冲区（TBL）中的数据发送到远程设备中，发送完成时将产生一个发送完成中断。数据缓冲区的第一个数据指明了发送的字节数。

接收指令（RCV）功能：通过指定的通信端口（PORT），从远程设备上读取数据并存储在数据缓冲区（TBL）中，接收完成时将产生一个接收完成中断。数据缓冲区的第一个数据指明了接收的字节数。

3. 用XMT指令发送数据

用XMT指令可以发送1~255个字节数据，发送前需要将要发送的数据存储到发送缓冲区中，发送缓冲区的数据格式如图7-28所示，其中字节数不发送，供计数用。

判断发送完成有两种方法：通过发送中断程序和通过发送完成标志位。

如果有一个中断服务程序连接到发送完成事件上，在发送完缓冲区中的最后一个字符时，则会产生一个发送完成中断（对通信口0为中断事件9，对通信口1为中断事件26）。

当然也可以不通过中断，而是通过监视SM4.5（对端口0）或SM4.6（对端口1）的状态来判断发送是否完成，如果状态为1，说明发送完成（或空闲）；状态为0，发送未完成。

4. 用RCV指令接收数据

用RCV指令可以接收1~255个字节数据，接收的数据存储在接收缓冲区中，接收缓冲区的数据格式如图7-29所示，其中字节数是接收的计数值。

字节数	发送的数据(1~255)

图7-28　XMT缓冲区格式

字节数	起始字符	接收的数据(1~255)	结束字符

图7-29　RCV缓冲区格式

判断接收完成有两种方法：通过接收中断程序和通过接收完成标志位。

如果有一个中断服务程序连接到接收完成事件上，在接收到缓冲区中的最后一个字符时，则会产生一个接收完成中断（对通信口 0 为中断事件 23，对通信口 1 为中断事件 24）。

当然也可以不通过中断，而是通过监视 SMB86（对端口 0）或 SMB186（对端口 1）的状态来判断接收是否完成，如果状态为非零，说明接收完成；状态为 0，接收未完成。

应注意的是，当接收信息超时、超界或奇偶校验错误时，接收信息操作会自动终止，所以必须为接收信息操作定义一个起始条件和一个结束条件。

使用 SMB87 ~ SMB94（端口 0）或 SMB187 ~ SMB194（端口 1）可以设置接收操作的起始条件和结束条件。各字节及内容描述见表 7-9。

表 7-9　SMB86 ~ SMB94 及 SMB186 ~ SMB194 的内容描述

端口 0	端口 1	描　　述
SMB86	SMB186	接收信息的状态字节 第 7 位　　　　　　　　　　　　　　　　第 0 位 | n | r | e | 0 | 0 | t | c | p | n = 1：用户通过禁止命令终止接收信息 r = 1：接收信息终止：输入参数错误或缺少起或结束条件 e = 1：收到结束字符 t = 1：接收信息终止：超时 c = 1：接收信息终止：字符数超长 p = 1：接收信息终止，奇偶校验错误
SMB87	SMB187	接收信息的控制字节 第 7 位　　　　　　　　　　　　　　　　第 0 位 | en | sc | ec | il | c/m | tmr | bk | 0 | en：0：禁止接收信息；1：允许接收信息（每次执行 RCV 指令时检查允许/禁止接收信息位） sc：0：忽略 SMB88 或 SMB188；1：使用 SMB88 或 SMB188 的值检测起始信息 ec：0：忽略 SMB89 或 SMB189；1：使用 SMB89 或 SMB189 的值检测结束信息 il：0：忽略 SMW90 或 SMW190；1：使用 SMW90 或 SMW190 的值检测空闲状态时间 c/m：0：定时器是字符间超时定时器；1：定时器是信息定时器 tmr：0：忽略 SMW92 或 SMW192；1：超过 SMW92 或 SMW192 中设置的时间时终止接收 bk：0：忽略断点条件；1：使用断点条件检测起始信息 （断点是指在大于一个完整字符传输时间的一段时间内，接收数据一直为 0） 接收信息控制字节位用来定义识别信息的标准。信息的起始和结束均需定义 起始信息：il * sc + bk * sc 结束信息：ec + tmr + 最大字符数 起始信息编程 1. 空闲线检测：il = 1，sc = 0，bk = 0，SMW90（或 SMW190）> 0 2. 起始字符检测：il = 0，sc = 1，bk = 0，忽略 SMW90（或 SMW190） 3. 断点检测：il = 0，sc = 0，bk = 1，忽略 SMW90（或 SMW190） 4. 对一个信息的响应：il = 1，sc = 0，bk = 0，SMW90（或 SMW190）= 0（可用信息定时器来终止信息接收） 5. 断点和一个起始字符：il = 0，sc = 1，bk = 1，忽略 SMW90（或 SMW190） 6. 空闲和一个起始字符：il = 1，sc = 1，bk = 0，SMW90（或 SMW190）> 0 7. 空闲和起始字符（非法）：il = 1，sc = 0，bk = 0，SMW90（或 SMW190）= 0

端口 0	端口 1	描　述
SMB88	SMB188	信息的起始字符
SMB89	SMB189	信息的结束字符
SMB90 SMB91	SMB190 SMB191	空闲线时间设置，按毫秒设定。空闲线时间结束后的第一个字符是新信息的起始字符 SMB90（或 SMB190）为高字节，SMB91（或 SMB191）为低字节
SMB92 SMB93	SMB192 SMB193	字符间超时/信息定时器溢出时间值设置，按毫秒设定；如果超时，则停止接收信息 SMB92（或 SMB192）为高字节，SM93 或（SMB193）为低字节
SMB94	SMB194	要接收的最大字符数（1～255 字节） （这个值应按希望的最大缓冲区来设置）

1）RCV 指令支持的几种起始条件

① 空闲线检测：il＝1，sc＝0，bk＝0，SMW90（或 SMW190）＞0。执行 RCV 指令时，按 SMW90（或 SMW190）中的设定值重新启动空闲线定时器，当检测到空闲线时间大于等于 SMW90（或 SMW190）中设定的时间之后，接收到的第一个字符作为接收信息的第一个字符存入信息缓冲区。

空闲线时间应该设定为大于指定波特率下传输一个字符（包括起始位、数据位、校验位和停止位）的时间。空闲线时间的典型值为指定波特率下传输 3 个字符的时间。

② 起始字符检测：il＝0，sc＝1，bk＝0，忽略 SMW90（或 SMW190）。以 SMB88（或 SMB188）中指定的起始字符作为接收信息的第一个字符，并将起始字符和起始字符之后的所有字符存入信息缓冲区。

③ 断点检测：il＝0，sc＝0，bk＝1，忽略 SMW90（或 SMW190）。以接收到的断点作为接收信息的开始，将断点之后接收到的字符存入信息缓冲区。

④ 对一个信息的响应：il＝1，sc＝0，bk＝0，SMW90（或 SMW190）＝0。执行 RCV 指令后就可立即接收信息并把接收到的字符存入信息缓冲区。若使用信息定时器，即 c/m＝1，tmr＝1，SMW92（或 SMW192）＝信息超时时间，信息定时器超时时会自动终止信息接收。这对于自由口主站协议非常有用，可用来检测从站响应是否超时。

⑤ 断点和一个起始字符：il＝0，sc＝1，bk＝1，忽略 SMW90（或 SMW190）。接收到断点后，寻找特定的起始字符，如果未找到起始字符，则重新启动寻找新的断点，在断点条件满足后寻找到特定的起始字符，则将起始字符和其后的所有字符存入信息缓冲区。

⑥ 空闲和一个起始字符：il＝1，sc＝1，bk＝0，SMW90（或 SMW190）＞0。检测到空闲线条件满足后，寻找特定的起始字符，如果未找到起始字符，则重新检测空闲线条件，在空闲线条件满足后寻找到特定的起始字符，则将起始字符和其后的所有字符存入信息缓冲区。

2）RCV 指令支持的几种结束条件

① 结束字符检测：ec＝1，SMB89（或 SMB189）＝结束字符。在找到起始条件开始接收字符后，检测每一个接收到的字符，并判断它是否与结束字符相匹配，如果接收到结束字符

将其存入信息缓冲区，接收结束。

② 字符间超时定时器超时：c/m = 0，tmr = 1，SMW92（或 SMW192）= 字符间超时时间。字符间隔是从一个字符的结尾（停止位）到下一个字符的结尾（停止位）的时间。如果两个字符之间的时间间隔超过了 SMW92（或 SMW192）中指定的毫秒数，则信息接收功能结束。

③ 信息定时器超时：c/m = 0，tmr = 1，SMW92（或 SMW192）= 信息超时时间。在找到起始条件开始接收字符时，启动信息定时器，信息定时器时间到，接收结束并产生接收完成中断。

④ 最大字符计数：当接收到的字符数大于 SMB94（或 SMB194）时，接收功能结束。接收指令要求用户设定一个最大的字符个数，从而确保信息缓冲区之后的用户数据不会被覆盖。

最大字符计数总是与结束字符、字符间超时定时器、信息定时器结合在一起作为结束条件使用。

⑤ 校验错误：在 SMB30（或 SMB130）中设定了奇偶校验位，当接收字符出现奇偶校验错误时，接收功能自动结束。

⑥ 用户结束：用户可以通过程序来结束接收功能，用指令将 SMB87.7（SMB187.7）设置为 0，再次执行接收指令，则立即结束接收功能。

5. 用接收字符中断接收数据

自由口通信协议支持用接收字符中断控制来接收数据。通信口每接收一个字符都会产生一个中断：端口 0 产生中断事件 8；端口 1 产生中断事件 25。

在执行连接到接收字符中断事件上的中断程序前，接收到的字符存储在 SMB2 中，奇偶校验状态（如果允许奇偶校验）存储在 SM3.0 中。SMB2 是自由端口接收字符缓冲区，每一个接收到的字符都会被存储到这个单元中；SM3.0 是奇偶校验错误标志位，当接收字符的同时检测到奇偶校验错误时，SM3.0 被置位，SMB3.1 ~ SMB3.7 保留未使用。用户可以通过中断程序访问 SMB2 和 SMB3 来接收数据。

需要注意的是，SMB2 和 SMB3 是端口 0 和端口 1 共用的。当执行与中断事件 8 相连接的中断程序时，SMB2 中存储从端口 0 接收的字符，SMB3 中存储接收该字符时的校验状态；当执行与中断事件 25 相连接的中断程序时，SMB2 中存储从端口 1 接收的字符，SMB3 中存储接收该字符时的校验状态。

6. 自由口通信举例

【例 7 - 2】 在如图 7-23 所示的网络中，编程用计算机的站地址为 0，两台 S7 - 200 PLC 的站地址分别为 2、3。假设 2 号站称为甲站，3 号站称为乙站。要求在 RUN 模式下，两台 S7 - 200 PLC 之间通过自由口互相通信。要求实现以下控制功能：

1）甲站用起动按钮 SB1 和停止按钮 SB2 控制乙站的三相笼型异步电动机的星形—三角形起动和停止。

2）乙站用起动按钮 SB3 和停止按钮 SB4 控制甲站的三相笼型异步电动机的星形—三角形起动和停止。

解：1）设置甲站和乙站使用的输入/输出信号及 I/O 地址分配见表 7-10 所示。

表 7-10 输入/输出信号及 I/O 地址分配表

甲站（站地址：2）	乙站（站地址：3）
SB1 接 I0.0：控制乙站电动机星形—三角形起动	SB3 接 I0.2：控制甲站电动机星形—三角形起动
SB2 接 I0.1：停止乙站电动机运行	SB4 接 I0.3：停止甲站电动机运行
Q0.3：控制甲站电动机主接触器线圈	Q0.0：控制乙站电动机主接触器线圈
Q0.4：控制甲站电动机星形接触器线圈	Q0.1：控制乙站电动机星形接触器线圈
Q0.5：控制甲站电动机三角形接触器线圈	Q0.2：控制乙站电动机三角形接触器线圈
VB100：发送数据缓冲区	VB100：发送数据缓冲区
VB200：接收数据缓冲区	VB200：接收数据缓冲区
MB10：存放甲站控制乙站星形—三角形起动的命令	MB20：存放乙站控制甲站星形—三角形起动的命令

两台 S7-200 PLC 之间的自由口通信通过接收中断和发送中断等程序实现。

2）甲站通信程序设计。甲站通信程序主要由主程序、初始化子程序、甲站控制子程序、定时中断程序、发送完成中断程序和接收完成中断程序组成。

甲站主程序完成调用初始化子程序，循环调用控制子程序、接收状态计时、超时则暂停，甲站主程序如图 7-30 所示。

甲站初始化子程序 SBR0 完成通信参数初始化和中断设置。设置甲站通信在自由口模式、波特率 9600bit/s、允许接收、回车符作结束字符、空闲时间 5ms、最多接收 14 个字节；设置定时 50ms，建立定时中断与 INT0 的连接、发送中断与 INT1 的连接，接收中断与 INT2 的连接，全局开中断。子程序 SBR0 如图 7-31 所示。

甲站控制子程序 SBR1 完成根据甲站的操作信号设置控制乙站电动机星形—三角形（丫/△）起动及停止的命令字；根据接收的乙站命令，控制甲站电动机星形—三角形起动。控制子程序 SBR1 如图 7-32 所示。

甲站定时中断程序 INT0 完成定时发送控制乙站的命令数据，每次发送两个字节数据：控制乙站电动机星形—三角形起动的命令字（在 MB10 中）和回车符，定时中断程序 INT0 如图 7-33 所示。

甲站发送完成中断程序 INT1 完成开始接收，接收过程中关定时中断，如图 7-34 所示。

甲站接收完成中断程序 INT2 完成接收完允许定时中断，如图 7-35 所示。

3）乙站通信程序设计。乙站通信程序主要由主程序、初始化子程序、乙站控制子程序、接收完成中断程序、发送完成中断程序和定时中断程序组成。

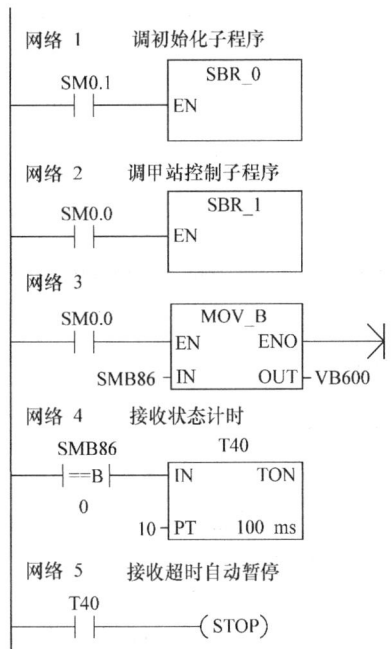

图 7-30 甲站主程序

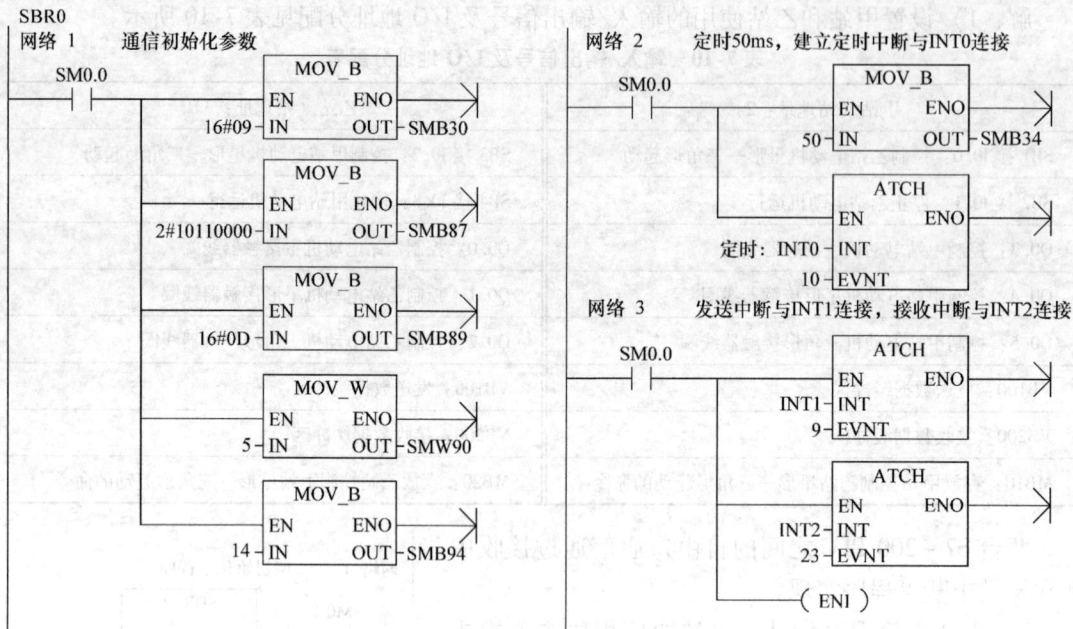

图 7-31　甲站初始化子程序 SBR0

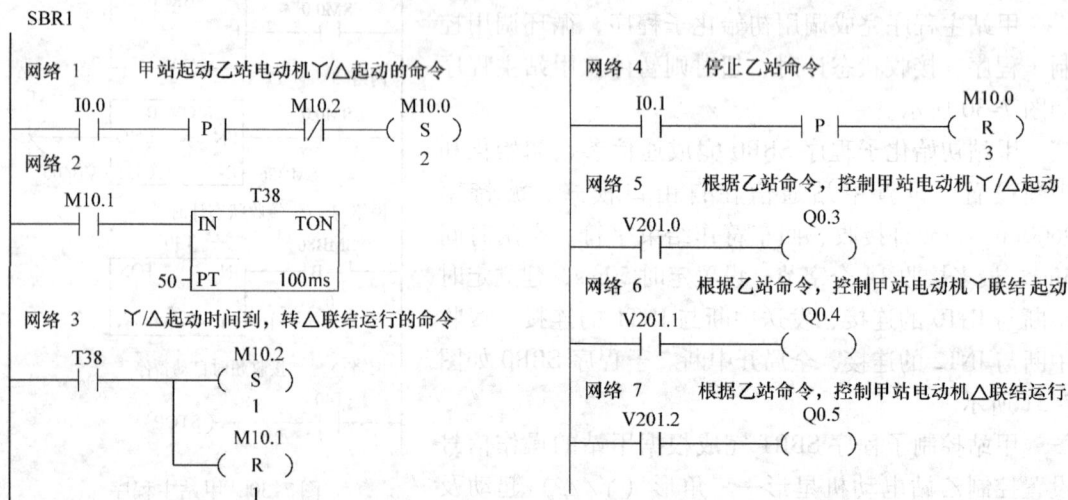

图 7-32　甲站控制子程序 SBR1

　　乙站主程序完成调用初始化子程序，循环调用控制子程序，如图 7-36 所示。

　　乙站初始化子程序 SBR0 完成通信参数初始化和中断设置。设置乙站通信在自由口模式、波特率 9600bit/s、允许接收、回车符作结束字符、空闲时间 5ms、最多接收 14 个字节；建发送中断与 INT1 的连接，接收中断与 INT0 的连接，全局开中断；接收甲站数据。初始化子程序 SBR0 如图 7-37 所示。

　　乙站控制子程序 SBR1 完成根据乙站的操作信号设置控制甲站电动机星形—三角形起动及停止的命令字；根据接收的甲站命令，控制乙站电动机星形—三角形起动。控制子程序 SBR1 如图 7-38 所示。

网络 1　　INT0：定时发送控制乙站命令

SM0.0

MOV_B
EN　ENO
2 — IN　OUT — VB100

MOV_B
EN　ENO
MB10 — IN　OUT — VB101

MOV_B
EN　ENO
16#0D — IN　OUT — VB102

XMT
EN　ENO
VB100 — TBL
0 — PORT

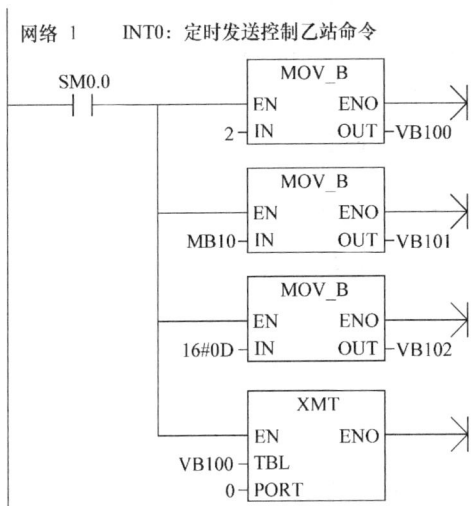

图 7-33　甲站定时中断程序 INT0

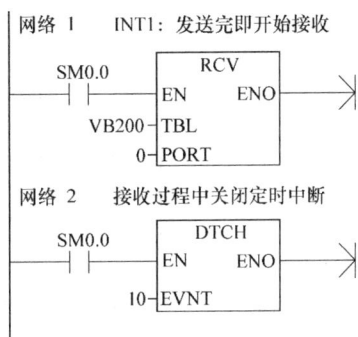

网络 1　　INT1：发送完即开始接收

SM0.0

RCV
EN　ENO
VB200 — TBL
0 — PORT

网络 2　　接收过程中关闭定时中断

SM0.0

DTCH
EN　ENO
10 — EVNT

图 7-34　甲站发送完成中断程序 INT1

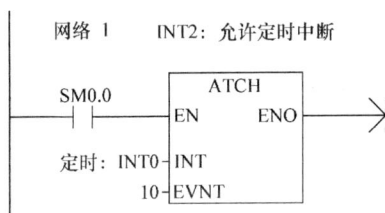

网络 1　　INT2：允许定时中断

SM0.0

ATCH
EN　ENO
定时：INT0 — INT
10 — EVNT

图 7-35　甲站接收完成中断程序 INT2

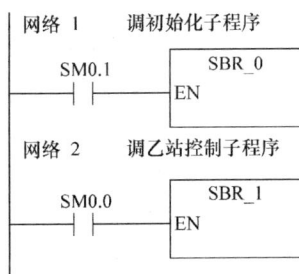

网络 1　　调初始化子程序

SM0.1

SBR_0
EN

网络 2　　调乙站控制子程序

SM0.0

SBR_1
EN

图 7-36　乙站主程序

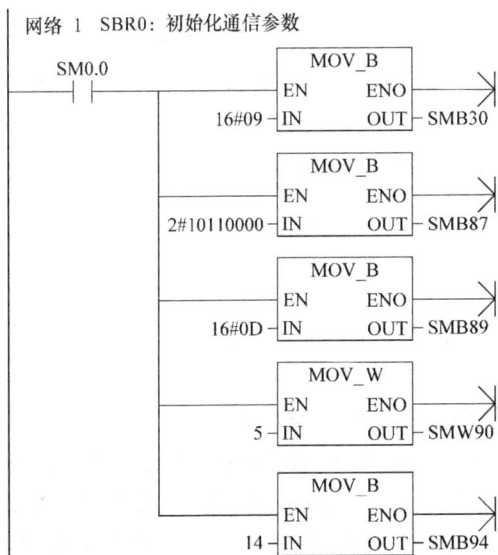

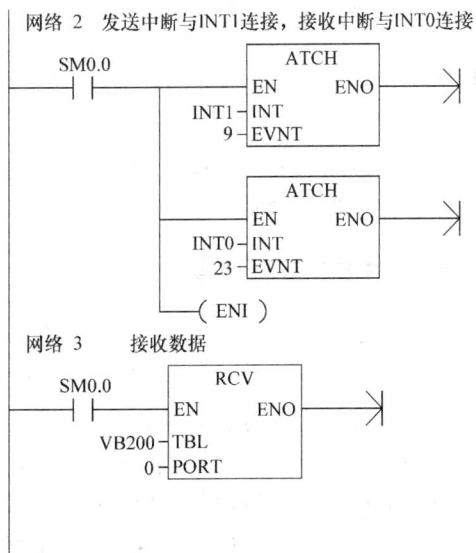

网络 1　SBR0：初始化通信参数

SM0.0

MOV_B
EN　ENO
16#09 — IN　OUT — SMB30

MOV_B
EN　ENO
2#10110000 — IN　OUT — SMB87

MOV_B
EN　ENO
16#0D — IN　OUT — SMB89

MOV_W
EN　ENO
5 — IN　OUT — SMW90

MOV_B
EN　ENO
14 — IN　OUT — SMB94

网络 2　发送中断与INT1连接，接收中断与INT0连接

SM0.0

ATCH
EN　ENO
INT1 — INT
9 — EVNT

ATCH
EN　ENO
INT0 — INT
23 — EVNT

(ENI)

网络 3　　接收数据

SM0.0

RCV
EN　ENO
VB200 — TBL
0 — PORT

图 7-37　乙站初始化子程序 SBR0

253

网络 1　SBR1：乙站控制甲站电动机丫/△起动的命令

```
      I0.2                    M20.2        M20.0
    ──┤ ├──────────┤P├──────┤/├────────( S )
                                            2
网络 2
      M20.1                         T38
    ──┤ ├──────────────────┤IN    TON│
                            │            │
                        50─┤PT    100ms│
```

网络 3　丫/△起动时间到，转△联结运行的命令

```
      T38        M20.2
    ──┤ ├──────( S )
        │         1
        │       M20.1
        └─────( R )
                  1
```

网络 4　停止甲站命令

```
      I0.3                          M20.0
    ──┤ ├──────────────┤P├────────( R )
                                      3
```

网络 5　根据甲站命令，控制乙站电动机丫/△起动

```
     V201.0       Q0.0
    ──┤ ├────────( )
```

网络 6　根据甲站命令，控制乙站电动机丫联结起动

```
     V201.1       Q0.1
    ──┤ ├────────( )
```

网络 7　根据甲站命令，控制乙站电动机△联结运行

```
     V201.2       Q0.2
    ──┤ ├────────( )
```

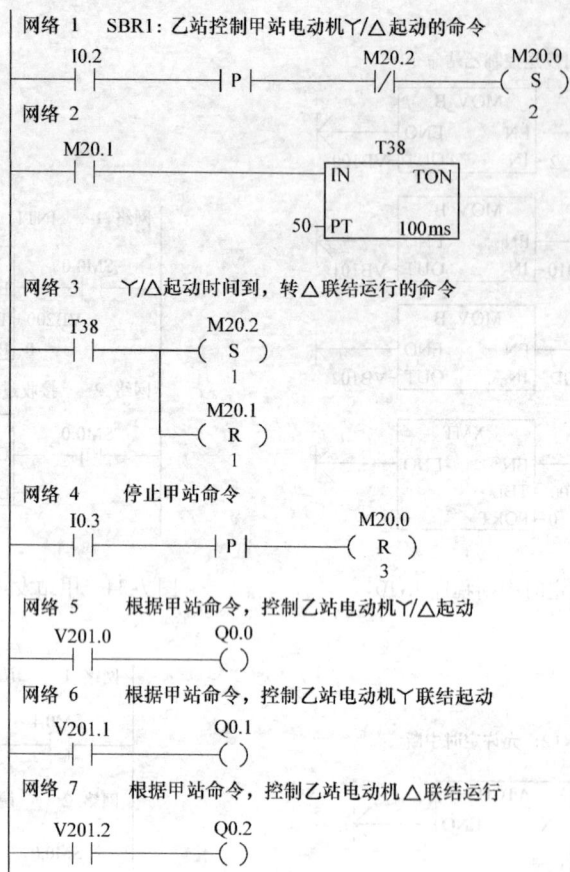

图 7-38　乙站控制子程序 SBR1

乙站接收完成中断程序 INT0 完成设置禁止接收、定时 50ms、建立定时中断与 INT2 的连接，接收完成中断程序 INT0 如图 7-39 所示。

乙站定时中断程序 INT2 完成定时发送控制甲站的命令数据，每次发送两个字节数据：控制甲站星形—三角形起动的命令字（在 MB20 中）和回车符，同时关闭定时中断，定时中断程序 INT2 如图 7-40 所示。

乙站发送完成中断程序 INT1 设置允许乙站接收，同时开始接收甲站的数据，发送完成中断程序 INT1 如图 7-41 所示。

7.4.3　USS 通信指令

使用 USS 通信协议，用户程序可以很方便地通过子程序调用的方式实现 S7 - 200 PLC 与变频器之间的通信，一台 S7 - 200 PLC 最多可以监控 31 台变频器。

USS 通信指令用于实现 PLC 与变频器等驱动设备之间的通信及控制。

当使用 USS 指令进行通信时，使用通信口 0，此时通信口 0 不能再做他用，包括与编程设备的通信或自由口通信；USS 指令使用 14 个子程序、3 个中断程序和累加器 AC0 ~ AC3；USS 指令影响与端口 0 的自由口通信有关的所有特殊存储器位。另外，需要 400 个字节的变量存储区，变量存储区的起始地址由用户进行设置，留给 USS 指令使用。

網絡 1   INT2: 定时到，发送控制甲站命令

网络 1   INT0:接收完禁止接收

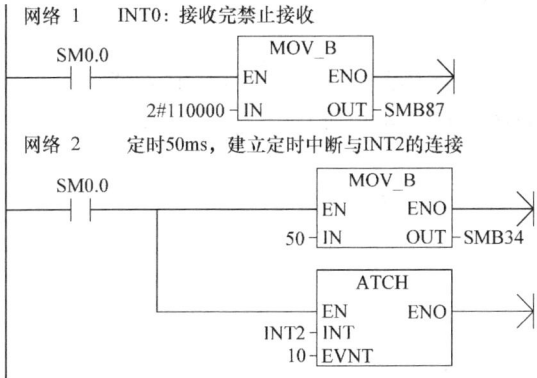

图 7-39   乙站接收完成中断程序 INT0

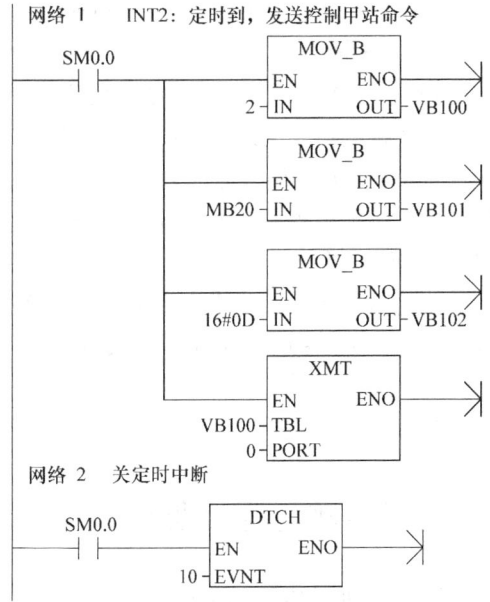

图 7-40   乙站定时中断程序 INT2

USS 通信指令包括：

1）USS _ INIT。初始化指令，用于允许、初始化或禁止变频器的通信。

2）USS _ CTRL。控制变频器指令，每台变频器能使用一条这样的指令。

3）USS _ RPM _ W（D、R）。读指令，读取变频器的一个无符号字类型（双字类型、实数类型）的参数。

4）USS _ WPM _ W（D、R）。写指令，向变频器写入一个无符号字类型（双字类型、实数类型）的参数。

网络 1   INT1: 发送完许可接收

图 7-41   乙站发送完成中断程序 INT1

应注意，同一时刻只能有一个读（USS _ RPM _ X）或写（USS _ WPM _ X）指令被激活；使用 USS 指令对变频器进行控制时，必须对变频器的有关参数进行设置。

关于 USS 指令库的详细使用可参考 S7 - 200 PLC 系统手册。

7.4.4 Modbus 指令

STEP7 - Micro/WIN 指令库中专门有为 Modbus 通信设计的子程序和中断服务程序。其中有最新推出的 Modbus 主站协议指令，使用主站协议指令可以实现与 Modbus 从站的数据交换；也有 Modbus 从站协议指令，使用从站协议指令，作为 Modbus 从站的 S7 - 200 PLC 可以与 Modbus 主站进行通信。

1. 主站指令

MBUS _ CTR：调用 Modbus RTU 主站初始化和控制子程序。

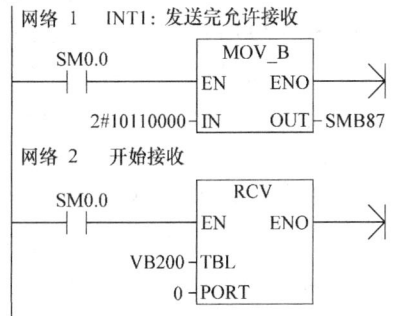

MBUS _ MSG：调用 Modbus RTU 主站读写子程序，并发送一个 Modbus 请求。

2. 从站指令

MBUS _ INIT：初始化指令，用于启动、初始化或禁止 Modbus 通信。当启动 Modbus 协议后，就将端口 0 指定给 Modbus 协议，并影响与自由口通信有关的所有特殊存储器位。

MBUS _ SLAVE：该指令用于响应 Modbus 主设备发出的请求，并且必须在每次扫描时都被执行，以便检查和响应 Modbus 请求。在使用 MBUS _ SLAVE 指令之前，必须正确执行 MBUS _ INIT 指令。

上述两条从站协议指令内部包含 3 个子程序及两个中断服务程序来完成其功能，运行时需要 779 个字节的变量存储区，变量存储区的起始地址由用户进行设置，保留给 Modbus 变量使用。

关于 Modbus 指令库的详细使用可参考 S7 – 200 PLC 系统手册。

7.5　思考题与练习题

1. 串行通信常用的接口标准有哪几种？各有什么特点？
2. S7 – 200 CPU224 配置何种通信接口？有什么特点？可以实现哪些通信？
3. S7 – 200 PLC 支持的通信协议有哪几种？各有什么特点？
4. S7 – 200 PLC 与计算机之间可以用哪些方法通信？
5. S7 – 200 PLC 默认的通信协议是哪种？如何改变通信协议？
6. 使用 PPI 网络读写指令进行通信时需要注意什么？
7. S7 – 200 PLC 进行 PPI 通信时，网络读写指令的数据表是如何规定的？
8. 使用自由口通信模式进行通信时应注意什么问题？
9. 图 7-42 所示为一个简单网络的结构示意。其中，TD200 为主站，在 RUN 模式下，CPU226 在用户程序中允许 PPI 主站模式，可以利用 NETR 和 NETW 指令来不断读写两个 CPU224 模块中的数据。任务如下：站 4 要读写两个远程站（站 2 和站 3）的状态字节和计数值（分别放在 VB100 和 VW101 中），如果某个远程站中的计数值达到 200，站 4 将发生一定的动作，并将该远程站的计数值清零，重新计数。

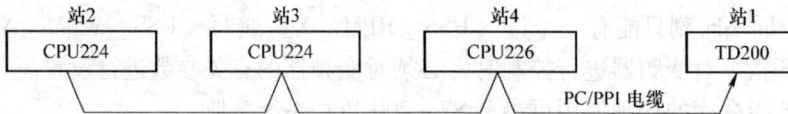

图 7-42　简单网络的结构示意图

10. 编写一段自由口通信的梯形图程序。控制要求如下：用一台 CPU226 作为本地 PLC，一台 CPU224 作为远程 PLC；由一外部脉冲起动本地 PLC 向远程 PLC 发送 100 个字节的信息，任务完成后用指示灯进行显示；波特率要求为 4800bit/s，每个字符 8 位，无奇偶校验，不设立超时时间。

第8章 PLC 控制系统设计实例

在掌握 PLC 的硬件构成、工作原理、指令系统、编程语言及基本的程序设计方法后，对于具有一定控制基础知识和实践经验的工程技术人员，就可以用 PLC 作为控制器构成 PLC 控制系统。

本章主要从工程应用的角度出发，通过 PLC 应用系统典型案例的介绍，了解 PLC 控制系统的设计步骤，掌握 PLC 的选型与硬件配置、编制输入/输出分配表和绘制外部接线图的方法，掌握软件设计的方法和技巧。

8.1 三相异步电动机的 PLC 控制

三相异步电动机是在工矿企业中广泛使用的电气设备之一，根据生产工艺的要求，经常要对电动机进行起动和停止控制，正、反转控制，减压起动控制等。此外，为了确保生产的正常进行，防止发生事故，还需要采用一些信号的联锁保护控制。本节以广泛使用的三相笼型异步电动机为例，介绍 PLC 对三相异步电动机的控制及注意事项。

在传统的三相异步电动机的继电接触器控制系统中，一般分成主电路和控制电路两部分。使用 PLC 技术，就是用其软件取代继电接触器控制系统中控制电路（硬件）的功能。通常情况下，PLC 不直接驱动电动机，而由输出端驱动接触器线圈，再由接触器主触点控制电动机运行。

8.1.1 三相异步电动机的正、反转控制

1. 主电路及控制要求

三相笼型异步电动机的正、反转控制主电路如图 8-1 所示。

在图 8-1 中，KM1 为电动机正转接触器主触点，KM2 为电动机反转接触器主触点。

控制要求：按下正转按钮，KM1 主触点闭合，电动机正转运行；按下反转按钮，KM2 主触点闭合，电动机反转运行。

应注意，在电动机正、反转控制过程中，防止主电路的电源相间短路是首要问题。

引起短路的原因有两个：其一是控制正、反转的两个接触器同时通电动作；其二是主触点之间的电弧引起短路，这种情况的发生是因刚断开的触点其电弧尚未熄灭，使断开的触点仍然处于通电状态，而另一接触器已接通，其触点闭合造成短路。

在 PLC 控制系统中，防止电源相间短路一般应在硬件接线和软件设计中均加以考虑，以确保系统安全可靠。

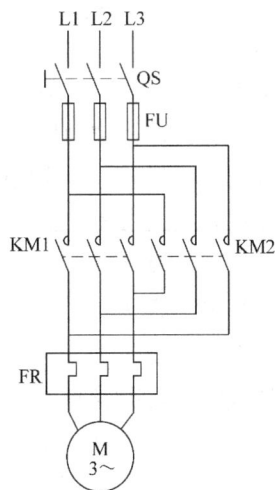

图 8-1　电动机正、反转
控制主电路

2. I/O 编址与 I/O 接线

PLC 的输入端一般连接一些主令电器，输出端一般驱动接触器和电磁阀等执行元件。对于 PLC 输入端或输出端连接的外部电气元件，应确定其连接到 PLC 端子上的确切位置，这就是 PLC 的 I/O 编址。

（1）输入/输出信号及地址分配

在电动机正、反转控制系统中，输入信号有停止按钮 SB1、正转按钮 SB2、反转按钮 SB3，热继电器触点 FR，输出信号有正转接触器 KM1、反转接触器 KM2，其 I/O 地址分配见表 8-1。

表 8-1　I/O 地址分配表

输　　入			输　　出		
名　　称	符　号	地址编号	名　　称	符　号	地址编号
停止按钮	SB1	I0.0	正转接触器	KM1	Q0.0
正转按钮	SB2	I0.1	反转接触器	KM2	Q0.1
反转按钮	SB3	I0.2			
热继电器触点	FR	I0.3			

应注意，I/O 编址也是进行 PLC 程序设计的依据。

（2）PLC 型号选择及外部接线

在电动机正、反转控制中，系统的输入/输出信号较少，选用 S7 - 200 CPU224（或 CPU222）既经济且可以满足要求。

将输入元件和输出元件按照 I/O 编址连接于 PLC 的相应端子上，即构成 PLC 的输入/输出连接（称 I/O 接线），也称 PLC 的外部接线。

根据输入/输出信号及地址分配，进行 PLC 与输入/输出信号的外部接线如图 8-2 所示。

在图 8-2 中，全部输入元器件都使用其常开触点接入，这样便于输入端连线，不易发生接线错误。另外在 PLC 输出端，正、反转两个接触器之间采用常闭触点构成互锁，这种互锁称为外部硬互锁。硬互锁的作用为：防止接触器因质量不好或发生触点熔焊，造成正、反转换接时触点未按要求断开；或者 PLC 受噪声影响其内部发生运算错误，导致正、反转两个接触器同时通电动作，造成主电路短路。

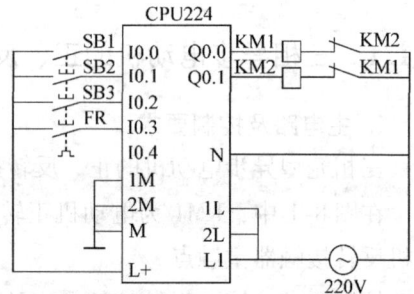

图 8-2　电动机正、反转控制
PLC 外部接线图

3. 梯形图设计

在软件设计中，为防止两个接触器同时通电造成短路，可以在软件中采取软互锁；而电弧造成的短路也需要在软件加以考虑，因为 PLC 内部继电器的动作基本上都是瞬时完成的，因此在程序设计中，应利用 PLC 内部的定时器，强制性地使两个输出继电器的切换有一个小的延时时间，以消除电弧短路。

根据 I/O 编址及控制要求设计的梯形图如图 8-3 所示。

控制过程说明如下：

网络1   按正转按钮，定时0.5s

```
  I0.1        Q0.0                          M0.0
──┤├────────┤/├──────────────────────────( )──

  M0.0                                      T37
──┤├──────────────────────────────────┤IN    TON├──
                                   +5──┤PT   100 ms│
```

网络2   定时到，电动机正转控制

```
  T37      I0.0    I0.3    I0.2    Q0.1    Q0.0
──┤├──────┤/├────┤├────┤/├────┤/├────( )──
  Q0.0
──┤├──
```

网络3   按反转按钮，定时0.5s

```
  I0.2        Q0.1                          M0.1
──┤├────────┤/├──────────────────────────( )──

  M0.1                                      T38
──┤├──────────────────────────────────┤IN    TON├──
                                   +5──┤PT   100 ms│
```

网络4   定时到，电动机反转控制

```
  T38      I0.0    I0.3    I0.1    Q0.0    Q0.1
──┤├──────┤/├────┤/├────┤/├────┤/├────( )──
  Q0.1
──┤├──
```

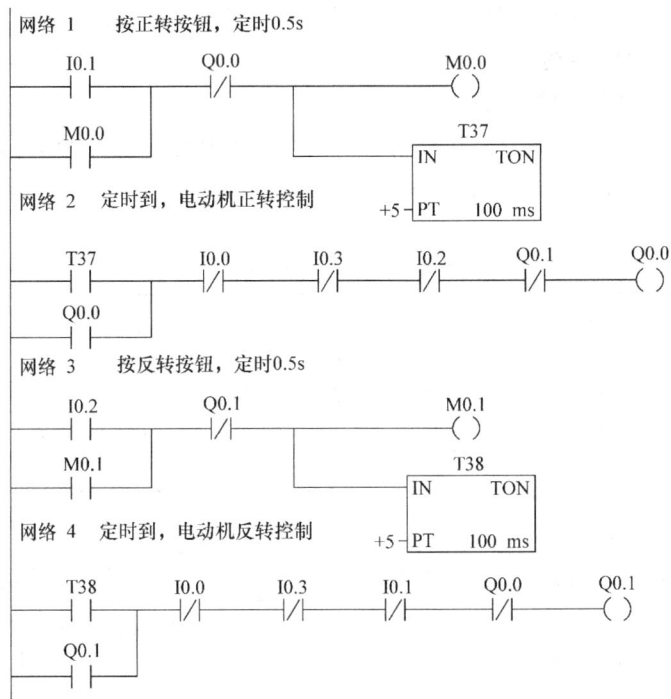

图 8-3　电动机正、反转控制梯形图

1）按下正转按钮 SB2，原反转运行立即停止，延时 0.5s 后，电动机正转工作。

2）按下反转按钮 SB3，原正转运行立即停止，延时 0.5s 后，电动机反转工作。

3）按下停止按钮 SB1，无论电动机正转或反转，均使电动机立即停止。

在图 8-3 所示的梯形图中，定时器 T37 和定时器 T38 均延时 0.5s，使正、反转两个接触器的切换有 0.5s 的延时，以消除电弧短路。在梯形图中还设置了 Q0.0 和 Q0.1 之间的软互锁。

8.1.2　三相异步电动机的星形—三角形减压起动控制

大功率的三相异步电动机如果直接起动会产生较大的起动电流，对电网造成冲击，影响电网上其他设备的正常运行，因此在实际工作中，对较大容量的电动机需采取减压起动，星形—三角形减压起动是常用方法之一。

1. 主电路及控制要求

三相笼型异步电动机星形—三角形减压起动控制主电路如图 8-4 所示。

在图 8-4 中，KM 为接通电源的主接触器主触点，KM丫 为电动机星形联结（丫联结）的接触器主触点，KM△ 为电动机三角形联结（△联结）的接触器主触点。

控制要求：按下起动按钮 SB2，KM 和 KM丫 主触点闭合，电动机星形联结起动，经过一定的起动时间后，KM丫 主触点断

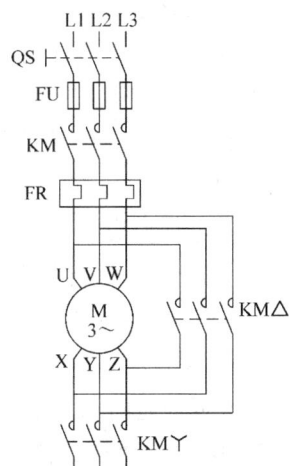

图 8-4　电动机星形—三角形
减压起动主电路

259

开，KM△主触点闭合，电动机由星形联结改变为三角形联结，起动结束，电动机正常运行。

2. I/O 编址与 I/O 接线

（1）输入/输出信号及地址分配

在电动机星形—三角形减压起动控制中，输入信号有停止按钮 SB1、起动按钮 SB2，热继电器触点 FR，输出信号有主接触器 KM、星形接触器 KM丫、三角形接触器 KM△，其 I/O 地址分配如表 8-2 所示。

表 8-2　I/O 地址分配表

输　　入			输　　出		
名　　称	符　　号	地址编号	名　　称	符　　号	地址编号
停止按钮	SB1	I0.0	主接触器	KM	Q0.0
起动按钮	SB2	I0.1	星形接触器	KM丫	Q0.1
热继电器触点	FR	I0.2	三角形接触器	KM△	Q0.2

（2）PLC 型号选择及外部接线

在电动机星形—三角形减压起动控制中，系统的输入/输出信号较少，选用 S7 - 200 CPU224（或 CPU222）即经济且可以满足要求。

根据输入/输出信号及地址分配，进行 PLC 与输入/输出信号的外部连接如图 8-5 所示。

在图 8-5 中，PLC 输出端 KM丫和 KM△两个接触器之间仍然采用硬互锁。

需要注意的是，今后在使用 PLC 进行电动机控制时，为避免发生电源相间短路故障，应该同时使用软互锁和硬互锁，以提高系统的安全性。

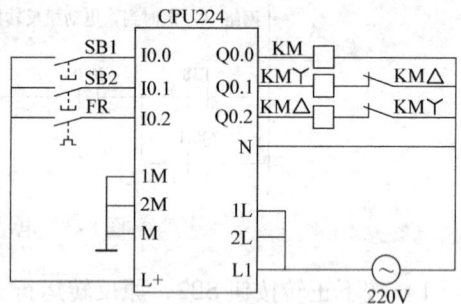

图 8-5　电动机星形—三角形减压
起动 PLC 外部接线图

3. 梯形图设计

在软件设计中应注意，在断开 KM丫线圈、接通 KM△线圈时，应加 0.5s 的延时，以防止电弧短路。根据 I/O 编址及控制要求设计的梯形图如图 8-6 所示。

控制过程说明如下：

1）按下起动按钮 SB2，电动机星形起动（KM、KM丫线圈同时得电），并延时 10s。

2）10s 定时到，断开 KM丫线圈，星形起动结束，同时延时 0.5s。

3）0.5s 定时到，接通 KM△线圈，电动机三角形联结正常运行（KM、KM△线圈通电）。

4）按下停止按钮 SB1，KM、KM丫、KM△

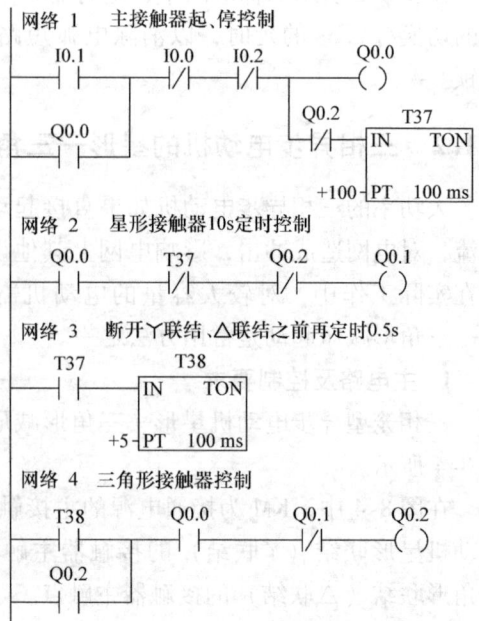

图 8-6　电动机星形—三角形减压起动梯形图

260

接触器均失电，电动机停止工作。

在图 8-6 所示的梯形图中，定时器 T37 延时 10s，为星形起动所需的时间，定时器 T38 延时 0.5s，防止电弧短路现象发生。在梯形图中还设置了 Q0.1 和 Q0.2 之间的软互锁。

8.2　十字路口交通信号灯的 PLC 控制

8.2.1　控制要求

1. 交通信号灯设置

交通信号灯设置示意图如图 8-7 所示。在十字路口的东、西、南、北装设红、绿、黄灯。红、绿、黄灯按照一定时序轮流发亮。

2. 控制要求

信号灯受选择开关控制。当按下选择开关接通时，信号灯系统开始工作。

（1）南北向红灯、东西向绿灯同时亮

南北向红灯亮并维持 30s；东西向绿灯亮并维持 25s。到 25s 时，东西向绿灯闪烁 3s，闪烁周期

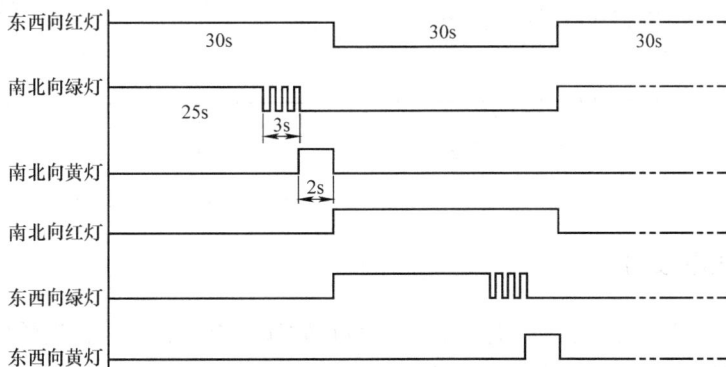

图 8-7　十字路口交通灯示意图

为 1s（亮 0.5s，熄 0.5s）。绿灯闪烁 3s 后熄灭，东西向黄灯亮，并维持 2s。到 2s 时，东西向黄灯熄，东西向红灯亮；同时南北向红灯熄灭，南北向绿灯亮。

（2）东西向红灯、南北向绿灯同时亮

东西向红灯亮并维持 30s；南北向绿灯亮并维持 25s。到 25s 时，南北向绿灯闪烁 3s，闪烁周期为 1s（亮 0.5s，熄 0.5s）。绿灯闪烁 3s 后熄灭，南北向黄灯亮，并维持 2s。到 2s 时，南北向黄灯熄，南北向红灯亮；同时东西向红灯熄灭，东西向绿灯亮。

如此周而复始地循环。当选择开关断开时，所有信号灯熄灭。

3. 交通信号灯控制时序

十字路口交通信号灯的控制时序如图 8-8 所示。

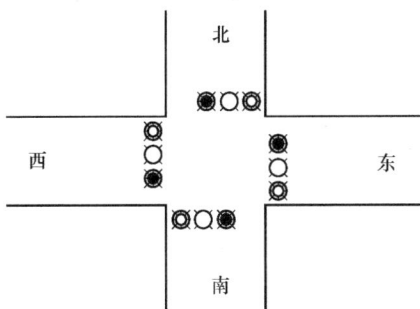

图 8-8　十字路口交通信号灯控制时序图

8.2.2 PLC 的选型及外部接线

1. 输入/输出信号及 I/O 编址

根据十字路口交通信号灯示意图和控制要求可知，该系统输入信号有两个：选择开关 SA 的常开点和常闭点。系统共有 12 个信号灯需要控制，将南北向绿灯 HL1、HL2；南北向黄灯 HL3、HL4；南北向红灯 HL5、HL6；东西向绿灯 HL7、HL8；东西向黄灯 HL9、HL10；东西向红灯 HL11、HL12 均并联后共用一个输出点，这样系统的输出信号仅需 6 个，其 I/O 地址分配见表 8-3。

表 8-3　I/O 地址分配表

输　入			输　出		
名　称	符　号	地址编号	名　称	符　号	地址编号
选择开关	SA－1	I0.0	南北向绿灯	HL1、HL2	Q0.0
选择开关	SA－2	I0.1	南北向黄灯	HL3、HL4	Q0.1
			南北向红灯	HL5、HL6	Q0.2
			东西向绿灯	HL7、HL8	Q0.3
			东西向黄灯	HL9、HL10	Q0.4
			东西向红灯	HL11、HL12	Q0.5

2. PLC 型号选择及外部接线

本系统的输入、输出信号较少，选用 S7－200 CPU224 或 CPU222 即经济且可以满足要求。本例选用 CPU224，根据 I/O 地址分配表，进行 PLC 与输入/输出信号的外部连接如图 8-9 所示。

使用时，应注意 PLC 输出端及公共端输出电流的允许值。这里用一个输出点驱动两盏信号灯，如果 PLC 输出点的输出电流不够大，可以用一个输出点驱动一盏信号灯，也可以在 PLC 输出端增设中间继电器，再由中间继电器去驱动信号灯。

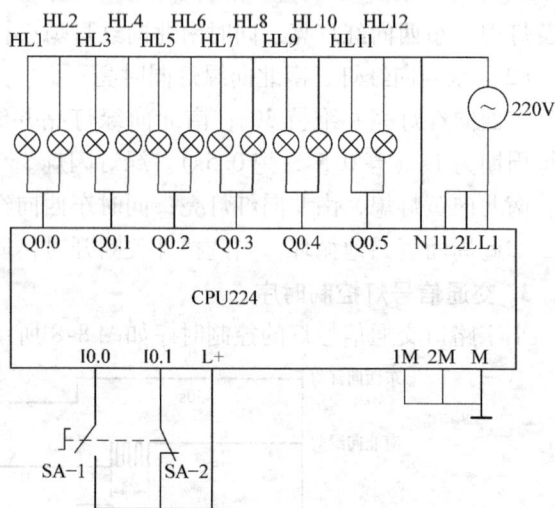

图 8-9　交通信号灯控制 PLC 外部接线图

8.2.3 控制程序设计

根据交通信号灯控制要求和时序图，可以设计顺序功能图，然后根据顺序功能图设计梯形图；也可以根据时序图，利用定时器指令和比较指令进行编程。后者编程方法更简洁，控制过程清晰。下面采用定时器指令和比较指令进行编程，编写的梯形图如图 8-10 所示。

网络 1　选择开关接通，循环定时60s

```
   I0.0      T37                      T37
  ─┤├──────┤/├───────────────┤IN   TON│
                              │        │
                        +600─ ┤PT  100 ms│
```

网络 2　东西向绿灯亮25s控制

```
   T37       T37       M0.0
  ─┤>I├─────┤<=I├──────( )─
   +0        +250
```

网络 3　东西向绿灯闪烁3s控制，闪烁周期1s

```
   T37       T37      SM0.5      M0.1
  ─┤>I├─────┤<=I├─────┤├───────( )─
   +250      +280
```

网络 4　东西向黄灯亮2s

```
   T37       T37       Q0.4
  ─┤>I├─────┤<=I├──────( )─
   +280      +300
```

网络 5　东西向红灯亮30s

```
   T37       T37       Q0.5
  ─┤>I├─────┤<=I├──────( )─
   +300      +600
```

网络 6　南北向红灯亮30s

```
   T37       T37       Q0.2
  ─┤>I├─────┤<=I├──────( )─
   +0        +300
```

网络 7　南北向绿灯亮25s控制

```
   T37       T37       M1.0
  ─┤>I├─────┤<=I├──────( )─
   +300      +550
```

网络 8　南北向绿灯闪烁3s控制，闪烁周期1s

```
   T37       T37      SM0.5      M1.1
  ─┤>I├─────┤<=I├─────┤├───────( )─
   +550      +580
```

网络 9　南北向黄灯亮2s

```
   T37       T37       Q0.1
  ─┤>I├─────┤<=I├──────( )─
   +580      +600
```

网络 10　南北向绿灯亮或闪烁输出

```
   M1.0       Q0.0
  ─┤├────────( )─
   M1.1
  ─┤├──
```

网络 11　东西向绿灯亮或闪烁输出

```
   M0.0       Q0.3
  ─┤├────────( )─
   M0.1
  ─┤├──
```

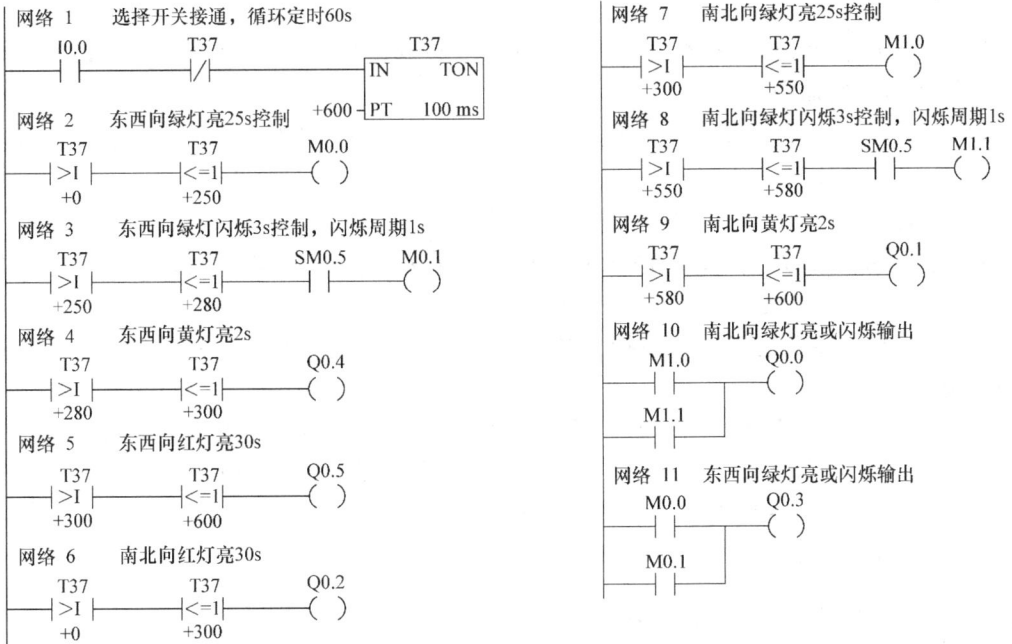

图 8-10　交通信号灯控制梯形图

8.3　液体混合装置的 PLC 控制

物料的混合操作是一些企业生产中关键的甚至不可缺少的一个环节。对物料混合装置的控制要求是：物料混合质量高、生产效率和自动化程度高，适应范围广、抗恶劣工作环境等。而采用 PLC 对物料混合装置进行控制恰恰能满足这些要求。

多种液体按一定比例进行混合是物料混合的一种典型形式。下面以两种液体的混合装置为例，介绍 PLC 在液体混合装置中的应用。

8.3.1　控制要求

1. 液体混合装置简介

按生产工艺要求将两种液体按一定比例进行混合，其液体混合装置示意图如图 8-11 所示。

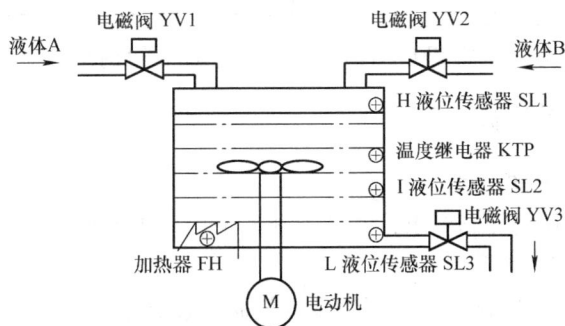

图 8-11　液体混合装置示意图

2. 控制要求

1）系统从初始状态（容器放空）开始工作，按起动按钮 SB1 后，电磁阀 YV1 通电打开，液体 A 流入容器中。

2）当液位高度到达 I 处时，液位传感器 SL2 接通，YV1 阀断电关闭，同时 YV2 通电打开，液体 B 流入容器。

3）当液位高度到达 H 处时，液位传感器 SL1 接通，YV2 阀断电关闭，停止液体流入。

4）加热器 FH 开始工作，对液体进行加热，当液体到达指定温度时，温度继电器 KTP 动作，停止加热，同时起动搅拌电动机 M 搅拌。

5）2min 后，电动机 M 停止搅拌，电磁阀 YV3 通电打开，将加热并混合好的液体放出到下一道工序。

6）当液位高度下降到低于 L 时，再延时 10s，电磁阀 YV3 断电关闭。此时容器内液体已放空，电磁阀 YV1 通电打开，液体 A 流入容器，自动开始下一周期循环。

7）按下停止按钮 SB2 时，要求不要立即停止工作，而是将停机信号记忆下来，直到完成一个工作循环后才停止工作，返回到初始状态。

8.3.2 PLC 的选型及外部接线

系统的输入信号有：起动、停止按钮各 1 个，液位传感器 3 个，温度继电器开关 1 个，共 6 个输入信号；系统的输出信号有：电磁阀 3 个，搅拌电动机接触器 1 个，加热器接触器 1 个，共 5 个输出信号，考虑到留有 15% 的备用点，选用 S7 – 200 CPU224 可以满足本例的要求。

PLC 的 I/O 地址分配如表 8-4 所示。

表 8-4 I/O 地址分配表

输　入			输　出		
名　称	符　号	地址编号	名　称	符　号	地址编号
起动按钮	SB1	I0.0	电动机接触器	KM1	Q0.0
停止按钮	SB2	I0.1	A 液体电磁阀	YV1	Q0.1
H 处液位传感器	SL1	I0.2	B 液体电磁阀	YV2	Q0.2
I 处液位传感器	SL2	I0.3	混合液体电磁阀	YV3	Q0.3
L 处液位传感器	SL3	I0.4	加热器接触器	KM2	Q0.4
温度继电器开关	KTP	I0.5			

根据 I/O 地址分配表，进行 PLC 与输入/输出信号的外部接线如图 8-12 所示。

8.3.3 PLC 控制程序设计

1. 控制流程图及功能图设计

根据该液体混合装置的控制要求，并考虑到各个执行机构动作的条件，画出液体混合装置的控制流程图如图 8-13 所示。

由图 8-13 可以看出，这是一种典型的步进控制，设计液体混合装置的顺序功能图如图 8-14 所示，可以用顺序控制指令很方便地实现步进控制，也可以用逻辑控制编程实现。

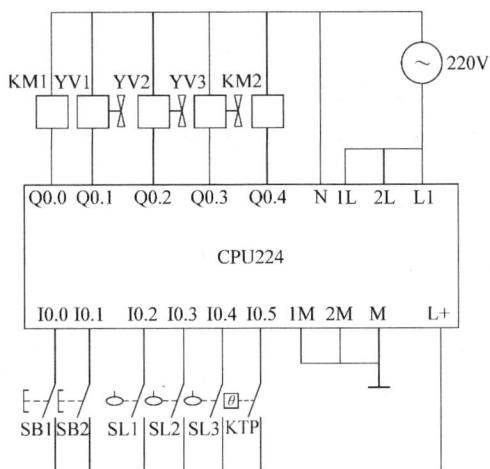

图 8-12 液体混合装置的 PLC 外部接线图

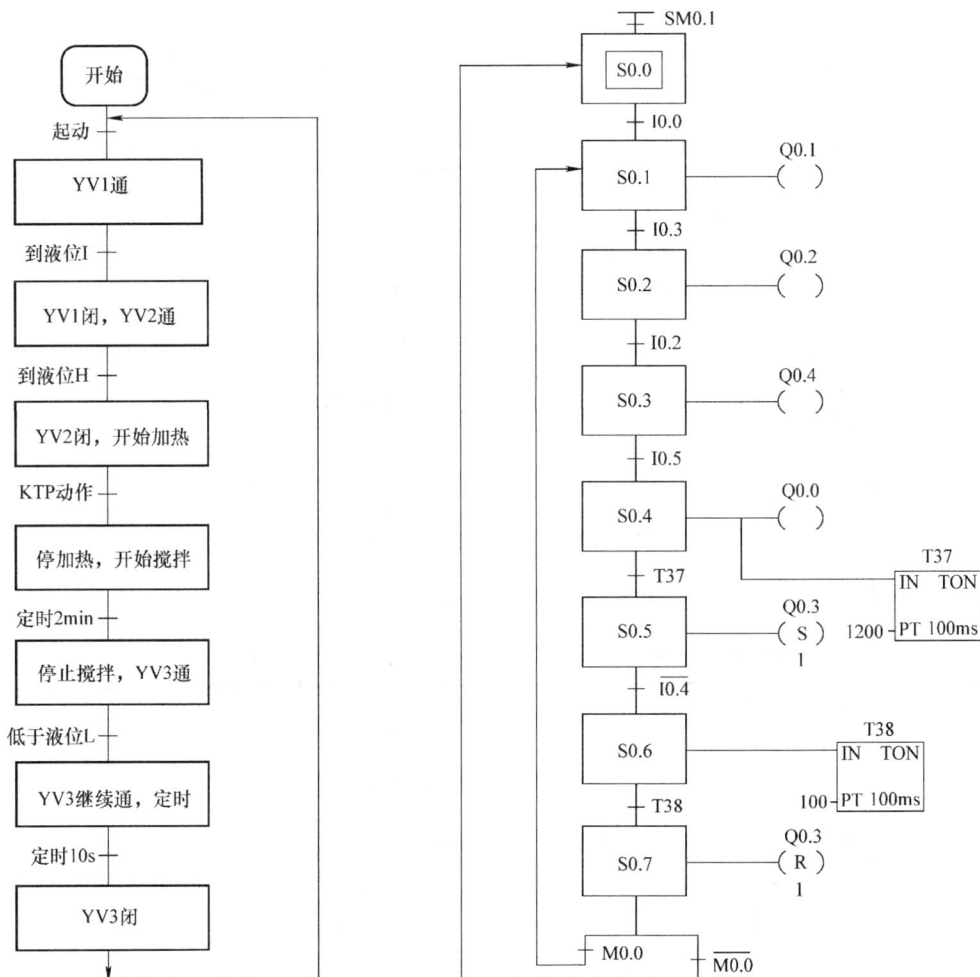

图 8-13 液体混合装置的控制流程图

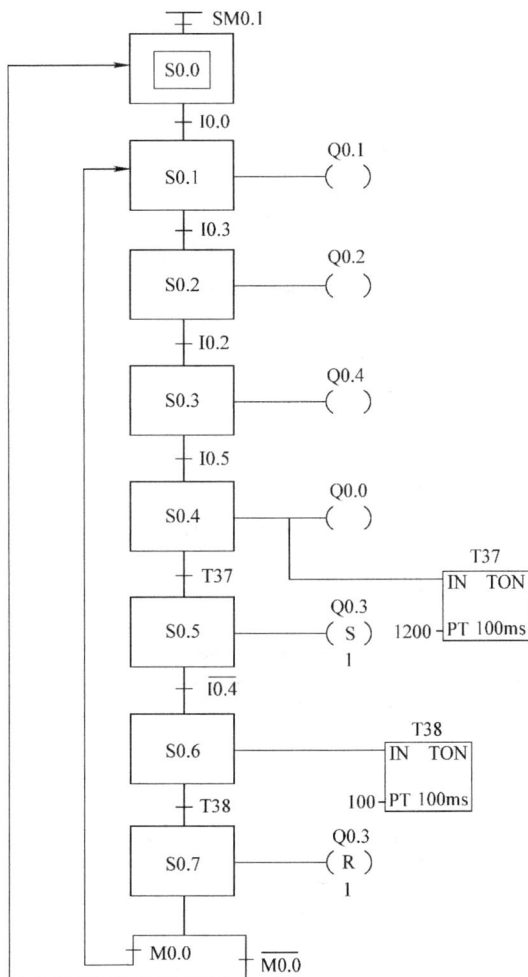

图 8-14 液体混合装置的顺序功能图

2. 控制程序设计

根据顺序功能图，使用顺序控制指令设计梯形图如图 8-15 所示，使用顺序控制指令设计梯形图结构清晰，可读性好，但程序较长。

根据控制流程图，用逻辑设计方法，使用基本指令编程，设计梯形图如图 8-16 所示。

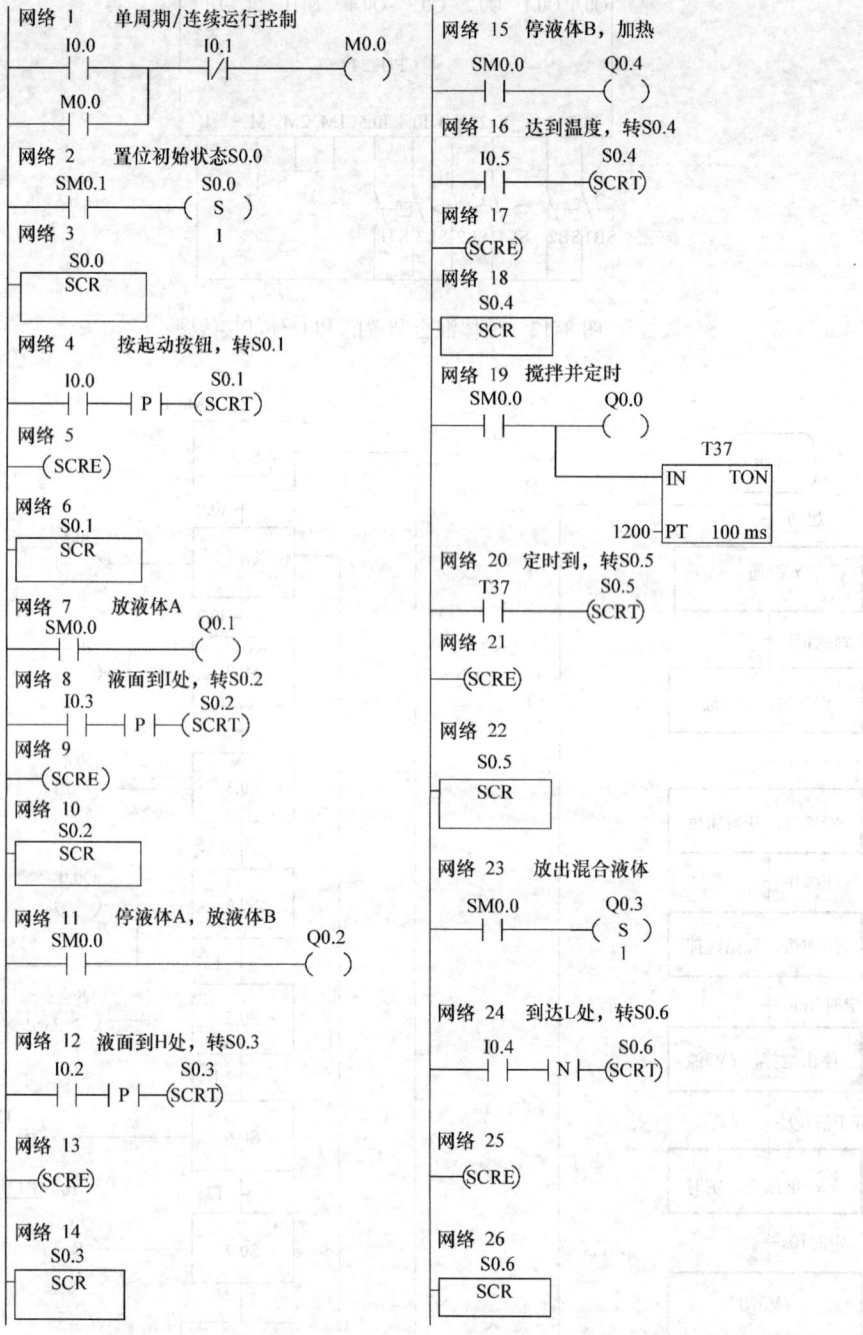

图 8-15　液体混合装置的顺序控制指令梯形图

266

网络 27　定时
```
   SM0.0              T38
   ─┤├──────────[IN    TON]
                 100─PT    100 ms
```

网络 28　定时到，转S0.7
```
   T38               S0.7
   ─┤├──────────────(SCRT)
```

网络 29
```
   ──(SCRE)
```

网络 30
```
   S0.7
   ─┤ SCR ├
```

网络 31　停放混合液体
```
   SM0.0              Q0.3
   ─┤├──────────────( R )
                       1
```

网络 32　连续则转移到S0.1
```
   M0.0               S0.1
   ─┤├──────────────(SCRT)
```

网络 33　停止则转移到初始状态
```
   M0.0               S0.0
   ─┤/├─────────────(SCRT)
```

网络 34
```
   ──(SCRE)
```

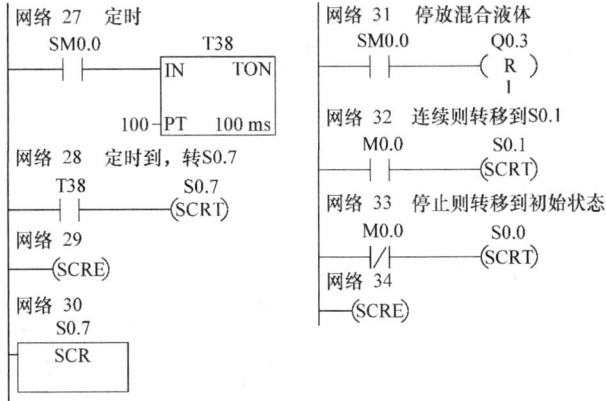

图 8-15　液体混合装置的顺序控制指令梯形图（续）

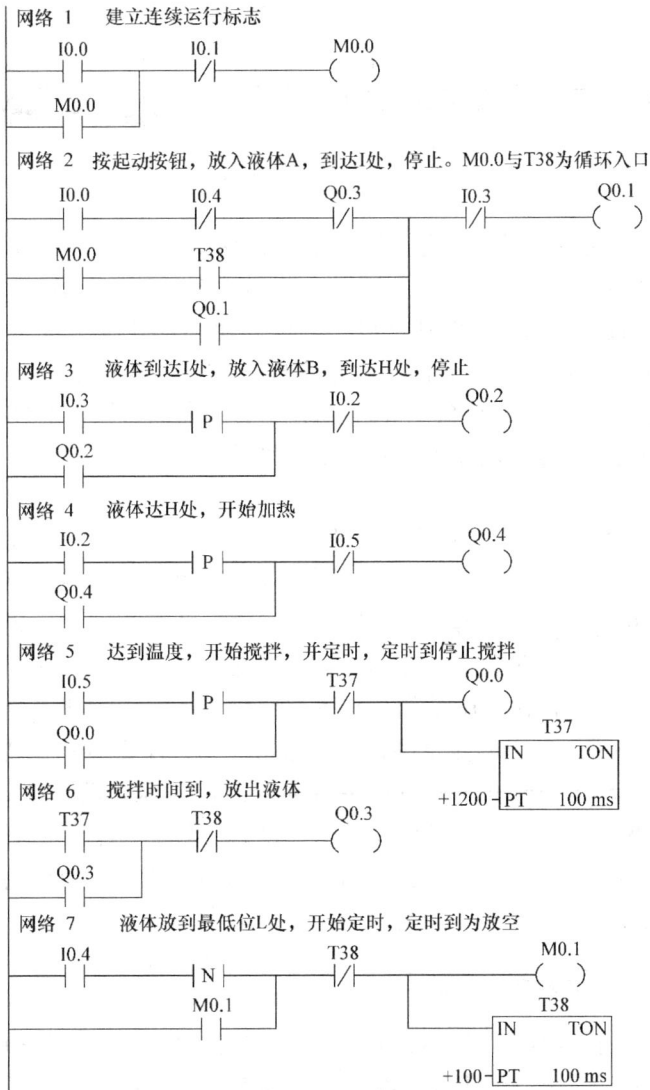

网络 1　建立连续运行标志
```
   I0.0     I0.1              M0.0
   ─┤├──────┤/├──────────────( )
   M0.0
   ─┤├─
```

网络 2　按起动按钮，放入液体A，到达I处，停止。M0.0与T38为循环入口
```
   I0.0     I0.4     Q0.3     I0.3     Q0.1
   ─┤├──────┤├──────┤/├──────┤/├─────( )
   M0.0     T38
   ─┤├──────┤├─
            Q0.1
            ─┤├─
```

网络 3　液体到达I处，放入液体B，到达H处，停止
```
   I0.3                    I0.2     Q0.2
   ─┤├───────┤P├──────────┤/├─────( )
   Q0.2
   ─┤├─
```

网络 4　液体达H处，开始加热
```
   I0.2                    I0.5     Q0.4
   ─┤├───────┤P├──────────┤/├─────( )
   Q0.4
   ─┤├─
```

网络 5　达到温度，开始搅拌，并定时，定时到停止搅拌
```
   I0.5                    T37     Q0.0
   ─┤├───────┤P├──────────┤/├─────( )
   Q0.0                                    T37
   ─┤├─                            [IN    TON]
                               +1200─PT    100 ms
```

网络 6　搅拌时间到，放出液体
```
   T37      T38     Q0.3
   ─┤├──────┤/├────( )
   Q0.3
   ─┤├─
```

网络 7　液体放到最低位L处，开始定时，定时到为放空
```
   I0.4              T38              M0.1
   ─┤├──────┤N├──────┤├─────────────( )
   M0.1                                    T38
   ─┤├─                            [IN    TON]
                               +100─PT    100 ms
```

图 8-16　液体混合装置的逻辑控制梯形图

8.4 货物传输带及机械手臂控制系统

8.4.1 控制要求

1. 控制装置简介

某传输带和机械手臂控制示意图如图 8-17 所示。

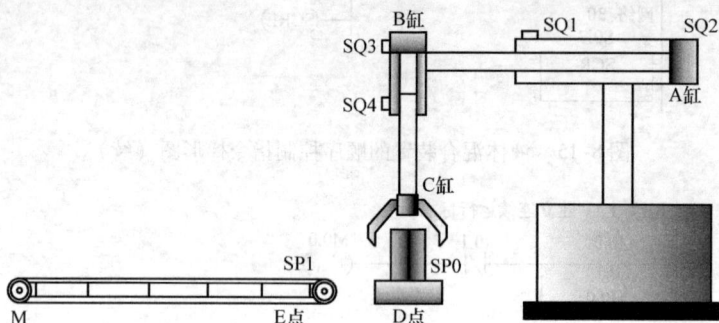

图 8-17 传输带和机械手臂控制示意图

图 8-17 中，左边为传输带，由电动机 M 驱动，在传输带的右端（E 点）设有工件传感器 SP1，右边为由 5 个电磁阀控制的机械手臂，机械手臂的左、右运动由电磁阀 YV1、YV2 控制，并设置有左限位开关 SQ1 和右限位开关 SQ2，通电时机械手臂向左移/右移，断电时停止左移/右移；机械手臂的上、下移动由电磁阀 YV3、YV4 控制，并设置有上限位开关 SQ3 和下限位开关 SQ4，通电时机械手臂向上移/下移，断电时停止上移/下移；抓手由电磁阀 YV5 控制，通电时抓手动作将工件抓紧，断电时抓手松开。

2. 控制要求

1）机械手臂的原点位置。机械手臂回到最右端、最上端、抓手为放开状态。

2）当人工将工件放置在 D 点时，SP0 动作→YV4 得电并带动机械手臂下降，直到 SQ4 动作→YV4 断电停止下降，YV5 得电将工件抓紧，然后延时 2s→YV3 得电并带动机械手臂上升，直到 SQ3 动作→YV3 断电停止上升，若传送带 E 点无工件（SP1 未动作）→YV1 得电并带动机械手臂左移，直到 SQ1 动作→YV1 断电停止左移，YV4 得电并带动机械手臂下降，直到 SQ4 动作→YV4 断电停止下降，若传送带电动机停止→YV5 断电放开工件（放置在 E 点），延时 2s→YV3 得电并带动机械手臂上升，直到 SQ3 动作→YV3 断电停止上升，YV2 得电并带动机械手臂右移，直到 SQ2 动作→YV2 断电停止右移，返回到原点。

3）当 E 点有工件（SP1 动作）且机械手臂已上升到最上方（SQ3 动作）时，传输带电动机 M 转动以运走工件，经过 4s 后传输带电动机自动停止。

8.4.2 PLC 的选型及外部接线

系统的输入信号有：起动、停止按钮各 1 个，工件到位光敏检测开关 2 个，限位开关 4 个，共 8 个输入信号，系统的输出信号有：电磁阀 5 个，电动机接触器 1 个，共 6 个输出点，考虑到留有 10% 的备用点，选用 S7-200 CPU224 可以满足本例的要求。

PLC 的 I/O 地址分配见表 8-5。

表 8-5 I/O 地址分配表

输 入			输 出		
名 称	符 号	地址编号	名 称	符 号	地址编号
起动按钮	SB1	I0.0	左移电磁阀	YV1	Q0.0
停止按钮	SB2	I0.1	右移电磁阀	YV2	Q0.1
D 点工件到位光敏开关	SP0	I0.2	上升电磁阀	YV3	Q0.2
左限位开关	SQ1	I0.3	下降电磁阀	YV4	Q0.3
右限位开关	SQ2	I0.4	抓手电磁阀	YV5	Q0.4
上限位开关	SQ3	I0.5	传输带电动机接触器	KM	Q0.5
下限位开关	SQ4	I0.6			
E 点工件到位光敏开关	SP1	I0.7			

根据 I/O 地址分配表，进行 PLC 与输入/输出信号的外部接线如图 8-18 所示。

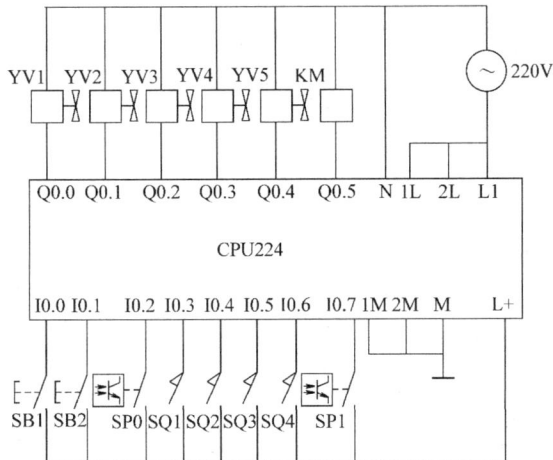

图 8-18 传输带和机械手臂控制的 PLC 外部接线图

全部输入元器件都使用其常开触点接入，这样输入端接线时不易发生错误。当检测到 D 点或 E 点有工件时，其传感器状态为 ON。

8.4.3 顺序功能图设计

根据控制要求设计顺序功能图，机械手臂控制和传输带控制可以采用并行分支流程进行设计，其顺序功能图如图 8-19 所示。

整个控制程序由机械手臂控制（S0.1 ~ S1.2）、传输带控制（S2.0 ~ S2.2）两个并行的顺序功能图组成。

控制过程说明如下：

1）在初始状态下，当按动起动按钮 SB1 后，同时激活 S0.1 和 S2.0，S2.0 是传输带处于待命状态，S0.1 是机械手臂处于原点（SQ2 和 SQ3 动作）待命状态；当 D 点有工件时（SP0 动作），激活 S0.2，使机械手臂下降；下降到位后（SQ4 动作）激活 S0.3，抓紧工件

269

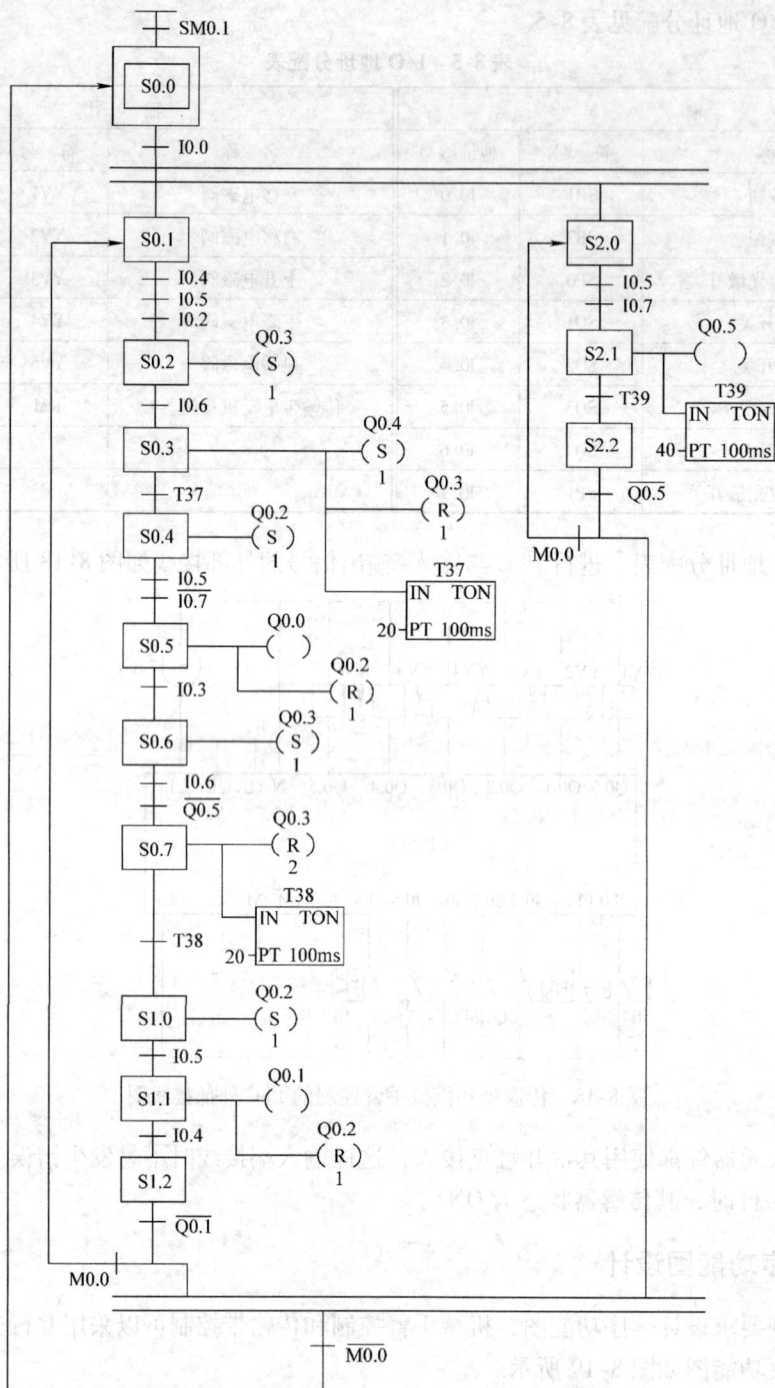

图 8-19 传输带和机械手臂控制的顺序功能图

并延时 2s；延时 2s 后激活 S0.4，机械手臂上升；上升到位后（SQ3 动作），此时若传送带 E 点无工件（SP1 未动作），则激活 S0.5，机械手臂向左移动；左移到位后（SQ1 动作），激活 S0.6，机械手臂带动工件下降；下降到位后（SQ4 动作），激活 S0.7，抓手松开并放下工件，延时 2s 后，激活 S1.0，机械手臂上升，上升到位后（SQ3 动作），激活 S1.1，机械手臂向右移动，右移到位后（SQ2 动作），激活 S1.2，停止右移，返回原点待命。

2）当传输带上的 E 点有工件且机械手臂处于上方时，可激活 S2.1，起动传输带电动机工作；延时 4s 后激活 S2.2，使传输带电动机停止工作，并激活 S2.0，返回待命状态。

3）当按下停止按钮 SB2 时，要求不要立即停止工作，而是将停止信号记忆下来，待一个循环后才停止工作，并返回到初始状态。

8.4.4 梯形图设计

根据顺序功能图和 I/O 地址分配表，设计传输带和机械手臂控制梯形图如图 8-20 所示。

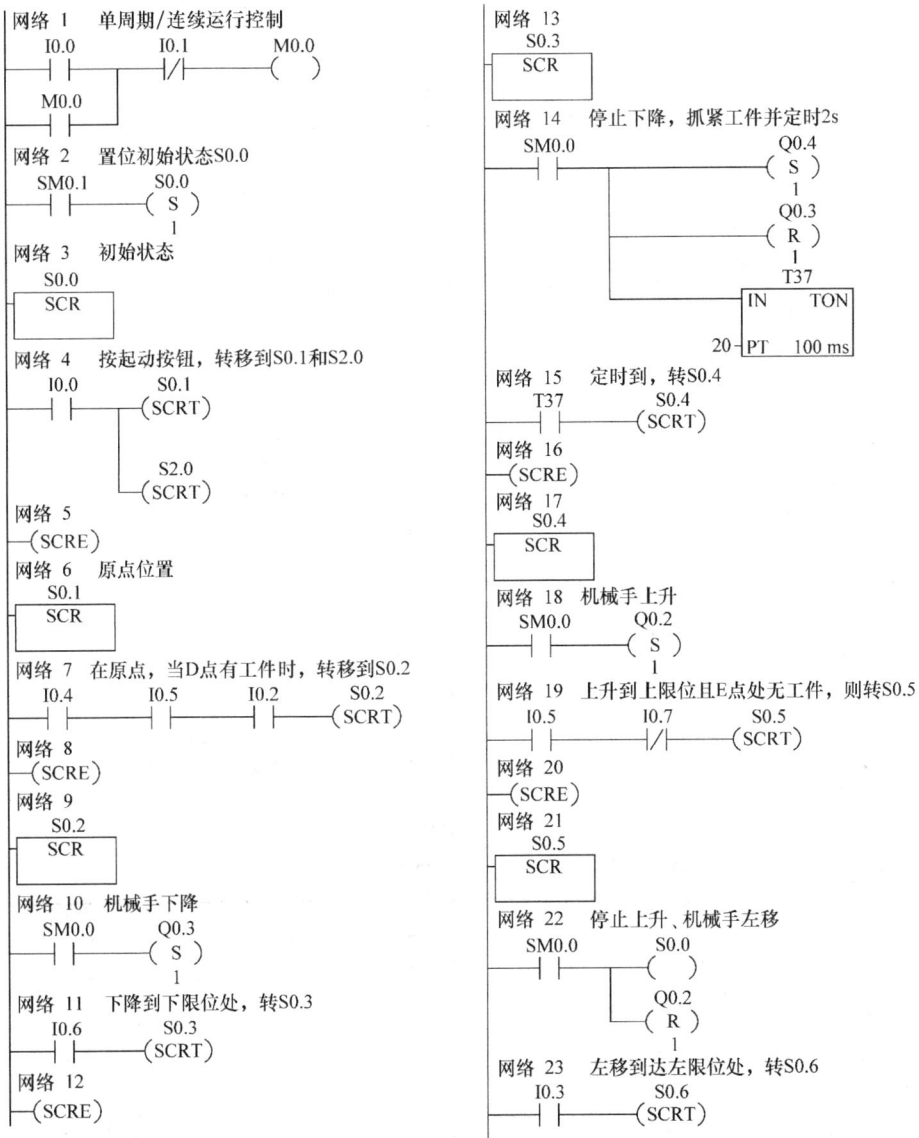

图 8-20 传输带和机械手臂控制梯形图

网络 24
—(SCRE)

网络 25
S0.6
```
┌─────────┐
│   SCR   │
└─────────┘
```

网络 26   机械手下降
```
SM0.0              Q0.3
──┤├──────────────( S )
                    1
```

网络 27   下降到下限位且传输带停止，转S0.7
```
I0.6        Q0.5        S0.7
──┤├────────┤/├────────(SCRT)
```

网络 28
—(SCRE)

网络 29
S0.7
```
┌─────────┐
│   SCR   │
└─────────┘
```

网络 30   停止下降、松开工件，定时2s
```
SM0.0                          Q0.3
──┤├──────┬───────────────────( R )
          │                     2
          │                    T38
          │              ┌──────────────┐
          └──────────────┤IN        TON │
                         │              │
                      20─┤PT     100 ms │
                         └──────────────┘
```

网络 31   定时到转移到S1.0
```
T38         S1.0
──┤├────────(SCRT)
```

网络 32
—(SCRE)

网络 33
S1.0
```
┌─────────┐
│   SCR   │
└─────────┘
```

网络 34   机械手上升
```
SM0.0              Q0.2
──┤├──────────────( S )
                    1
```

网络 35   上升到上限位，转S1.1
```
I0.5        S1.1
──┤├────────(SCRT)
```

网络 36
—(SCRE)

网络 37
SL1
```
┌─────────┐
│   SCR   │
└─────────┘
```

网络 38   停止上升，机械手右移
```
SM0.0              Q0.2
──┤├──────┬───────( R )
          │         1
          │        Q0.1
          └───────( )
```

网络 39   右移到右限位，转S1.2
```
I0.4        S1.2
──┤├────────(SCRT)
```

网络 40
—(SCRE)

网络 41   停止右移
S1.2
```
┌─────────┐
│   SCR   │
└─────────┘
```

网络 42   连续运行则转到原点状态S0.1
```
Q0.1        M0.0        S0.1
──┤/├───────┤├─────────(SCRT)
```

网络 43
—(SCRE)

网络 44
S2.0
```
┌─────────┐
│   SCR   │
└─────────┘
```

网络 45   E点有工件且机械手臂位于上方，转S2.1
```
I0.5        I0.7        S2.1
──┤├────────┤├─────────(SCRT)
```

网络 46
—(SCRE)

网络 47
S2.1
```
┌─────────┐
│   SCR   │
└─────────┘
```

网络 48   传输带工作并定时4s
```
SM0.0                          Q0.5
──┤├──────┬───────────────────( )
          │
          │                    T39
          │              ┌──────────────┐
          └──────────────┤IN        TON │
                         │              │
                      40─┤PT     100 ms │
                         └──────────────┘
```

网络 49   定时到转S2.2
```
T39         S2.2
──┤├────────(SCRT)
```

网络 50
—(SCRE)

网络 51   传输带停止工作
S2.2
```
┌─────────┐
│   SCR   │
└─────────┘
```

网络 52   连续运行则转到S2.0
```
Q0.5        M0.0        S2.0
──┤/├───────┤├─────────(SCRT)
```

网络 53
—(SCRE)

网络 54   按停止按钮，本周期结束，回到初始状态
```
S1.2    S2.2    M0.0        S0.0
──┤├────┤├──────┤/├────────( S )
                             1
                            S1.2
                           ( R )
                             1
                            S2.2
                           ( R )
                             1
```

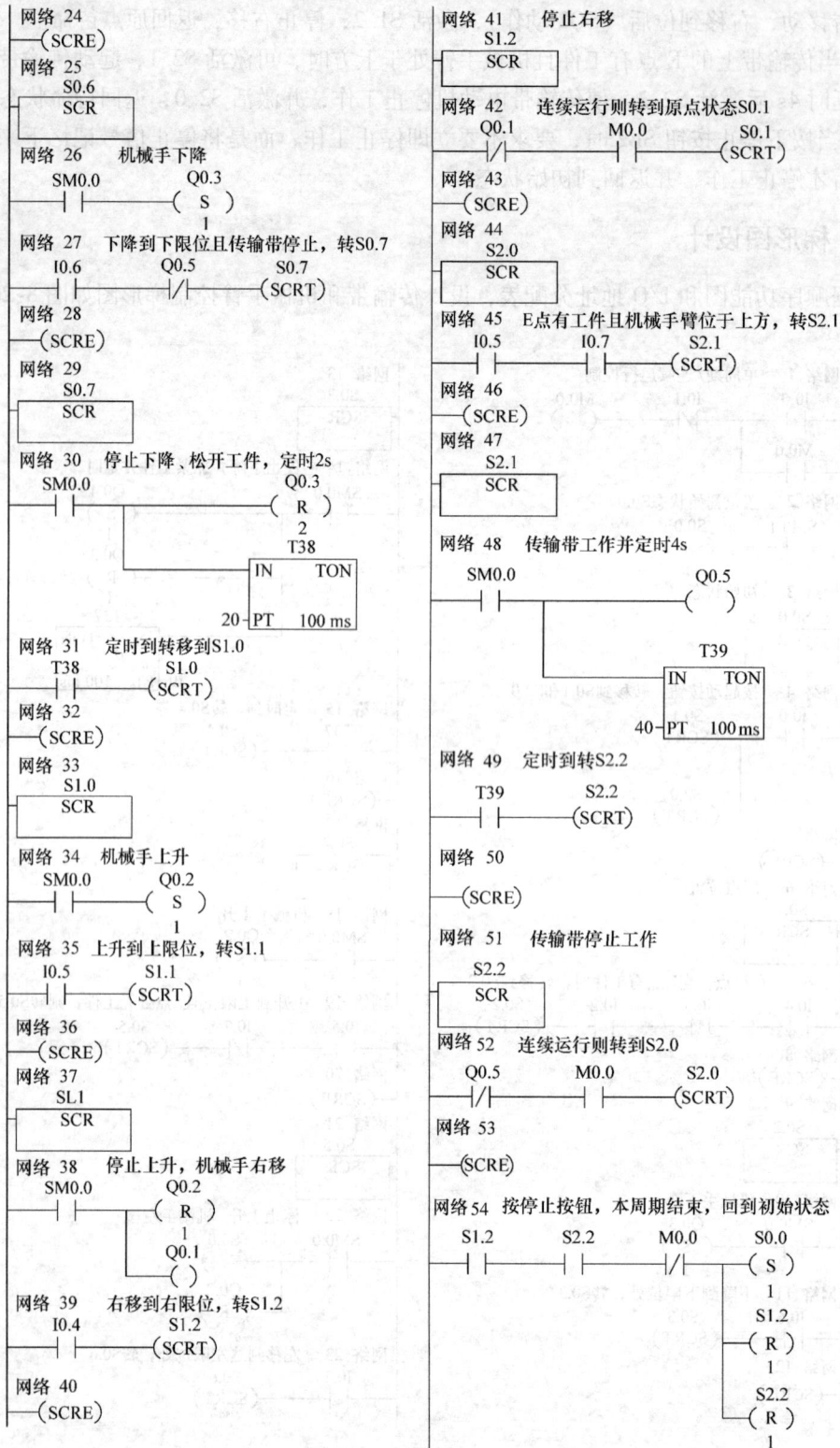

图 8-20   传输带和机械手臂控制梯形图（续）

272

8.5 电镀专用行车 PLC 控制系统

电镀专用行车是电镀车间进行电镀加工的一种输送设备。为提高工作效率、促进生产自动化和减轻劳动强度，对电镀专用行车进行自动化控制，使行车能够按照预定顺序和控制要求完成一系列的工作。

8.5.1 控制要求

1. 电镀专用行车结构简介

本设计的电镀专用行车采用远距离控制，起吊重量在 500kg 以下，起吊物品是有待进行电镀或表面处理的各种产品零件。电镀专用行车的结构与动作流程如图 8-21 所示。

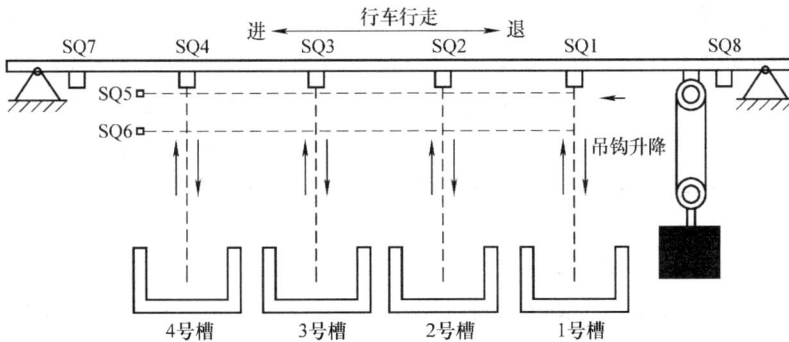

图 8-21 电镀专用行车的结构与动作流程

本设计中，电镀槽为 4 个，实际生产中电镀槽的数量由电镀工艺要求决定，电镀种类越多，则槽数也越多。

2. 工作流程及控制要求

电镀专用行车的工作流程如下。

1）在电镀生产线一侧，工人将待加工的零件装入吊篮，并发出控制信号，行车自动上升并逐段前进，根据工艺要求在需要停留的槽位停止。

2）行车停留在某个槽位上面后，自动下降，停留一定的时间（各槽停留的时间根据工艺要求预先设定），再自动上升并继续前进。

3）如此完成电镀工艺规定的每一道工序，直至生产线的末端；自动返回原位，由工人卸下处理好的零件。

至此，一次循环加工完成。重新装料、发出控制信号进入下一加工循环。

由此可见，电镀专用行车的工作过程是按顺序进行的，由吊篮前进、下降、延时停留、上升、后退等工序组成。

对于不同零件，其镀层要求和工艺过程是不相同的。因此，对电镀专用行车的控制要求如下：

1）首先要满足工作流程的控制需要。

2）控制系统具有程序预选功能，可按电镀工艺要求确定需要停留的工位，一旦程序选定，除装卸工件外，整个电镀工艺过程能自动完成。

3）前/后运动、升/降运动要求准确停位，前/后与升/降运动之间应有联锁控制。

4）应有极限位置保护和其他必要的电气保护措施。

8.5.2 电镀行车电动机的主电路设计

电镀行车的前/后运动和升/降运动由三相交流异步电动机拖动，根据电镀行车的起吊重量，选用三相交流异步电动机进行拖动，并采用一级机械减速。主电路设计如下：

1）行车的前进和后退由电动机 M1 拖动，上升和下降由电动机 M2 拖动。

2）由接触器 KM1、KM2 及 KM3、KM4 分别控制电动机 M1、M2 的正转和反转。

3）M1、M2 由热继电器 FR1、FR2 实现过载保护；由 FU1 实现短路保护，并由隔离开关 QS 作为电源控制。

4）为保证准确停车，行车的前/后和升/降运动均采用能耗制动，考虑到 M1 和 M2 不会同时制动工作，所以停车时，采用同一个直流电源实现能耗制动。直流电源可采用低压交流电源经单相桥式整流得到。能耗制动回路中设有单独的短路保护，由 FU2、FU3 实现。

5）考虑到升降运动吊有一定的重量，在行车前后平移过程中，升降电动机 M2 采用电磁抱闸制动（失电制动型）。三相电磁铁 YA 与 M2 并联，当 M2 得电时，YA 工作，松开制动器允许 M2 升/降运动；M2 失电时，YA 释放，抱闸制动，使吊篮稳定停留在空中，保证行车能安全地前后平移。

根据以上设计原则，便可画出行车控制电动机的主电路如图 8-22 所示。

图 8-22 中，接触器 KM5、KM6 控制行车的前、后能耗制动，接触器 KM7、KM8 控制行车的升、降能耗制动。

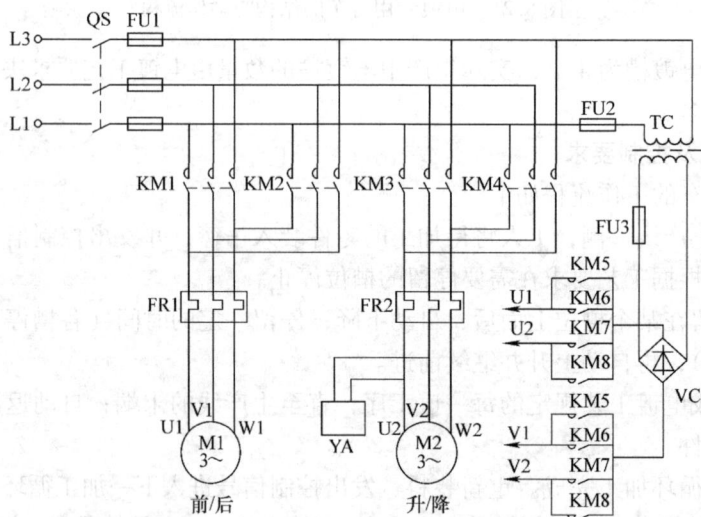

图 8-22 电镀行车电动机的主电路

8.5.3 PLC 的选型及外部接线

本系统的输入信号有：起动按钮、停止按钮各 1 个，行车前进点动、后退点动、上升点动、下降点动的调整按钮 4 个，行车前进到极限、后退到极限、上升到极限、下降到极限的极限行程开关 4 个, 4 个槽的槽位行程开关 4 个, 4 个槽的槽位选择开关 4 个, 热继电器 FR1 和 FR2 的常闭触点 2 个, 共计 20 点输入; 本系统的输出信号有: 行车前进、后退控制接触器 2 个, 行车上升、下降控制接触器 2 个, 行车前进、后退制动控制接触器 2 个, 行车上升、下降制动控制接触器 2 个, 共 8 个输出点。考虑到留有 10% 的备用点, 选用 S7 - 200 CPU226 可以满足电镀行车的控制要求。

在电镀行车 PLC 控制系统中, PLC 的 I/O 点数随着电镀槽的数目不同而不同, 每增加一个槽, 会增加两点的输入, 其中一个用于槽的槽位行程开关, 另一个用于槽位选择开关; 而 PLC 的输出点与电镀槽的数目无关。如果电镀槽的数量较多, 可根据需要增加输入扩展模块 EM221。

PLC 的 I/O 地址分配见表 8-6。

表 8-6　I/O 地址分配表

输　　入			输　　出		
信号名称	符　号	地址编号	信号名称	符　号	地址编号
停止按钮	SB1	I0.0	行车前进控制接触器	KM1	Q0.0
起动按钮	SB2	I0.1	行车后退控制接触器	KM2	Q0.1
前进点动按钮	SB3	I0.2	行车上升控制接触器	KM3	Q0.2
后退点动按钮	SB4	I0.3	行车下降控制接触器	KM4	Q0.3
上升点动按钮	SB5	I0.4	行车前进制动接触器	KM5	Q0.4
下降点动按钮	SB6	I0.5	行车后退制动接触器	KM6	Q0.5
上升限位行程开关	SQ5	I0.6	行车上升制动接触器	KM7	Q0.6
下降限位行程开关	SQ6	I0.7	行车下降制动接触器	KM8	Q0.7
前进极限行程开关	SQ7	I1.0			
后退极限行程开关	SQ8	I1.1			
M1 热继电器的触点	FR1	I1.2			
M2 热继电器的触点	FR2	I1.3			
第 1 槽槽位行程开关	SQ1	I1.4			
第 2 槽槽位行程开关	SQ2	I1.5			
第 3 槽槽位行程开关	SQ3	I1.6			
第 4 槽槽位行程开关	SQ4	I1.7			
第 1 槽槽位选择开关	SA1	I2.0			
第 2 槽槽位选择开关	SA2	I2.1			
第 3 槽槽位选择开关	SA3	I2.2			
第 4 槽槽位选择开关	SA4	I2.3			

根据 I/O 地址分配表, 进行 PLC 与输入/输出信号的外部接线, 如图 8-23 所示。

在图 8-23 中, PLC 输出端 KM1 和 KM2、KM3 和 KM4 接触器之间仍然采用硬互锁, 以提高系统的可靠性。

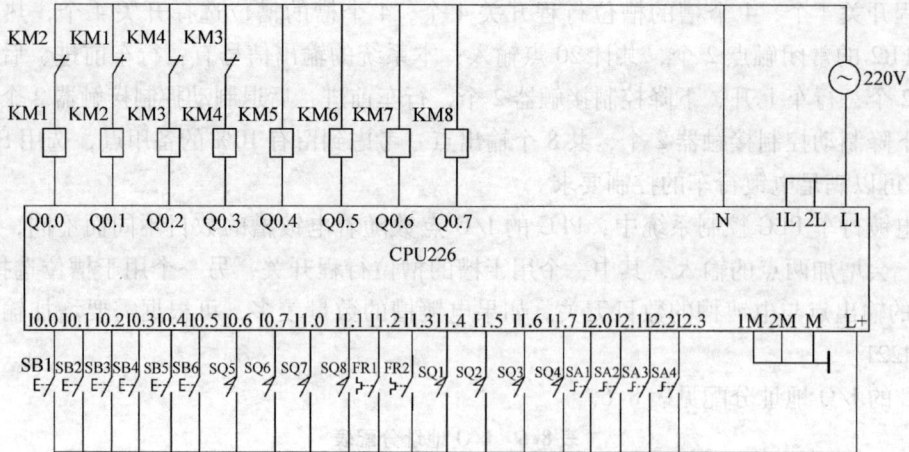

图 8-23 电镀专用行车 PLC 控制外部接线图

8.5.4 电镀行车 PLC 控制程序设计

在程序设计中，需要使用定时器对零件在各槽停留的时间和能耗制动时间进行控制，程序中使用接通延时定时器（TON）T37~T44 共 8 个，其中 T37~T40 分别做零件在第 1 槽、第 2 槽、第 3 槽、第 4 槽中的停留时间定时器，该停留时间根据工艺要求可预先设定，设定值保存在 VW10、VW12、VW14、VW16 储存单元中（在配置有人机界面的控制系统中，设定值应由人机界面现场写入）；T41~T44 分别做行车前进、后退、上升、下降制动时间定时器。

根据电镀专用行车的工作流程和 PLC 的 I/O 地址分配，可以设计电镀行车 PLC 控制的梯形图程序如图 8-24 所示。

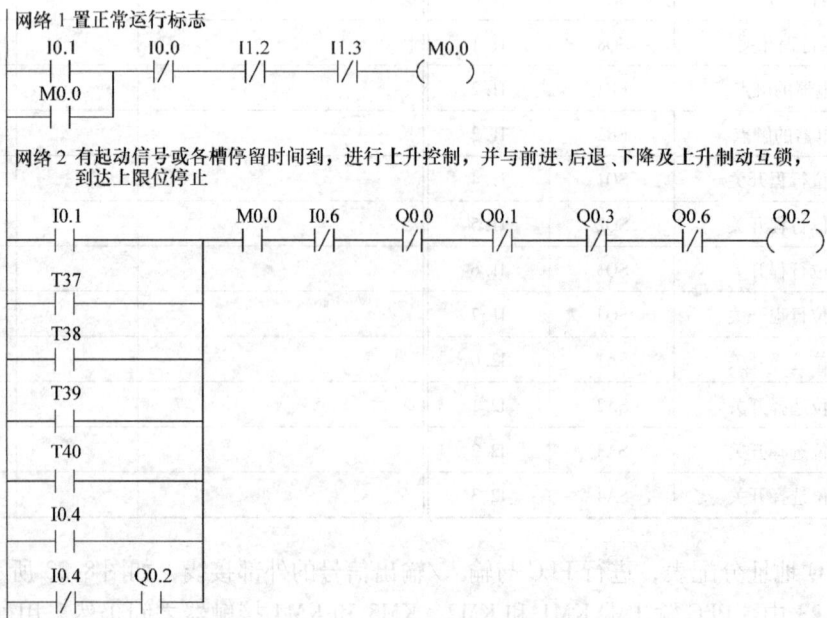

图 8-24 电镀行车 PLC 控制梯形图

网络 3 前进制动时(未到极限)或后退到极限，进行下降控制，并与前进、后退、上升及下降制动互锁，到达下限位停止

```
 Q0.4    I1.0    M0.0    I0.7    Q0.0    Q0.1    Q0.2    Q0.7    Q0.3
─┤ ├─────┤/├──┬──┤ ├─────┤/├─────┤/├─────┤/├─────┤/├─────┤/├────( )
 I1.1        │
─┤ ├────────┤
 I0.5        │
─┤ ├────────┤
 I0.5    Q0.3│
─┤/├─────┤ ├─┘
```

网络 4 上升制动时，进行前进控制，运行到各槽限位开关及前进极限时停止，若槽位选择开关选通 (即ON)，则跳过该槽，前进控制与后退、上升、下降及前进制动互锁

```
 I0.2    I1.4    I1.5    I1.6    I1.7    M0.0    M0.1
─┤ ├──┬──┤/├──┬──┤/├──┬──┤/├──┬──┤/├─────┤/├────( )
 I0.2 │  Q0.0 │  I2.0 │  I2.1 │  I2.2 │  I2.3
─┤/├──┤  ┤ ├──┤  ┤ ├──┤  ┤ ├──┤  ┤ ├──┤  ┤ ├──┤
      │ Q0.6 │      │      │      │      │
      └─┤ ├──┘      │      │      │      │

 M0.1    I1.0    Q0.1    Q0.2    Q0.3    Q0.4    Q0.0
─┤ ├─────┤/├─────┤/├─────┤/├─────┤/├─────┤/├────( )
```

网络 5 前进到极限，制动1s,进行后退控制，并与前进、上升、下降及后退制动互锁，到达后退极限停止

```
 I1.0    T41    M0.0    I1.1    Q0.0    Q0.2    Q0.3    Q0.5    Q0.1
─┤ ├──┬──┤ ├──┤ ├─────┤/├─────┤/├─────┤/├─────┤/├─────┤/├────( )
 I0.3 │
─┤ ├──┤
 I0.3 │ Q0.1
─┤/├──┤ ┤ ├
```

网络 6 上升到上限位时，进行上升制动，并与上升运行互锁，制动时间到停止

```
 M0.0    I0.6    Q0.2    T43           Q0.6
─┤ ├─────┤ ├─────┤/├─────┤/├─────────( )
                                   T43
                              ┌───────────┐
                              │IN      TON│
                           10─┤PT   100ms │
                              └───────────┘
```

网络 7 下降到下限位时，进行下降制动，并与下降运行互锁，设置各槽停留时间，制动时间到停止

```
 M0.0    I0.7    Q0.3    T44           Q0.7
─┤ ├─────┤ ├─────┤/├─────┤/├─────────( )
                                   T44
                              ┌───────────┐
                              │IN      TON│
                           10─┤PT   100ms │
                              └───────────┘
        I1.4    I2.0       T37
       ─┤ ├─────┤/├───┐┌───────────┐
                      ││IN      TON│
                 VW10─┤PT   100ms │
                      └───────────┘
        I1.5    I2.1       T38
       ─┤ ├─────┤/├───┐┌───────────┐
                      ││IN      TON│
                 VW12─┤PT   100ms │
                      └───────────┘
        I1.6    I2.2       T39
       ─┤ ├─────┤/├───┐┌───────────┐
                      ││IN      TON│
                 VW14─┤PT   100ms │
                      └───────────┘
        I1.7    I2.3       T40
       ─┤ ├─────┤/├───┐┌───────────┐
                      ││IN      TON│
                 VW16─┤PT   100ms │
                      └───────────┘
```

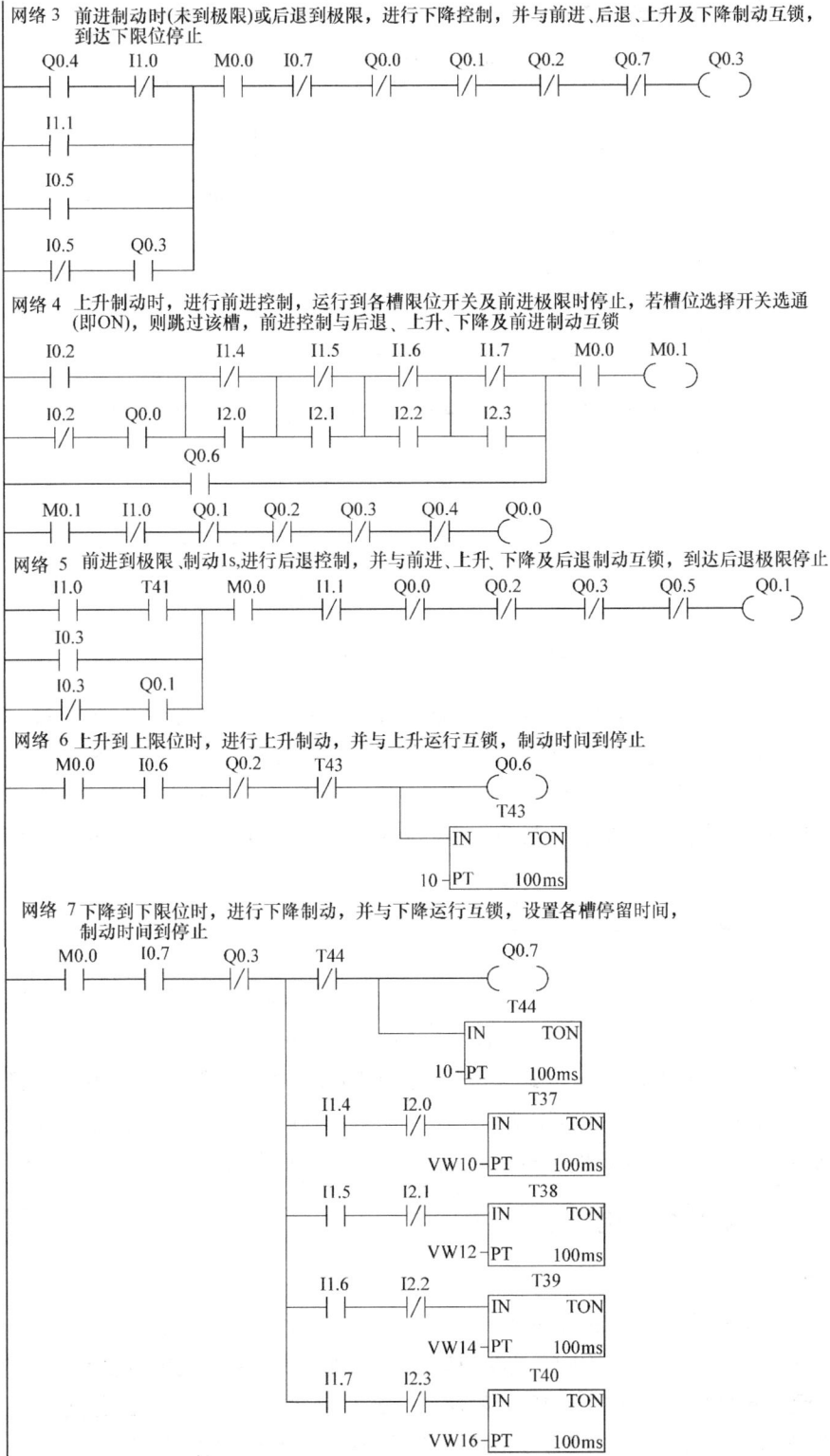

图 8-24　电镀行车 PLC 控制梯形图（续）

网络 8 前进到各槽限位开关或前进极限时，进行前进制动，并与前进运行互锁，制动时间到停止

```
   I1.4       I2.0      M0.0      Q0.0      T41                      Q0.4
├──┤ ├───────┤/├──────┤ ├──────┤/├──────┤/├────────────────┬─────( )──┤
│                                                           │
│  I1.5       I2.1                                          │        T41
├──┤ ├───────┤/├──┤                                         └──┤IN    TON├
│                                                              │
│  I1.6       I2.2                                         10 ─┤PT  100ms│
├──┤ ├───────┤/├──┤
│
│  I1.7       I2.3
├──┤ ├───────┤/├──┤
│
│  I1.0
└──┤ ├──┤
```

网络 9 后退到后退极限时，进行后退制动，并与后退运行互锁，制动时间到停止

```
   M0.0      I1.1      Q0.1      T42                      Q0.5
├──┤ ├──────┤/├──────┤/├──────┤/├────────────────┬──────( )──┤
│                                                 │
│                                                 │        T42
│                                                 └──┤IN    TON├
│                                                    │
│                                                10 ─┤PT  100ms│
```

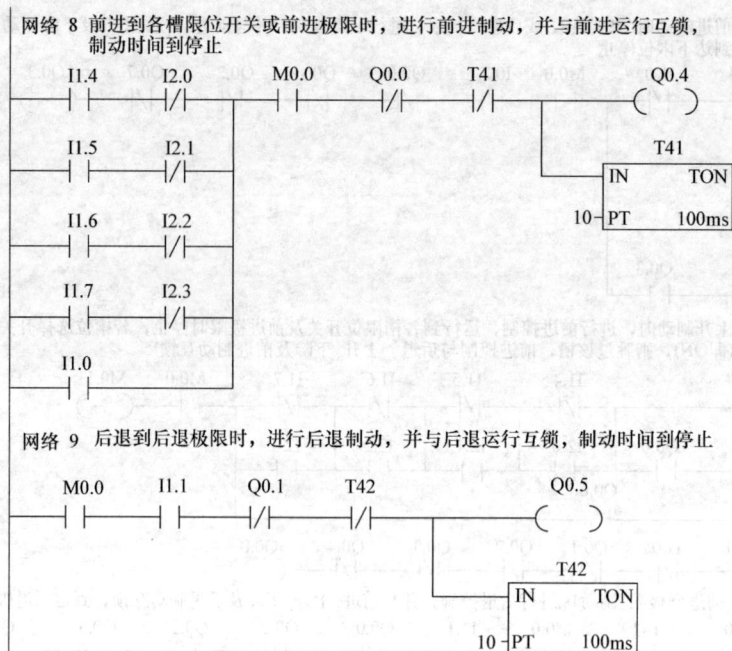

图 8-24 电镀行车 PLC 控制梯形图（续）

图 8-24 所示梯形图由停止、上升、下降、前进、后退、上升制动、下降制动、前进制动和后退制动等环节组成。每一环节除了能满足控制要求外，还考虑了各个环节之间的互锁，设计了上升、下降、前进、后退 4 个环节之间的互锁，上升与上升制动、下降与下降制动、前进与前进制动、后退与后退制动之间的互锁等，以保证系统运行的安全可靠。

8.6 温、湿度监测与数据处理

在工业生产自动控制中，为了生产安全或为了保证产品质量，经常需要对温度、压力、流量、速度等一些重要的参数进行自动监测和显示，并根据监测结果进行相应的控制。

在现代化温室大棚中，往往需要监测温室大棚的温度和湿度等环境参数，并自动调节温室大棚内的各种执行机构，以适应植物生长的需求。本节仅以温室大棚中温度和湿度的实时监测与显示为例，说明 PLC 在模拟量信号检测与处理中的应用问题。

8.6.1 控制要求及系统构成

1. 控制要求

1）温室大棚的温度要求在 25 ~ 30℃ 之间，湿度在 60% ~ 70% 之间。

2）每隔 30s 定时采集温室内的温度和湿度，并循环显示温室内的温度和湿度。

3）当温、湿度值在要求范围内，绿灯亮，表示温、湿度正常；当温度值低于下限 25℃ 或高于上限 30℃ 时，黄灯亮；当湿度值低于下限 60% 或高于上限 70% 时，红灯亮；黄灯或红灯亮的同时进行蜂鸣报警，表示温度或湿度超出了要求范围。

4）可根据需要实时设置温室大棚内温度和湿度的标准值。

278

2. 监测系统构成

采用 PLC 做控制器，选用温/湿度传感器及变送器和模拟量输入模块实现温、湿度检测和转换。

在温室大棚内设置两个温、湿度检测点，温度和湿度信号经温/湿度传感器和变送器转换成 4～20mA 电流信号，送入模拟量输入模块。PLC 采用定时中断定时 30s，通过模拟量输入通道读取两路温度和湿度的检测值，再计算平均值作为温室大棚内的实际温度值和湿度值。

在系统中，设置一个启动按钮和一个停止按钮来启动和停止检测系统，设置红、黄、绿 3 个指示灯来指示温、湿度状态，设置一个蜂鸣器实现温、湿度超限报警。

在系统中选择文本显示器（也可选触摸屏）MD204L 进行大棚内温、湿度的实时显示和温、湿度标准值的设置。文本显示器是一种小型和廉价的 HMI，能进行参数设定和信息显示，可与各类 PLC（或带通信口的智能控制器）配合使用，以文字或指示灯等形式监视、修改 PLC 内部寄存器或继电器的数值及状态，逐行实时显示 PLC 中的数据信息，可显示 24 个英文字符×4 行，即 12 个汉字×4 行。

8.6.2 PLC 的选型及外部接线

该系统输入信号有：停止按钮 SB1、启动按钮 SB2，共 2 个开关量输入。

系统的输出信号有：3 个指示灯，1 个蜂鸣器，共 4 个开关量输出，考虑到文本显示器需要与 PLC 实时通信，故选择带有通信接口的 S7－200 CPU224 以满足系统的需求。

系统需要检测两路温度和两路湿度，故选择集成温/湿度传感器和模拟量输入模块 EM231AI4×12 位。

PLC 的 I/O 地址分配见表 8-7。

表 8-7 I/O 地址分配表

输　　入			输　　出		
名　　称	符　号	地址编号	名　　称	符　号	地址编号
起动按钮	SB1	I0.0	绿色指示灯	HL1	Q0.0
停止按钮	SB2	I0.1	黄色指示灯	HL2	Q0.1
1 号温度检测	ST1	AIW0	红色指示灯	HL3	Q0.2
1 号湿度检测		AIW2	蜂鸣器	HZ	Q0.3
2 号温度检测	ST2	AIW4			
2 号湿度检测		AIW6			

温/湿度测量选用集成温/湿度传感器 JWSL－3AT，它是集温/湿度传感器、变送器一体化的高性能的传感器，内部采用了温度补偿电路和线性化处理电路，测温范围为 0～50℃，测湿范围为 0% RH～100% RH，输出信号为 4～20mA，接法上采用二线制－电流方式。

模拟量输入模块 EM231 选择电流输入、单极性输出方式，即输入 0～20mA 电流信号，对应的数字量输出为 0～32000。EM231 采用二线制－电流接法。

根据 I/O 地址分配表，进行 CPU224 与开关量输入/输出信号的外部连接及温/湿度变送器与 EM231 的外部连接如图 8-25 所示。

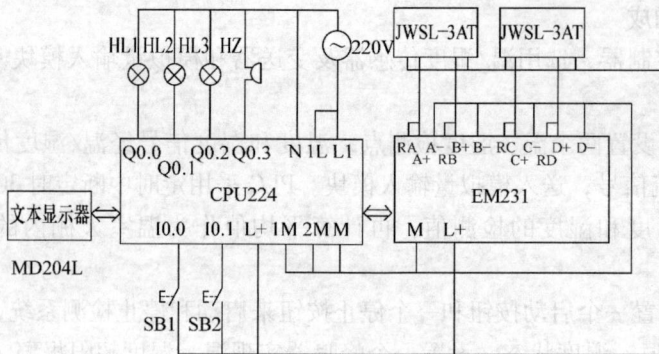

图 8-25 CPU224 及 EM231 的外部连接

文本显示器 MD204L 的连接很简单，只需用它提供
的连接电缆接到 CPU 224 的 PPI 接口上即可，不需要单
独的电源。

8.6.3 PLC 程序设计

温室大棚中温度的实时检测与显示由主程序、定时
采集数据中断程序组成，其中主程序由初始化和各子程
序组成。主程序的流程图如图 8-26 所示。

在程序设计中，数据采集、处理和文本显示使用了
许多 PLC 内部的变量存储单元，数据存储 V 寄存器地址
分配见表 8-8。

图 8-26 主程序的流程图

表 8-8 数据存储 V 寄存器地址分配

V 寄存器地址	存 放 数 据
VW110	1 号温度采集数据
VW112	2 号温度采集数据
VW114	采集温度平均值
VD116	标度变换后的平均温度值
VD210	1 号温度采集标度变换后的温度值
VD214	2 号温度采集标度变换后的温度值
VW120	1 号湿度采集数据
VW122	2 号湿度采集数据
VW124	采集湿度平均值
VD126	标度变换后的平均湿度值
VD220	1 号湿度采集标度变换后的湿度值
VD224	2 号湿度采集标度变换后的湿度值
VD410	设定的温度上限数值
VD414	设定的温度下限数值
VD420	设定的湿度上限数值
VD424	设定的湿度下限数值

1. 系统主程序

主程序首先进行初始化，初始化完成定时中断0的设置、中断连接及开中断；然后调用计算平均值子程序、温/湿度标度变换子程序、比较输出子程序等。主程序如图8-27所示。

2. 定时采集数据中断程序

中断程序的编写要求短小精悍、执行事件短。由于要求每隔30s采集两路温度和两路湿度，因此设计中采用定时中断0，对应的中断事件号为10，定时时间200ms，每到200ms产生一次中断，在中断程序中使用存储单元VB10进行200ms的计数，当30s计时到，读取模拟量输入通道的数据存入指定存储单元。其对应的定时采集数据中断程序如图8-28所示。

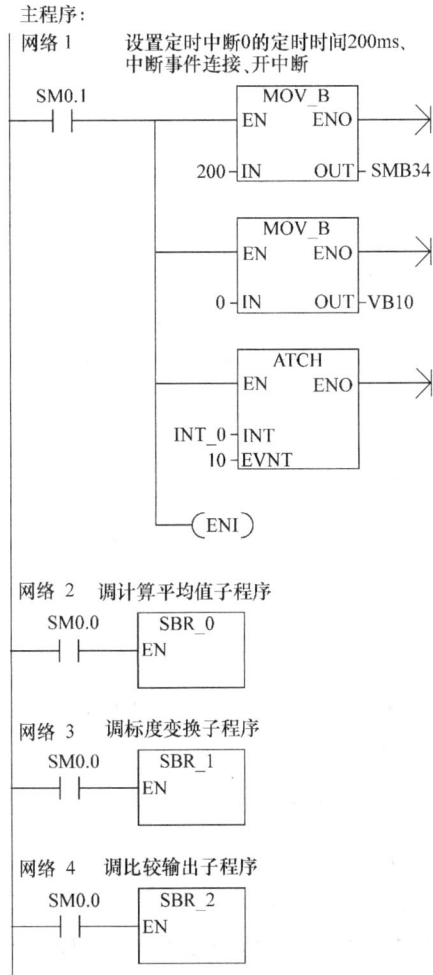

图8-27 主程序

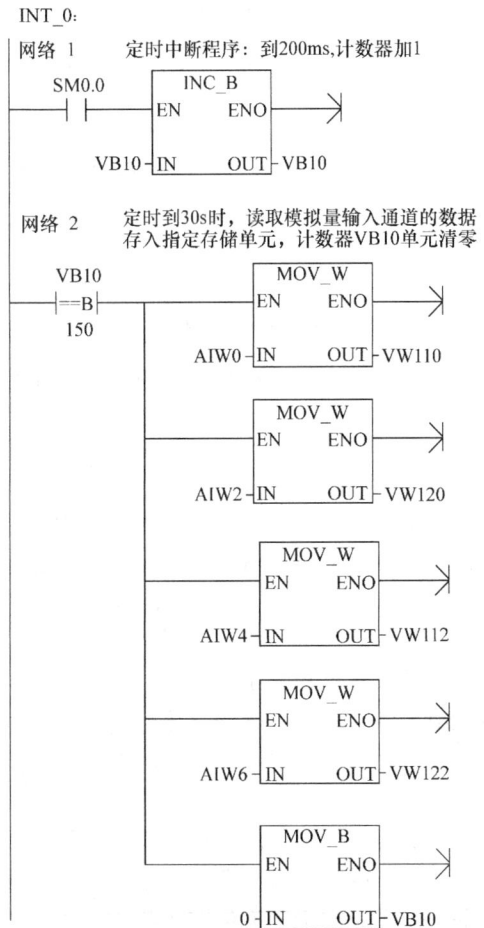

图8-28 定时采集数据中断程序

3. 计算平均值子程序

对采集的两路温度和两路湿度计算平均值，作为温室大棚内的实际温度和实际湿度存储到指定存储单元。计算平均值子程序如图8-29所示。

4. 标度变换子程序

由于在EM231接线中选择了电流输入、单极性输出方式，对于温度变送器输出的4～20mA模拟量（对应0～50℃）对应于数字量为6400～32000，即0～50℃对应于数字量

SBR_0:

网络 1　采集温度计算平均值

```
SM0.0          ┌─────────┐
 ─┤ ├──┬───────┤  I_DI   │
   │   │       │EN    ENO├──┐>
   │   │       │         │
   │   │ VW110─┤IN   OUT ├─AC0
   │   │       └─────────┘
   │   │       ┌─────────┐
   │   ├───────┤  I_DI   │
   │   │       │EN    ENO├──┐>
   │   │       │         │
   │   │ VW112─┤IN   OUT ├─AC1
   │   │       └─────────┘
   │   │       ┌─────────┐
   │   ├───────┤ ADD_DI  │
   │   │       │EN    ENO├──┐>
   │   │       │         │
   │   │  AC0─┤IN1   OUT ├─AC1
   │   │  AC1─┤IN2      │
   │   │       └─────────┘
   │   │       ┌─────────┐
   │   ├───────┤ DIV_DI  │
   │   │       │EN    ENO├──┐>
   │   │       │         │
   │   │  AC1─┤IN1   OUT ├─AC1
   │   │   2─┤IN2      │
   │   │       └─────────┘
   │   │       ┌─────────┐
   │   └───────┤  DI_I   │
   │           │EN    ENO├──┐>
   │           │         │
   │     AC1─┤IN    OUT ├─VW114
   │           └─────────┘
```

网络 2　采集湿度计算平均值

```
SM0.0          ┌─────────┐
 ─┤ ├──┬───────┤  I_DI   │
   │   │       │EN    ENO├──┐>
   │   │       │         │
   │   │ VW120─┤IN   OUT ├─AC0
   │   │       └─────────┘
   │   │       ┌─────────┐
   │   ├───────┤  I_DI   │
   │   │       │EN    ENO├──┐>
   │   │       │         │
   │   │ VW122─┤IN   OUT ├─AC1
   │   │       └─────────┘
   │   │       ┌─────────┐
   │   ├───────┤ ADD_DI  │
   │   │       │EN    ENO├──┐>
   │   │       │         │
   │   │  AC0─┤IN1   OUT ├─AC1
   │   │  AC1─┤IN2      │
   │   │       └─────────┘
   │   │       ┌─────────┐
   │   ├───────┤ DIV_DI  │
   │   │       │EN    ENO├──┐>
   │   │       │         │
   │   │  AC1─┤IN1   OUT ├─AC1
   │   │   2─┤IN2      │
   │   │       └─────────┘
   │   │       ┌─────────┐
   │   └───────┤  DI_I   │
   │           │EN    ENO├──┐>
   │           │         │
   │     AC1─┤IN    OUT ├─VW124
   │           └─────────┘
```

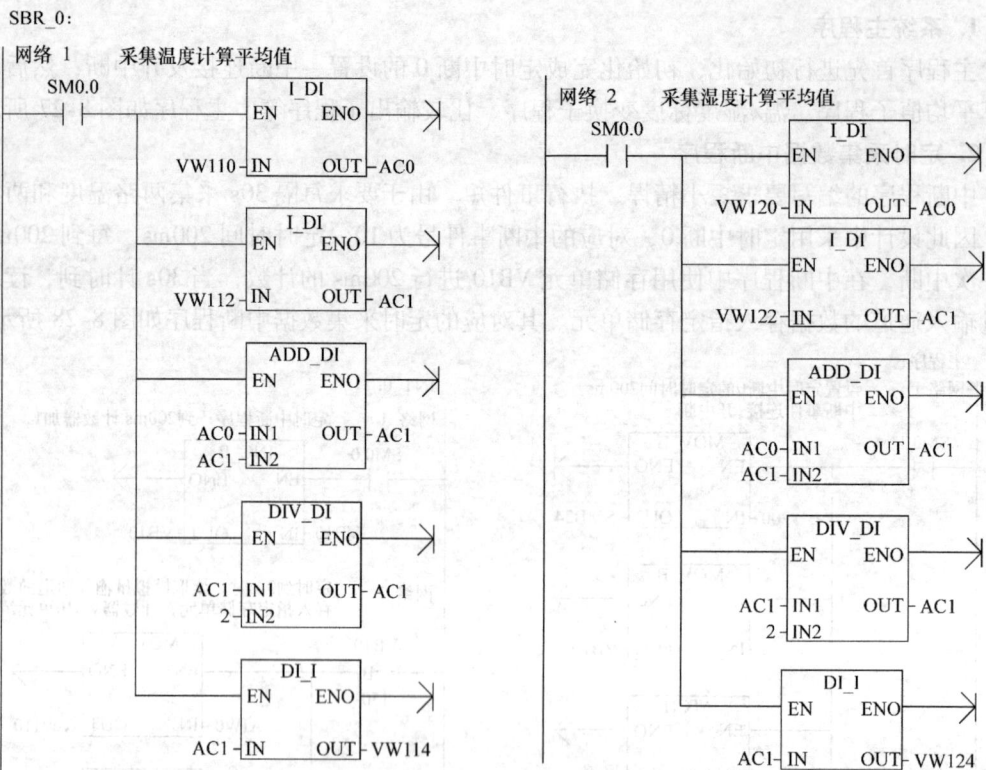

图 8-29　计算平均值子程序

$6400 \sim 32000$。当读取 EM231 的通道数据为数字量 N（本例 N 值存放在 VW110 或 VW112 中）时，其对应的实际温度值 T 的计算公式为

$$T = \frac{(50-0)℃}{32000-6400}(N-6400) = \frac{1}{512}(N-6400)℃ \tag{8-1}$$

如果采集湿度变送器的数据，假如读取的通道数据为数字量 M（本例 M 值存放在 VW120 或 VW122 中）时，其对应的实际湿度值 φ 的计算公式为

$$\varphi = \frac{(100-0)RH}{32000-6400}(M-6400) = \frac{1}{256}(M-6400)RH \tag{8-2}$$

对采集的两路温度数据，按式（8-1）进行温度标度变换，变换成实际温度值存入指定变量单元，供文本显示器读取、显示；对采集的两路湿度数据，按式（8-2）进行湿度标度变换，变换成实际湿度值存入指定变量单元，供文本显示器读取、显示；同样对计算的温度平均值和湿度平均值也按式（8-1）、式（8-2）进行标度变换并存储，供文本显示器读取、显示。

标度变换子程序如图 8-30 所示。

5. 比较输出子程序

系统设置有红、黄、绿 3 个指示灯和蜂鸣器来指示温/湿度是否超限，比较输出子程序主要完成检测温度平均值与温度上、下限的比较，检测湿度平均值与湿度上限、下限的比较，并根据比较结果控制指示灯和蜂鸣器，当温、湿度值在要求范围内，绿灯亮，表示温、湿度正常；当温度值低于下限或高于上限时，黄灯亮；当湿度值低于下限或高于上限时，红

网络 1　　两路温度及平均温度的标度变换

SM0.0

```
        ┌──── I_DI ────┐
        ┤EN        ENO├──/─→
VW110 ──┤IN       OUT├── AC2
        └──────────────┘

        ┌──── SUB_DI ──┐
        ┤EN        ENO├──/─→
 AC2 ───┤IN1      OUT├── AC2
6400 ───┤IN2          │
        └──────────────┘

        ┌──── DIV_DI ──┐
        ┤EN        ENO├──/─→
 AC2 ───┤IN1      OUT├── VD210
+512 ───┤IN2          │
        └──────────────┘

        ┌──── I_DI ────┐
        ┤EN        ENO├──/─→
VW112 ──┤IN       OUT├── AC2
        └──────────────┘

        ┌──── SUB_DI ──┐
        ┤EN        ENO├──/─→
 AC2 ───┤IN1      OUT├── AC2
6400 ───┤IN2          │
        └──────────────┘

        ┌──── DIV_DI ──┐
        ┤EN        ENO├──/─→
 AC2 ───┤IN1      OUT├── VD214
+512 ───┤IN2          │
        └──────────────┘

        ┌──── I_DI ────┐
        ┤EN        ENO├──/─→
VW114 ──┤IN       OUT├── AC2
        └──────────────┘

        ┌──── SUB_DI ──┐
        ┤EN        ENO├──/─→
 AC2 ───┤IN1      OUT├── AC2
6400 ───┤IN2          │
        └──────────────┘

        ┌──── DIV_DI ──┐
        ┤EN        ENO├──/─→
 AC2 ───┤IN1      OUT├── VD116
+512 ───┤IN2          │
        └──────────────┘
```

网络 2　　两路湿度及平均湿度的标度变换

SM0.0

```
        ┌──── I_DI ────┐
        ┤EN        ENO├──/─→
VW120 ──┤IN       OUT├── AC2
        └──────────────┘

        ┌──── SUB_DI ──┐
        ┤EN        ENO├──/─→
 AC2 ───┤IN1      OUT├── AC2
6400 ───┤IN2          │
        └──────────────┘

        ┌──── DIV_DI ──┐
        ┤EN        ENO├──/─→
 AC2 ───┤IN1      OUT├── VD220
+256 ───┤IN2          │
        └──────────────┘

        ┌──── I_DI ────┐
        ┤EN        ENO├──/─→
VW122 ──┤IN       OUT├── AC2
        └──────────────┘

        ┌──── SUB_DI ──┐
        ┤EN        ENO├──/─→
 AC2 ───┤IN1      OUT├── AC2
6400 ───┤IN2          │
        └──────────────┘

        ┌──── DIV_DI ──┐
        ┤EN        ENO├──/─→
 AC2 ───┤IN1      OUT├── VD224
+256 ───┤IN2          │
        └──────────────┘

        ┌──── I_DI ────┐
        ┤EN        ENO├──/─→
VW124 ──┤IN       OUT├── AC2
        └──────────────┘

        ┌──── SUB_DI ──┐
        ┤EN        ENO├──/─→
 AC2 ───┤IN1      OUT├── AC2
6400 ───┤IN2          │
        └──────────────┘

        ┌──── DIV_DI ──┐
        ┤EN        ENO├──/─→
 AC2 ───┤IN1      OUT├── VD126
+256 ───┤IN2          │
        └──────────────┘
```

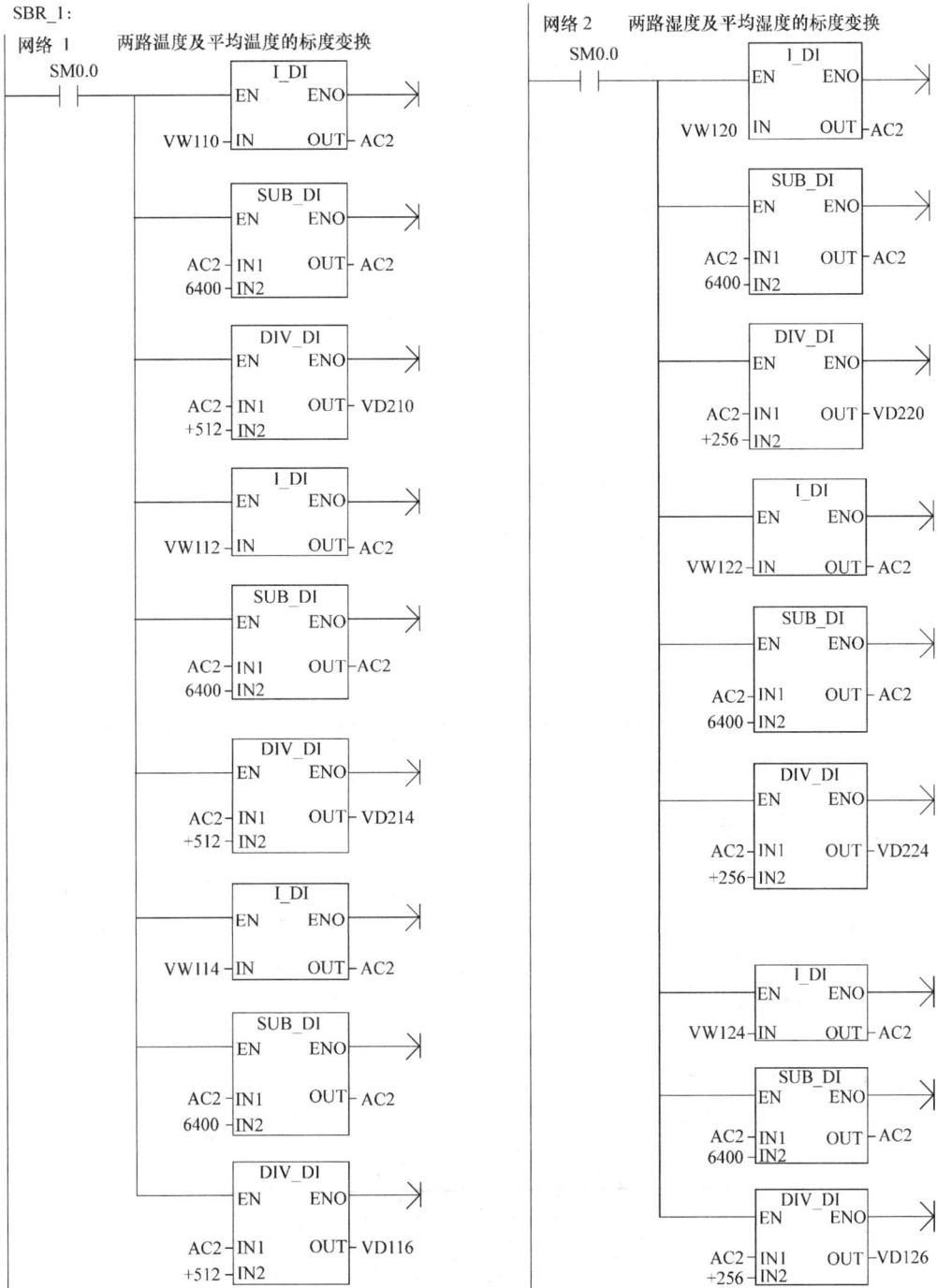

图 8-30　标度变换子程序

灯亮；黄灯或红灯亮的同时进行蜂鸣报警，表示温度或湿度超出了要求范围。检测温度平均值存放在 VW114 单元，温度上限和温度下限分别存放在 VW410、VW414 单元，检测湿度平均值存放在 VW124 单元，湿度上限和湿度下限分别存放在 VW420、VW424 单元。比较输出子程序如图 8-31 所示。

SBR_2:

网络 1　　　检测温度、湿度在正常范围内，绿灯亮

```
 VD116        VD116        VD126        VD126              Q0.0
|>=D|        |<=D|        |>=D|        |<=D|              ( )
 VD414        VD410        VD424        VD420
```

网络 2　　　检测温度低于下限或高于上限，黄灯亮

```
 VD116            Q0.1
| <D |           ( )
 VD414
 VD116
| >D |
 VD410
```

网络 3　　　检测湿度低于下限或高于上限，红灯亮

```
 VD126            Q0.2
| <D |           ( )
 VD424
 VD126
| >D |
 VD420
```

网络 4　　　黄灯、红灯亮时，蜂鸣器报警

```
 Q0.1            Q0.3
| |             ( )
 Q0.2
| |
```

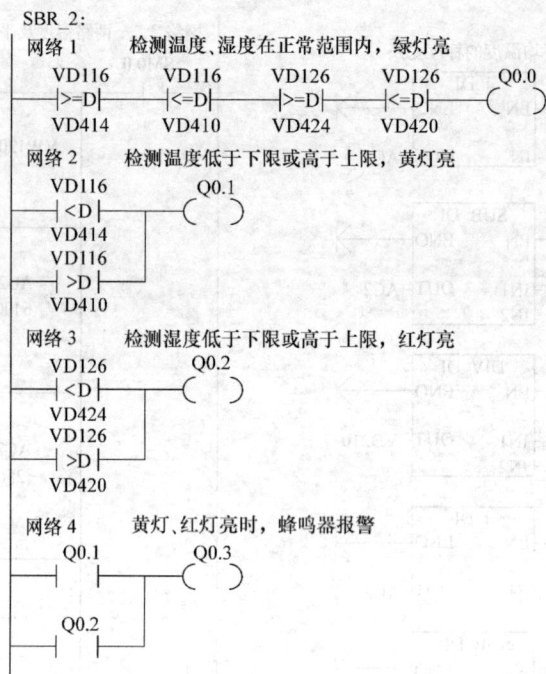

图 8-31　比较输出子程序

在本设计中，温/湿度变送器的输出与温、湿度为线性对应关系，如果二者为非线性关系，那么在温、湿度标度变换处理中就要考虑线性化问题，尽可能消除非线性带来的误差。

8.6.4　文本显示界面设计

文本显示器 MD204L 有数值输入小键盘和 10 个按键，它们可被定义成各种特殊功能按键，具有直接完成画面跳转、开关量设定等功能，通过编辑软件 TP200，在计算机上制作画面、设定 PLC 地址，使用串口通信下载画面到文本显示器中，文本显示器与 PLC 采用 RS – 485 方式通信，无需 PLC 编写通信程序，通过文本显示器编辑的界面，操作人员可方便地完成对 PLC 系统的数据监视、参数设定、开关控制、报警列表监视等操作。

MD204L 面板如图 8-32 所示。

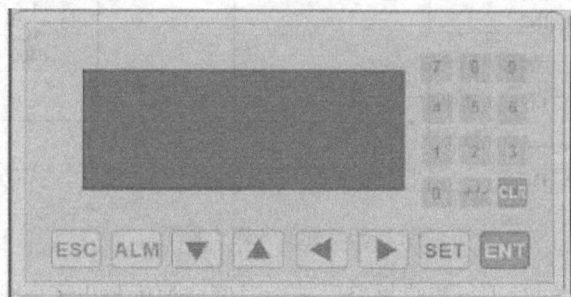

图 8-32　MD204L 面板

文本显示器与 PLC 之间是实时通信的，通过文本显示器可实时显示温室内的温度和湿度，并可以对 PLC 中的温、湿度上限和下限进行在线修改。在本设计中，使用了 TP200

V4.0 组态软件对文本显示器进行编辑，设计了各种操作界面，其温室大棚监测系统主界面如图 8-33 所示。

在主界面，可以选择参数设定或数据显示功能，当按下 $\boxed{\text{SET}}$ 按键时，则进入参数设定界面，如图 8-34 所示。

图 8-33　温室大棚监控系统主界面

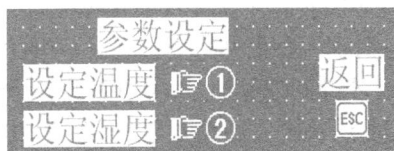

图 8-34　参数设定界面

在参数设定界面，可以选择设定温度或设定湿度功能，当按下图 8-34 中的①按键时，则进入温度设定界面，如图 8-35 所示。当按下图 8-34 中的②按键时，则进入湿度设定界面，如图 8-36 所示。

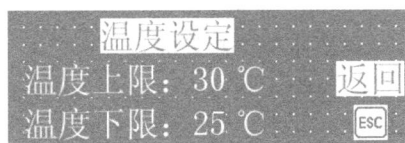

图 8-35　温度设定界面

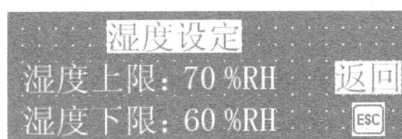

图 8-36　湿度设定界面

在温度设定界面，设定的温度上限将被存入到 PLC 中的 VD410 中，设定的温度下限将被存入到 PLC 中的 VD414 中。

在湿度设定界面，设定的湿度上限将被存入到 PLC 中的 VD420 中，设定的湿度下限将被存入到 PLC 中的 VD424 中。

在主界面，当按下 $\boxed{\text{ENT}}$ 按键时，则进入数据显示界面，如图 8-37 所示。

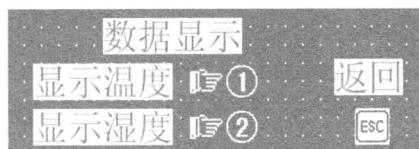

图 8-37　数据显示界面

在数据显示界面，可以选择显示温度或显示湿度功能，当按下①按键时，则进入温度显示界面，如图 8-38 所示。当按下②按键时，则进入湿度显示界面，如图 8-39 所示。

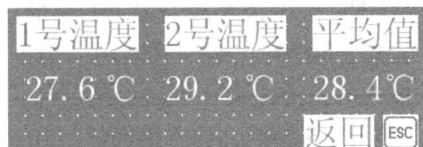

图 8-38　温度显示界面

图 8-39　湿度显示界面

在温度显示界面，文本显示器将读取 PLC 中的 VD210、VD214 和 VD116 中的数据（标度变换后的采样温度值和平均值）进行显示。

在湿度显示界面，文本显示器将读取 PLC 中的 VD220、VD224 和 VD126 中的数据（标度变换后的采样湿度值和平均值）进行显示。

在各操作界面，当按下 $\boxed{\text{ESC}}$ 按键时，则返回到上级操作界面。

8.7 思考题与练习题

1. 什么是"软互锁"？什么是"硬互锁"？它们的特点是什么？

2. 为什么需要进行人机界面设计？

3. 要求3台电动机M1、M2、M3按下面的顺序起动和停车：起动时，M1先起动，5min后M2、M3同时起动；停车时，M3先停，过5min后M1、M2同时停。

按上述要求，选择PLC机型，画出PLC外部的接线图，设计满足要求的梯形图程序。

4. 对两点模拟量输入信号进行采样，并将1号通道的采样平均值与2号通道的采样平均值相加，然后将结果作为电流模拟量予以输出，请选择功能模块，再编写出梯形图程序。

5. 某3层大楼安装了一部电梯，楼层的每一层安装一个呼叫按钮和一个呼叫灯。电梯的升降由一台电动机控制，电动机正转则电梯上升，反之电梯下降；每层设置有行程开关，当电梯到达时，行程开关触点接通。

试选择PLC机型，画出PLC外部的接线图，设计满足要求的梯形图程序。

6. 某送料车运行示意图如图8-40所示。送料车控制要求如下：

1) 送料车在原位时压下行程开关SQ1。

2) 在原位装完料后，起动送料车前进至A处压下SQ2，停车40s卸料，然后自动返回原位。

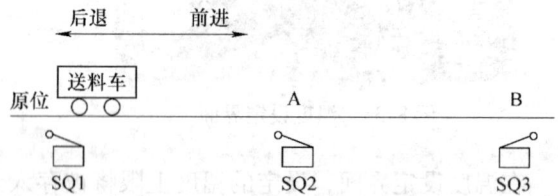

图 8-40 送料车运行示意图

3) 返回原位后，停车30s装料，然后自动前进至A处压下SQ2不停，一直运行至B处压下SQ3，停车40s卸料，然后自动返回原位，压下SQ1停止。

4) 在原位停车30s装料，再自动前进，至A处压下SQ2，停车40s卸料……按上述过程自动循环。

5) 要求循环到预定的次数，送料车自动停止在原位。循环次数可以通过程序设定，也可以通过外部进行设定。

6) 可在运行的任意位置停止，停止后可点动返回原位。

按上述要求，选择PLC机型，画出PLC外部的接线图，设计满足控制要求的梯形图。

7. 有8个抢答台，在主持人的主持下，参赛人通过按下抢答按钮回答问题。当主持人按下允许按钮后，抢答开始，并限定时间。最先按下按钮的由七段显示器显示该台台号，同时蜂鸣器发出音响，其他抢答按钮无效。如果在限定时间内各参赛人均不能回答，10s后蜂鸣器发出音响，此后抢答无效。如果在主持人未按下允许按钮之前，有人按下抢答按钮，则属犯规，在显示该台台号的同时，蜂鸣器响，违规指示灯闪烁，其他按钮不起作用。

要求进行I/O分配，画出PLC外部接线图，画出流程图，编制梯形图。

8. 试设计一个污水排放系统的控制装置，污水排放系统由3台抽水机按顺序自动轮流抽水，轮换时间间隔为4h。同一时刻只有一台抽水机在工作。要求设计该控制系统的主电路、选择PLC机型、画出I/O接线图、设计顺序功能图和梯形图（设计中应有必要的保护措施，确保系统在各种正常和异常的情况下都能做出正确的响应）。

第9章 PLC 控制系统的设计

本章主要介绍 PLC 控制系统设计的内容、方法和步骤，PLC 控制系统人机界面的设计方法和 PLC 控制系统在实际应用中的注意事项。PLC 控制系统的设计主要包括硬件设计和软件编程两部分，其中硬件设计主要考虑 PLC 型号和相关扩展模块的选择等问题。PLC 系统的人机界面设计质量直接影响软件产品的品质和用户操作的可靠性和灵活性，因此在设计人机界面时应遵守相关的设计原则和规范，才能保证人机界面具有较好的交互性。另外，PLC 系统在工程应用过程中，还需要注意安装、抗干扰、故障诊断和维护等方面的内容。

9.1 PLC 控制系统的设计内容及步骤

PLC 控制系统的设计一般分为硬件设计以及 PLC 软件编程两个方面。现在介绍 PLC 控制系统的设计内容以及设计步骤。

9.1.1 PLC 控制系统的设计内容

PLC 控制系统的硬件由 PLC 以及 I/O 设备构成。PLC 控制系统的软件一般由开发人员根据用户要求编写。PLC 控制系统设计的基本内容如下所述。

（1）选择 I/O 设备

I/O 设备包括输入设备和输出设备。通过输入设备（如按钮、操作开关、限位开关和传感器等）可以输入参数给 PLC 控制系统；输出设备（如继电器、接触器、信号灯和执行机构）是控制系统的执行机构，I/O 设备是 PLC 与控制对象连接的唯一桥梁。

（2）选择合适的 PLC

PLC 是该控制系统的核心部件，合理选择 PLC 对于保证整个控制系统的技术指标和质量是至关重要的。选择 PLC 应包括机型、容量、I/O 模块和电源等的选择。

（3）分配 I/O 点

绘制 I/O 端子的连接图和设计 I/O 地址分配表是合理分配 I/O 点的必要保证。

（4）设计控制台、电器柜

（5）编写控制程序以及调试

控制程序是控制整个系统工作的指挥棒，是保证系统工作正常、安全、可靠的关键。因此，控制程序的设计必须经过反复调试、修改，直到满足要求为止。

（6）编制控制系统的技术文件

系统技术文件包括需求规格说明书、电气图、元器件明细表和 PLC 梯形图等。

需求规格说明书包括 4 个方面的内容。

1）任务概述。包括运行环境、条件与限制。

2）功能需求。包括功能划分和功能描述。

3）性能需求。包括数据精确度和时间特性（如响应时间、更新处理、数据转换与传输时间、运行时间等）。

4）运行需求。包括硬件配置（如运行所要求的 PLC 型号、功能模块等）、用户界面（如屏幕格式、菜单格式、输入格式等）和软件接口。

传统的电气图包括电气原理图、电气布置图和电气安装图，在 PLC 控制系统中这一部分图统称为"硬件图"。它在传统电气图的基础上增加了 PLC 部分，因此在电气原理图中还应包括 PLC 的 I/O 连接图。

元器件明细表和梯形图是用户了解和掌握系统的重要资料，也是以后用户进行系统升级的依据。

9.1.2 PLC 控制系统的设计步骤

PLC 控制系统的基本设计步骤如下。

1）深入了解和分析被控对象的工艺条件和控制要求，如控制的基本方式，需要完成的动作（动作顺序、动作条件、必需的保护和连锁等）和操作方式（手动、自动、连续、单周期和单步等）。

2）根据被控对象对 PLC 控制系统的功能要求和所需要的 I/O 信号的点数等，选择合适类型的 PLC。如果需要网络控制系统，还需选择网络通信系统的类型。

3）根据控制要求所需的用户 I/O 设备，确定 PLC 的类型，并确定 PLC 的 I/O 地址分配，设计 I/O 端子的接线图。对比较复杂的控制系统，根据生产工艺要求，画出工作循环图表，必要时画出详细的状态流程图，它能清楚地表明动作顺序和条件。

4）根据工作循环图表或状态流程图设计梯形图。如果被控对象已经有了继电器控制电路图，可把电路图变成梯形图。设计梯形图是编制程序的关键一步，也是比较困难的一步。要设计好梯形图，首先熟悉控制要求，同时还要有电气设计的实际经验。

5）根据梯形图编制程序清单。

6）用 PLC 编程器将程序写入 PLC 的用户程序存储器，并检查写入的程序是否正确。如果控制系统是几个部分组成，应该先做局部测试，然后进行整体调试；若控制程序的步序较多，先进行分段调试，最后再连接起来总调。

在进行 PLC 程序设计时，同时可进行控制台的设计和现场施工。待上述工作完成，就可进行联机调试，直到满足要求为止。

7）编撰技术文件。

以上是一个 PLC 控制系统设计的一般步骤，可根据控制系统的规模、控制要求的繁简、控制程序的步序的多少，根据实际情况有的步骤可以省略。PLC 控制系统设计流程框图如图 9-1 所示。

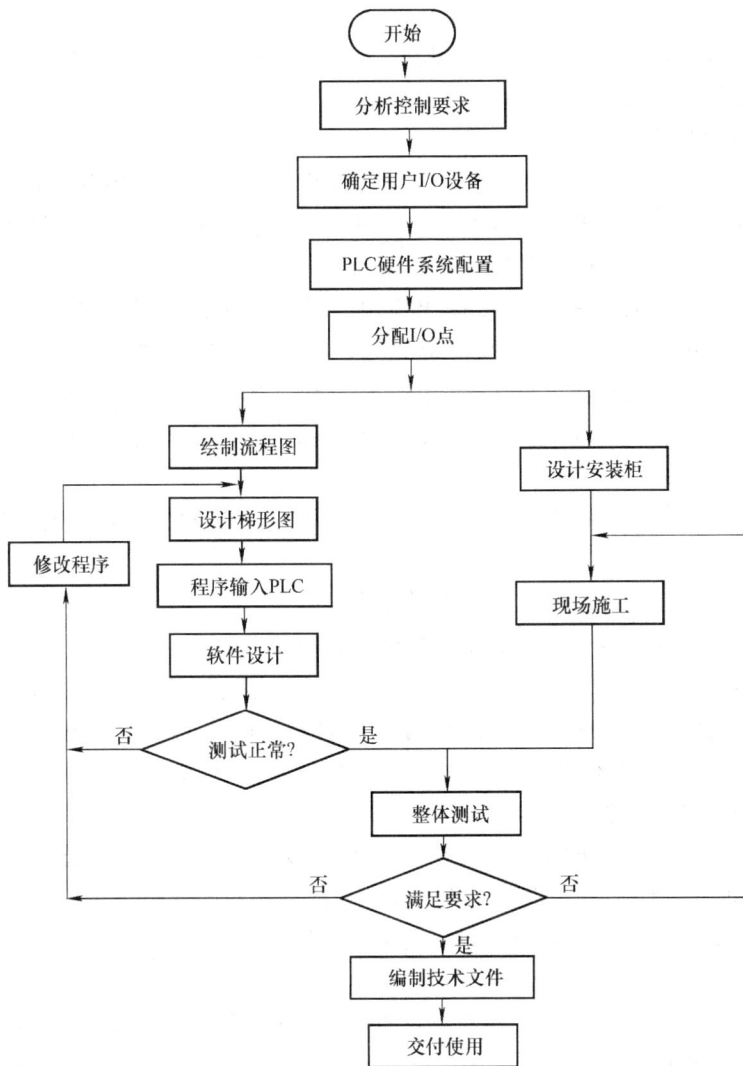

图 9-1　PLC 控制系统设计流程

9.2　PLC 控制系统的硬件设计

PLC 的控制系统硬件设计主要是指硬件选型。近十几年来，国内外众多生产厂商提供了多种系列、功能各异的 PLC 产品，已有几十个系列、几百个型号。PLC 品种繁多，其结构、性能、I/O 点数、用户程序存储器容量、运算速度、指令系统、编程方法和价格等各有不同，适用场合也各有侧重。因此，合理选择 PLC，对提高 PLC 控制系统的技术、经济指标起着重要作用。

1. PLC 的机型选择

机型选择的基本原则是在满足控制功能要求前提下，保证系统工作可靠、维护使用方便以及最佳的性能价格比。具体应考虑的因素如下所述。

（1）结构合理

对于工艺过程比较固定、环境条件较好、维修量较小的场合，可选用整体式结构的 PLC；否则，选用模块式结构的 PLC。

（2）功能强弱适当

对于开关量控制的工程项目，若是控制速度要求不高，一般选用低档的 PLC，如西门子公司的 S7 - 200 系列，欧姆龙公司的 COM1 系列，三菱公司的 FXIS 或 FXIN 系列。

对于开关量控制为主、带少量模拟量控制的工程项目，可选用含有 A - D 转换的模拟量输入模块和含有 D - A 转换的模拟量输出模块以及具有加减乘除和数据传输功能的低档 PLC，如西门子公司的 S7 - 300 或 S7 - 400 系列，三菱公司的 FX2N 系列。

对于比较复杂、控制功能要求比较高的工程项目，如要求实现 PID 运算、闭环控制、连网通信等，可根据控制规模以及复杂程度，选用中档或高档机。其中高档机主要用于大规模过程控制、分布控制系统和整个工厂的自动化等。

当系统的各个控制对象在不同地域时，应根据各部分的具体要求来选择 PLC，以组成一个分布式的控制系统。

（3）PLC 的处理速度应满足实时控制的要求

PLC 工作时，从输入信号到输出控制存在滞后现象。输入量的变化，一般在 1 ~ 2 个扫描周期之后才能反映到输出端，这对于一般的工业控制是允许的。但是对实时性要求比较高的设备，不允许有较大的滞后时间。滞后时间一般控制在几十毫秒之内（相当于普通继电器的动作延时），否则就没有意义了。滞后时间的长短与 I/O 总点数、应用程序的长短、编写程序的质量等有很大关系。

为了提高 PLC 的实时处理速度，可选择 CPU 速度快的 PLC，使执行一条指令的时间不超过 $0.5\mu s$；同时对编制的程序进行优化，缩短扫描周期；必要时可采用高速响应模块，其响应时间不受 PLC 扫描周期的影响，只取决于硬件延时。

（4）机型统一

常用的 PLC 结构主要有整体式和模块式两种。整体式结构把 PLC 的 I/O 和 CPU 放在一块印刷电路板上，并封装在一个壳体内，省去了插接环节，因此体积小、价格便宜。但由于整体式 PLC 功能有限，只适用于控制要求比较简单的系统。一般大型控制系统都使用模块式结构，这样功能扩展容易，比整体式灵活。

一个大型企业选用 PLC 时尽量要做到机型统一。由于同一机型的 PLC，其模块可互为备用，以便备件的采购和管理；另外，功能以及编程方法统一，有利于技术人员的培训；其外部设备通用也有利于资源共享。如配备了上位机，可把独立系统的多台 PLC 连成一个多级分布式的控制系统，互相通信，集中协调管理。

（5）是否在线编程

PLC 的特点之一是使用灵活。当被控设备的工艺流程改变时，只需要将 PLC 的程序重新修改，就能满足新的控制要求，给生产带来很大的方便。

PLC 的编程分为离线编程和在线编程两种。离线编程是指主机和编程器共用一个 CPU，在编程器上有一个"编程/运行"选择开关或按键。当需要编程或修改程序时，将开关选择"编程"位置，PLC 的 CPU 将不再执行用户程序，失去对现场的控制，而只为编程器服务，这就是"离线"编程。当程序编好后，再把开关切换到"运行"位置，CPU 则执行用户程序，对系统实时控制。由于编程器和主机共用一个 CPU，因此节省了大量的硬件和软件，编程器的价格也比较便宜。中小型 PLC 多采用离线编程方式。

在线编程的 PLC，如美国的 GOULD 公司生产的 M84 型号的 PLC 等，其特点是主机和编程器各有一个 CPU，编程器的 CPU 随时处理键盘输入的各种编程指令。主机的 CPU 主要完成对现场的控制，一般在一个扫描周期的末尾和编程器通信，编程器把编好或修改好的程序发给 PLC，在下一个扫描周期，PLC 将按照新的程序控制现场，这就是"在线"编程。这类 PLC 由于增加了硬件和软件，所以价格较贵，但应用领域较宽。大型 PLC 大多采用在线编程。

采用哪一种编程方式，应根据被控设备工艺要求的不同来选择。对于产品定型的设备和工艺不常变动的设备，往往选用离线编程的 PLC；反之，考虑选用在线编程的 PLC。

（6）PLC 的环境适应性

由于 PLC 是直接用于工业控制的工业控制器，生产厂商都把它设计成能在恶劣的环境条件下可靠地工作。尽管如此，每种 PLC 都有自己的环境技术条件，用户在选用时，特别是在设计控制系统时，对环境的条件要进行充分的考虑。

一般 PLC 以及外部电路（I/O 模块、辅助电源等）都能在限定的环境条件下可靠工作，对于需要应用在特殊环境下的 PLC，要根据具体的情况进行合理的选择。

2. PLC 容量选择

（1）PLC 容量计算

PLC 容量包括两个方面：一是 I/O 点数；二是用户存储容量（字数）。PLC 容量的选择除满足控制要求外，还应留有适当的容量，以做备用。对用户存储容量只能做粗略的估算，一般可以按照以下公式估算存储容量。

$$存储容量 = 输入总点数 \times N \; 字/点 + 输出总点数 \times M \; 字/点$$

其中，N，M 为设计参数，可以根据系统实际情况进行选择。

在对开关量控制的系统中，一般选定 N，M 为 $8 \sim 10$；计数器/定时器 N，M 可选 $3 \sim 5$；有运算处理时 N，M 可选 $5 \sim 10$；有模拟量输入输出的系统中，每输入或输出一路模拟量 N，M 可选 $80 \sim 100$；有通信处理时按每个接口设计的 N，M 可选 200 或 200 以上。最后，一般按估算容量的 $50\% \sim 100\%$ 留有裕量。对缺乏经验的设计者，选择容量时留有裕量要大些。

I/O 点数也应留有裕量。由于目前 I/O 点数较多的 PLC 价格也比较高，如备用的 I/O 点数太多，将使成本增加。根据被控对象的输入信号和输出信号的总点数，并考虑今后调整和扩充，通常 I/O 点数按实际需要的 $10\% \sim 15\%$ 考虑备用。

（2）减少 I/O 点数的措施

在 PLC 控制系统的实际应用中，经常碰到输入或输出点数不够的问题，而 PLC 的 I/O 点数的多少是决定控制系统价格的一个重要因素，虽然可选定点数多的 PLC 或通过扩展单元来解决，但提高了成本，增大了投资。因此，有时在满足系统控制要求的前提下，需要合理使用 I/O 点数，尽量减少所需要的 I/O 点数。下面介绍 PLC 外部电路设计中，I/O 点数简化的几种方法。

1）减少输入点数的措施

① 输入点的合并：将具有相同功能的输入触点在 PLC 外部串、并联后再连接到 PLC 输入端，可有效减少 PLC 的输入点数。例如图 9-2 所示的异地控制电动机起动、停止电路。

停止按钮 SB4、SB5、SB6 都具有使电动机停转的相同功能；起动按钮 SB1、SB2、SB3 具有相同的起动电动机的功能。可以按照如图 9-2 所示电路连接，简化接线，节省 PLC 的输入点。从图中可知，将具有相同功能的操作开关串联或并联（注意常开触点并联、常闭触点串联）后，再接入 PLC 输入端，可节省输入点数。

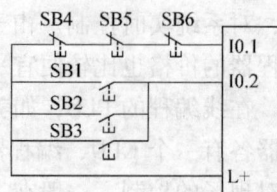

图 9-2 异地控制电动机
起动、停止电路

② 单按钮起/停控制：通常一台设备的起/停控制由两个按钮分别完成，为了节省 PLC 的输入点，可以采用单按钮实现起/停控制。如使用一个按钮控制一个辅助继电器从而实现 Y0 通断，当 Y0 的触点接入水泵控制电路中时，Y0 接通或断开即可控制一台水泵的起/停。当一台 PLC 控制多个这种具有起/停操作的设备时，将占用许多输入点，如污水处理控制过程中的多台泵的起/停控制，采用单按钮控制方式可以节省 50% 的输入点。

③ 分组输入：一般系统都存在多种工作方式，但系统同时又只选择其中一种工作方式运行，也就是说，各种工作方式的程序不可能同时执行。因此，可将系统输入信号按其对应的工作方式不同分成若干组，PLC 运行时只会用到其中的一组信号，所以各组输入可共用 PLC 的输入点，这样就使所需的输入点减少。

如图 9-3 所示，系统有"自动"和"手动"两种工作方式，其中 S1 ~ S8 为自动工作方式用到的输入信号、K1 ~ K8 为手动工作方式用到的输入信号。两组输入信号共用 PLC 的输入点 I0.0 ~ I0.7，如 S1 与 K1 共用输入点 I0.0。用"工作方式"选择开关 SA 来切换"自动"和"手动"信号的输入电路，并通过 I1.0 让 PLC 识别是"自动"还是"手动"，从而执行自动程序或手动程序。图中的二极管是为了防止出现寄生回路，产生错误输入信号而设置的。例如当 SA 扳到"自动"位置，若 S1 闭合，S2 断开，虽然 K1、K2 闭合，也应该是 I0.0 有输入，而 I0.1 无输入，但如果无二极管隔离，则电流从 L + 流出，经 S1→K1→K2→I0.1 形成寄生回路，从而使得 I0.1 错误地接通。因此，必须串入二极管切断寄生回路，避免错误输入信号的产生。

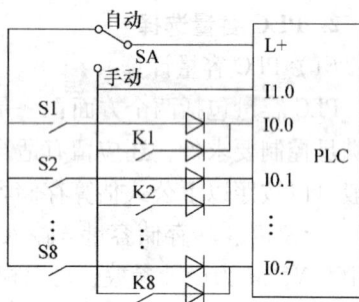

图 9-3 输入分组模式

④ 利用 PLC 外部电路减少输入点数：将系统的某些输入信号如手动按钮、热继电保护器触点等设置在 PLC 的外部控制电路中，从而减少输入点数。如果需要这些输入信号互锁，可以编程实现，以降低硬件系统复杂性。

2）减少输出点数的措施

① 负载并联：系统中有些负载的通断状态是完全相同的，两个或两个以上通断状态完全相同的负载可并联后共用 PLC 的一个输出点来驱动。需要注意的是，负载并联的条件是负载电压必须完全一致，并且并联负载的负荷不得超过 PLC 输出点的驱动能力。

② 利用接触器辅助触点：PLC 驱动大功率负载时，往往要通过接触器、继电器进行电压和功率的转换。一般接触器除了完成主控功能外，还提供了多对辅助触点。在 PLC 外部电路设计中，可充分利用接触器的辅助触点进行电气联锁或控制指示灯等，使 PLC 的一个

输出点可同时控制两个或多个有不同要求的负载，这样可少用 PLC 输出点。

③ 使用数字显示器代替指示灯：如果系统的工作状态指示灯或工步比较多，可以用数字显示器代替指示灯，可节省 PLC 输出点数。例如，通常 16 点输出驱动指示灯只可指示 16 种状态，但是使用 BCD 码的数字显示，只需 8 点输出驱动两个带译码驱动的数字显示器即可。两个数字显示器可显示 00 ~ 99，即 100 个状态。因此状态指示灯越多，用数字显示器的优越性就越大。

④ 输出设备多用化：有些系统可能有多种故障显示和报警，只要条件允许，可将部分或全部显示或报警电路并联连接，用一个或少用几个输出继电器驱动。例如，在 PLC 系统中容易实现用一个输出点控制指示灯的常亮和闪烁，这样一个指示灯就可指示两种状态；或者用一个指示灯的闪烁表示所有的报警状态，而用不同的输入反映不同的报警原因。这也可以少占用 PLC 输出点数。

简化 PLC 输入/输出点数的方法是多种多样的，使用者可以从实际出发设计切实可行的控制方案。

3. I/O 模块的选择

PLC 是一种工业控制系统，它的控制对象是工业生产设备或工业生产过程，它的工作环境是工业生产现场。它与工业生产过程的联系是通过 I/O 接口模块实现的。

通过 I/O 接口模块可以检测被控生产过程的各种参数，并以这些现场数据作为控制器对被控制对象进行控制的依据。同时控制器又通过 I/O 接口模块将控制器的处理结果送给工业生产过程中的被控设备，驱动各种执行机构来实现控制。外部设备或生产过程中的信号电平各种各样，各种机构所需的信息电平也是各种各样的，而 PLC 的 CPU 所处理的信息只能是标准电平，所以 I/O 接口模块还需实现这种转换。PLC 从现场收集的信息以及输出给外部模块的控制信号都需要经过一定距离。为了确保这些信息正确无误，PLC 的 I/O 接口模块都具备较好的抗干扰能力。根据实际需要，PLC 相应有许多种 I/O 接口模块，包括开关量输入模块、开关量输出模块、模拟量输入模块以及模拟量输出模块，可以根据实际需要进行选择使用。因此，要对 I/O 信息进行分析，就是对后面编程所需的 I/O 信号进行详细地分析和定义并以 I/O 信号分配表的形式提供给编程人员。

I/O 信号分析的主要内容有：

1）定义每一个输入信号并确定它的地址。可以用 I/O 信号分配表的形式给出，同样也可以用输入模板接线图的方式给出，图中应包含对每一个输入点的简洁说明。

2）定义每一个输出信号并确定它们的地址。可以用 I/O 信号分配表的形式给出，同样也可以用输出模板接线图的方式给出，图中应包含对每一个输出点的简洁说明。

审核上述的分析设计是否能满足系统规定的功能要求。若不满足，则需要修改，直至满足为止。

按照 I/O 信号分析的含义，下面详细介绍不同类型 I/O 选择的方法。

（1）确定 I/O 点数

I/O 点数的确定要充分考虑到裕量，能方便地对功能进行扩展。对一个控制对象，由于采用不同的控制方法或编程水平不一样，I/O 点数就可能有所不同。

（2）开关量 I/O

标准的 I/O 接口用于同传感器和开关（如按钮、限位开关等）以及控制设备（如指示灯、报警器、电动机起动器等）进行数据传输。典型的交流 I/O 信号为 AC24 ~ 240V，直流（I/O）信号为 DC5 ~ 24V。

选择开关量输入模块主要从下面 4 个方面考虑。

1）根据现场输入信号与 PLC 输入模块距离的远近来选择电平的高低。一般 24V 以下属于低电平，其传输距离不宜太远。如 12V 电压模块一般不超过 10m，距离较远的设备选用较高电压比较可靠。

2）选择模块的密度。模块密度主要根据分散在各处输入信号的多少和信号动作的时间选择，即总在一处的输入信号尽可能集中在一块或几块模块上，以便于电缆安装和系统调试。对于高密度的输入模块，如 32 点输入模块，能允许同时接通的点数取决于输入电压和环境温度。一般同时接通的点数不得超过总输入点数的 60%。

3）门槛电压。门槛电压是指输入点接通电平和关断电平的差值。为了提高控制系统的可靠性，必须考虑门槛电压的大小。门槛电压值越大，抗干扰能力越强，传输距离也就越远。

4）输入端漏电流控制。在进行接线时，存在着不同程度的漏电流。如连接电缆和双绞线的线路电容可能引起交流漏电；晶闸管截止时也会产生少量漏电流；带 LED 指示灯的开关可能会产生较大的漏电流。这些漏电流会像信号一样输入到输入点去，形成干扰。解决的方法是在输入端并联适当的电阻和电容，以降低输入总阻抗。

目前许多型号的 PLC 内部都提供 DC24V 电源，用做集电极开路传感器的电源。但是该电源容量较小，当用做本机输入信号的工作电源时，需要考虑电源的容量。如果电源容量要求超出了内部 DC24V 电源的定额，必须采用外接电源，建议采用稳压电源。

选择开关量输出模块时应从以下 3 个方面考虑。

1）输出方式选择。输出模块有 3 种输出方式：继电器输出、晶闸管输出和晶体管输出。其中，继电器输出价格便宜，使用电压范围广，导通电压降小，承受瞬时过电压和过电流的能力强，且有隔离作用。但继电器有触点，寿命短且响应速度慢适用于动作不频繁的交/直流负载。晶闸管输出和晶体管输出都属于无触点开关输出，适用于通断频繁的感性负载。感性负载在断开瞬间会产生较高的反电压，必须采取抑制措施。

2）输出电流选择。模块的输出电流必须大于负载电流的额定值，如果负载电流较大，输出模块不能直接驱动时，应增加中间放大环节。对于电容型负载、热敏电阻负载，考虑到接通时有冲击电流，要留有足够的余量。

3）允许同时接通的输出点数。在选用输出点数时，不但要核算一个输出点的驱动能力，还要核算整个输出模块的满负荷负载能力，即输出模块同时接通点数的总电流值不得超过模块规定的最大允许的电流值。若 I/O 设备由不同电源供电，应当使用带隔离公共线（返回线）的接口电路。

当 PLC 基本单元所提供的输入/输出点数不能满足应用系统总点数需求时，可增加输入/输出扩展模块。对于 S7 - 200，可选扩展模块有 EM221 数字量输入模块、EM222 数字量输出模块和 EM223 数字量组合模块等。这些模块通过 E - Stand 10 针扩展连接器以及扁平电缆与主机直接连接，安装方便。

（3）模拟量 I/O

模拟量 I/O 接口是用来传输传感器产生的信号。这些接口能测量流量、温度和压力等模拟量的数值，并用于控制电压或电流输出设备。

1）模拟量输入/输出范围。模拟量的输入、输出可以是电压信号或是电流信号。PLC的典型接口量程对于双极性电压为－10～＋10V、单极性电压为0～10V、电流为4～20mA或10～50mA。

2）模拟量输入/输出模块的分辨率、精度、转换时间等参数指标应该符合具体的系统要求。

3）在应用中要注意抗干扰措施。有关内容将在9.5.2节中详细介绍。

一些制造厂商提供了特殊模拟接口用来接收低电平信号（如RTD、热电偶等）。一般来说，这类接口模块能接收同一模块的不同类型热电偶或RTD的混合信号。用户应就具体条件向供货厂商提出要求。如西门子公司提供了EM231模拟量4路输入模块、EM231 AI 4路热电偶、EM231 AI 2路热电阻模块、EM232 2路模拟量输出模块、EM235 4路输入1路输出组合模块等。

（4）特殊功能I/O

在选择一台PLC时，用户可能会面临需要一些特殊类型的且不能使用标准I/O实现（定位、快速输入、频率等）的情况。用户应当考虑供货厂商是否提供一些特殊的有助于最大限度减小主机工作量的模块，如灵活模块和特殊接口模块，都应考虑使用。有的模块自身能处理一部分现场数据，从而使CPU从处理耗时的任务中解脱出来。

（5）智能式I/O

当前，PLC的生产厂商相继推出了一些智能型的I/O模块。所谓智能型的I/O模块，就是模块本身带有处理器，对输入/输出信号可做预先规定的处理，再将处理结果送入CPU或直接输出，这样可以提高PLC的处理速度，节省存储器容量。

智能式I/O模块有温度控制模块、高速计数模块（可进行加法计数或减法计数）、凸轮模拟器（用于绝对编码输入）、带速度补偿的凸轮模拟器、多回路的PID调节器、ASCII/BASIC处理器和RS－232/422接口模块等。需要注意的是，一般智能模块价格比较昂贵，而有些功能采用一般模块也可以实现，只是增加软件的工作量，因此可以根据实际情况决定取舍。表9-1归纳了选择I/O模块的一般规则。

表9-1　选择I/O模块的一般规则

I/O模块类型	现场设备或操作（举例）	说　　明
开关输入模块	选择开关、按钮、光电开关、电路断路器、接近开关、液位开关、电动机起动器触点、继电器触点、拨盘开关	输入模块接收ON/OFF或OPENED/CLOSED开关信号，开关信号可以是直流的，也可以是交流的
开关输出模块	报警器、控制继电器、风扇、指示灯、扬声器、阀门、电动机起动器、电磁线圈	输出模块输出到ON/OFF或OPENED/CLOSED开关设备，开关信号可以是直流的，也可以是交流的
模拟量输入模块	温度变送器、压力变送器、湿度变送器、流量变送器、电位器	将连续的模拟量信号转换成PLC处理器可以接受的输入值
模拟量输出模块	模拟量阀门、执行机构、图表记录器、电动机驱动器、模拟仪表	将PLC处理器的输出转为现场设备使用的模拟量信号（通常是通过变送器进行的）
特殊模块	编码器、流量计、I/O通信、ASCII、RF型设备、称重计、条形码阅读器、标签阅读器、显示设备	通常用做如位置控制、PID和外部设备通信等专门用途

4. 电源模块的选择

电源模块一般只需考虑输出电流。电源模块的额定输出电流必须大于处理器模块、I/O模块和专用模块等消耗电流的总和。以下是选择电源的一般步骤。

1）确定电源的输入电压。

2）将框架中的每块 I/O 模块所需要的总背板电流相加，计算出 I/O 模块所需的总背板电流值。

3）I/O 模块所需的总背板电流值在步骤 2）的计算结果上再加上当框架中带有处理器时，处理器的最大电流值以及当框架中带有远程适配器模块或扩展本地 I/O 适配器模块时的最大电流值。

4）如果框架中留有空槽用于将来扩展时，可以做以下处理：列出将来要扩展的 I/O 模块所需的背板电流；将所有扩展的 I/O 模块的总背板电流值与步骤 3）中计算得出的总背板电流值相加。

5）在框架中是否有用于电源的空槽，否则将电源安装到框架外部。

6）根据确定好的输入电压要求和所需的总背板电流值，从用户手册中选择合适的电源模块。

5. 绘制各种电路图

绘制电路图的目的是把系统的输入和输出所涉及的地址和名称联系起来。这是很关键的一步。在绘制 PLC 的输入电路时，不仅要考虑信号的连接点是否与命名一致，还要考虑输入端的电压和电流是否合适，也要考虑到在特殊条件下运行的可靠性与稳定条件问题等。特别要考虑是否会把高压引导到 PLC 的输入端，因为高压引入 PLC 的输入端，会对 PLC 造成比较大的伤害。在绘制 PLC 的输出电路时，不仅要考虑输出信号连接点是否与命名一致，还要考虑到 PLC 输出模块的带负载能力和耐电压能力。此外，还要考虑到电源的输出功率和极性问题。在整个电路的绘制中，还要考虑设计原则，努力提高其稳定性和可靠性。虽然用 PLC 进行控制方便灵活，但是在电路的设计上依然需要谨慎、全面。因此，在绘制电路图时要考虑周全，选择器件时要一丝不苟。

6. 制作控制台与控制柜

在绘制完电路图、编制完程序后，就可以制作控制台和控制柜了。在时间紧张的时候，这项工作也可以和编制程序同时进行。在制作控制台和控制柜的时候要注意选择开关、按钮、继电器等器件的质量，规格必须满足要求。设备的安装必须注意安全、可靠。屏蔽、接地、高压隔离等问题必须妥善处理。

9.3 PLC 控制系统的软件设计

9.3.1 PLC 软件设计过程

PLC 控制系统软件的开发过程和任何软件的开发一样，首先进行可行性分析研究，再经过需求分析、软件程序编写、调试等几个环节。要想使开发的 PLC 应用程序达到预期效果，能够安全、可靠并令用户满意，都要依赖一个好的软件开发过程，要求开发者应该对软件开发过程中所经历的每一个环节都有一个明确认识。

1. 需求分析

需求分析是指用户对目标软件系统在功能、性能和设计指标等方面的期望。通过对应用问题及其环境的理解与分析，建立信息、功能以及系统行为的模型，将用户需求精确化、完全化，最终形成用户的需求文本。这一个阶段是软件开发的重要阶段，它是后续设计、编写程序和软件测试的基础。良好的分析活动有助于避免和尽早剔除早期错误，提高生产率，降低开发成本，改进软件质量。因此，要求设计人员必须深入现场，了解并熟悉被控制对象（机电设备、生产工艺和生产流程等）的控制要求，明确 PLC 控制系统必须具备的功能和性能。然后还要与用户深入探讨和交流，全面掌握系统控制指标和用户要求。

需求分析主要是指功能分析。所谓功能分析即是指明确应用软件所必须具备的功能。对于一个实用软件，大体可从 3 个方面来考虑。

1）控制功能。控制功能是 PLC 控制系统的根本，控制系统最基本的控制要求就是如何通过 PLC 对被控对象实施控制。对于 PLC 控制系统不仅仅实现系统控制过程，还应有不同的具体要求。要根据被控对象和生产工艺要求，分析被控设备的动作时序、控制条件、控制精度的情况，对系统要完成的功能以及要实现的技术参数作出明确、具体的分析，然后探讨这些规定是否合理、可行。最后，对不合理的需求进行修订，直至所有的控制功能都是合理、可行为止。

2）操作功能。又称人机界面设计，其功能也是必需的。随着 PLC 应用的不断深入，PLC 不再采用单机控制，为了实现车间或工厂自动化，往往采用包括以上位机、PLC 为核心的多级分布式控制系统。为了操作方便，就需要友好的人机界面。系统规模越大，自动化程序越高，对人机交互的要求越高，如下拉式菜单设计、I/O 信息显示、趋势报警以及有关数据表格更新、存储和输出等。一般来说，这部分工作可占整个软件的 30% 左右。

3）自诊断功能。主要包括 PLC 自身工作状态的自诊断和系统中被控设备工作状态的自诊断两个部分。自诊断功能对于系统维护人员了解系统当前的运行状态有着非常重要的作用。对于前者可利用 PLC 自身的一些信息和手段来完成；对于后者可以通过分析被控设备接收到的控制指令以及被控动作的反馈信息，来判断被控设备的工作状态。如果有故障发生，则可以报警并通过计算机显示发生故障的原因和处理故障方法和步骤。

自诊断功能设计并不是每个 PLC 系统都必需的，但是如果设计良好的自诊断功能与操作功能相结合，可以给系统的调试和维护带来极大的方便。

2. 系统功能设计

在了解用户的需求和软件的详细功能的基础上，就要划分系统的功能。一般都需要经历如下过程。

1）对系统任务分块。分块的目的就是把一个复杂的工程，分解成多个比较简单的小任务。这样就把一个复杂的大问题化为多个简单的小问题。这样可便于编制程序。

2）编制控制系统的逻辑关系图。从逻辑关系图上，可以反映出某一逻辑关系的结果是什么，这一结果又应该导出哪些动作。这个逻辑关系可以是以各个控制活动为顺序为基准，也可能是以整个活动的时间节拍为基准。逻辑关系图反映了控制过程中控制作用与被控对象的活动，也反映了输入与输出的关系。

3. 编写 PLC 程序并进行模拟调试

根据需求分析和系统功能设计的结果，就可以着手编制 PLC 程序了。目前有多种 PLC 编程语言，可以根据实际情况，选择合适的编程语言编程。在编程时，除了要注意程序要正确、可靠外，还要考虑程序要简捷、省时、便于阅读、便于修改。编好一个程序块要进行模拟实验，这样便于查找问题，便于及时修改，最好不要整个程序完成后一起进行模拟程序调试。程序编写过程中还要反复和用户沟通，不断调整并做好程序的注释，以备编写程序说明书。因此，编写 PLC 程序并进行模拟调试一般按照如下步骤进行。

1）程序框图设计。主要是根据需求分析的结果确定应用程序的基本结构，绘制出程序结构图；然后根据工艺要求，绘制出各种功能单元的详细功能框图。框图是程序的主要依据，要尽可能详细，以便对全部控制功能有一个整体的概念。

2）分配 I/O 编号。在编写程序前，还要给每一个输入/输出信号分配相应的地址，给出每个地址对应的信号含义、名称，并列成表格，以便软件编程和系统调试时使用，这种表格就是 I/O 地址分配表，也叫输入/输出地址表。具体可见书中应用实例。

3）编写程序。此过程就是根据设计出的框图逐条编写控制程序，这是整个设计过程工作的核心部分。应尽量使用编程软件，如 STEP7 - Micro/WIN32 等。梯形图语言是最普通使用用的编程语言。对于初学者来讲，应该熟练掌握基本指令和简单编程，再来编写用户应用程序。在编写程序的过程中，可以借鉴现成的典型控制环节程序，如电动机正/反转程序、起/停程序等。另外，编写程序过程中要及时对编出的程序进行注释，以免忘记期间的相互关系，最好随编随注释，以便阅读和调试。

4）程序调试。程序调试是整个工作中一项很重要的内容，它可以初步检查程序的实际效果。程序调试和程序编写是分不开的，程序的许多功能是在调试中修改和完善的。调试时可先设定输入信号，观察输出信号（对应输出点指示发光二极管）的变化情况；确认无误后才可以进入下一步的现场调试阶段。必要时可以借用某些仪器仪表，测试各部分的接口情况，直到符合要求为止。

为了保证软件的质量能满足设计要求，一般按照单元调试、集成调试、确认调试和现场调试步骤完成。其中，单元调试是集中对用源代码实现的每个程序单元进行调试，检查各个程序模块是否正确地实现了规定的功能；集成调试，即根据软件设计的规定体系结构，把已经通过单元调试的模块组装起来，检查程序组装的正确性；确认调试则是要检查已经集成的软件是否满足了需求；现场调试是把确认的软件投入到实际运行环境中，与其他系统组合在一起进行调试。一般将现场调试放到系统设计的最后一步。

5）编写程序说明书。程序说明书是对程序的综合说明，是整个程序设计的工作总结。编写程序说明书的目的是便于程序的使用者和现场调试人员使用。它是程序文件的组成部分，一般包括程序设计的依据、程序的基本结构、各功能单元分析、使用公式和原理、各种参数的来源和运算过程、程序调试情况等。

4. 现场调试

现场调试是整个控制系统完成的重要环节。任何程序的设计很难说不经过现场调试就能使用。只有通过现场调试才能发现控制电路和控制程序不能满足系统要求之处；只有通过现场调试才能发现控制电路和控制程序发生矛盾之处；只有进行现场调试才能最后实地测量和最后调整控制电路和控制程序，以适应控制系统的要求。

经过现场调试以后，控制电路和控制程序才可以被基本确定，整个系统的硬件和软件基本完成。这时就要全面整理技术文件，包括整理电路图、PLC 程序、使用说明以及帮助文件。到此工作基本结束。

9.3.2　PLC 软件设计方法

从 PLC 程序设计过程可知，最重要的环节是编写 PLC 程序。目前，编写 PLC 控制程序的方法很多，在不同的环境条件下可以选择不同的编程方法。这里主要介绍几种典型的编程方法。

1. 图解法编程

图解法编程是靠画图进行 PLC 程序设计的。常见的主要有梯形图法、逻辑流程图法、时序流程图法和步进控制法。

1）梯形图法。梯形图法是使用梯形图语言去绘制 PLC 程序。这是一种模仿继电接触器控制系统的编程方法。其图形甚至元器件名称都与继电接触器控制电路十分相似。这种方法很容易就可以把原继电接触器控制电路移植成 PLC 的梯形图语言。这对于熟悉继电接触器控制的人来讲，是一种方便的编程方法。

2）逻辑流程图法。逻辑流程图法使用逻辑框图表示 PLC 程序的执行过程，反映输入与输出的关系。逻辑流程图法是把系统的工艺流程，用逻辑框图表示出来形成系统的逻辑流程图。这种方法编制的 PLC 控制程序逻辑思路清晰、输入/输出的因果关系以及连锁条件明确。逻辑流程图会使整个程序脉络清晰，便于分析控制程序，便于查找故障点，便于维修和调试程序。有时候对一个复杂的程序，直接用语句表或梯形图编程可能觉得难以下手，则可以先画出逻辑流程图，再为逻辑流程图的各个部分使用语句表或梯形图编制 PLC 应用程序。

3）时序流程图法。时序流程图法是首先画出控制系统的时序图（即到某一时间应该进行哪项控制的控制时序图），再根据时序关系画出对应的控制任务的程序框图，最后把程序框图写成 PLC 程序。时序流程图法很适用于以时间为基准的控制系统的编程方法。

4）步进控制法。步进控制法又称状态转移图法，是在顺序控制指令的配合下设计复杂的控制程序。一般比较复杂的程序，都可以分成若干功能比较简单的程序段，一个程序段可以看成整个过程中的一步。从这个角度看，一个复杂的控制过程是由这样的若干步组成的。系统控制的任务实际上可以认为在不同时刻或者在不同进程中完成对各个步的控制。为此，不少生产厂商在自己的 PLC 中增加了顺序控制指令。在画完各个步进的状态流程图之后，可以利用步进控制指令方便地编写控制程序。

2. 经验法编程

经验法是运用自己或他人的经验进行设计。设计前，先选择与自己工艺要求相近的程序，把这些程序看成是自己的"试验程序"。结合具体情况，对这些"试验程序"逐一修改，使之适合工艺要求。这里所说的经验，有的是自己的经验总结，有的可能是他人的设计经验，有的也可能是来自其他资料的典型程序。要想有更多的经验，就需要日积月累，善于总结。

3. 计算机辅助设计

计算机辅助设计是通过 PLC 编程软件在计算机上进行程序设计、离线或在线编程、离线仿真和在线调试等。实用编程软件可以十分方便地在计算机上离线或在线编程、在线调试，实用编程软件可以十分方便地在计算机上进行程序的存取、加密以及形成 EXE 运行文件。

9.4　人机界面设计

对于有实际应用价值的 PLC 控制系统来讲，除了硬件和控制软件之外，还应有适合于用户操作的方便的人机界面（Human Machine Interface，HMI）。早期的 PLC 控制系统的人机交换手段比较落后，如使用七段数码管组来显示需要观测的实时数据，使用 BCD 拨码开关来完成某些参数的外部输入设定。使用这些方法占用了大量的 PLC 硬件资源，又要在控制台的面板上开孔来安装这些器件，接线也比较麻烦并且不容易完成大量数据的设定和显示，更谈不上显示画面和其他高级的人机画面功能。20 世纪 90 年代中期出现了设定显示单元，它们是一种物美价廉的人机界面，可以实现大部分的数据设定和显示、报警等功能。2000年之后出现了触摸屏，但价格较贵，随着技术的发展和进步，现在触摸屏已经大规模地应用在工业控制系统中。它不仅用于参数设置、数据的显示和存储，还可以以曲线、图形等形式直观反映控制系统的流程，是 PLC 控制系统重要的辅助设备。其实计算机也是一种 HMI，只要配上合适的接口和通信软件，就可以在计算机上完成参数设定和显示功能。

9.4.1　人机界面的功能及分类

1. 人机界面的概念

近几年来软件的人机界面系统起着越来越重要的作用。它的好坏直接影响软件的寿命。人机界面的设计质量直接影响用户对软件产品的评价，从而影响软件产品的竞争力。用户可以通过界面随时来调取、观察并掌握整个控制系统的工作状态，必要时还可以通过人机界面向控制系统发出故障警报，进行人工干预。因此，人机界面就是人与硬件（计算机、PLC 等）、控制软件之间实现信息交互的操作界面，由硬件和软件构成。用户可以通过人机界面与计算机、PLC 进行信息交换，向 PLC 控制系统输入数据、信息和控制命令；而 PLC 控制系统又可通过人机界面，在可编程终端、计算机上传送控制系统的数据和有关信息给用户。由此可知，人机界面充分体现了 PLC 控制系统的 I/O 功能以及用户对系统工作情况进行操作的控制功能。综上所述，所谓人机界面指的是介于人与 PLC 控制系统之间的一个界面。操作人员可以通过人机界面与 PLC 控制系统进行信息数据处理和交流。

2. 人机界面的主要功能

人机界面的功能主要有以下几个方面。

1）参数设定以及发布控制命令。通过人机界面可以在 PLC 外部输入参数设定或通过画面上的输入按钮、开关等来发布控制命令。

2）控制过程中的动态显示。PLC 内部的信息和实时控制过程的画面可以通过触摸屏或显示面板显示。

3）报警功能。当报警信号出现时，可以通过屏幕显示报警画面，也可以对报警信息进行处理。

4）信息处理功能。可与对需要的参数进行列表显示、曲线分析，也可以进行有关信息的打印。

5）数据记录。用来记录数据或重要的设定参数。

6）远程通信。通过网络或通信系统访问和控制远程数据。

3. 人机界面的分类

人机界面的开发是需要有硬件支持的，可按照控制任务选择计算机或可编程终端，如文本显示、操作员面板以及触摸屏等。因此，PLC 交互终端一般分为 3 类。

1）文本显示器（Text Display，TD）。它是一种小型的廉价的人机交互设备，只能进行参数设定和文字信息的显示，不能显示图片，处理信息有限。它主要应用于对交互显示要求较低的场合。

2）操作员面板（Operator Panel，OP）。它由液晶显示器和薄膜组成。有些产品的按键有 30 个左右，可以满足在恶劣的环境中使用，每个按键有约一百万次的使用寿命。

3）触摸屏（Touch Panel，TP）。触摸屏直观、美观，安装方便，占用空间少，是现在的人机界面的主流产品。

9.4.2 人机界面设计的有关注意事项

人机界面设计的根本出发点是为了使用户更加方便、更容易操作和使用 PLC 控制系统。人与机器打交道有各种各样的人机交互方式，每种方式都有各自的不同性能、特点和适用范围。在进行人机界面设计时，必须充分了解各种交互方式的优缺点和使用限制，按照不同的对象、任务类型，选择和设计适当的人机交互方式。

1. 人机交互方式

通常人机交互方式有以下几种类型。

1）对话方式。对话方式的优点是使用方便，编程简单，一问一答不易出错；缺点是速度慢，效率不高，灵活性差，用户不宜自行修改和扩充。通常适用于实时性要求不高，对操作人员的专业知识要求也比较少的系统。

2）命令语言方式。与其他的方式不同，命令语言方式是典型的用户驱动方式。在系统提示符的指引下，用户可以键入命令，将命令输入给 PLC 控制系统，系统解释命令，完成命令所规定的功能，并显示其他有关的信息和结果。命令语言方式是最早被人们广泛使用的一种人机交互的界面方式。例如，在 DOS 操作系统盛行的时期，人们采用的就是这种交互方式。它有快速、高效、灵活、不占用显示时间和屏幕空间的优点。但是采用这种方式所带来的缺点也是显而易见的，即用户不是想操作就能操作的，必须经过一段时间学习、培训，掌握并记住命令以及命令的语法知识，才能上机操作。这对于已有计算机、PLC 专业知识的技术人员是比较合适的，但是对于一般的用户就显得不够方便了。

3）菜单界面方式。由菜单来驱动的操作方式是目前比较流行的做法，它易学易用、美观大方、形象，可以减少用户的记忆量，对于开发者而言，菜单界面编写也比较容易，可以设计成具有立体感的画面。它的缺点是被选择的项目是预先被确定的，使用过程中响应的速度也受到限制，一个简单的功能往往要经过多级菜单的选择。所以这种方式适用于能熟练掌握人机界面系统而又有专业经验的用户，与命令控制方式相比，不如其灵活、效率高。

4）功能键方式。使用功能键来代替输入命令或功能菜单的好处是用户操作方便，无需记忆许多命令，减少了输入量，使输入速度更快。但是这种方式带来的好处是有限的，如果PLC 控制系统中的系统功能定义过多，必然会带来容易混淆操作失误的可能性。此外，若选用了过多的组合键也会增加用户的负担。

5）填表式界面。由于数据库的广泛使用，人们也开始习惯于在数据库的各种不同字段填写有关信息。用户只需按照系统的要求填入有关的数据和信息，输入的信息和输出的信息就能快速地以表格或图像的形式在屏幕上显示出来，使用户有一种清晰明了的感觉。这种方式的缺点是占用了许多的屏幕空间，用户需要经过必要的培训，因此该方式适用于需要输入大量数据的场合。

6）图形符号界面。采用形象化的图形符号来反映菜单功能，易于人们记忆和理解，学习、操作都十分方便，只需操作鼠标之类的定位设备就可以了，它使机器与人之间的距离拉近了。例如在可编程终端上设计几个触摸屏的开关，并注明简短的说明，用户就会很快地理解了触摸屏的功能。采用这种方式的缺点是图形符号要占用较大的屏幕空间，优势图形符号表达的语意并不是十分准确，因此该方式在具有图形软硬件环境下，使用才方便。

2. 人机界面设计时应注意的事项

通常在设计时应该注意以下几个问题。

1）适用对象。设计时需了解使用该系统的是一般的用户，还是具有一定专业技术知识的人员。

2）学习的难易程度。在人机界面设计时，应该让用户花的时间少，熟悉的速度快，不需要许多的经验知识，要尽可能有形象的提示等，以便使用户能通过摸索很快地掌握 PLC 控制系统的工作特点和使用特点。

3）操作响应速度。PLC 应用系统多数用于控制，因此设计时必须考虑击键或触摸屏系统的响应时间和效率。

4）人机界面的控制方式。这是指采用自动方式还是手动方式，通常由机器自动完成的交互方式易学、方便，而由人来控制的人机交互方式控制灵活、可靠。

5）周期和代价。一般凡是性能完善、操作方便的人机界面需要投入的人力、物力就比较大，开发时间也比较长，可以根据不同的情况来权衡不同开发周期和代价。

6）使用的编程语言。如果使用计算机作为人机交互的终端，通常使用计算机语言，如 VC、VB、Delphi 等，设计人员可以根据实际情况来选择。如果利用 PLC 的专用显示终端，则需要使用厂商提供专用软件，如各种组态软件。S7-200 PLC 控制系统中对于文本显示器 TD 类的人机界面使用 Micro/WIN 进行组态。对于 OP 和 TP 类的人机界面，西门子公司提供两种组态软件：ProTool 和 WinCC flexible。ProToo 是西门子公司早期的组态软件，使用简单，适用于大多数西门子产品。WinCC flexible 是综合了 WinCC 开放性和可扩展性和 ProTool 的易用性推出的一种更强大的组态软件。

3. 人机界面和 PLC 的联系

为了实现 PLC 与人机界面的数据通信，生产厂商给用户配置了相应的组态软件。使用组态软件就可以非常方便和简单地完成它们之间的数据交互了。

实际使用时，首先在装有组态软件的 PC 中对人机界面进行组态。组态包括画面设计、表格设计和报警功能等各种画面。表格中设置有 PLC 控制系统中所需要的设定的输入参数、操作元素，也有要实时显示的输出参数。因此，进行组态最重要的是建立人机界面和 PLC 之间的交换数据所使用的变量表。用户不用去关心人机界面和 PLC 之间是如何完成通信的，只需把组态程序设计好即可。

人机界面不一定只和一家的 PLC 产品配合，它们可以适应很多厂商的 PLC，只要在组态软件中有它们的驱动程序就行。组态程序在 PC 上设计好后下载到人机界面设备中，然后人机界面使用合适的电缆连接到 PLC 的通信接口上，这时就可以进行调试了。反复调试没有问题后，即可投入正式使用。

9.4.3　人机界面的设计步骤和原则

1. 人机界面设计原则

人机界面设计主要依靠设计者的经验，一般遵循下面的原则有助于设计者设计出友好、高效的人机界面。

（1）一般交互

1）保持一致性。使人机界面的菜单选择、命令输入、数据显示等功能采用一致的格式。

2）提供良好的交互方式。向用户提供视觉的和听觉的反馈，以保证在用户和界面之间建立双向通信。

3）在执行重大动作之前要求用户确认。例如用户要保存或删除一个文件，或终止一个程序，应该给出需要用户选择确认的信息，使用户确认发出的指令，减少误操作。

4）允许取消绝大多数操作。设置复位或返回等操作，使用户减少操作时间。每个交互应用系统都应该方便地取消已完成的操作。

5）应该尽量减少用户的记忆量。不应该期望用户能记住一大串数字和名字后，才能进入下一步操作。减少两次操作之间必须记忆的信息量。

6）提高人机界面的操作效率。应该尽量减少用户的击键次数，同时设计界面布局时也应该考虑尽量减少鼠标的移动距离，尽量避免出现用户难以理解的操作方法或步骤。

7）允许用户的误操作。在用户出现致命错误操作时，系统应该可以实现自我保护，将危害降到最低。

（2）信息显示

1）人机界面的信息显示要完整、清晰。可以使用多种手段为用户提供信息，如文字、图片、声音等。

2）只显示与当前工作内容有关的信息。用户在获得有关系统的特定功能信息时，不必看到与之无关的数据和菜单。

3）使用统一的标记、缩写和颜色。显示的含义应该非常明确，用户不必参照其他信息就能理解。

4）用户操作有误时，显示提示信息。

5）使用大小写缩进和文本分组以帮助理解。

（3）数据输入

用户的大部分操作是选择命令、键入数据和向系统提供输入。在许多应用系统中，键盘仍然是输入介质，下面是设计数据输入时应遵循的原则。

1）尽量减少用户输入动作。

2）保持信息显示和数据输入之间的一致性。

3）允许用户自定义输入。

4）允许用户修改输入方式，具有控制数据输入的权限，可以清除冗余的输入。

2. 人机界面设计过程

人机界面设计是一个迭代过程，也就是说，通常先创建设计模型，再用原型实现这个设计模型，并由用户使用和评估，然后根据用户的意见进行修改。

一旦建立起人机界面原型，就必须对它进行评估，确定其是否满足用户要求。评估可以是非正式的由用户发表的一些反馈意见，也可以是正式的填写调查表。

人机界面评估周期如下所述：完成初步设计后就创建第一级原型；用户使用并评估该原型，直接向设计者提出对界面改进的评价；设计者根据用户意见修改设计并实现下一级原型。上述评估过程不断进行下去，直到用户满意，不需要再修改人机界面设计为止。

3. 人机界面设计的主要步骤

人机界面的主要任务是迅速获取、处理应用系统运行过程中的数据、命令，并以适当的方式显示出来。正如以上分析的那样，人机界面的形式多种多样，因此在设计时尽管可以采用不同的设计思路和方法，但从总体上看来，人机界面设计还是可以概括为以下几个主要步骤：首先进行有关项目的市场调研，根据调研结果设计产品的功能，进行产品定位；其次开发人员要进行系统设计，包括硬件电路设计和软件编程；最后要进行软硬件的调试，并由客户试用。如果满足要求，则产品定型，交付客户，否则需要根据客户和生产现场的要求进行修改，反复调整，直至满足要求。具体设计流程如图 9-4 所示。

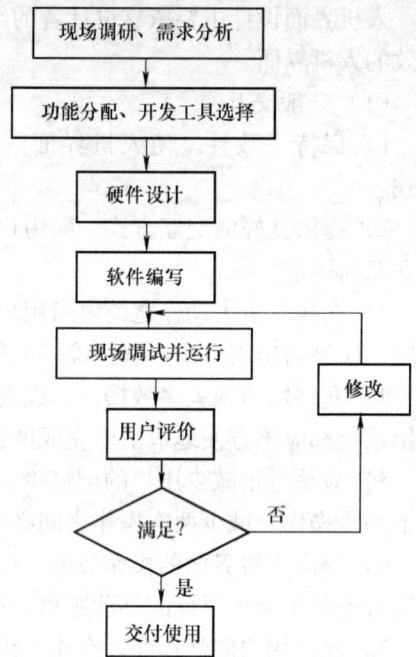

图 9-4　人机界面设计流程图

9.5　PLC 在工程应用中的注意事项

9.5.1　PLC 的安装

1. 安装的环境条件

良好的环境条件是 PLC 系统正常运行的重要保证。控制 PLC 的工作环境，可以有效地提高它的工作效率和寿命。为此，各厂商的 PLC 对安装环境都有规定，通常应该满足以下条件。

1）环境温度约 0～55℃ 的范围。环境温度过高或过低，会使 PLC 处于极限温度下工作，将影响 PLC 的工作稳定性和可靠性，因而 PLC 安装时应该远离热源。PLC 安装在控制柜内的基本单元和扩展单元之间要有 30mm 以上间隔，柜的上下应有通风散热的百叶窗。如果周围环境超过 55℃，要安装电风扇强迫通风、降温。注意不要把发热量大的元器件，如变压器、稳压电源、加热器、大功率电阻等放在 PLC 的下方。PLC 的四周应留有一定的空间供通风散热用。

2）PLC 允许的相对湿度一般在 35% ~ 85%（无凝霜、露）。湿度太高不仅使漏电流增大而影响绝缘性能，直接影响模拟量输入/输出装置的精度，必要时可设置小加热器或夜间不切断电源。

3）尽量避免太阳光直接照射。强烈的阳光照射容易使设备老化，缩短使用寿命而且使 PLC 的工作温度提高，影响工作的稳定性。

4）避免有腐蚀和易燃的气体。对于空气中有较多粉尘或腐蚀性气体的环境，可将 PLC 安装在封闭性较好的控制室或控制柜中，并安装空气净化装置。

5）PLC 能够承受的振动和冲击有一定规定。频繁或连续的振动频率应限定在 10 ~ 55Hz、幅度为 0.5mm（峰 – 峰值）内。PLC 承受的冲击不能超过 $10g$（重力加速度）。振动冲击过大会引起插件松动。为了减小振动和冲击，可将 PLC 的控制柜和振动、冲击源分开，或用抗振垫来固定 PLC 的控制柜。

2. PLC 的安装方法

为了保证 PLC 控制系统工作可靠，通常把 PLC 安装有保护外壳控制柜中，防止灰尘、油污和水溅。因此，PLC 控制系统的安装一般分为两个部分：一是控制柜内设备的安装，二是控制柜外设备的安装。

（1）控制柜内设备的安装

柜内安装的设备包括 PLC 以及 PLC 的扩展模块、微型断路器、开关电源、隔离变压器、继电器、信号隔离器和端子等器件。安装的顺序为：最上层是 PLC，与柜顶的距离根据元器件多少确定为 300 ~ 600mm，往下是微型断路器、开关电源、隔离变压器等元器件，再往下是继电器、信号隔离器等元器件，最下面是端子，可以横向安装，也可以纵向安装。

PLC 的安装方法有底板安装和标准 DIN 导轨安装两种方法。

1）底板安装。利用 PLC 机体外壳 4 个角上，均有安装孔。用螺钉固定，不同单元有不同安装尺寸。

2）标准 DIN 导轨固定。DIN 轨道配套使用安装夹板，左右各一对。轨道上，先装好左右夹板，使 PLC 与安装导轨槽对齐，向下推压即可。

（2）控制柜外设备的安装

控制柜外部设备的安装主要指柜内设备与外部设备连接的各种电缆以及被控系统电路的安装。为了提高抗扰性能，安装的电源线、接地线、I/O 接线、控制电路接线应尽量分开，严格按照电器安装标准安装，具体注意事项详见 9.5.2 节。

9.5.2 PLC 的抗干扰措施

PLC 是一种用于工业生产自动化控制的设备，一般不需要采取什么措施，就可以直接在工业环境中使用。然而，尽管可靠性较高、抗干扰能力较强，但当生产环境过于恶劣、电磁干扰特别强烈或安装使用不当时，就可能造成程序错误或运算错误，从而产生误输入并引起误输出，这将会造成设备的失控和误动作，从而不能保证 PLC 的正常运行，要提高 PLC 控制系统可靠性，一方面要求 PLC 生产厂商提高设备的抗干扰能力；另一方面，要求设计、安装和使用维护中引起高度重视，多方配合才能完善解决问题，有效地增强系统的抗干扰性能。

1. 干扰的主要来源

1）电源干扰。PLC 系统的正常供电电源均由电网供电。电网内部的变化，如刀开关操作浪涌、大型电力设备起停、交直流传动装置引起的谐波、电网短路暂态冲击等都可以产生强电干扰，这些干扰通过输电线路传到电源侧。

2）空间的辐射电磁场（EMI）。EMI 主要是由电力网络、电气设备的暂态过程、雷电、无线电广播、电视和雷达等产生的，通常称为辐射干扰，若 PLC 系统置于发射频场内，就会收到辐射干扰。

3）控制柜内设备引起的干扰。控制柜内的高压电器多属于感性负载和电容性负载，如继电器、交流接触器等，这些负载容易对 PLC 造成一定程度的干扰。

4）信号线引入的干扰。PLC 控制系统会连接多种信号线路，除了传输有效的各类信息之外，总会有外部干扰信号侵入。这些干扰信号以共模或差模形式影响系统正常信号。另外，混乱的布线可能会造成线间电容问题，也会影响 PLC 系统的正常运行。

5）接地干扰。正确接地既能抑制电磁干扰的影响，又能抑制设备向外发出干扰；而错误接地反而会引入严重的干扰信号，将使 PLC 系统无法正常工作。

综上所述，电源、输入、输出接线以及接地是外部干扰入侵 PLC 的主要途径，应该采取有效的抗干扰措施。

2. 抗干扰措施

（1）抑制电源系统引入的干扰

电源是 PLC 引入干扰的主要来源之一。PLC 应该尽可能采用波动较小、波形畸变较小的电源。PLC 供电电源为 50Hz、220（1±10%）V 的交流电，对于电源线来的干扰，PLC 本身具有足够的抵制能力。对于可靠性要求很高的场合或电源干扰特别严重的环境，可以采用以下方法。

1）在 PLC 电源输入端安装隔离变压器。由隔离变压器的输出端直接成向 PLC 供电，这样可抑制来自电网的干扰。隔离变压器的电压比可取为 1:1，在一次和二次绕组之间采用双屏蔽技术，一次屏蔽层用漆包线或铜线等非导磁材料绕一层，注意电气上下不能短路，并接到中性线；二次侧采用双绞线，双绞线能减少电源线间干扰。

2）在 PLC 电源的输入端安装低通滤波器，可滤除交流电源输入的高频干扰和高次谐波。

在干扰严重的场合，可同时使用隔离变压器和低通滤波器的方法，通常低通滤波器先与电源相接，低通滤波器的输出再接隔离变压器；也可同时使用带屏蔽层的电压扼流圈和低通滤波器的方法，如图 9-5 所示。图中 RV 是压敏电阻（可选 471kΩ），其击穿电压 [220 × 1.414 ×（1.5~2）V] 略高于电源正常工作时的最高电压，正常时相当于开路。有尖峰干扰脉冲通过时，RV 被击穿，干扰电压被 RV 钳位，尖峰干扰脉冲消失后，RV 可恢复正常。如果电压确实高于压敏电阻的击穿电压，压敏电阻导通，相当于电源短路，把熔丝熔断。电容 C1、C2 和扼流圈 L 组成低通滤波器，可以滤除共模干扰。C3、C4 用来滤除差模干扰信号。C1、C2 的电容可选 1μF，L 的电感可选 1μH，C3、C4 的电容可选 0.001μF。

PLC 的电源和 PLC 输入/输出模块用电源应该与被控系统动力部分、控制部分分开配线，电源供电线的截面积应有足够的余量，并采用双绞线。条件许可时，PLC 可采用单独的供电回路，以避免大容量的设备起/停对 PLC 的干扰。系统的动力线应足够粗，以降低大容

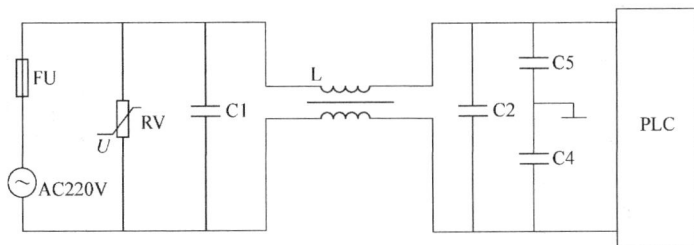

图 9-5 一种电源滤波电路

量异步电动机起/停时线路的电压降，且动力线要远离 PLC 装置 200mm 以上。

PLC 提供有输入电路用的外接直流电源（如 S7 - 200 PLC 有 DC24V 输出接线端，该接线端可为输入传感器，如光电开关或接近开关等提供 DC24V 电源）。当输入端使用外接直流电源时，应选用直流稳压电源。因为由于纹波的影响，普通的整流滤波电源容易使 PLC 接收到错误信息。

（2）抑制输入/输出电路引入的干扰

为了抑制输入输出信号线引入的干扰，一般应注意以下几点。

1）开关量信号不易受到外界干扰，可用普通单根导线传输。

2）数字脉冲信号频率较高，传输过程中容易受到外界干扰，应选用屏蔽电缆传输。

3）模拟量信号是连续变化的信号，外界干扰信号都会叠加在模拟信号上而造成干扰。因此，要选用屏蔽电缆或带防护的双绞线。如果模拟量 I/O 信号距离 PLC 较远，应采用 4 ~ 20mA 或 0 ~ 10mA 的电流传输方式，而不用易受到干扰的电压信号传输。对于功率较大的开关量输入/输出线最好与模拟量输入/输出线分开敷设。

PLC 的输入/输出线最好与动力线分开距离应在 20cm 以上，如果不能保证上述最小距离，可将这部分动力线穿套管并将管接地，绝对不允许把 PLC 的输入/输出线与动力线、高压线捆扎在一起。

4）应尽量减小动力线与信号线平行敷设的长度。否则应增大两者之间的距离以减少噪声干扰。一般两线间的距离为 20cm。当两线平行敷设的长度在 100 ~ 200m 时，两线之间的距离应在 40cm 以上；平行敷设长度在 200 ~ 300m 时，两线之间的距离应在 60cm 以上。

5）PLC 的输入/输出线最好单独敷设在封闭的电缆槽内（线槽外壳接地良好）。不同类型信号（如不同电压等级、交流直流等）的输入/输出线，不能放在同一根多芯屏蔽电缆内（引线部分更不许捆扎在一起），而且在槽内应隔开一定距离安放，屏蔽层应接地。

6）当 PLC 的输入线较长（30m 以上），如果使用交流输入模块，由于感应电动势的干扰，即使没有输入信号也可能会引起误动作。必要时可在输出端子两端并联电阻或改用直流输入模块，以降低上述异常感应电动势。

7）在 PLC 的输出端，对于交流负载，为避免断开电源时产生的感应电动势的干扰，应在交流回路侧阻容或 RC 吸收电路，如图 9-6 所示，图中 R 可取 51 ~ 120Ω，C 可取 0.1 ~ 0.47μF，电容的耐压要大于电源的峰值电压；对于直流感性负载，应在负载两端并联续流二极管，如图 9-7 所示，以防感应电动势击穿 PLC 内部电路的元器件，可选工作电流 1A 的二极管，耐压值要大于电源电压 3 倍，接线时要注意二极管的极性。

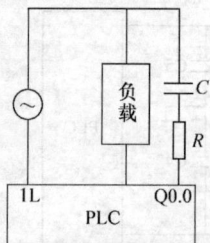

图 9-6 交流负载 RC 阻容电路　　　　图 9-7　直流负载并联续流二极管电路

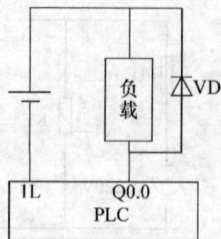

8）对于输入/输出信号在 300m 以上的长距离场合，建议用中间继电器转换信号或使用远程 I/O 控制。

9）利用信号隔离器解决干扰问题也是很理想的办法。其原理是首先将 PLC 接收的信号，通过半导体器件调制变换，然后通过光感或磁感器件进行隔离转换，然后再进行解调变换回隔离前原信号或不同信号，同时对隔离后信号的供电电源进行隔离处理，保证变换后的信号、电源、地之间绝对独立。输入端和输出端中间加上这种隔离器，就可有效解决干扰问题。

（3）PLC 的接地

良好的接地是 PLC 抑制干扰的重要措施。在 PLC 控制系统中，具有多种形式的"接地"，主要有：信号地（输入端信号元件的地）、交流地（交流供电电源的 N 线）、屏蔽地（为防止静电和磁场感应而设置的外壳或金属丝网，通过专门的铜导线将其接入地下）和保护地（将机器设备的外壳或设备内独立器件的外壳接地，用于保护人身安全和防止设备漏电）等。为了抑制附加在电源及输入/输出端的干扰，应对 PLC 系统进行良好的接地。

PLC 接地应注意以下几个方面。

1）PLC 接地最好采用专用接地极。如果不可能，也可与其他盘板共用接地系统，但需用自己的接地线直接与共用接地极相连，绝对不允许与大功率晶闸管装置和大型电动机之类的设备共用接地系统。

2）PLC 的接地极离 PLC 越近越好，即接地线越短越好。PLC 由多单元组成，各单元之间应采用同一点接地，以保证各单元之间等电位。当然，一台 PLC 的 I/O 单元如果有的分散在较远的现场（超过 100m），这种情况下可分开接地，但必须遵守上述相应规定。

3）PLC 输入/输出的信号线采用屏蔽电缆时，其屏蔽层应采用一点接地，并且在靠近 PLC 这一端的电缆接地，电缆的另一端不接地。如果信号随噪声而波动，可连接一个 0.1～0.47μF/25V 的电容到接地端。

4）接地线截面积应大于 $2mm^2$，接地线一般最长不超过 20m。PLC 控制系统的接地线电阻一般小于 4Ω。

（4）软件抗干扰的实现

以上抗干扰皆由硬件实现，但是硬件措施不能完全消除干扰的影响，必须用软件措施加以配合。目前，经常采用如下的软件措施。

1）多次确认。对于有些输入量，可以采取多次采样、多次比对，确认后才令输入有效。对同一信号作多次读入，其间隔时间可根据实际要求确定。

2）避让干扰。对某些干扰是可以预知的，如一些执行机构（如大功率电动机、继电器、交流接触器）动作，常常会伴随产生火花、电弧等干扰信号，它们产生的干扰信号可能使 PLC 接收错误的信息。因此，可用软件编写程序避让这一期间输入信号，在干扰易发期过去后，再采样信号。

3）软件滤波。对于输入信号可以采取软件滤波措施，可以根据控制要求编写滤波程序。滤波算法的选择不仅要根据 PLC 硬件支持程度，也与控制指标相关。目前，大多数 PLC 硬件皆可支持复杂的运算，因此软件滤波可以实现。

9.5.3 PLC 的故障诊断与维护

PLC 的可靠性很高，本身有完善的自诊断功能，PLC 如出现故障，借助自诊断程序可以方便地找到故障的部位与部件，更换后就可以恢复正常工作。但是在有些情况下，依靠 PLC 系统自身的故障诊断和专家系统不能够完全实现系统故障的诊断，还需要人工参与诊断。因此，PLC 的诊断方法主要分为 PLC 故障自诊断和人工诊断两种。

1. PLC 自诊断

实践证明，在 PLC 控制系统中，PLC 本身的故障率是比较低的，系统中其他元器件的故障率往往比 PLC 的故障率高，特别是机械限位开关等比较容易出现问题。为了提高整个 PLC 控制系统的可靠性，设计和应用时要注意这类易出故障的元器件的选取和维护，以保证整个系统稳定可靠的运行。因为一旦这些元器件出现故障后，PLC 一般不能进行诊断，所以不会自动停机，可能使故障扩大，甚至会造成设备和人身事故。而停机后，查找故障也要花费很多时间。为了及时发现故障，在没有酿成事故之前使 PLC 自动停机和报警，也为了方便查找故障，提高维修效率，可以使用梯形图程序实现故障的自诊断和自处理。当然，这还要和系统控制的时间等要求不冲突，并在 PLC 软硬件资源允许的条件下才能实现。

随着 PLC 技术的迅速发展，PLC 的 CPU 运算速度、ROM 和 RAM 的容量、I/O 接口的数量、定时器和计数器的数量等技术指标有了巨大的提高，因此可以把这些资源利用起来，用于 PLC 的故障检测和外围设备的故障检测。

（1）PLC 内部的故障检测

1）借助 PLC 的面板上指示灯，可以实现 PLC 常见故障的检测。如 PLC 的电源，RUN、SF 等面板指示灯可以指示 PLC 电源、运行、致命错误等故障。因此，不需要设计人员对 PLC 的这些故障设计故障检测电路和编写检测程序。

2）利用 PLC 的特殊继电器和功能指令，检测 PLC 内部故障。各种 PLC 都具有特殊继电器，例如 S7 - 200 的 SM、FX 系列的 M 继电器，这些继电器可以实现 PLC 的特定控制功能，包括对一些故障的检测和指示。另外，还有一些报警指令，可以插入编程中，实现故障的输出、检测和报警。

（2）PLC 外部设备的故障检测

1）超时检测。一般设备由 PLC 控制运行都是按照时序进行的，当 PLC 发出一个指令后，外围设备必然需要一个固定执行时间。如果设备工作正常，在固定的执行时间内，设备顺利执行动作，然后向 PLC 发送一个动作结束的信号。但是如果设备出现故障，很可能使系统工作混乱，造成事故。因此，可以根据设备执行动作的时间，设定一个时限，在时限内使用 PLC 的计时器进行定时，超过定时限时，PLC 没有收到设备的结束信号，则认为系统外围设备损坏，PLC停止工作并发出报警信号，直至操作人员参与控制。

2）逻辑错误检测。为了快速处理和检测常见故障，可以将一些常见故障的异常逻辑关系编写成故障检测子程序，一旦异常逻辑关系为ON状态，就应该按故障处理。例如在梯形图中，将两个限位开关对应的输入继电器的常开触点串联，来驱动一个表示限位开关故障的辅助继电器。正常运行时，两个限位开关不会同时动作，因此，这两个输入继电器不会同时为ON，故障辅助继电器也不会得电工作。但是它们同时为ON，说明至少有一个限位开关出现故障，应停机进行处理。.

2. 人工诊断

人工诊断的总原则为先外后内。"先外"就是通过人的感官判断PLC外在的异常现象；"后内"就是按照对PLC外在现象的判断，查找PLC内部或PLC控制系统有问题器件的具体位置。

对于PLC控制系统的外部现象的观察，一般是通过摸、看、闻、听实现的。摸是指检查CPU的温度高不高，CPU正常运行温度不超过60℃。因此，PLC正常时温度不应太高，温度以不烫手为准；看是观察各板上的各模块指示灯是否正常；闻是指有没有异味，电子元器件或线缆有无烧毁；听是听有无异动，螺钉是否松动，继电器是否正常工作。

查找PLC内部或PLC控制系统出现故障主要是对照设计的图样和生产工艺流程来查找有问题的部件，这对于检查人员的技术要求和生产过程的熟悉程度要求比较高。一旦确定或怀疑某些部件有问题，即可替换有问题部件。

3. PLC的维护

PLC的主要构成元器件是半导体器件，考虑到环境的影响，随着使用时间的增长，元器件总是要老化。因此，定期检查维修是非常必要的。PLC的维护一般包括日常的准备工作和定期检查。

1）日常准备。首先要熟悉工艺流程，其次熟知PLC各种模块的说明资料，再次要了解现场的布局，最后确保各种检测工具要完好无误。

2）定期检查。要为检修工作制定一个制度，按期执行，保证设备运行状况最优。每台PLC都要有确定的检修时间，一般以每6个月~1年检修一次为宜。当外部环境条件较差时，可以根据情况把时间间隔缩短。主要定期进行CPU的电池的电压检测以及对构成PLC系统的相关设备的点检和维护，如UPS定期维护，利用停机时机，对PLC各控制柜进行人工除尘、降温，PLC程序的定期人工备份和电池备份及各相关坏器件的更换等工作。定期检修的具体内容见表9-2。

表9-2　定期检修的具体内容

序号	检修项目	检修内容	判断标准
1	供电电源	在电源端子处测量电压波动范围是否在标准范围内	电压波动：85%~110%供电电压
2	外部环境	环境温度 湿度 积尘情况	0~55℃ 35~85%RH 不积尘
3	输入/输出用电源	在输入/输出端子处测量电压波动范围是否在标准范围内	遵照各个输入/输出规格为准

序号	检修项目	检 修 内 容	判 断 标 准
4	安装状态	各个单元是否可靠、牢固 电缆连接器是否完全插紧 外部配线螺钉是否松动	无松动 无松动 无异常
5	寿命元件	电池、继电器、存储器	以各个元器件为准

3）故障排除。对于具体的 PLC 的故障检查可能有一定的特殊性。有关 S7－200 的故障检查和处理方法见表9-3。

PLC 是一种可靠性、稳定性较高的控制器。只要按照技术规范安装和使用，出现故障的概率很低。但是一旦出现故障，一定按上述步骤进行检查、处理。特别是检查由于外部设备造成的损坏。一定要查清故障原因，待故障排除后再试运行。

表 9-3　S7－200 故障检查和处理方法

问　　题	故障原因	解决的办法
输出不工作	输出电气浪涌使设备损坏 程序错误 接线错误或松动 输出过载 输出被强制	当接入感性负载时，需加抑制电路 修改程序 检查线路并改正 检查输出负载 检查 CPU 是否被强制
CPU SF（系统故障）灯点亮	用户程序错误 看门狗错误 间接寻址 非法的浮点数 电气干扰 元件损坏	检查 FOR、NEXT、JMP 等语法错误和比较指令用法 检查接线。查看控制盘是否良好接地，高、低电压线是否并行 把 DC24V 传感器电源的 M 端子接地，查出原因后，更换元器件
电源损坏	电源线引入高压	将电源分析器接入到系统，检查过电压尖峰的幅值和持续时间，根据检查结果给系统配置抑制设备
电子干扰问题	不适当接地 在控制柜内交叉配线 对快速信号配置输入滤波器	纠正不正确的接地系统 纠正不合理布线 增加系统数据块中输入滤波器的延迟时间
当连接一个外部设备时通信网络损坏（计算机接口、PLC 接口或 PC/PPI 电缆损坏）	如果所有的非隔离设备连接到一个网络，而该网络没有一个公共参考点，通信电缆提供了一个不期望的电流通路而致使通信错误和损坏电路	检查通信网络，更换隔离型电缆和隔离型中继器
STEP 7－Micro/WIN32 通信问题		检查网络提示信息后处理
错误处理		检查代码错误提示信息后处理

9.6 思考题与练习题

1. 如果是感性负载，如何完成对 PLC 输出端的保护？
2. 选择 PLC 型号时，应考虑哪些问题？
3. PLC 系统设计一般分为几步？
4. PLC 抗干扰的措施有哪些？
5. PLC 维修时应注意哪些问题？
6. 人机界面设备分为几类？
7. PLC 控制系统的设计一般包括哪些内容？
8. PLC 系统设计时，PLC 的容量如何确定？
9. 设计时，如何尽量减少 PLC 点数？
10. PLC 软件设计一般有哪些步骤？
11. 人机界面的定义是什么？进行人机界面设计时，应该注意哪些问题？
12. 对于西门子系列的 PLC，有哪些开发工具可以完成人机界面设计？
13. PLC 有几种安装的方法？应注意哪些安装事项？
14. 哪些因素成为 PLC 干扰源？
15. PLC 的故障诊断有哪些方法？总的原则是什么？

附　　录

附录 A　S7 – 200 PLC 的 CPU 规范和特性速查

表 A-1　S7 – 200 PLC 的 CPU 规范

	CPU221	CPU222	CPU224	CPU224XP	CPU226
电源					
输入电压	DC20. 4 ~ 28. 8V/AC85 ~ 264V（47 ~ 63Hz）				
DC24V 传感器电源容量	180mA		280mA		400mA
存储器					
用户程序大小：					
运行模式下编辑	4096B	8192B		12288B	16384B
非运行模式下编辑	4096B	12288B		16384B	24576B
用户数据（EEPROM）	2048B （永久存储）	8192B （永久存储）		10240B （永久存储）	
装备（超级电容）（可选电池）	50h/典型值 （40℃时最少 8h） 200 天/典型值		100h/典型值 （40℃时最少 70h） 200 天/典型值		
I/O					
本机输入/输出	6DI 4DO	8DI 6DO	14DI 10DO	14DI, 2AI 10DO, 1AO	24DI 16DO
数字 I/O 映像区	256（128 输入/128 输出）				
模拟 I/O 映像区	无	32（16 输入/ 16 输出）	64（32 输入/ 32 输出）		
允许最大的扩展模块	无	2 模块	7 模块		
允许最大的智能模块	无	2 模块	7 模块		
脉冲捕捉输入	6	8	14		24
高速计数	4 个计数器		6 个计数器	6 个计数器	6 个计数器
单相	4 个 30kHz		6 个 30kHz	4 个 30kHz 2 个 200kHz	6 个 30kHz
两相	2 个 20kHz		4 个 30kHz	3 个 20kHz 1 个 200kHz	4 个 30kHz
脉冲输出（仅限 DC）	2 个 20kHz			2 个 100kHz	2 个 20kHz
常规					
定时器	256 个定时器：4 个定时器（1ms）、16 个定时器（10ms）、236 个定时器（100ms）				

	CPU221	CPU222	CPU224	CPU224XP	CPU226
常规					
计数器	256（由超级电容器或电池备份）				
内部存储器位掉电保护	256（由超级电容器或电池备份） 112（存储在 EEPROM）				
时间中断	2 个 1ms 的分辨率				
边沿中断	4 个上升沿和/或 4 个下降沿				
模拟电位器	1 个 8 位分辨率			2 个 8 位分辨率	
布尔量运算执行速度	0.22μs 每条指令				
时钟	可选卡件		内置		
卡件选项	存储器、电池和实时时钟		存储卡和电池卡		
集成的通信功能					
接口	1 个 RS - 485 口		2 个 RS - 485 口		
PPI，DP/T 波特率	9.6、19.2、187.5kbit/s				
自由口波特率/（kbit·s⁻¹）	1.2 ~ 115.2				
每段最大电缆长度	使用隔离的中继器：187.5kbit/s 可达 1000m，38.4kbit/s 可达 1200m，未使用中继器：50m				
最大站点数	每段 32 个站，每个网络 126 个站				
最大主站数	32				
点到点（PPI 主站模式）	是（NETR/NETW）				
MPI 连接	共 4 个，2 个保留（1 个给 PG，1 个给 OP）				

表 A-2　S7 - 200 PLC 的存储器范围和特性总汇

描述	范围					存取格式			
	CPU221	CPU222	CPU224	CPU224XP	CPU226	位	字节	字	双字
用户程序区	4096B	4096B	8192B	12288B	16384B				
用户数据区	2048B	2048B	8192B	10240B	10240B				
输入映像寄存器	I0.0 ~ I15.7	I0.0 ~ I15.7	I0.0 ~ I15.7	I0.0 ~ I15.7	I0.0 ~ I15.7	Ix.y	IBx	IWx	IDx
输出映像寄存器	Q0.0 ~ Q15.7	Q0.0 ~ Q15.7	Q0.0 ~ Q15.7	Q0.0 ~ Q15.7	Q0.0 ~ Q15.7	Qx.y	QBx	QWx	QDx
模拟输入（只读）	—	AIW0 ~ AIW30	AIW0 ~ AIW62	AIW0 ~ AIW62	AIW0 ~ AIW62			AIWx	
模拟输出（只写）	—	AQW0 ~ AQW30	AQW0 ~ AQW62	AQW0 ~ AQW62	AQW0 ~ AQW62			AQWx	
变量存储器	VB0 ~ VB2047	VB0 ~ VB2047	VB0 ~ VB8191	VB0 ~ VB10239	VB0 ~ VB10239	Vx.y	VBx	VWx	VDx

描述	范　围					存取格式			
	CPU221	CPU222	CPU224	CPU224XP	CPU226	位	字　节	字	双　字
局部存储器 1	LB0 ~ LB63	LB0 ~ LB63	LB0 ~ LB63	LB0 ~ LB63	LB0 ~ LB63	Lx. y	LBx	LWx	LDx
位存储器	M0. 0 ~ M31. 7	M0. 0 ~ M31. 7	M0. 0 ~ M31. 7	M0. 0 ~ M31. 7	M0. 0 ~ M31. 7	Mx. y	MBx	MWx	MDx
特殊存储器（只读）	SM0. 0 ~ SM179. 7 SM0. 0 ~ SM29. 7	SM0. 0 ~ SM299. 7 SM0. 0 ~ SM29. 7	SM0. 0 ~ SM549. 7 SM0. 0 ~ SM29. 7	SM0. 0 ~ SM549. 7 SM0. 0 ~ SM29. 7	SM0. 0 ~ SM549. 7 SM0. 0 ~ SM29. 7	SMx. y	SMBx	SMWx	SMDx
定时器	256（T0 ~ T255）								
保持接通延时 1ms 保持接通延时 10ms 保持接通延时 100ms	T0，T64 T1 ~ T4，T65 ~ T68 T5 ~ T31，T69 ~ T95					Tx		Tx	
接通/断开延时 1ms 接通/断开延时 10ms 接通/断开延时 100ms	T32，T96 T33 ~ T36，T97 ~ T100 T37 ~ T63，T101 ~ T255								
计数器	C0 ~ C255	C0 ~ C255	C0 ~ C255	C0 ~ C255	C0 ~ C255	Cx		Cx	
高速计数器	HC0，HC3 ~ HC5	HC0，HC3 ~ HC5	HC0 ~ HC5	HC0 ~ HC5	HC0 ~ HC5				HCx
顺控继电器	S0. 0 ~ S31. 7	S0. 0 ~ S31. 7	S0. 0 ~ S31. 7	S0. 0 ~ S31. 7	S0. 0 ~ S31. 7	Sx. y	SBx	SWx	SDx
累加器	AC0 ~ AC3	AC0 ~ AC3	AC0 ~ AC3	AC0 ~ AC3	AC0 ~ AC3		ACx	ACx	ACx
跳转/标号	0 ~ 255	0 ~ 255	0 ~ 255	0 ~ 255	0 ~ 255				
调用/子程序	0 ~ 63	0 ~ 63	0 ~ 63	0 ~ 127	0 ~ 127				
中断程序	0 ~ 127	0 ~ 127	0 ~ 127	0 ~ 127	0 ~ 127				
中断号	0 ~ 12 19 ~ 23 27 ~ 33	0 ~ 12 19 ~ 23 27 ~ 33	0 ~ 23 27 ~ 33	0 ~ 33	0 ~ 33				
PID 回路	0 ~ 7	0 ~ 7	0 ~ 7	0 ~ 7	0 ~ 7				
通信端口	端口 0	端口 0	端口 0	端口 0，1	端口 0，1				

附录 B　S7 - 200 PLC 指令集简表

布尔指令			布尔指令		
LD	Bit	取	LDRx	IN1, IN2	装载实数比较结果
LDI	Bit	立即取			IN1（x：<、< =、=、> =、
LDN	Bit	取　反			>、< >）IN2
LDNI	Bit	立即取反	ARx	IN1, IN2	与实数比较结果
A	Bit	与			IN1（x：<、< =、=、> =、
AI	Bit	立即与			>、< >）IN2
AN	Bit	与　反	ORx	IN1, IN2	或实数比较结果
ANI	Bit	立即与反			IN1（x：<、< =、=、> =、
O	Bit	或			>、< >）IN2
OI	Bit	立即或	LDSx	IN1, IN2	装载字符串比较结果
ON	Bit	或　反			IN1（x：<，< >）IN2
ONI	Bit	立即或反	ASx	IN1, IN2	与字符串比较结果
LDBx	IN1, IN2	装载字节比较的结果			IN1（x：=，< >）IN2
		IN1（x：<、< =、=、	OSx	IN1, IN2	或字符串比较结果
		> =、>、< >）IN2			IN1（x：=，< >）IN2
ABx	IN1, IN2	与字节比较的结果	NOT		堆栈取反
		IN1（x：<、< =、=、	EU		上升沿脉冲
		> =、>、< >）IN2	ED		下降沿脉冲
OBx	IN1, IN2	或字节比较的结果	=	Bit	输出
		IN1（x：<、< =、=、	= I	Bit	立即输出
		> =、>、< >）IN2	S	Bit, N	置位一个区域
LDWx	IN1, IN2	装载字比较结果	R	Bit, N	复位一个区域
		IN1（x：<、< =、=、	SI	Bit, N	立即置位一个区域
		> =、>、< >）IN2	RI	Bit, N	立即复位一个区域
AWx	IN1, IN2	与字比较结果	（无 STL 指令形式）		置位优先触发器指令（SR）
		IN1（x：<、< =、=、	（无 STL 指令形式）		复位优先触发器指令（RS）
		> =、>、< >）IN2	实时时钟指令		
OWx	IN1, IN2	或字比较结果	TODR	T	读实时时钟
		IN1（x：<、< =、=、	TODW	T	写实时时钟
		> =、>、< >）IN2	字符串指令		
LDDx	IN1, IN2	装载双字比较结果	SLEN	IN, OUT	字符串长度
		IN1（x：<、< =、=、	SCAT	IN, OUT	连接字符串
		> =、>、< >）IN2	SCPY	IN, OUT	复制字符串
ADx	IN1, IN2	与双字比较结果	SSCPY	IN, INDX, N, OUT	复制子字符串
		IN1（x：<、< =、=、			
		> =、>、< >）IN2			
ODx	IN1, IN2	或双字比较结果	CFND	IN1, IN2, OUT	在字符串中查找第一个字符
		IN1（x：<、< =、=、			
		> =、>、< >）IN2			

字符串指令			程序控制指令		
SFND	IN1，IN2，OUT	在字符串中查找字符串	END		程序的条件结束
			STOP		切换到 STOP 模式
数学、增减指令			WDR		看门狗复位（300ms）
＋I	IN1，OUT	整数加法：IN1＋OUT＝OUT	JMP	N	跳到定义的标号
＋D	IN1，OUT	双整数加法：IN1＋OUT＝OUT	LBL	N	定义一个跳转的标号
＋R	IN1，OUT	实数加法：IN1＋OUT＝OUT	CALL	N［N1，…］	调用子程序［N1，……可以有 16 个可选参数］
－I	IN1，OUT	整数减法：OUT－IN1＝OUT			
－D	IN1，OUT	双整数减法：OUT－IN1＝OUT	CRET		从子程序条件返回
－R	IN1，OUT	实数减法：OUT－IN1＝OUT	FOR	INDX，INIT，FINAL	For/Next 循环
MUL	IN1，OUT	完全整数乘法：IN1×OUT＝OUT			
＊I	IN1，OUT	整数乘法：IN1×OUT＝OUT	NEXT		
＊D	IN1，OUT	双整数乘法：IN1×OUT＝OUT	LSCR	S＿bit	顺控继电器段的起动
＊R	IN1，OUT	实数乘法：IN1×OUT＝OUT	SCRT	S＿bit	状态转移
DIV	IN1，OUT	安全整数除法：OUT/IN1＝OUT	CSCRE		顺控继电器段条件结束
/I	IN1，OUT	整数除法：OUT/IN1＝OUT	SCRE		顺控继电器段结束
/D	IN1，OUT	双整数除法：OUT/IN1＝OUT	传送、移位、循环和填充指令		
/R	IN1，OUT	实数除法：OUT/IN1＝OUT	MOVB	IN，OUT	字节传送
SQRT	IN，OUT	二次方根	MOVW	IN，OUT	字传送
LN	IN，OUT	自然对数	MOVD	IN，OUT	双字传送
EXP	IN，OUT	自然指数	MOVR	IN，OUT	实数传送
SIN	IN，OUT	正弦	BIR	IN，OUT	字节立即读
COS	IN，OUT	余弦	BIW	IN，OUT	字节立即写
TAN	IN，OUT	正切	BMB	IN，OUT，N	字节块传送
INCB	OUT	字节增 1	BMW	IN，OUT，N	字块传送
INCW	OUT	字增 1	BMD	IN，OUT，N	双字块传送
INCD	OUT	双字增 1	SWAP	IN	交换字节
DECB	OUT	字节减 1	SHRB	DATA，S＿bit，N	寄存器移位
DECW	OUT	字减 1			
DECD	OUT	双字减 1	SRB	OUT，N	字节右移
PID	TBL，LOOP	PID 回路	SRW	OUT，N	字右移
定时器和计数器指令			SRD	OUT，N	双字右移
TON	Txxx，PT	接通延时定时器	SLB	OUT，N	字节左移
TOF	Txxx，PT	关断延时定时器	SLW	OUT，N	字左移
TONR	Txxx，PT	带记忆的接通延时定时器	SLD	OUT，N	双字左移
CTU	Cxxx，PV	增计数	RRB	OUT，N	字节循环右移
CTD	Cxxx，PV	减计数	RRW	OUT，N	字循环右移
CTUD	Cxxx，PV	增/减计数	RRD	OUT，N	双字循环右移

传送、移位、循环和填充指令				转换指令		
RLB	OUT, N	字节循环左移	BCDI	OUT		BCD 码转换成整数
RLW	OUT, N	字循环左移	IBCD	OUT		整数转换成 BCD 码
RLD	OUT, N	双字循环左移	BTI	IN, OUT		字节转换成整数
FILL	IN, OUT, N	用指定的元素填充存储器空间	ITB	IN, OUT		整数转换成字节
逻辑操作			ITD	IN, OUT		整数转换成双整数
ALD		与一个块	DTI	IN, OUT		双整数转换成整数
OLD		或一个块	DTR	IN, OUT		双字转换成实数
LPS		分支开始（逻辑入栈）	TRUNC	IN, OUT		实数转换成双字（舍去小数）
LRD		中间分支（逻辑读栈）	ROUND	IN, OUT		实数转换成双整数（保留小数）
LPP		分支结束（逻辑出栈）	ATH	IN, OUT, LEN		ASCII 码转换成十六进制格式
LDS		装入堆栈（堆栈控制）	HTA	IN, OUT, LEN		十六进制格式转换成 ASCII 码
AENO		对 ENO 进行与操作	ITA	IN, OUT, FMT		整数转换成 ASCII 码
ANDB	IN1, OUT	字节逻辑与	DTA	IN, OUT, FMT		双整数转换成 ASCII 码
ANDW	IN1, OUT	字逻辑与	RTA	IN, OUT, FMT		实数转换成 ASCII 码
ANDD	IN1, OUT	双字逻辑与	ITS	IN, FMT, OUT		整数转换为字符串
ORB	IN1, OUT	字节逻辑或	DTS	IN, FMT, OUT		双整数转换为字符串
ORW	IN1, OUT	字逻辑或	RTS	IN, FMT, OUT		实数转换为字符串
ORD	IN1, OUT	双字逻辑或	STI	IN, INDX, OUT		字符串转换为整数
XORB	IN1, OUT	字节逻辑异或	STD	IN, INDX, OUT		字符串转换为双整数
XORW	IN1, OUT	字逻辑异或	STR	IN, INDX, OUT		字符串转换为实数
XORD	IN1, OUT	双字逻辑异或	DECO	IN, OUT		解码
INVB	OUT	字节取反	ENCO	IN, OUT		编码
INVW	OUT	字取反	SEG	IN, OUT		产生 7 段码显示器格式
INVD	OUT	双字取反	中断			
表指令			CRETI			从中断条件返回
ATT	DATA, TBL	把数据加入到表中	ENI			允许中断
LIFO	TBL, DATA	从表中取数据（后进先出）	DISI			禁止中断
			ATCH	INT, EVNT		给事件分配中断程序
FIFO	TBL, DATA	从表中取数据（先进先出）	DTCH	EVNT		解除中断事件
			通信			
FND =	TBL, PATRN, INDX	根据比较条件在表中	XMT	TBL, PORT		自由口传送
			RCV	TBL, PORT		自由口接收信息
FND < >	TBL, PATRN, INDX	查找数据	NETR	TBL, PORT		网络读
			NETW	TBL, PORT		网络写
FND <	TBL, PATRN, INDX		GPA	ADDR, PORT		获取口地址
			SPA	ADDR, PORT		设置口地址
FND >	TBL, PATRN, INDX		高速指令			
			HDEF	HSC, MODE		定义高速计数器模式
			HSC	N		激活高速计数器
			PLS	Q		脉冲输出（Q 为 0 或 1）

附录 C　S7 - 200 PLC 的特殊存储器（SM）标志位

特殊存储器位提供大量的状态和控制功能，用来在 CPU 和用户之间交换信息。

1. SMB0：状态位

各位的作用见表 C-1，在每个扫描周期结束时，由 CPU 更新这些位。

表 C-1　特殊存储器字节 SMB0

SM 位	描　述
SM0.0	此位始终为 1
SM0.1	首次扫描时为 1，可以用于调用初始化子程序
SM0.2	如果断电保存的数据丢失，此位在一个扫描周期中为 1，可用做错误存储器位，或用来调用特殊启动顺序功能
SM0.3	开机后进入 RUN 方式，该位将 ON 一个扫描周期，可以用于启动操作之前给设备提供预热时间
SM0.4	此位提供高低电平各 30s，周期为 1min 的时钟脉冲
SM0.5	此位提供高低电平各 0.5s，周期为 1s 的时钟脉冲
SM0.6	此位为扫描时钟，本次扫描时为 1，下次扫描时为 0，可以用做扫描计数器的输入
SM0.7	此位指示工作方式开关的位置，0 为 TERM 位置，1 为 RUN 位置。开关在 RUN 位置时，该位可以使自由端口通信模式有效，切换至 TERM 位置时，CPU 可以与编程设备正常通信

2. SMB1：状态位

SMB1 包含了各种潜在的错误指示，这些位因指令的执行被置位或复位（见表 C-2）。

表 C-2　特殊存储器字节 SMB1

SM 位	描　述
SM1.0	零标志，当执行某些指令的结果位为 0 时，该位置 1
SM1.1	错误标志，当执行某些指令的结果溢出或检测到非法数值时，该位置 1
SM1.2	负数标志，数学运算的结果位为负时，该位置 1
SM1.3	试图除以 0 时，该位置 1
SM1.4	执行 ATT（Add To Table）指令时超出表的范围时，该位置 1
SM1.5	执行 LIFO 或 FIFO 指令时试图从空表读取数据时，该位置 1
SM1.6	试图将非 BCD 数值转换成二进制数值时，该位置 1
SM1.7	ASCII 码不能被转换成有效的十六进制数值时，该位置 1

3. SMB2：自由口通信接收字符缓冲区

SMB2 是自由口通信接收字符的缓冲区，在自由口通信模式下从端口 0 或端口 1 接收的每个字符均被存于 SMB2，便于梯形图程序存取。

4. SMB3：自由口通信奇偶校验错误

接收到的字符有奇偶校验错误时，SM3.0 被置 1，根据该位来丢弃错误的信息。

5. SMB4：队列溢出

SMB4 包含中断队列溢出位、中断允许位和发送空闲位等（见表 C-3 和 6.7.2 节）。

表 C-3 特殊存储器字节 SMB4

SM 位	描 述	SM 位	描 述
SM4.0	通信中断溢出时，该位置1	SM4.4	全局中断允许位，允许中断时该位置1
SM4.1	输入中断队列溢出时，该位置1	SM4.5	端口0发送器空闲时，该位置1
SM4.2	定时中断队列溢出时，该位置1	SM4.6	端口1发送器空闲时，该位置1
SM4.3	在运行时发现编程问题，该位置1	SM4.7	发生强制时，该位置1

6. SMB5：I/O 错误状态

SMB5 包含 I/O 系统里检测到的错误状态位，详见 S7-200 的系统手册。

7. SMB6：CPU 标识（ID）寄存器

SM6.4~SM6.7 用于识别 CPU 的类型，详见 S7-200 的系统手册。

8. SMB8~SMB21：I/O 模块标识与错误寄存器

SMB8~SMB21 以字节对的形式用于 0~6 号扩展模块。偶数字节是模块标识寄存器，用于标记模块的类型、I/O 类型、输入和输出的点数。奇数字节是模块错误寄存器，提供该模块 I/O 的错误信息，详见 S7-200 的系统手册。

9. SMW22~SMW26：扫描时间

SMW22~SMW26 中是以 ms 为单位的上一次扫描时间、最短扫描时间和最长扫描时间。

10. SMB28 和 SMB29：模拟电位器

它们中的 8 位数字分别对应于模拟电位器 0 和模拟电位器 1 动触点的位置（只读）。

11. SMB30 和 SMB130：自由口控制寄存器

SMB30 和 SMB130 分别控制自由口 0 和自由口 1 的通信方式，用于设置通信的波特率和奇偶校验等（见表 7-6），并提供自由口模式或系统支持的 PPI 通信协议的选择。

12. SMB31 和 SMB32：EEPROM 写控制

SMB31 和 SMB32 的意义详见 S7-200 的系统手册。

13. SMB34 和 SMB35：定时中断的时间间隔寄存器

SMB34 和 SMB35 用于设置定时器中断 0 与定时器中断 1 的时间间隔（1~255ms）。

14. SMB36~SMB65：HSC0、HSC1 和 HSC2 寄存器

SMB36~SMB65 用于监视和控制高速计数器 HSC0~HSC2，详见 S7-200 的系统手册。

15. SMB66~SMB85：PTO/PWM 寄存器

SMB66~SMB85 用于控制和监视脉冲输出（PTO）和脉宽调制（PWM）功能，详见 S7-200 的系统手册。

16. SMB86~SMB94：端口 0 接收信息控制

SMB86~SMB94 见表 7-9。

17. SMB98：扩展总线错误计数器

当扩展总线出现校验错误时加 1，系统得电或用户写入零时清零。

18. SMB136~SMB165：高速计数器寄存器

用于监视和控制高速计数器 HSC3~HSC5 的操作（读/写），详见 S7-200 的系统手册。

19. SMB166~SMB185：PTO0 和 PTO1 包络定义表

详见 S7-200 的系统手册。

20. SMB186 ~ SMB194：端口 1 接收信息控制

见表 7-9。

21. SMB200 ~ SMB549：智能模块状态

SMB200 ~ SMB549 预留给智能扩展模块（例如 EM277 PROFIBUS – DP 模块）的状态信息，例如 SMB200 ~ SMB249 预留给系统的第一个扩展模块（离 CPU 最近的模块），SMB250 ~ SMB299 预留给第二个智能模块。

附录 D　S7 – 200 PLC CPU224 外围典型接线

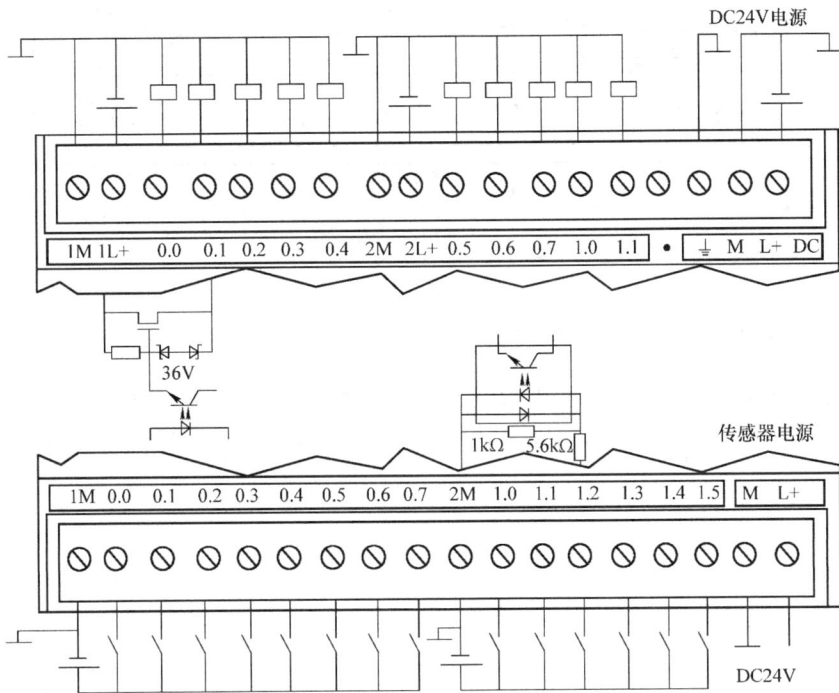

图 D-1　直流电源/直流输入/直流输出（晶体管）的 CPU 模块外围接线图

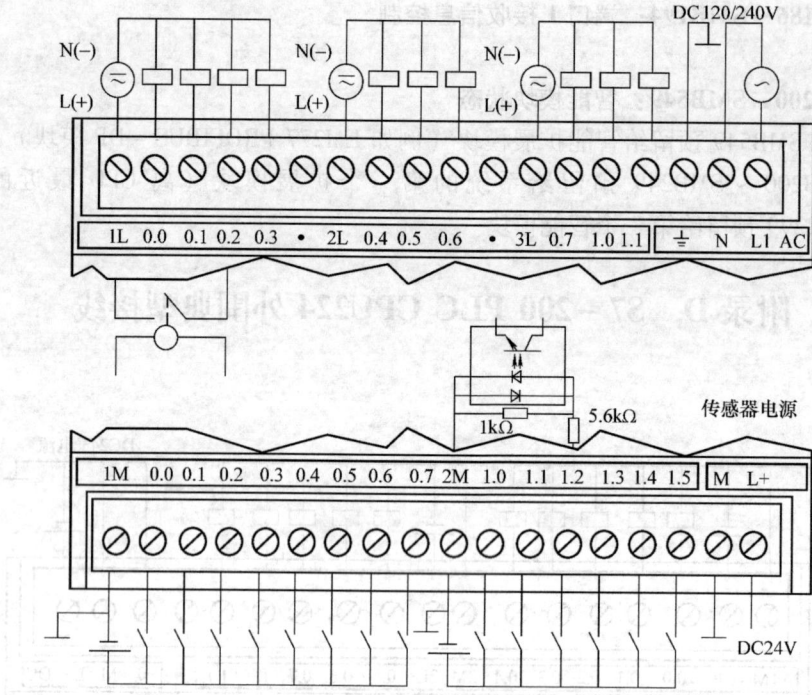

图 D-2　交流电源/直流输入/交直流输出（继电器）的 CPU 模块外围接线图

注：其他型号 CPU、数字量和模拟量 I/O 模块外部接线见 S7 – 200 PLC 产品样本。

参 考 文 献

［1］西门子（中国）有限公司．S7－200 可编程控制器系统手册，2005．

［2］王永华．现代电气控制及 PLC 应用技术［M］．2 版．北京：北京航空航天大学出版社，2008.

［3］廖常初．S7－200 PLC 编程及应用［M］．3 版．北京：机械工业出版社，2008.

［4］高钦和．可编程控制器应用技术与设计实例［M］．北京：人民邮电出版社，2004.

［5］吴中俊，黄永红．可编程序控制器原理及应用［M］．2 版．北京：机械工业出版社，2003.

［6］马小军．可编程控制器及其应用［M］．南京：东南大学出版社，2007.

［7］周万珍，高鸿斌．PLC 分析与设计应用［M］．北京：电子工业出版社，2004.

［8］殷洪义．可编程序控制器选择设计与维护［M］．北京：机械工业出版社，2003.

［9］张运刚，宋小春．从入门到精通——西门子工业网络通信实战［M］．北京：人民邮电出版社，2007.

［10］方承远，张振国．工厂电气控制技术［M］．3 版．北京：机械工业出版社，2006.

［11］王仁祥．常用低压电器原理及其控制技术［M］．2 版．北京：机械工业出版社，2008.

［12］李岚，梅丽凤，等．电力拖动与控制［M］．2 版．北京：机械工业出版社，2011.

［13］杨公源．常用变频器应用实例［M］．北京：电子工业出版社，2006.

［14］王兆明．电气控制与 PLC 技术［M］．2 版．北京：清华大学出版社，2010.

［15］胡健．西门子 S7－300 PLC 应用教程［M］．北京：机械工业出版社，2007.

本科电气精品教材推荐

21世纪高等院校自动化专业系列教材

控制系统仿真与计算机辅助设计

书号：15636   **定价**：33.00 元

作者：薛定宇   **配套资源**：电子教案、源代码

获奖情况：普通高等教育"十一五"国家级规划教材

推荐简言：

作者为国内仿真教育领域专家，为 MATLAB 国内教育的先行者，具有很高的知名度。本书以国际上最流行的 MATLAB/Simulink 语言为主要工具，在全新的框架下对控制系统建模、仿真、分析与设计进行了较全面的介绍。

模拟电子技术基础

书号：18185   **定价**：41.00 元

作者：陈大钦   **配套资源**：电子教案

获奖情况：普通高等教育"十一五"国家级规划教材

推荐简言：

本书是作者在多年教学实践和长期编写教材经验的基础上，吸收了国内外电子技术优秀教材的特点编写而成的。本书采用新体系，突出了集成运放及模拟集成电路的应用和综合应用能力、计算机应用能力的培养。教材中重点、难点内容都有相应例题，力求做到通俗易懂，便于教学。

电力拖动自动控制系统

书号：24867   **定价**：43.00 元

作者：李华德   **配套资源**：电子教案

获奖情况：普通高等教育"十一五"国家级规划教材

推荐简言：

作者系北京科技大学资深教授，本书由权威人士马小亮教授主审。本书全面、系统、深入地介绍了现代电力拖动（运动）自动控制系统的基本组成、基本原理、基本控制方法，介绍了数字电力拖动（运动）自动控制系统的实现方法。

电力电子技术基础

书号：25182   **定价**：25.00 元

作者：邢岩   **配套资源**：电子教案

推荐简言：

本书涉及电力电子变换系统的基本原理和分析设计方法，主要内容包括电力半导体器件；功率变换电路的拓扑（DC DC，AC DC 和 DC AC）、分析方法和参数设计；开关器件的驱动和缓冲技术；开关变换系统的调制、建模和闭环控制技术等。

计算机控制系统 第2版

书号：26236   **定价**：38.00 元

作者：李正军   **配套资源**：电子教案

获奖情况：普通高等教育"十一五"国家级规划教材

推荐简言：

本书理论联系实际，突出工程应用，全面系统地介绍了计算机控制系统的各个重要组成部分，是作者在多年教学与科研实践经验的基础上，吸收了国内外计算机控制系统设计的最新技术编写而成的。书中还介绍了作者在计算机控制领域的最新研究成果。

智能控制 第2版

书号：27339   **定价**：26.00 元

作者：李少远   **配套资源**：电子教案

获奖情况：普通高等教育"十一五"国家级规划教材

推荐简言：

作者系上海交大资深教授。本书从控制系统建模、控制与优化的本质要求出发，系统地介绍了模糊推理、神经网络、现代优化理论和方法对控制系统的建模、控制与优化的作用。着重讨论了智能控制理论和方法对解决复杂系统控制问题的意义，以及其在控制领域中的各种应用实例。